Matthew Fox   Compassion

MATTHEW FOX

Mitfühlen, Mitdenken, Mitfreuen

Die neue Verantwortlichkeit des Menschen an der Schwelle zum 3. Jahrtausend

SCHERZ

Dieses Buch ist allen gewidmet, die sich aktiv dafür einsetzen, das gesprungene Weltei wieder ganz zu machen – besonders zwei Weltbürgern, die im Sommer 1977 starben, nachdem sie uns Wellen mitfühlender Energie zurückließen:
Zuita Giordiani und E. F. Schumacher.

Einzig berechtigte Übersetzung aus dem Amerikanischen
von Jörg Wichmann.
Schutzumschlag von Gerhard Noltkämper.

Erste Auflage 1994
Titel der Originalausgabe: «A Spirituality named Compassion«.

«Die ganze Idee des Mitgefühls beruht auf dem klaren Bewußtsein der wechselseitigen Abhängigkeit aller Lebewesen, die alle Teil voneinander sind und in Beziehung miteinander stehen.»

Thomas Merton
in seiner letzten Rede –
zwei Stunden vor seinem Tod

Inhalt

Vorwort

Rückkehr des Mitgefühls aus der Verbannung

Mitgefühl ist überall. Mitgefühl ist die reichste Energiequelle der Welt. Und gerade jetzt, da die Welt zu einem globalen Dorf wird, brauchen wir das Mitgefühl mehr denn je – nicht um des Altruismus willen, nicht um einer Philosophie oder einer Theologie willen, sondern um des Überlebens willen.

Und doch stellt das Mitgefühl in der menschlichen Geschichte eine Energiequelle dar, die weitgehend unerforscht und ungenutzt geblieben ist. Das Mitgefühl scheint sozusagen im Exil zu sein. Diese Verbannung des Mitgefühls wird überall deutlich: in den Ölteppichen auf unseren Meeren und angesichts der Fische, die in dieser verseuchten Brühe leben müssen; in den Millionen Menschen, die mitten im Überfluß der Industriegesellschaft in Armut leben; in den 40 Prozent der Menschheit, die jeden Abend hungrig schlafen gehen müssen; in der ungerechten Verteilung von Nahrung und Energie; in der wachsenden Mechanisierung der Medizin; in Arbeitslosigkeit einerseits und sklavischen Arbeitsverhältnissen andererseits; in der Produktion von überflüssigem Luxus anstelle der Befriedigung grundlegender Bedürfnisse der Notleidenden; in der lähmenden allgemeinen Bürokratisierung; in unserer Unterhaltungsindustrie und in unserer Bildung. Die Liste ließe sich beliebig verlängern.

Rev. Sterling Cary, der frühere Präsident des Nationalen Kirchenrats der USA, schätzt das Gewissen der heutigen Menschheit so ein: «Wir verlieren die Fähigkeit, menschlich zu sein. Gewalt und Unterdrückung werden so üblich, daß die Opfer des Unrechts heute zu bloßen Zahlen in den Statistiken reduziert werden.»[1] Unrecht wird in unserer Zeit deshalb so inakzeptabel, weil wir im Prinzip das Know-how besitzen, um die Welt zu ernähren und all ihren Bewohnern das Notwendige zu geben. Es fehlt nur am Willen, dieses Wissen auch in die Praxis umzusetzen. Es fehlt an Mitgefühl.

Insofern sind wir alle Opfer und sterben an diesem Mangel an Mitgefühl, wir opfern gemeinsam unsere Menschlichkeit. Unterschiede bestehen darin, wie die Menschen auf diese Verbannung des Mitgefühls und unsere Opfersituation reagieren. Manche reagieren darauf, indem sie sich mit den Kräften verbünden, die das Exil des Mitgefühls verlängern, und tun dies mit einer Engstirnigkeit und Hartnäckigkeit, die immer mehr Gewalt und ein immer längeres Exil des Mitgefühls garantieren. Andere reagieren mit Verzweiflung und Zynismus: Iß, trink und sei fröhlich, denn morgen löschen wir uns selbst aus! Wieder andere reagieren mit der Flucht in die Abstraktion wie zum Beispiel viele Intellektuelle sowie jene überbeschäftigten Leute, die auf beiden Hochzeiten tanzen und einerseits politische Veränderung fordern, während sie gleichzeitig selber Nutznießer des herrschenden Systems sind. Manche flüchten sich in den Fundamentalismus oder zu abstrusen Sekten.

Dieses Buch versucht eine Analyse des Mitgefühls. Es will die vielen Menschen unterstützen, die sich um einen erfüllteren und ganzheitlicheren Lebensstil bemühen. Es ist auch als Einladung an jene gedacht, die immer noch mit dem Erklettern der Leiter beschäftigt sind, auf der ein großer Teil unserer Gesellschaft sitzt – als Einladung, über einen anderen Weg, einen besseren Weg namens Mitgefühl nachzudenken. Es ist ein Weg voller Freude, da er sich an der Gerechtigkeit orientiert, ein Weg des Einklangs mit dem Universum zu einer Zeit, da wir intellektuell und durch wissenschaftliche Erkenntnis bestätigen können, was die Mystiker und Mystikerinnen seit Jahrhunderten sagen: daß das Universum ein außerordentlich fein abgestimmter Organismus ist. Und doch befinden wir uns im Hinblick auf unsere wirtschaftlichen und sozialen Strukturen keineswegs in Einklang mit ihm.

Es ist wichtig, daß das Mitgefühl analysiert und kritisch diskutiert wird. Es gehört nämlich zu den abgefeimten Tricks der mitgefühlsfeindlichen Kräfte, das Mitgefühl so zu sentimentalisieren, daß seine Abwesenheit bei allen wichtigen Lebensentscheidungen sichergestellt ist, bei allen Entscheidungen, bei denen es um Wirtschaft, Arbeit, Sexualität, Energie, Körper, Boden, Nahrung, Luft, Verkehr, Kunst, Medizin und Bildung geht. Aus diesem Grunde bietet dieses Buch sowohl eine analytische als auch eine synthetische Behandlung des Mitgefühls. Es beschäftigt sich mit Verbindungen und dem heilenden Schaffen von Verbindungen, denn es handelt vom Mitgefühl, das durch das Herstellen von Verbindungen heilt. In diesem Buch werden Verbindungen geschaffen zwischen Sexualität, Theologie, Kunst, Psychologie, Wissenschaft, Wirtschaft, Politik, Wiegenliedern und Mitgefühl. Ich spreche mit Feministinnen und Künstlern, Bankern und Physikern, Biologinnen und Ökonomen, Ärzten und Tierliebenden, Theologen und Kindern. So sollte es auch sein, denn Mitgefühl ist nicht elitär, sondern eine Kraft in allen Menschen. Es ist die Basis unserer gemeinsamen Menschlichkeit.

Da nun die Welt zu einem globalen Dorf wird und die Weltreligionen auch an Orten bekannt werden, die von ihrem Hauptverbreitungsgebiet weit entfernt sind, stellt sich die Frage, was diese Religionen für die Erde tun können – falls sie überhaupt etwas tun können. Ich bin immer mehr davon überzeugt, daß es das Ziel der Religionen ist, eine Lebensweise oder Spiritualität zu predigen, die Mitgefühl heißt, und dies zu tun, egal, ob es den Mächtigen der Welt genehm ist oder nicht. Ganz sicher war das im Judentum und bei Jesus Christus der Fall. Es scheint auch bei Buddha, Mohammed, Laotse, Konfuzius und im Hinduismus so zu sein. Die Menschen können aus ihren religiösen Überlieferungen Mitgefühl lernen, sofern diese Überlieferungen mit ihren wahren Wurzeln in Kontakt geblieben sind und nicht das Wissen um ihre Ursprünge verloren haben. Mitgefühl kann auch aus der Natur und dem Universum gelernt werden. Ja, diese beiden Quellen der Weisheit – Glaube und Natur – sind eng miteinander verknüpft, denn der Gott des einen ist auch der Gott des anderen. So fragte Simone Weil: «Wie kann sich die Christenheit als katholisch bezeichnen, wenn sie das Universum selbst nicht mit einbezieht?»[2]

Dieses Buch versucht, die Weisheit des Mitgefühls darzulegen, wie sie aus den religiösen Traditionen zu lernen ist sowie von der Natur und durch das wissenschaftliche Studium der Natur. Es analysiert auch jene Barrieren in der menschlichen Kultur, die verhindern, daß das Mitgefühl, ein dem ganzen Universum vertrautes Gesetz, in der menschlichen Geschichte Fuß faßt. Heilung wird zum großen Teil dadurch erzielt, daß Druck und Hindernisse beseitigt werden und die Natur die Heilung übernehmen kann. Unsere Vorfahren nannten diese Form von Ursache und Wirkung *removens prohibens* – Beseitigung der Hindernisse: Platz machen dafür, daß die Natur und der Schöpfer der Natur handeln können. Daher geht es in diesem Buch viel um Heilung als Akt der Beseitigung von Hindernissen für das Mitgefühl. Kapitel 2 räumt auf mit der sexuellen Mystifizierung, die erheblich zur Verbannung des Mitgefühls beigetragen hat. Kapitel 3 handelt vom psychischen Zwang zur Kontrolle, der die eher überschwenglichen Kräfte des Mitgefühls blokkiert. Kapitel 4 untersucht die Ängste, die die Kreativität lähmen, die durchaus das Wesen des Menschlichen ausmachen könnte, und zeigt auf, wie diese Ängste das Mitgefühl im Abseits halten. Kapitel 5 behandelt das Hindernis, das eine allzusehr von Newton geprägte Wissenschaft für ein mitfühlendes Bewußtsein bildet. Kapitel 6 denkt über die Notwendigkeit nach, das Mitgefühl in die Art und Weise zu übersetzen, wie wir dieses Haus, das globale Dorf, bestellen (denn Ökonomie bedeutet Haushaltung). Kapitel 7 erörtert drei politische Themen, die sich uns beim Heimholen des Mitgefühls heute aufdrängen: Energie, Gesundheitswesen und Erziehung. In Kapitel 8 schließlich geht es um ein Sinnbild für unsere gemeinsame Aufgabe der Wiedererschaffung der Welt und unser selbst als ein größeres Ganzes, ein Bild, das ich einem Wiegenlied entnommen und zu einem Symbol des kosmischen, menschlichen und göttlichen Eies entwickelt habe.

Bei vielen Menschen wächst heute das Bewußtsein dafür, daß an der dualistischen Tradition, die das Christentum in unserer Vergangenheit meist gebilligt hat, etwas falsch sein muß. Diese Tradition schließt einfach zuviel aus; sie schließt den Körper aus, die Ekstase der Natur und der Arbeit, des Lachens und Feierns, die Nächstenliebe und die Erleichterung des Leidens unserer Nächsten, das Ringen mit politischen und ökonomischen bösen Geistern. Wie ich in den ersten beiden Kapiteln zeigen werde, ist in dieser Tradition das Mitgefühl mit Bedacht zugunsten der Kontemplation in die Verbannung geschickt worden. Und doch hat Jesus seinen Jüngern nie gesagt: «Seid kontemplativ, wie euer Vater im Himmel kontemplativ ist.» Sondern er sagte: «Seid mitfühlend, wie euer Vater im Himmel mitfühlend ist.» Damit drückt er aus, was später Rabbi Dressner als den «Eckstein» der Lebensweise oder Spiritualität Israels bezeichnet. Denn in der biblischen Spiritualität (im Unterschied zur neuplatonischen) werden die Gläubigen gelehrt, «daß der heilige und Ehrfurcht gebietende Name des Herrn, JHWH, der geheim und unausgesprochen bleibt, Mitgefühl bedeutet»[3]. Im Gegensatz zur neuplatonischen Spiritualität weist die Bibel darauf hin, daß ein erfülltes geistliches Leben in Mitgefühl und nicht in Kontemplation zu verbringen, zu genießen und mit anderen zu teilen ist. Bei der Wiederentdeckung des Mitgefühls als Mitte unseres geistlichen Lebens geht es um die Umbildung der Kontemplation nach dem Bilde des Mitgefühls.

Meiner Meinung nach gibt es heute drei spirituelle Haupttendenzen, die uns zu tiefgehenden Veränderungen des Herzens, der Symbole und der Strukturen drängen. Dieses sind 1. die Entdekkung der biblischen, jüdischen Kategorien und unsere gleichzeitige Lösung von den hellenistischen; 2. die Entwicklung eines feministischen Bewußtseins und die feministische Bewegung, vor allem ihre Entdeckung neuer Bilder und Symbole für unsere gemeinsamen tiefen Erfahrungen, was eine Lösung von den bisher bestimmenden einseitigen und patriarchalen Symbolen, Bildern und Strukturen ermöglicht; 3. das Aufkommen eines kritischen, umweltbewußten Denkens, zu dem wir durch die Kürze der Zeit gezwungen sind, die unserem Planeten noch bleibt, wenn er das 20. Jahrhundert überstehen will. Alle drei spirituellen Orientierungen werden in diesem Buch gründlich erörtert. Sie sind die Fäden, die sein ganzes Gewebe bestimmen.

Eines scheint mir nämlich sicher: *Falls es nicht sowieso schon zu spät ist, kann unsere Lebensweise in der verbleibenden kurzen Zeit nur eine Energie und eine Richtung wählen, die Mitgefühl heißt. Allein das Mitgefühl kann uns und unseren Planeten noch retten.* Mitgefühl ist unsere letzte große Hoffnung. Können wir das Mitgefühl nicht aus seinem Exil zurückholen, so wird es keine Bücher mehr geben, kein Lächeln, keine Kinder und keine Tänzer, jedenfalls keine menschlichen. Meiner Ansicht nach könnte das ein großer Verlust sein für das Universum – und für seinen zugegebenermaßen törichten Schöpfer.

In methodischer Hinsicht verwendet dieses Buch zwei klassische Motive westlicher Spiritualität: die Via Negativa und die Distanzierung. In Kapitel 1, wo ich mich mit den falschen Definitionen auseinandersetze, die wir dem Mitgefühl wissentlich oder unwissentlich gegeben haben, bediene ich mich der Methode der Via Negativa: Indem wir untersuchen, was das Mitgefühl *nicht* ist, beginnen wir die Umrisse dessen zu erkennen, was es im positiven Sinne bedeuten könnte. Der Leitgedanke der Distanzierung bestimmt die Kapitel 2 bis 7, wo ich ein kritischeres Verständnis der Geschlechterrollen, der Psychologie, der Kreativität, der Wissenschaft, der Wirtschaft und Politik im Lichte einer umfassenderen Bedeutung des Mitgefühls entwickle. Welche Wirkung wird die Wiederentdeckung des Mitgefühls auf diese wichtigen Aspekte der heutigen Welt haben? Ein Effekt ist, daß wir sie alle noch einmal überdenken müssen und uns damit von den etablierten Bedeutungen distanzieren, die in einer Zeit ohne Mitgefühl entstanden sind. Die Sprache ist immer das erste Opfer von Verschleierung und Korruption. In diesem Sinne geht es in meinem Buch darum, einen Begriff zu erlösen, der mißbraucht und benutzt, vergessen und verloren und zu selten praktiziert worden ist. Vielleicht kommt es mit der Erlösung des Begriffs «Mitgefühl» zu einer Wiedergeburt seiner Praxis. Mit einer Wiedergeburt des Mitgefühls könnte eine Wiedergeburt der wahren Bedeutung von «Seele» einhergehen – das Thema des letzten Kapitels.

Die feministische Prophetin und Dichterin Adrienne Rich hat über das Mitgefühl folgende Zeilen geschrieben:

> Wir sind eine kleine und einsame Menschheit,
> Die offenbar mit dem Alleinsein
> Auf dem von uns bebauten steinigen Planeten
> Nicht fertig wird.
> Das Beste, was wir füreinander tun können:
> Daß unsere Schnitzer und unseligen Mißgeschicke
> Ein schroffes, heftiges Mitgefühl verraten.
>
> Außerdem können wir ehrlich sein. Ich würde sagen
> Am glücklichsten sind, die wissen, daß sie nicht einzigartig sind;

Doch nur Kunst oder allgemeiner Austausch
Kann diese zarteste Wahrheit lehren. Und selbst die Kunst
Kann nur andeuten, was einen Melville bewegte
Oder den Wahn eines Mahler besänftigte;
Du und ich schauen noch jeden Morgen aus getrennten Fenstern
Auf das gleiche weiße Tageslicht im Block.[4]

Man beachte, daß die Dichterin das Mitgefühl in einen kosmischen Zusammenhang bringt. Mitgefühl ist nicht nur eine menschliche Kraft, sondern findet sich überall im Universum. Wir sind eine kleine und einsame Spezies, die einen steinigen Planeten bebaut – eine solche globale Perspektive ist für unser Selbstverständnis unerläßlich. «Das Beste, was wir füreinander tun können», ist mitzufühlen; das heißt, das Wesentliche an uns, das Beste in uns, ist praktiziertes Mitgefühl. Hier wird Adrienne Rich ihrem jüdischen und biblischen Erbe gerecht, wenn sie darauf hinweist, daß das Mitgefühl den Kern unseres Wesens als einer Spezies bildet, die nach dem Bilde des «Mitfühlenden/Barmherzigen» geschaffen ist. Damit steht sie auf dem gleichen Boden wie ein anderer jüdischer Prophet, Jesus, der den Menschen sagte: «Seid barmherzig/mitfühlend, wie euer Schöpfer im Himmel barmherzig ist.»

Damit unser Ego nicht in den Himmel wächst, bettet die Dichterin dieses Beste in uns, unser Mitgefühl, in die Tatsachen unseres Alltags ein: Wir sind belastet mit «Schnitzern» und «unseligen Mißgeschicken», und unser Mitgefühl ist oft genug «schroff» und «heftig». Und die Zeile «Am glücklichsten sind, die wissen, daß sie nicht einzigartig sind» muß für eingefleischte Individualisten wie Häresie klingen. Man hört geradezu die Buh-Rufe unserer Kultur: «Wie kann sie es wagen zu behaupten, wir seien nicht einzigartig!» Tatsächlich *definiert* Adrienne Rich auf diese Weise das Mitgefühl. Es besteht für sie darin zu *lernen, daß wir nicht einzigartig sind.* Wir sollen sowohl an Freude als auch an Leid gemeinsam teilhaben. Diesen Sachverhalt bezeichnet Thomas Merton als wechselseitige Abhängigkeit; er weiß, daß wir alle «Teil aneinander haben und voneinander betroffen sind».

Wie lernen wir solche wechselseitige Abhängigkeit? Wie lernen wir Mitgefühl? Laut Adrienne Rich durch Einsamkeit und durch «Kunst und allgemeinen Austausch» – womit, wie ich meine, jede

Form der Kunst zu tun hat. Seit einigen Jahren bezeichne ich diesen Prozeß als meditative Kunst (*art-as-meditation*, siehe Kapitel 4). Beim kreativen Gestalten nämlich wird das Ego in den Ton gespült, beim Malen in die Farben, beim Tanzen in die Musik und in den Körper, um als etwas Ehrfurchtgebietenderes und Wunderbareres wiederaufzutauchen, als etwas Großartiges und Heiliges. Leidenschaft rüttelt auf, und ohne Leidenschaft *(passion)* gibt es kein Mitgefühl *(compassion)*. Adrienne Rich warnt aber auch davor zu überschätzen, was selbst die größten unserer Künstler, etwa ein Herman Melville oder ein Gustav Mahler, für die Definition der Ehrfurcht leisten konnten. Kunst kann nur andeuten, Mitgefühl bleibt ein Mysterium. Es ist unsere Antwort auf das Mysterium des Seins. Doch sind die meisten von uns «jeden Morgen» weniger von der wechselseitigen Abhängigkeit der Dinge beeindruckt als vom ernüchternden «gleichen weißen Tageslicht im Block» – was eher zu Getrenntheit statt zu Mitgefühl führt.

Ich bin Adrienne Rich für diese Worte über das Mitgefühl dankbar. Und ich bin beeindruckt, daß wir – sie als feministische Dichterin und ich als Schöpfungstheologe – über einen Begriff, der in unserer Kultur derart verfälscht worden ist, so grundlegend ähnlich denken. Gott sei Dank für eine Dichterin, die in acht Zeilen zu sagen vermag, was dieser Theologe auf vielen Seiten zu sagen versucht! Mitgefühl ist wesentlich für die verletzten und unterdrückten Völker und für das Überleben unseres Planeten. Es ist das Herz der Gottheit, Gottes dauerhaftester Name. Meister Eckhart sagt, wir könnten Gott als Güte oder Liebe bezeichnen, vor allem jedoch sei er Mitgefühl.

Und zwar nicht nur Mitgefühl für den Mit-Menschen, sondern auch für die nichtmenschlichen Erdbewohner – ein Gedanke, der erst in den letzten Jahren an unserem politischen und kulturellen Horizont erscheint. Mit der ökologischen und der öko-feministischen Bewegung sowie den grünen Parteien, besonders in Europa, rückt mehr und mehr die leidende Erde in den Mittelpunkt der Aufmerksamkeit. Alle ursprünglichen Gaben der Natur – Wasser, Luft, Wälder, Tiere – sind durch die anthropozentrische Politik, Wirtschaft und Religion unserer Spezies bedroht. Die neue wissenschaftliche Schöpfungsgeschichte macht es überdeutlich, daß das Überleben der menschlichen Rasse letztlich von der nichtmenschlichen Schöpfung abhängt. Wo wären wir ohne Regenwälder? Ohne gesunde Luft, fruchtbaren Boden und saubere Gewässer? Die Dringlichkeit dieser Fragen macht die Notwendigkeit eines neuen Modells deutlich, das in einem wirklichen Verständnis und einer Praxis des Mitgefühls wurzelt. Mitgefühl ist kein Erbarmen, sondern Eigeninteresse, nicht im engen Sinne des «Ego», sondern in dem weiteren Sinne, in dem wir, wie Eckhart sagt, hier sind, um uns an unseren gegenseitigen Freuden zu freuen und an unserem gegenseitigen Leid teilzuhaben. Als Spezies verfügen wir über Möglichkeiten, das Leiden anderer durch unser Bemühen um Gerechtigkeit zu lindern, denn *Mitgefühl bedeutet Gerechtigkeit.* Mitgefühl ist wahre Liebe für alle unsere Verwandten, eine Bejahung unserer gemeinsamen, wechselseitigen Abhängigkeit.

Ich hoffe, daß dieses Buch zu einem tieferen Verständnis des Mitgefühls beiträgt und zu einer Erneuerung seiner Praxis in unserem geistigen und kulturellen Leben während des letzten Jahrzehnts dieses Jahrtausends. Es ist eine schöne Vorstellung, das kommende Jahrhundert könnte durch Mitgefühl gekennzeichnet sein, so wie das 20. Jahrhundert durch Krieg charakterisiert war und ist.

1 Eine neue Bedeutung des Mitgefühls

Von einem sentimentalen Mitleid zu einem lebendigen Mitgefühl

Gott schuf einen Hinweis, ein Bild.
Die Menschheit ist ein Hinweis auf Gott.
Wie Gott mitfühlend ist
Möge die Menschheit mitfühlend sein.[1]
Rabbi Abraham J. Heschel

Im Westen wurde das Mitgefühl verbannt. Zu der sich darin zeigenden Angst vor dem Mitgefühl gehörte es, auch das Wissen um das Mitgefühl zu verlieren. Das äußerte sich manchmal in Vergeßlichkeit, manchmal in Verdrängung, zu manchen Zeiten auch als ein bewußtes Bemühen, es zu verfälschen, zu kontrollieren und zu unterdrücken. Diese Verbannung des Mitgefühls führt zu Vergiftung und Leid, die sich überall da zeigen, wo Menschen ungerecht behandelt werden.

In diesem Kapitel möchte ich der Bedeutung des Mitgefühls nachgehen – denn die wahre Bedeutung des Begriffs ist vergessen bzw. verbogen worden –, und zwar mit Hilfe der Via Negativa, das heißt indem ich zunächst darlege, was alles das Mitgefühl *nicht* ist, was schließlich zu einer allmählichen Klärung dessen führt, was Mitgefühl wirklich bedeuten könnte. Beim Überdenken dieser neuen Dimension des Mitgefühls werden Fragen auftauchen, die dann in den weiteren Kapiteln des Buches behandelt werden.

Mitgefühl ist nicht Mitleid, sondern Feier

Mitgefühl bedeutet nicht Mitleid in dem Sinne, wie unsere Kultur Mitleid versteht. Es geht nicht darum, daß uns jemand leid tut, und auch nicht um ein Fasziniertsein vom Leid.

Mitgefühl ist nicht Mitleid

Wenn wir Mitgefühl auf Mitleid reduzieren und auf mitleidige Gefühle, so verbannen wir das Mitgefühl völlig aus unserem Leben. Was ist der Unterschied zwischen Mitleid und Mitgefühl? Mitleid impliziert Herablassung, und diese Herablassung wiederum impliziert Getrenntheit. «Du tust mir leid, weil du so anders bist als ich.» Der Gestalttherapeut Frederick Perls betont, daß Mitleid und Mitgefühl sprachlich gesehen nur subtile Bedeutungsunterschiede aufweisen, die jedoch psychologisch betrachtet gravierend sind. Was für Unterschiede sind das? Mitleid «betrachtet seinen Gegenstand häufig nicht nur als leidend, sondern auch als schwach und niedriger stehend». Beim Mitleid spielt die Teilhabe am Leiden des anderen eine geringere Rolle als beim Mitgefühl – Mitgefühl betrachtet seinen Gegenstand niemals als schwach oder niedriger stehend. Wir könnten sagen, Mitgefühl wirkt durch eine Stärke, die dem Bewußtsein gemeinsamer Schwächen entspringt sowie dem Bewußtsein der Verbundenheit zwischen uns allen. Indem wir jemand anderen durch Mitleid herabsetzen, setzen wir uns auch selbst herab. «Das meiste, was als Mitleid durchgeht, ist eigentlich getarnte Schadenfreude», warnt Perls.

Mitleid wirkt aus einer Subjekt/Objekt-Beziehung heraus, die von unserer Getrenntheit ausgeht. Unterschiede des Ego werden damit zur Grundlage unserer Beziehung zur Wirklichkeit. Mitleid hat also mit Gefühlen und Empfindungen zu tun, ohne sich um die tatsächliche Behebung der Ursachen des Leids zu kümmern. Perls spricht vom «Luxus sentimentaler Tränen», die nichts weiter sind als «ein masochistisches Vergnügen am Elend». Solch tränenreiches Mitleid führt zu unverbindlicher Philanthropie und zu den wohlbekannten «guten karitativen Werken».

Solches Mitleid ist Herablassung. Wir empfinden es jenen gegenüber, die sich in einem so kümmerlichen Zustand befinden, daß sie keine ernstzunehmenden Rivalen mehr für uns sind. Sie sind aus dem Rennen. Indem sie uns leid tun, betonen wir die Diskrepanz zwischen ihrem und unserem Los. Wir sind der Überzeugung, daß eine solche Einstellung einen großen Teil der sogenannten karitativen Handlungen motiviert.[2]

Die Wurzel des englischen Wortes für Mitleid, *pity*, ist das lateinische *pietas*, Frömmigkeit, während die Wurzel des englischen Wortes *compassion* (Mitgefühl) von dem lateinischen Begriff *cum patior* abgeleitet ist, was soviel bedeutet wie mitleiden, mit jemandem durch etwas hindurchgehen, solidarisch sein.

Mitgefühl ist Feier

Der sicherste Weg zu unterscheiden, ob jemand mit einem anderen Mitleid hat oder Mitgefühl empfindet, ist die Frage: Feierst du mit diesen Menschen? In seiner Studie *Wesen und Formen der Sympathie* geht Max Scheler davon aus, daß Mitmenschlichkeit oder Mitgefühl die Freude nicht nur beinhaltet, sondern daß Freude und Feier die bessere Hälfte dessen ausmachen, worum es beim Mitgefühl geht. Zustimmend zitiert er das Sprichwort: Geteiltes Leid ist halbes Leid, geteilte Freude ist doppelte Freude. Er meint, dies sei «eines der wenigen Sprichworte, die ethischer Prüfung standhalten»[3]. Die beiden Ausrichtungen des Mitgefühls kommentiert er so: «Der reine ethische Wert der Mitfreude ist in seiner Eigenschaft als Mitgefühlsakt dem des Mitleids völlig gleich. Als *Gesamtakt* aber ist er an sich *wertvoller* als der Mitleidsakt, denn Freude ist dem Leide vorzuziehen. Als Wert des Aktvollzuges ist er gleichfalls Zeichen einer edleren Gesinnung – eben da er mehr Hemmungen an möglichem Neide findet.»[4] Man fühlt sich daran erinnert, wie Jesus sein Mitgefühl als Freude ausdrückte, als er von seinen Jüngern hörte, daß ihre Predigten viel Anklang gefunden hatten. «Die Siebzig aber kehrten mit Freude zurück und sagten: Herr, auch die Dämonen sind uns untertan kraft deines Namens ... Da sprach er fröhlich und erfüllt vom Heiligen Geist: Ich preise Dich, Vater, Herr des Himmels und der Erde, daß Du dies vor Weisen und Verständigen verborgen und es Unmündigen geoffenbart hast. Ja, Vater, denn so hat es Dir gefallen» (Lukas 10, 17 u. 21).

Mitgefühl funktioniert auf der gleichen Ebene wie das Feiern, denn beim Mitgefühl kommt es in erster Linie nicht auf ein mitleidiges Empfinden, sondern auf ein Zusammengehörigkeitsgefühl an. Dieses Gefühl der Gemeinsamkeit drängt uns dazu, uns mit anderen zu freuen (Feier) und mit anderen zu trauern. Zu wahrem Mitgefühl gehören diese beiden Dimensionen, die Feier und die Trauer. Dies vor allem unterscheidet Mitgefühl von Mitleid.

Feiern ist ein Vergessen, um zu erinnern: ein Vergessen des Ego, der Probleme, der Schwierigkeiten. Und auch das Mitgefühl ist ein Loslassen des Ego, der Probleme und der Schwierigkeiten, um uns an die gemeinsame Basis zu erinnern, die das Leiden anderer zu meinem macht, und um uns eine Mithilfe bei der Erleichterung dieses Leidens vorstellen zu können. Ohne Mitgefühl kann es keine Feier geben, und es wird andererseits keine echte Feier stattfinden, die nicht zu einer Steigerung mitfühlender Kräfte führt. Personen oder Völker, die nicht feiern können, werden niemals mitfühlend sein. Menschen oder Völker, die kein Mitgefühl praktizieren, werden niemals wirklich feiern können. Solche Menschen schwelgen nur in oberflächlich-frömmelndem Sentiment und mitleidigen Gesten.

Auch die biblische Lehre vom Mitgefühl hat nichts mit Mitleid nach dem Verständnis unserer Kultur zu tun: «Israel hat das Erbarmen niemals als bloße Herablassung verstanden, sondern als ein Gefühl der Verbundenheit mit unseren Mitgeschöpfen.»[5] Mitgefühl hat mit diesem Gefühl der Zusammengehörigkeit zu tun, mit der Aufhebung des Ego, und ebendieses Gefühl drängt uns, unsere allseitige Verbundenheit auch zu feiern. Deshalb hat Mitgefühl mit Feier zu tun.

Mitgefühl ist nicht Sentimentalität, sondern manifestiert sich im Schaffen von Gerechtigkeit und in Werken der Barmherzigkeit

Mitgefühl ist nicht bloße Sentimentalität. Es zielt auf Erleichterung des Leidens. Diese Betonung des Handelns entspricht in der biblischen Überlieferung den «Werken der Barmherzigkeit».

Mitgefühl ist nicht Sentimentalität

In christlichen Kreisen ist das Wort *Mitgefühl* so weit aus dem Blickfeld geraten, daß ich in dreizehn großen theologischen – protestantischen wie katholischen – Enzyklopädien, die ich durchgesehen habe, nur eine einzige Eintragung unter dem Stichwort «Mitgefühl» *(compassion)* fand. Im Gegensatz dazu enthielten alle vier jüdischen Enzyklopädien, in denen ich nachschlug, einen ausführlichen Artikel darüber. Der eine Artikel, der sich in einer katholischen Enzyklopädie fand, zeigt deutlich, was dem Mitgefühl während seiner Verbannung zugestoßen ist: Es hat sich in Sentimentalität verwandelt, in das «Mitleiden mit Maria am Fuße des Kreuzes», wie der Artikel es erklärt. Nachdem er das Mitgefühl als «Bewegung der Seele» definiert hat, fährt der Autor fort:

> Im Vokabular der christlichen Spiritualität bezeichnet es die Herzensteilnahme Marias an der Passion und dem erlösenden Opfer Jesu. Es bezieht sich auch auf die Empfindungen und Liebeswerke all jener, die, vorgeblich oder tatsächlich, dem Beispiel der schmerzensreichen Jungfrau folgen und sich unserem leidenden und sterbenden Herrn anschließen.
> Mitgefühl kann in einem engen oder weiteren Sinne verstanden werden. Im ersteren Sinne ist es die zärtliche Liebe, das Mitleid, der Schmerz angesichts der Leiden Jesu. Im zweiten Sinne werden darunter außerdem die Entschädigungen und Wiedergutmachungen verstanden, die der Christ als Folge solcher Gefühle Gott anbietet.[6]

Erst zum Schluß seiner Ausführungen räumt der Autor kurz ein, daß Mitgefühl auch durch die «Leiden und Erfahrungen unseres Nächsten» ausgelöst werden kann. Damit wird deutlich, daß das Mitgefühl in einem großen Teil christlicher Schriften durch und durch sentimental geworden ist, sofern es überhaupt angesprochen wird.

Im späten Mittelalter wurde eine sentimentale Frömmigkeit entwickelt, die von der wirklichen Bedeutung des Mitgefühls ablenkte und statt mit anderen zu feiern und das Leid anderer zu lindern, «ein genaues Inventar der Qualen aufstellte, die Christus zugefügt wurden; sie zählten die Schritte ab, die er auf der Via Dolorosa machte, die Beulen an seinem Körper und die Tropfen seines Blutes».[7] Dieser masochistisch-sentimentalen Energie des Mitleids kann man auch heute noch in vielen frommen Geschichten und Hymnen, in Predigten und in der erstarrten Sprache der christlichen Kirchen, sowohl der protestantischen als auch der katholischen, begegnen.

Sentimentalität ist eine starke Kraft. In ihrer umfassenden Studie über den Sentimentalismus in der modernen Kultur definiert Anne Douglas ihn als «getrübten oder ranzig gewordenen politischen Sinn . . ., der nur in Zusammenhang mit einem schwachen politischen Bewußtsein auftritt».[8] Sentimentalismus ist deshalb nicht nur eine Blockierung gegen soziale Gerechtigkeit und ein Dorn im Fleische von Liebe und Gerechtigkeit, sondern ihr direktes Gegenteil, Sentimentalität, ein ranziges politisches Bewußtsein, behindert echte geistige Entwicklung. Sie hemmt den natürlichen Fluß einer Energie, die alle Menschen von Geburt an besitzen. Es ist ein Rückzug aus der Praxis, eine Flucht vor politischem Handeln und vor dem Schaffen von Gerechtigkeit. Und doch ist die Sentimentalität im Westen zur gängigen Definition des Mitgefühls geworden, das damit auf bloße Rührseligkeit reduziert wird, unfähig, tatkräftig die Geschicke der Menschen zu beeinflussen. Die Sentimentalisierung des Mitgefühls bedeutet seine Zerstörung; und mächtige Personen und Gruppen, die das sehr wohl wissen, haben nie gezögert, dieses Wissen für ihre Zwecke zu nutzen. Wir sehen diese sentimentale Kraft überall am Werk, ob wir nun die Massenmedien der Industriegesellschaft des 19. Jahrhunderts betrachten, wie es Anne Douglas in ihrer Untersuchung der Romane und Journale jener Zeit tat, oder an die banale Gefühligkeit der heutigen Fernsehshows und der Regenbogenpresse denken.

Arthur Schopenhauer hat das Mitgefühl auf eine sentimentale Faszination vom Leiden reduziert; und vor allem diesen Aspekt des Mitleids hat Nietzsche kritisiert:

> Das Leiden selbst wird durch das Mitleiden ansteckend; unter Umständen kann mit ihm eine Gesamt-Einbuße an Leben und Lebens-Energie erreicht werden, die in einem absurden Verhältnis zum Quantum der Ursache steht (– der Fall vom Tode des Nazareners) . . . Dieser depressive und kontagiöse Instinkt

kreuzt jene Instinkte, welche auf die Erhaltung und Wert-Erhöhung des Lebens aus sind: Er ist ebenso als *Multiplikator* des Elends wie als *Konservator* alles Elenden ein Hauptwerkzeug zur Steigerung der Décadence.[9]

Max Scheler kommentiert diesen Text von Nietzsche und sagt, daß Mitgefühl in der Tat nur ein «‹Multiplikator des Elends› wäre, wenn es mit der Gefühlsansteckung identisch wäre»[10]. Genau dazu wird aber das Mitgefühl, wenn man es vom Handeln trennt. Denkt man an das Zitat aus der christlichen Enzyklopädie, ist Nietzsches Kritik des Mitgefühls völlig korrekt, und zwar schon deshalb, weil die Christen das Mitgefühl tatsächlich rührselig gemacht haben. Zu Recht trennt Scheler echtes Mitgefühl von unechtem durch das Kriterium des Handelns. «Wohl aber ist es ein ‹Kennzeichen› der *Echtheit* des Mitleidens, daß es zum Akte des Helfens führt»[11], während sentimentales Mitleid gar nichts mit Mitgefühl zu tun hat.

Mitgefühl als Werke der Barmherzigkeit

Biblisches Mitgefühl widersetzt sich einer Sentimentalisierung. In der biblischen Spiritualität sind die Werke der Barmherzigkeit *Werke*, und das Wort für Mitgefühl wird in der Bibel häufiger als Verb denn als Substantiv oder Adjektiv verwendet.[12] Mitgefühl hat demnach mit Handeln zu tun und mit der Linderung des Leids anderer, nicht nur mit Empfindungen. Vielleicht hat es niemand direkter ausgedrückt als der Apostel Johannes:

> Wer aber die Güter der Welt hat und seinen Bruder oder seine Schwester Mangel leiden sieht und verschließt sein Herz vor ihnen, wie kann die Liebe Gottes in ihm bleiben? Kinder, laßt uns nicht lieben mit Worten noch mit der Zunge, sondern in Tat und Wahrheit! (1. Johannesbrief 3,17–18)

Die sogenannten leiblichen Werke des Erbarmens werden in der hebräischen Bibel, vor allem beim Propheten Jesaja, ausdrücklich erwähnt:

> Wißt ihr nicht, wie das Fasten ist, das ich liebe?
> So spricht der Herr Jahwe:

Ungerechte Fesseln öffnen
Und des Joches Stricke lösen;
Die Bedrückten frei entlassen
Und jegliches Joch zerbrechen;
Dein Brot mit dem Hungrigen brechen
Und obdachlose Arme aufnehmen in dein Haus;
Den Nackten, den du siehst, bekleiden
Und dich deinen Mitmenschen nicht entziehen (Jesaja 58,6–8).

Jesaja spricht hier vier Werke des Erbarmens an: den Hungrigen zu essen geben, die Nackten kleiden, die Obdachlosen aufnehmen und ungerechte Fesseln lösen bzw. jegliches Joch zerbrechen. Andere *leibliche* Werke des Erbarmens sind traditionellerweise diese drei gewesen: den Durstigen zu trinken geben, wie es Rebekka für Isaak tat (1. Mose 24.18); die Kranken besuchen, wie es Ahasja tat, als sein Vater Joram mit einer Kriegsverletzung darnieder lag (2. Könige 8,29); und die Toten begraben, wie es die Einwohner von Jabesch in Gilead für Saulus taten, als sie von seinem Tod durch die Hand der Philister hörten (1. Samuel 31, 11 f.).

Die *geistigen* Werke des Erbarmens sind: die Unwissenden lehren, wie es Josaphat in den Städten Judas tat (2. Chronik 17,7); die Zweifelnden beraten, wie es Sanherib tat, als er Boten zu König Hiskia sandte, der in seiner Treue zu Jahwes Gesetz wankte (Jesaja 37,6 u. 10); die Sünder ermahnen, wie es Samuel gegenüber Saul wagte (1. Samuel 15,16 ff.); Unrecht mit Geduld ertragen, wie es David tat, als er wiederholt von Simei, Sohn des Gera, verflucht wurde (2. Samuel 16,5–14); bereitwillig Beleidigungen vergeben, wie es Joseph tat, als er seinen Brüdern, die ihm nach dem Leben trachteten, seine Identität enthüllte (1. Mose 45,1–5); die Bedrängten und Trauernden trösten, wie es Jeremia für Baruch tat (Jeremia 45,1 ff.); für die Lebenden wie für die Toten beten, wie es Abraham für die Einwohner Sodoms tat (1. Mose 18,22–33).

Aus allen diesen 14 traditionellen Werken der Barmherzigkeit geht eindeutig hervor, daß es sich um *Werke* handelt. Mitgefühl führt zum Handeln. Ernähren, kleiden, Schutz und Obdach geben, befreien, zu trinken geben, besuchen, beerdigen, lehren, beraten, ermahnen, Unrecht mittragen, vergeben, trösten, beten: All diese Handlungen der Barmherzigkeit sind wirklich Aktivitäten. Obwohl sie vom Herzen kommen und an das Herz gerichtet sind, beschränken sie sich nicht auf bloße Emotionen, wie mächtig diese auch sein mögen. Stets geht es dabei um Werke für den *Nächsten*, was bedeutet, daß es politische Handlungen sind. Und es sind auch Werke der Gerechtigkeit, wie wir noch sehen werden.

Man muß sich fragen, was aus diesen Vorstellungen von Barmherzigkeit geworden ist. Sind die Bemühungen der heutigen Staaten, zu erziehen, Wohnraum zu schaffen, Arbeit zu geben und Sozialleistungen zu erbringen, vergleichbar mit dem vom Glauben geforderten Ausdruck des Mitgefühls durch Werke der Barmherzigkeit? Ist ein moderner Staat eigentlich des Mitgefühls fähig? Und sollte er es überhaupt sein? Ist Philanthropie ein Ausdruck barmherziger Werke? Ich würde alle diese Fragen mit Nein beantworten. Mit seiner Vergötzung der nationalen Interessen hat der Staat sich als unfähig erwiesen, diese Handlungen als Werke der Barmherzigkeit und des Mitgefühls im Blick auf das Ganze durchzuführen; und aus diesem Versagen resultiert ein großer Teil des Leids in unserer Welt. Es wird Zeit, daß einzelne oder Gruppen aus ihrem Glauben heraus sich erneut vorstellen, wie diese barmherzigen Werke in unserer Zeit wiederbelebt werden können. In mancher Hinsicht geht es in diesem Buch um ebensolche Vorstellungen.

Das Neue Testament sieht, wie die hebräische Bibel, barmherzige Werke vor allem als Taten. Jesus betont, daß Mitgefühl und Handeln zusammengehören, wie das Gleichnis vom barmherzigen Samariter deutlich macht. Da heißt es: «Er trat hinzu, verband seine Wunden und goß Öl und Wein darauf; dann setzte er ihn auf sein eigenes Lasttier, brachte ihn in eine Herberge und trug Sorge für ihn» (Lukas 10,35). Jesus «definierte» das Mitgefühl mit Hilfe einer Geschichte, in der es darum geht, daß jemand hingeht und umsichtig hilft, wo Hilfe erforderlich ist. Mitgefühl hat also im biblischen Verständnis eindeutig mit der Behebung des Leidens eines anderen zu tun und nicht nur mit sentimentalen Gefühlen angesichts des Leidens.

Ähnliche Lektionen erteilt Jesus mit seinen Gleichnissen vom guten Hirten (Johannes 10,1–18), der «sein Leben hingibt für seine Schafe», und von der verlorenen Drachme (Lukas 15,8–10), in dem Jesus klarstellt, daß die Engel im Himmel über einen verlorenen Sünder, der umkehrt, ebenso jubeln wie eine Frau, die eine verlorene Drachme wiederfindet.

Im Matthäus-Evangelium (25,34–46) macht Jesus sich ausdrücklich selbst zum Gegenstand von sechs der leiblichen Werke der Barmherzigkeit:

> Dann wird der König zu denen auf seiner Rechten sprechen: Kommt, ihr Gesegneten meines Vaters, nehmt das Reich in Besitz, das euch seit Grundlegung der Welt bereitet ist. Denn ich war hungrig, und ihr habt mir zu essen gegeben, ich war durstig, und ihr habt mir zu trinken gereicht, ich war fremd, und ihr habt mich aufgenommen, ich war nackt, und ihr habt mich bekleidet; ich war krank, und ihr habt mich besucht; ich war im Gefängnis, und ihr seid zu mir gekommen. Da werden die Gerechten ihm antworten: Herr, wann sahen wir dich hungrig und haben dich gespeist oder durstig und haben dich getränkt? Wann sahen wir dich als Fremdling und haben dich aufgenommen oder nackt und dich bekleidet? Wann sahen wir dich krank oder im Gefängnis und kamen zu dir?
>
> Und der König wird ihnen antworten und sprechen: Wahrlich, ich sage euch, was immer ihr einem dieser meiner geringsten Brüder getan habt, das habt ihr mir getan. Dann wird er auch zu denen auf der Linken sprechen: Hinweg von mir, Verfluchte, in das ewige Feuer, das dem Teufel und seinen Engeln bereitet ist. Denn ich war hungrig, und ihr habt mir nicht zu essen gegeben, ich war durstig, und ihr reichtet mir nicht zu trinken. Ich war fremd, und ihr nahmt mich nicht auf, nackt, und ihr habt mich nicht bekleidet, krank und im Gefängnis, und ihr habt mich nicht besucht. Dann werden auch sie antworten und sagen: Herr, wann sahen wir dich hungrig oder durstig oder fremd oder nackt oder krank oder im Gefängnis und haben dir nicht gedient? Da wird er ihnen antworten: Wahrlich, ich sage euch: Was immer ihr einem dieser Geringsten nicht getan habt, das habt ihr auch mir nicht getan. Und sie werden hingehen, diese in ewige Pein, die Gerechten aber in das ewige Leben.

Aus dieser Passage wird klar, daß die Liebe zu Gott durch die Linderung des Leids anderer zum Ausdruck gebracht werden soll. «Hunger, Durst, Fremdlingschaft, Nacktheit und Gefängnis. Gott ist in dieser schmerzlichen Weltwirklichkeit immanent, und er sagt:

Wenn ich hungrig gewesen bin ...»[13] Deshalb sind unsere Handlungen des Mitgefühls auch Handlungen der Gottesliebe, denn nicht nur die anderen leiden, sondern Gott leidet mit ihnen. Der Ausdruck «gute Werke» ist in der Heiligen Schrift ein feststehender Ausdruck, wie der Exeget Walter Grundmann darlegt. «Gute Werke sind barmherzige Handlungen für all diejenigen, die sie brauchen, und es sind Werke des Friedenstiftens, die die Zwietracht unter Menschen beseitigen.» Das macht die eben zitierte Geschichte Jesu vom Jüngsten Gericht deutlich. In diesem Text über das Mitgefühl ist, wie José Miranda feststellt, auffallend, «daß das einzige Kriterium des Gerichts in guten und schlechten Werken besteht» und daß diese Passage «die einzige Beschreibung des Jüngsten Gerichts im Neuen Testament ist»[14].

Es ist gezeigt worden, daß Mitgefühl bei Jesus «stets Anlaß zu einer äußeren Handlung des Beistands war»[15]. Sein Mitgefühl drängte ihn, den Blinden sehend zu machen (Matthäus 20,34), den Leprakranken zu heilen (Markus 1,41), die Unwissenden zu lehren (Markus 6,34), Tote zu erwecken (Lukas 7,13), die Hungernden zu speisen (Matthäus 15,3; Markus 8,2); und als er von den Jüngern Johannes des Täufers gedrängt wurde, seine Sendung zu erklären, antwortete er, indem er auf die Linderung des Leidens von anderen hinwies (Matthäus 11,4–5). Ein vom Handeln getrenntes Mitgefühl wäre für Jesus unbegreiflich. Wenn er davon spricht, daß wir «barmherzig sein sollen, wie unser Vater barmherzig ist», dann redet er vom Geben: «Gebt, so wird euch gegeben werden: Ein gutes, zusammengedrücktes, gerütteltes, überfließendes Maß wird man euch in den Schoß geben; denn mit dem Maße, womit ihr meßt, wird euch gemessen werden» (Lukas 6,36 u. 38).

Mitgefühl hat für Jesus mit Geben und nicht nur mit Empfinden zu tun. Jesu Lehre über die Werke der Barmherzigkeit unterstreicht den Ausgangspunkt allen Mitgefühls: daß ich nämlich nicht nur ich bin, sondern daß wir alle in Beziehung miteinander stehen. Und er bringt ein neues und tieferes Mysterium mit hinein: daß wir auch Gott sind. Daß Gott leidet, wenn wir leiden. Daß Gott leichter zumute ist, wenn wir einander unser Leid erleichtern. Weitere Beispiele geistiger und leiblicher Werke der Barmherzigkeit finden sich im Neuen Testament in Fülle.[16] Auch die Seligpreisungen gehören zur Lehre Jesu über das Mitgefühl; wir werden später darauf zurückkommen.

Mitgefühl als Schaffen von Gerechtigkeit

Angesichts dieses neutestamentlichen Zeugnisses für das Mitgefühl als Akt des Handelns ist die Sünde der Sentimentalisierung des Mitgefühls noch bemerkenswerter und erschreckender. Die Gründe für diese Sünde liegen nicht zuletzt in der Sentimentalisierung des Begriffs *Liebe* im Westen und seiner Trennung von der Gerechtigkeit. José Miranda erfaßt das Problem mit einem Satz: «Einer der schlimmsten Fehler in der Geschichte des Christentums war es – unter dem Einfluß griechischer Definitionen –, zwischen Liebe und Gerechtigkeit zu unterscheiden.»[17] In der biblischen Überlieferung soll jede Gotteserfahrung zu einem schöpferischen Mitgefühl gegenüber unseren Nächsten führen. Allein zu sein mit dem Alleinigen ist kein biblisches Ideal. Und auch nicht, sich mit dem Göttlichen zu verloben, wie es die sentimentalen Spiritualismen insinuieren, die die christliche Mystik seit Jahrhunderten heimgesucht haben. «Jahwe zu kennen heißt, gerecht zu sein», sagt der Prophet Jeremia. Den Barmherzigen zu kennen heißt, barmherzig, mitfühlend zu sein. Claude Tresmontant drückt es so aus: «Die biblische *iustitia* steht nicht im Gegensatz zur *caritas*, sie *ist* die *caritas*. Die göttliche Tugend der Gerechtigkeit äußert sich in der Gerechtigkeit gegenüber dem Nächsten, die auch Liebe ist, und in der sozialen Gerechtigkeit.»[18]

Die Unterscheidung zwischen Liebe und Gerechtigkeit folgt aus der gnostischen Unterscheidung zwischen einem guten Gott und einem gerechten Gott. Hans Jonas hält die Antithese zwischen dem «gerechten Gott» und dem «guten Gott» für die wichtigste im System des Gnostikers Marcion (2. Jh. n. Chr.). Gerade aus dieser Aufspaltung von Güte und Gerechtigkeit aber resultiert die Zerstörung des Mitgefühls. «Aus christlicher Sicht ist dies der gefährlichste Aspekt des Dualismus bei Marcion: Er verteilt Barmherzigkeit und Gerechtigkeit auf zwei einander ausschließende Götter, während das Zusammenfallen beider Aspekte in einem Gott durch seine Spannung die gesamte Dialektik der paulinischen Theologie bestimmt.»[19]

Was können wir tun, um das Leid anderer, sofern es erleichtert werden kann, auch wirklich zu erleichtern? Der zeitgemäße Begriff für «Erleichterung von Leid» ist «Schaffen von Gerechtigkeit». Der Psychologe William Eckhardt definiert mitfühlende Gerechtigkeit als «eine Bewegung hin zur Gleichheit, die von der Annahme ausgeht, daß alle menschlichen Wesen gleich menschlich sind»[20]. Gerechtigkeit zu schaffen ist aber nicht nur eine moderne Umschreibung für Mitgefühl, sondern auch eine biblische. «Die hebräische Idee der Gerechtigkeit kommt unserer Vorstellung von Heiligkeit, Frömmigkeit und Rechtschaffenheit nahe . . . Diese Gerechtigkeit muß, als Grundlage menschlichen Verhaltens, alle Handlungen umfassen, besonders das Verhältnis eines Israeliten zu seinem Nächsten.»[21] In der hebräischen Vorstellung der *zedaka* – was wörtlich «Rechtschaffenheit» oder «Gerechtigkeit» bedeutet und gewöhnlich als *caritas*, «Barmherzigkeit», übersetzt wird – sehen wir die Werke der Barmherzigkeit zu Werken der Gerechtigkeit werden. Mit einem solchen Verständnis der *caritas* ist eine barmherzige Handlung nicht «eine Gefälligkeit den Armen gegenüber, sondern etwas, worauf sie ein Recht haben und wozu der Gebende verpflichtet ist». Deshalb lehren die Rabbis, daß «ein Armer mehr für den Haushaltungsvorstand tut (indem er das Almosen annimmt) als der Haushaltungsvorstand für den Armen (indem er ihm Barmherzigkeit erweist)»[22].

Der biblische Begriff, der manchmal als «Mitgefühl», manchmal als «Barmherzigkeit» und manchmal als «Erbarmen» übersetzt wird, ist das hebräische Wort *chessed*. Für gläubige Israeliten bedeutet es auch «Gnade». Alle Gelehrten sind sich darüber einig, daß es dafür kein adäquates englisches oder deutsches Wort gibt. Die griechischen Bibeln übertragen *chessed* als *eleos*, und die lateinische Vulgata übersetzt es mit *misericordia*, doch diesen Begriffen fehlt die Dimension des Handelns, die das hebräische Wort mit einschließt. Hebräer können davon sprechen, «mit jemandem *chessed* zu tun»; und *chessed* ist häufig mit dem Wort *mispat*, «Recht», assoziiert.[23] Es geht darum, die Erlösung zu bewirken, die Gerechtigkeit ausmacht. Es bezieht sich darauf, sich und andere zu befreien, wie der Prophet Micha (6,8) sagt: «Was Jahwe von dir fordert: nichts als *chessed* tun [Mitgefühl] und *mispat* lieben [Gerechtigkeit].» Wenn Jesus verkündet, daß das Reich Gottes nahe ist, dann weist er darauf hin, daß die messianische Zeit des Schaffens von Gerechtigkeit und die

Zeit der Barmherzigkeit bald anbrechen werde, wie Jesaja (46,13) vorhergesagt hatte: «Meine Gerechtigkeit lasse ich nahen, sie ist nicht mehr fern, und mein Heil säumt nicht.»

Für das Judentum ist ein Atheist nicht jemand, der die Existenz Gottes leugnet, sondern jemand, der behauptet, daß es auf der Welt keine Gerechtigkeit und keinen Richter gibt. In der Thora werden die Juden zur Gerechtigkeit ermahnt: «Einzig und allein Gerechtigkeit sollst du anstreben . . .» (5. Mose 16,20). Und die Propheten erinnern das jüdische Volk an dieses fundamentale Gesetz der Thora: «Wie Wasser flute das Recht und die Gerechtigkeit wie ein nie versiegender Bach!» (Amos 5,24) Wir sehen daran, wie weit sich christliche Innerlichkeit von der nach außen orientierten Heiligkeit entfernt hat, die der jüdische Glaube durch Handlungen der Gerechtigkeit repräsentiert sieht. «Ein Heiliger im Judentum ist ein ‹Gerechter›; seine Eigenschaften sind Rücksicht auf andere, Integrität, Aufrichtigkeit, Mitgefühl – alles soziale Eigenschaften. Im hebräischen Denken entspricht Gerechtigkeit der Heiligkeit. Sie ist eine Anerkennung der heiligen, unveräußerlichen Rechte aller Individuen, Gruppen und Völker. Im Judentum bedeutet Gerechtigkeit eine Beseitigung jeglicher Diskriminierung; sie ruft auf zu ständigem Kampf gegen Haß, Vorurteile oder Diffamierungen irgendwelcher Menschen oder Gruppen . . . Kein Jude kann moralisch neutral sein.»[24]

Der lateinamerikanische Exeget José Miranda setzt sich sehr für die Übersetzung von *chessed* als «zwischenmenschliches Mitgefühl» ein, zum Beispiel beim Propheten Hosea (6,6): «Denn Mitgefühl will ich, keine Opfer; Gotteserkenntnis, keinen Holocaust.»

In diesem Zusammenhang klagt der Prophet über die schlimmen Ungerechtigkeiten im Volk. Er setzt das Mitgefühl über Gebet und Liturgie und die Gotteserkenntnis mit Mitgefühl gleich – eine Gleichung, die schon der Prophet Jeremia aufgestellt hat und die Johannes in seinem Evangelium und in seinen Briefen aufgreift. Im Matthäus-Evangelium wird ausdrücklich auf die betreffende Passage aus Hosea Bezug genommen, als Jesus sich verteidigt gegen jene, die sich darüber ereifern, daß er mit Zöllnern und Sündern ißt (9,13), und als er es rechtfertigt, daß seine Jünger am Sabbat Ähren gepflückt und davon gegessen haben (12,7). Miranda zeigt auf, wie häufig *chessed* in der Bibel zusammen mit Gerechtigkeit *(zedaka)* oder Recht *(mispat)* erscheint.[25] Er ist überzeugt, daß *chessed* am besten mit «Mitgefühl» *(compassion)* übersetzt ist. «Biblisches Mitgefühl ist nicht herablassend, es erfordert unbedingten Einsatz für die Schwachen, die Armen und die Unterdrückten. Es anerkennt deren Recht und ist vollkommen identisch mit Gerechtigkeit.»[26]

Wir müssen jedoch festhalten, daß das Schaffen von Gerechtigkeit keine leichte Aufgabe ist. Es impliziert eine Art von Macht auf seiten der Unterdrückten, was die biblischen Bilder von «Jahwe, dem Krieger» (Richter 5) und vom «erlösenden Helden» (Zephanja 3,17) deutlich machen.

Hauptgegner des Mitgefühls ist also das Unrecht, eine Tatsache, die durch die Sentimentalismen völlig überdeckt worden ist, die sich nie mit dem Unrecht und seinen Ursachen auseinandersetzen, weil sie zu beschäftigt sind, in selbstgefälliger Rührseligkeit zu schwelgen. So heißt es bereits im Jakobusbrief:

> Wenn da ein Bruder oder eine Schwester keine Kleider haben oder des täglichen Unterhaltes entbehren und einer von euch sagt ihnen: «Geht hin in Frieden, wärmt euch und eßt euch satt» – ihr gebt ihnen aber nicht, was dem Leibe not tut –, was nutzt das? So ist es auch mit dem Glauben, wenn er keine Werke hat; für sich allein ist er tot ... Ihr seht also, daß der Mensch aus Werken gerechtfertigt wird, aber nicht aus Glauben allein ... Denn wie der Leib ohne Geist tot ist, so ist auch der Glaube ohne Werke tot (Jakobus 2, 15–17; 24; 26).

Mitgefühl ist nicht privat, egozentrisch oder narzißtisch, sondern öffentlich

Mitgefühl ist weit davon entfernt, eine privatisierende Kraft zu sein, es befreit uns vielmehr von allzu privaten Gefühlsregungen und Handlungsweisen. Zumindest sollte es das. Jüdische Gelehrte haben darüber geklagt, daß dies in der christlichen Geschichte keineswegs der Fall gewesen ist, und sie bezeichnen die christliche Moral als einen zum größten Teil «grenzen- und bedingungslosen Individualismus», dem ein «Ideal für die Menschheit» völlig fehle.[27] Wie weit entfernt ist solch ein Individualismus von der hebräischen Vorstellung von *chessed* oder den Taten der Liebe. Diese Domestikation des Mitgefühls fand vor allem im Zuge der industriellen Revolution statt, als Moral zu einer Schlafzimmermoral verkam, weil die wirklich drängenden Unrechtsfragen – zum Beispiel Massenarbeitslosigkeit und Kinderarbeit – von Heim und Kirche in die Öffentlichkeit verlegt wurden.

Das nun privatisierte Mitgefühl wird in der Folge zu einem bloßen Schwelgen im Leid anderer. Scheler meint, es komme zu einer emotionalen Infektion: «Weder besteht hier eine Gefühls-*Intention* auf die Freude und das Leid des anderen noch irgendein Teilnehmen an seinem Erleben. Vielmehr ist es charakteristisch für die Ansteckung, daß sie lediglich zwischen Gefühls*zuständen* stattfindet und daß sie ein Wissen um die fremde Freude überhaupt nicht voraussetzt.»[28] Menschen werden in einer solchen Situation zu Objekten statt zu Subjekten, und wie Anne Douglas über die Sentimentalisierung der Gefühle alten Menschen gegenüber sagt, «sind die Emotionen, die sie in uns hervorrufen, wichtiger als das, was sie selbst empfinden»[29].

Eine derartige emotionale Infektion ist einfach ein «Werkzeug des eigenen Vergnügens», wie Scheler bemerkt[30], und er wirft Schleiermacher und dem modernen Protestantismus vor, sich zu sehr auf die subjektiven Gefühle und die inneren Bewußtseinszustände konzentriert zu haben, und das auf Kosten eines weltzugewandten Denkens, das zu tätiger Liebe führen würde. Der Solipsismus sei nicht in der Lage, die reale «*Gleichwertigkeit* aller Menschen *als* Menschen»[31] zu erkennen und anzuerkennen. In derart verschlossenen Herzen und Köpfen wächst Egoismus, der nur von der Wurzel her ausgemerzt werden kann und der durch wahres Mitgefühl ersetzt werden muß.

Scheler warnt auch vor der Lust am Schmerz, der manche Menschen – zum Beispiel Schopenhauer – am Mitgefühl zu interessieren scheint, und vor der sadomasochistischen Anziehungskraft eines privatisierten Mitgefühls, vor allem seiner masochistischen Seite: «Das Aufgehen des Ich in einen allgemeinen Leidensbrei schließt *echtes* Mitleid vollständig aus.»[32] Der Masochismus ist eine Form des Narzißmus, der ebensowenig eine Freude oder Feier mit anderen kennt wie wirkliche Erleichterung ihres Leidens. Narzißtisches Mitgefühl erweckt im Betroffenen die «Illusion, er erfasse liebend ein ‹anderes›, während er tatsächlich immer wieder nur sich selbst – sein bloßes Spiegelbild liebend umfaßt»[33].

Was geht verloren, wenn das Mitgefühl derart egozentrisch und narzißtisch wird? Laut Miranda die Transzendenz selbst: «Eine Liebe, die keinen geschärften Gerechtigkeitssinn und kein echtes Leiden mit meinem erniedrigten Bruder beinhaltet – eine solche Liebe transzendiert nicht. Sie ist mit sich selbst zufrieden, obwohl sie das mit Worten leugnet; und so bleibt sie in sich selbst beschlossen und transzendiert nicht.»[34] Deshalb kann ein wirklich nach außen gerichtetes Mitgefühl der neue Begriff für Transzendenz sein. Das meint Johannes, wenn er in seinem Ersten Brief (4,12–21) davon spricht, daß «kein Mensch je Gott gesehen hat» und Gott nur in der Liebe zum Nächsten gesehen werden kann. Es ist interessant, daß in dieser wichtigen Textstelle der Archetyp für die Liebe nicht die elterliche Liebe oder die zwischen Ehepartnern ist, sondern die geschwisterliche Liebe. Wahres Mitgefühl ist geschwisterlich und nicht bevormundend oder patriarchal, nicht einmal elterlich.

In unserer Zeit ist es E. F. Schumacher gelungen, das Mitgefühl neu zu definieren – so wie Franz von Assisi es im 13. Jahrhundert getan hat. Schumacher, der 1977 starb, hat uns mit seinem Buch *Small is Beautiful* nicht nur seine eigene Bekehrungsgeschichte, sondern auch ein beeindruckendes Zeugnis für echtes Mitgefühl hinterlassen. Er hat das Mitgefühl für uns erlöst und es von den Privatisierern, Sentimentalisierern und morbide Faszinierten zurückgewonnen, um es dahin zurückzuführen, wohin es gehört: in die öffentliche Arena der Energie, der Arbeit, der Technik, der Wirtschaft, der Marktplätze, der «Dritten» und der «Ersten» Welt. Wir werden später auf einige seiner Ideen näher eingehen. Er wußte, daß Mitgefühl eine viel zu wichtige Kraft ist, als daß sie nach innen gerichtet und domestiziert werden dürfte. Ohne die aktive Gegenwart des Mitgefühls in der Welt der Wirtschaft und der öffentlichen moralischen Entscheidungen werden wir alle vernichtet werden.

Mitgefühl hat nicht nur eine menschliche, sondern auch eine kosmische und eine göttliche Dimension

Die persönliche Sorge eines Menschen für den anderen mag eine Gelegenheit zum Mitgefühl sein bzw. zu seiner Entwicklung führen, doch Mitgefühl ist noch viel mehr. Zum einen trägt wahres Mitgefühl dazu bei, die Strukturen der Gesellschaft zu erneuern und mehr Gerechtigkeit zu schaffen, zum andern aber ist Mitgefühl vor allem eine Energie, die wir *allen Kreaturen* geben und von ihnen erhalten. So erklärte Martin Buber, daß die Erfahrung des Ich-Du sich nicht nur zwischen Menschen ereignet, sondern zwischen Menschen und Bäumen, Menschen und Tieren, Menschen und Musik und Malerei und anderen Künsten – und zwischen Menschen und Gott. Die Psychologie dagegen hat das Mitgefühl häufig auf ein bloßes Ich-Gefühl reduziert.

Der lutherische Theologe und Exeget Krister Stendahl charakterisiert unsere Zeit als «Zeit kosmischer Angst», in der wir geängstigt sind durch «Mächte und Gewalten, wo winzige Menschen nur wissen, daß sie nicht viel tun können, daß sie nicht die Kontrolle haben, daß sie einfach machtlos sind». Angesichts dieser Situation warnt er vor einer introspektiven und individualisierten Religion und drängt die Christen, zu der kosmischen Tradition ihres Glaubens zurückzukehren.

> Von daher muß auch die Rechtfertigung aus Glauben in ihren größeren Rahmen der Heidenmission des Paulus eingebettet werden, in Gottes Gesamtplan für seine Schöpfung. Oder vielleicht sollten wir es so sagen: Paulus Gedanken über die Rechtfertigung behandeln das Thema von Trennungen und Identitäten in einer pluralistischen, zerrissenen Welt, sie behandeln nicht so sehr die inneren Spannungen individueller Seelen oder Gewissen. Sein suchendes Auge wendet sich der Einheit und der gottgewollten Vielheit der Menschheit zu, ja der ganzen Schöpfung.[35]

Mitgefühl ist eine Spiritualität des Fleisches, nicht der Milch; für Erwachsene, nicht für Kinder; der Liebe, nicht des Masochismus; der Gerechtigkeit, nicht der Philantropie. Mitgefühl braucht Reife, ein weites Herz, die Bereitschaft zu Risiko und Phantasie. Doch

Spiritualität hat für viele Menschen immer nur meditative Disziplin oder introvertierte Kontemplation bedeutet. Mitgefühl führt über diese Anfangsstadien der spirituellen Suche hinaus zu einem erfüllteren dialektischen Leben, in dem sowohl kosmische Kontemplation und aktueller Schmerz erlebt und dann alternative Heilungen dieses Schmerzes möglich werden.

Kosmisches Mitgefühl

Biblisches Mitgefühl wirkt weit über die Grenzen des persönlichen Bereichs hinaus, ja es erstreckt sich laut der hebräischen Bibel auf das gesamte Universum und die ganze Schöpfung. «Seine Barmherzigkeit gilt allem, was er gemacht hat», singt der Psalmist (145,9), der damit darauf hinweist, daß «das Mitgefühl der Juden die menschliche Rasse überschreiten und sich auch auf die niedrigsten Geschöpfe Gottes richten soll». *Wahres* Mitgefühl erstreckt sich auf *alle* Geschöpfe. «Israel hat Mitleid nie als bloße Herablassung verstanden, sondern als ein Gefühl der Verbundenheit mit allen Mitgeschöpfen.»[36] Die kosmische Dimension des Mitgefühls hilft also, einen Sentimentalismus im Namen des Mitgefühls zu verhindern. Das biblisch verstandene Mitgefühl umfaßt in besonderem Maße auch die Tiere. So verbot das jüdische Gesetz die Jagd als Sport oder Zeitvertreib. Das Schlachten von Tieren zur Ernährung des Menschen war zwar erlaubt, doch nur im Rahmen strenger Regeln, die ein Minimum an Leiden auf seiten des Tieres sicherstellen sollten. Der Sabbat, der wöchentliche Ruhetag, sollte nicht nur für die Menschen, sondern auch für die Tiere gelten (2. Mose 20,10). Dem Ochsen, der das Korn trat, sollte der Maulkorb abgenommen werden, damit er ohne Mühe fressen konnte, und er sollte nicht gequält werden (5. Mose 22,10). Nur in einem Fall durfte das Gebet vor der Mahlzeit unterbrochen werden: wenn die Haustiere noch nicht gefüttert waren. Leo Baeck stellt fest: «Es ist kulturell ohne Parallele, daß Tiere, wie es die Bibel tut, unter ein Schutzgesetz gestellt werden, das für Menschen gemacht ist . . . Das Judentum lehrte den Menschen, die Tiere mit einer Liebe zu behandeln, die mehr war als Mitleid.» Und das talmudische Gesetz entwickelt dieses Prinzip weiter, indem es die Verstümmelung oder Kastration von Tieren verbietet.

Max Scheler betont, daß diese Liebe zur Natur *um ihrer selbst willen* das wahre Mitgefühl von «der Scheinform ‹sentimentaler› Naturliebe» unterscheide. «Darum ist zum Beispiel auch Roheit gegen Gebilde der organischen Natur, Tiere oder Pflanzen, nicht erst dadurch ‹schlecht›, daß sie als Anzeichen ‹möglicher› Roheit gegen Menschen aufgefaßt wird, sie ist vielmehr in sich selbst schlecht.»[37] Für Scheler heißt das, anders ausgedrückt: Falls wir nicht aus einer Empathie mit der ganzen Schöpfung heraus handeln, führen wir die Brutalität herbei, zu welcher der Narzißmus neigt. Die Erfahrung kosmischen Bewußtseins ist ein Grundbestandteil wirklichen Mitgefühls.

Mitgefühl als göttliche Eigenschaft

Auch indem die Bibel betont, daß Mitgefühl eine Eigenschaft Gottes ist, hebt sie es weit über die persönliche Sphäre hinaus. In der Theophanie, die Moses auf dem Berg Sinai erlebte, soll Jahwe in Form einer Wolke zu ihm herabgestiegen sein und gesprochen haben. Jahwe zog an ihm vorüber und rief aus: «Jahwe, Jahwe, ein gnädiger und mitfühlender Gott, langmütig und reich an Gnade und Treue» (2. Mose 34,6). Der Name Jahwe selbst bezeichnet Gott als Mitgefühl, und Gott wird auch der «Barmherzige/Mitfühlende» genannt. Gott ist voller Barmherzigkeit (Psalm 103,11), er verspricht dieses Mitgefühl seinem Volk (5. Mose 30,3) und hält sein Versprechen (5. Mose 13,17). «Die Huld Jahwes ist nicht erschöpft, sein Erbarmen ist noch nicht zu Ende. Neu erwacht es jeden Morgen», heißt es in den Klageliedern Jeremias (3,22–23). Immer wieder demonstriert Gott Mitgefühl (z. B. 2. Könige 13,23; 2. Chronik 36,15); und seine göttliche Liebe gilt besonders den Armen, den Witwen, Waisen und Fremden. Gott wird als «Vater der Barmherzigkeit» bezeichnet; und nach der Mischna, den Grundlageschriften des Talmud, wurde die Schöpfung aus dem göttlichen Mitgefühl für die Geschöpfe geboren.

Wenn wir sagen, daß Gott barmherzig, mitfühlend ist, so sagen wir, daß Gott mit dem Leiden anderer leidet. Gott leidet, Gott empfindet Schmerz. Menschliches Mitgefühl bedeutet also eine Erleichterung des göttlichen Leids wie auch eine Erleichterung des menschlichen Leids. Das Thema des leidenden Gottes wurde sowohl im Judentum als auch von nichtjüdischen Denkern weit entwickelt, blieb jedoch in der christlichen Spiritualität peripher.

Wirklich biblischen Denkern ist das Thema «Gott im Leiden» nicht fremd. In einem Interview, das Rabbi Heschel wenige Tage vor seinem Tod gab, erklärte er: «Im Judentum existiert eine alte Vorstellung, daß Gott leidet, wenn der Mensch leidet. Es gibt einen sehr berühmten Text, der sagt, daß Gott selbst dann weint, wenn ein Verbrecher gehängt wird. Gott identifiziert sich mit dem Elend der Menschen. Indem ich menschliches Leiden, menschliche Qual und menschliches Elend vermindere, kann ich Gott helfen.»[38] Diese Form biblischer Theologie ist also weit entfernt vom «unbewegten Beweger» und auch weit entfernt von einem Gott der Gleichgültigkeit. Heschel sagt, es sei das Werk der Propheten, Gott und Volk zusammenzuhalten. «Das bedeutet, was immer ich dem Menschen antue, tue ich Gott an. Verletze ich ein menschliches Wesen, so verletzte ich Gott.»[39] Und bei den Propheten Jeremia und Jesaja heißt es:

> Ist mir denn Ephraim ein so teurer Sohn? Ist er mein Lieblingskind? So oft ich ihn auch schelte, immer wieder muß ich an ihn denken. Deshalb schlägt ihm mein Herz entgegen, ich muß mit ihm mitfühlen, spricht Jahwe (Jeremia 31,20).
> Blicke vom Himmel herab und schaue hernieder von deiner heiligen und herrlichen Wohnung! Wo ist dein Eifer und deine Macht, das Beben deines Innern? Verschließe dich nicht dem Mitgefühl (Jesaja 63,15).

Gottes Inneres bebt, heißt es, vor Qual und Schmerz. Hier liegt der Ursprung wahren Mitgefühls, denn unsere Eingeweide und nicht das Herz bilden entsprechend dem jüdischen Denken den eigentlichen Sitz der tiefen Gefühle. Wie wir alle erfährt Gott also das Mitgefühl im Bauch. Mitgefühl *(compassion)* ist leidenschaftlich *(passionate)*. Ein mitfühlender Gott ist ein leidenschaftlicher Gott. Mitgefühl hat mit Bewegung zu tun, es *ist* eine Bewegung, eine Bewegung, die weit über die persönliche Sphäre hinausgeht und in ein Bewußtsein überall vorhandener Energie mündet – menschlicher und göttlicher, pflanzlicher und mineralischer, tierischer und musikalischer, planetarer und interplanetarer. In diesem Sinne könnte man sagen, daß der Kosmos durch das Mitgefühl personalisiert wird. Mitgefühl ist ein Weg, im Universum zu Hause zu sein, mit dem Leben und dem Tod, mit dem Sichtbaren und dem Unsichtbaren.

In diesem Sinne kann Kontemplation, sofern sie wirklich kosmisch und nicht individualistisch ist, zu einem reichen und sogar notwendigen Nährboden des Mitgefühls werden. Mitgefühl erwächst aus kosmischer Einsamkeit und aus unserem Mut, der kosmischen Angst zu begegnen. Diese Art der kosmischen Kontemplation meint Arturo Paoli, wenn er feststellt:

> Das einzige Zeichen dafür, «von Gott berührt» zu sein, ist, fähig zu werden, sich als «universeller Bruder» zu sehen, um einen Lieblingsausdruck von Pater De Foucauld zu benutzen. Und das bedeutet, mit den Menschen und allen Wesen in Verbindung zu sein ... Unsere Wurzeln in diese wohltuende Ganzheit senken zu können, erfordert den Mut, die Welt als in einem ständigen Schöpfungsprozeß befindlich zu begreifen, in dem die Dinge mehr und mehr von der menschlichen Aggressivität befreit werden ... In der Gemeinschaft mit Bruder Feuer, mit Schwester Wasser, mit Bruder Wolf reift die Kontemplation, und es wird eine liebevolle und fruchtbare Geschwisterlichkeit entdeckt ... Der kontemplative Entwurf für die Zukunft ist eine qualitative Veränderung, eine Versöhnung mit den Dingen. Man erkennt, daß das Universum von der Sklaverei und Schwäche befreit wird, um an der «Herrlichkeit der Freiheit der Kinder Gottes» (Römer 8,21) teilzuhaben.[40]

Mitgefühl ist nicht asketische Distanz oder abstrakte Kontemplation, sondern ist leidenschaftlich und weltoffen

Mitgefühl heißt nicht, um Leid und Schmerz anderer nur zu wissen. Vielmehr bedeutet es, den Schmerz zu *kennen*, sich auf ihn einzulassen, ihn zu teilen und, soweit dies möglich ist, zu «schmecken». Wie Scheler es ausdrückt, ist Mitgefühl «ein Fühlen des fremden Gefühls, kein bloßes Wissen um es oder nur ein Urteil, der andere habe das Gefühl»[41]. Aber wie kann man die Gefühle anderer kennen, statt nur um sie zu wissen? Für eine solche Lernerfahrung in

Mitgefühl ist Phantasie notwendig. Deshalb können uns weder asketische Denker noch Rationalisten viel über das Mitgefühl lehren – falls überhaupt etwas. Denn sie versuchen, die Phantasie zu kontrollieren, statt aus ihr zu lernen. Leidenschaft und Zuwendung lernen wir durch Interaktion mit Materie – eine Transformation (eher als eine Kontrolle) von Energie, die Künstlerinnen und Künstlern sehr wohl vertraut ist.

Bultmann und Miranda weisen darauf hin, daß «Haß» in der Bibel soviel wie «Mangel an Mitgefühl»[42] bedeutet, Gleichgültigkeit und Kälte, Abstraktheit, die die Nächstenliebe behindert oder ihr gleichgültig gegenübersteht. Die rationalistische Tradition im Westen hat jedoch unseren Denk- und Handlungsmustern, auch unserer Theologie und unseren Institutionen, einen abstrakten Zugang zum Leben eingeimpft. Man könnte sogar sagen, daß ein derartiges Bildungssystem uns zum Haß und zur Kaltherzigkeit erzieht, das heißt dazu, keine mitfühlenden Menschen zu sein. Miranda ist überzeugt, daß die westliche Kultur unter der Vormundschaft von Platon und Aristoteles «unweigerlich aristokratisch, privilegiert und unfähig geworden ist, die massiven tragischen und bedrückenden Realitäten unserer Geschichte zu erfassen. Ihr Humanismus war und ist ein gedanklicher Humanismus, ein mentaler, ästhetischer Humanismus. Und ihr ‹Mensch› ist eine Abstraktion, eine platonische Essenz, die stets und für immer *(semper et pro semper)* gültig ist, jedoch keine wirkliche Menschheit aus Fleisch und Blut, keine Menschheit aus Blut und Tränen und Sklaverei, aus Demütigungen und Gefängnissen und Hunger und ungezählten Leiden.»[43]

Der Protestant Kazoh Kitamori fordert gegenüber Karl Barth, der gesagt hat, Gott sei eine ganze Person ohne Zerrissenheit oder Schmerz, daß die Theologie des Gotteswortes ersetzt wird durch eine «Theologie des Gottesschmerzes», um zur Leidenschaft und zum Mitgefühl des biblischen Gottes zurückzukehren.[44] Dies ist eine einsichtsvolle Haltung, denn wenn wir Gottes Pathos und Leidenschaft leugnen, machen wir aus Gott eine Abstraktion. Auch hier, in dieser Wiederentdeckung des Schmerzes und der Leidenschaft Gottes, sieht Kitamori eine Gemeinsamkeit zwischen dem westlichen Glauben und dem buddhistischen, denn Buddha erlöst dadurch, daß er an der Krankheit der Menschheit leidet. «Krankheit wird durch Krankheit gerettet», heißt es im Buddhismus.

Auch Thomas von Aquin sah die wichtige und enge Beziehung zwischen Leidenschaft und Mitgefühl. In dieser Hinsicht war seine Spiritualität jüdisch und biblisch wie die des Rabbi Heschel. Thomas sagt: «Vom Mitgefühl müssen wir sprechen wie von der Leidenschaft»; und «Mitgefühl ist eine gewisse Art der Leidenschaft, denn niemand wird mitfühlend, wenn er nicht leidet»; «Mitgefühl geht von einer Liebe Gottes und des Nächsten aus, die ein verzehrendes Feuer ist, während sie uns bewegt, das Elend anderer zu erleichtern.»[45]

Rabbi Heschel stellt den leidenschaftlichen Gott Israels dem abstrakten Gott der Philosophen gegenüber. Letzterer ist «völlig gleichgültig, zu sublim, um ein Herz zu besitzen oder einen Blick auf unsere Welt zu werfen. Im Gegensatz dazu ist der Gott der Propheten ganz Betroffenheit und zu barmherzig, um seiner Schöpfung fern zu bleiben. Er regiert die Welt nicht nur in der Majestät seiner Macht, sondern er ist persönlich betroffen und sogar berührt durch das Verhalten und Schicksal des Menschen. ‹Seine Gnade ruht auf allen seinen Werken.›»[46] Heschel stellt auch fest, daß die Propheten, die die Bedeutung des Mitgefühls kennen, keine Asketen sind. Das Ziel des Lebens ist die Feier, wie er sagt.

Zu Recht weist Tresmontant darauf hin, daß die Kontemplation im biblischen und neuplatonischen Denken «einen unterschiedlichen Sinn» hat. «Im Neuplatonismus impliziert der Begriff ‹Flucht›, während er in der Bibel mit einem Leben der Tat, mit der Arbeit vereinbar ist.»[47] Handeln und Arbeiten sind wesentliche Aspekte des Mitgefühls. *Mitgefühl ist das biblische Wort für Kontemplation.* Wie Tresmontant zeigt, hat der Gnostizismus das Abstrakte und das Spirituelle verwechselt. Der griechische Begriff der *theoria* und der Kontemplation war ausgesprochen visuell orientiert, so daß Kontemplation zu einer Art «Starren auf etwas» wurde – zu einer Vision. Das biblische Verständnis der Gotteserfahrung drückt sich jedoch mehr im Begriff des Mahles, der Feier und der Teilnahme am Feiern aus. Die Juden waren Ohrenmenschen, nicht Augenmenschen wie die Griechen. Auf große Distanz sieht man zwar gut, hört jedoch schlecht. Zwar reicht die Aufnahmefähigkeit der Ohren nicht so weit, wie die Augen sehen können, doch dafür nehmen sie alles sinnlicher wahr. Für die Juden ist Kontemplation deshalb «greifbarer» als für die Griechen. Sie wird vom Bauch her gefühlt.

Mitgefühl ist nicht antiintellektuell, es versucht vielmehr die Verbundenheit aller Dinge zu erkennen und zu verstehen

Mitgefühl umfaßt nicht nur Leidenschaft, Pathos und Zuwendung, die tief aus dem Bauch kommen, sondern auch eine intellektuelle Komponente – schließlich entstehen Ideale aus Ideen. So wie es ohne Ideen und ohne ein intellektuelles Bewußtsein keine Gerechtigkeit geben kann, kann es ohne ein intellektuelles Bewußtsein auch kein Mitgefühl geben, denn bei der Suche nach Gerechtigkeit bezieht das Mitgefühl die ganze Person mit ein. Und die Vernunft ist ja nun mal ein wesentlicher Teil von uns. In Thomas Mertons letztem Gespräch, das er zwei Stunden vor seinem Tod führte, ging es um das Thema «Marx und monastische Perspektiven». Dabei stellte er zum Begriff es Mitgefühls fest: «Die ganze Idee des Mitgefühls beruht auf dem klaren Bewußtsein der wechselseitigen Abhängigkeit aller Lebewesen, die alle Teil voneinander sind und in Beziehung zueinander stehen.»[48] Mitgefühl zu entwickeln bedeutet also, ein immer schärferes Bewußtsein dieser wechselseitigen Abhängigkeit aller Lebewesen zu entwickeln. Zu einem solchen Bewußtsein führt nicht nur intellektuelles Studium, sondern natürlich auch das Studium der Natur selbst. Es geht um ein Studium als geistige Disziplin, als Mittel, immer tiefer in die Wahrheit des Universums einzudringen. Spirituell orientierte Menschen können über die Tatsachen, die unsere Wissenschaft über das Universum entdecken kann und entdeckt hat, jubeln, denn daraus kann ein wahrhaft ökumenischer Dialog zwischen Wissenschaft und Spiritualität entstehen.

In einem mitfühlenden Menschen gibt es keinen Raum für Antiintellektualismus. Anne Douglas stellt fest, daß jeder Sentimentalismus in einer Angst vor Ideen und im Antiintellektualismus wurzelt. Dieser «Tod des kritischen Instinkts» bestimmt jeden Sentimentalismus, sagt sie und zitiert in diesem Zusammenhang Eva, die Heldin aus einem beliebten und sentimentalen Roman von Harriet Stowe aus dem 19. Jahrhundert, die sich mit den Theorien Darwins auseinandersetzt und sagt: «Ich glaube, es ist viel leichter, an die Geschichte vom Paradies zu glauben, vor allem weil sie hübsch und poetisch ist und in dem guten alten Buch steht, das uns so lieb und teuer ist.»[49] Diese geistige Trägheit ist typisch für den Antiintellektualismus. Es ist eben «leichter», an etwas Hübsches zu glauben, als wissenschaftliche Ideen und Mitgefühl miteinander in Beziehung zu bringen. Das intellektuelle Leben für das Mitgefühl arbeiten und es feiern zu lassen, bedarf der Anstrengung der Disziplin und manchmal auch der Askese. Es gibt aber keinen anderen Weg, Mitgefühl zu lernen. Verstehen resultiert aus Arbeit. Wirkliches Verstehen ist eine Grundkomponente des Mitgefühls und erwächst aus Wahrheit, nicht aus Ignoranz oder Dummheit. Mitgefühl hat also auch eine intellektuelle und rationale Komponente, deren Vernachlässigung die Energien des Mitgefühls mit Identifikation verwechselt. Identifikation ist kein Mitgefühl, warnt Scheler.

Mitgefühl ist keine Religion, sondern eine Lebensweise, eine geistige Haltung

Vor einigen Jahren hörte ich einen sehr anregenden Vortrag von einem Experten für jüdische Spiritualität. Vor allem folgende Äußerung fand ich bemerkenswert: «Die Christen müssen lernen, daß das Judentum keine Religion, sondern eine Lebensweise ist.» Ja, das müssen sie! Und wie anders wäre die menschliche Geschichte in den vergangenen zweitausend Jahren verlaufen, wenn die Christen genau das gewußt hätten: daß Judentum *und* Christentum als Lebensweisen und nicht als Religionen zu verstehen sind. Die frühen Christinnen und Christen folgten Jesus und bezeichneten sich nicht als Anhänger einer Religion. Statt dessen wird im ersten Buch, das Christen über sich selbst schrieben, in der Apostelgeschichte, das Christentum an mehreren Stellen als «der Weg» bezeichnet.[50]

Was ist der Unterschied zwischen einem Weg und einer Religion? Ich vertrete die Auffassung, daß eine bestimmte Lebensweise oder Spiritualität das ist, was spirituelle Menschen leitet, während eine Religion etwas ist, was Imperien zu ihrer Stabilisierung brauchen. In seinen Memoiren hält Feldmarschall Montgomery fest, daß das britische Empire niemals so groß hätte werden können, wäre es nicht durch die Church of England gestützt worden. Man braucht nur das Herzstück dieser Religion, die St.-Pauls-Kathedrale in London, zu besuchen, um die Richtigkeit dieser Feststellung zu erkennen. An den Wänden sind die Grabmale der britischen

Generäle aufgereiht, die für ihre Siege über die «ungläubigen» Einwohner Indiens gerühmt werden. Es ist sogar die Zahl der Inder genannt, die auf Befehl eines jeden Generals in der und der Schlacht getötet wurden. Ja, die Imperien brauchen Religion. Das könnte auch einer der ausschlaggebenden Gründe dafür sein, warum sich die institutionalisierte Religion heute auf dem Rückzug befindet (haben die Menschen etwa das Gefühl, Imperien seien überholt?) und spirituelle Lebensweisen an Anziehungskraft gewinnen.

Zwei wissenschaftliche Studien über das Mitgefühl religiöser Menschen – eine von einem Psychologen und eine von einem Soziologen – sind unabhängig voneinander zu dem Schluß gekommen, daß in der heutigen Gesellschaft zwischen Religion und Mitgefühl keine Korrelation mehr besteht. So schreibt der Psychologe William Eckhardt: «Aus der konventionellen Religiosität, wie sie in unserer heutigen Kultur begriffen und praktiziert wird, erwächst kein Mitgefühl», und «in der heutigen westlichen Welt befinden sich mitfühlende Theisten in der Minderheit».[51] Eckhardt sieht jedoch durchaus eine Verbindung zwischen dem Mitgefühl und den ursprünglichen Lehren des Judentums, des Christentums und anderer großer Glaubensrichtungen. Die Studie *Religious Involvement, Values, and Social Compassion* von James A. Christenson kommt zu dem Schluß, daß «Menschen, die regelmäßig in die Kirche gehen, kein größeres soziales Mitgefühl zeigen als jene, die nicht zur Kirche gehen»[52]. Beide Studien scheinen implizit zu fragen: Welche Beziehung besteht zwischen Religiosität bzw. Kirchenbesuch und jenem Weg, wie er von einem Jesus, einem Moses oder einem Amos gelehrt wurde? Was stellte sich zwischen deren Lehre und jene, die behaupten, ihnen nachzufolgen? Ich behaupte, daß die Instrumentalisierung der Religion für die Zwecke der Machtpolitik dazwischengetreten ist und daß diese Zwecke wichtiger geworden sind als eine mitfühlende Lebensweise. Imperialisten haben bekanntermaßen nicht viel übrig für mitfühlende Menschen und werden wohl kaum Mitgefühl unter ihren Untertanen fördern. Mitfühlende Menschen sind keine angepaßten Bürgerinnen und Bürger.

Judentum als mitfühlende Lebensweise

Rabbi Dressner hat darauf hingewiesen, wie fundamental das Mitgefühl für die jüdische Lebensweise oder Spiritualität ist. In dieser Lebensweise war «das Mitgefühl ein Eckstein und die Barmherzigkeit die andere Seite des Rechtsaktes»[53]. Die Juden wurden angehalten, auf den Wegen Gottes, des Mitfühlenden, zu wandeln, und sie wurden *rahamanim benei rahamanim* genannt, «die Mitfühlenden und Kinder des Mitfühlenden». Wenn wir mitfühlend sind, wie Gott mitfühlend ist, so vollziehen wir die *Imitatio Dei*, die Nachahmung Gottes. Die Rabbis ermahnen die Menschen auch auf folgende Weise: «So wie Gott mitfühlend und barmherzig ist und gerecht und liebevoll genannt wird, so sollt auch ihr mitfühlend und barmherzig, gerecht und liebevoll sein.»[54] Mitgefühl soll das Kennzeichen der Juden sein. Moses Maimonides erklärt: «Die Nachkommen Abrahams, die vom Geschenk der Thora profitieren, sind gegenüber allen mitfühlend und barmherzig.»[55]

Für das jüdische Volk bedeutet Mitgefühl, auf dem Wege jenes Gottes zu gehen, der Mitgefühl ist. So sagt Rabbi Hama ben Hanina: «Es steht geschrieben: *Dem Herrn eurem Gott sollt ihr nachgehen.* Wie sollen wir das verstehen? Ist es für einen Menschen möglich, der Gegenwart Gottes hinterherzugehen? Steht nicht geschrieben: *Denn der Herr, dein Gott, ist ein verzehrendes Feuer?* Was ist damit gemeint, daß wir den Eigenschaften des Heiligen, gesegnet sei er, nachfolgen sollen?»[56] Gottes Mitgefühl weist den Weg zu einem menschlichen Mitgefühl als einer Spiritualität, die zur Kunst des Wandelns auf Gottes Weg und auf einer tiefen, das Bewußtsein überschreitenden Ebene zu einer grundsätzlich spirituellen Einstellung zu allem Leben wird. «Wenn wir des Mitgefühls gewahr sind», bemerkt Rabbi Dressner, «nicht unbedingt auf bewußte Weise, sondern intuitiv, dann sind wir nicht mehr im Panzer unseres Ego gefangen, nicht verzehrt von unseren eigenen Sorgen, sondern wieder verknüpft mit dem Band, das jeden Menschen seinem Nächsten und alle Menschen mit Gott verbindet.»[57]

Wenn Mitgefühl zu unserer Spiritualität wird, so endet damit auch Gottes Warten und weicht Gottes Schmerz. Das Mitgefühl Gottes, das darauf wartet, daß Menschen Mitgefühl zeigen, wird nun freigelassen. Und Gottes Gebet, das selbst ein Gebet um Mitgefühl ist, wird erhört. Denn Gott betet: «Möge es mein Wille sein, daß mein Mitgefühl meinen Zorn überwindet und meine Strenge überdauert, daß ich meine Kinder gemäß der göttlichen Eigenschaft des Mitgefühls behandle.»[58]

Jesu Lehren als mitfühlende Lebensweise

Aus dem Vorhergehenden ist deutlich geworden, daß Jesu Lehre über das Mitgefühl auf den Einsichten der jüdischen Spiritualität beruht, in deren Geist er geboren und erzogen wurde. Seine Ermahnung: «Seid mitfühlend, wie euer Vater mitfühlend ist» (Lukas 6,36) entspricht genau den jüdischen Ermahnungen, die wir gerade zitiert haben. Es wurde bereits gesagt, daß Jesus wie die jüdischen Propheten vor ihm das Mitgefühl als eine Handlung der Gerechtigkeit, ein *mispat*, eine Tat der Liebesgerechtigkeit, betrachtet hat. «Selig die Barmherzigen/Mitfühlenden, denn sie werden Barmherzigkeit/Mitgefühl erlangen», erklärt Jesus (Matthäus 5,7). Mitgefühl bringt Mitgefühl hervor.

In den Evangelien werden zwei Worte benutzt, um Jesu Erfahrung des Mitgefühls und seine Lehre darüber auszudrücken. Das erste, *eleo,* kennen wir bereits. Es wird von den Kranken und Leidenden verwendet, die sich an Jesus wenden, auf daß er ihren Schmerz erleichtere. Zum Beispiel als zwei blinde Männer ihm folgen und rufen: «Erbarme dich unser, Sohn Davids!» (Matthäus 9,27); als eine kanaanäische Frau für ihre Tochter bittet: «Erbarme dich meiner, Herr, Sohn Davids! Meine Tochter wird von einem Dämon furchtbar geplagt.» (Matthäus 15,22); als der Vater des epileptischen besessenen Jungen Jesus anspricht: «Aber wenn du etwas vermagst, so hab Erbarmen mit uns und hilf uns.» (Markus 9,22); und als die zehn Aussätzigen zu ihm kommen und rufen: »Jesus, Meister, erbarme dich unser!» (Lukas 17,13) sowie auch bei anderen Gelegenheiten.[59]

Das zweite in den Evangelien in bezug auf das Mitgefühl Jesu verwendete Wort ist das griechische σπλαγχνίζομαι, was wörtlich übersetzt bedeutet: «in den Eingeweiden berührt werden». Wir haben gesehen, daß dieses Verständnis der Mitgefühlserfahrung typisch jüdisch ist. Mit diesem Begriff wird ausgedrückt, wie Jesus auf die Bitte um Mitgefühl und Barmherzigkeit antwortete, wird deutlich gemacht, daß er Mitgefühl *und* Mitleid hatte. Ein paar Beispiele für diese seine Haltung: Er predigte in den Städten, «und als er die

Volksscharen sah, wurde er von Mitleid mit ihnen ergriffen. Denn sie waren erschöpft und hingestreckt wie Schafe, die keinen Hirten haben» (Matthäus 9,36). Er vermehrte die Brotlaibe und Fische, indem er «seine Jünger zu sich rief und sprach: Mich erbarmt des Volkes, denn schon drei Tage harren sie bei mir aus und haben nichts zu essen» (Matthäus 15,32). Als sich ihm zwei Blinde nähern, hören wir: «Von Mitleid mit ihnen ergriffen, berührte Jesus ihre Augen, und gleich sahen sie wieder und folgten ihm nach» (Matthäus 20,34). Als ein Leprakranker ihn um Heilung bittet, heißt es, daß Jesus «von Mitleid ergriffen seine Hand ausstreckte, ihn berührte» und er geheilt war (Markus 1,40). Und als Jesus sah, wie die Witwe in Naim über ihren Sohn trauerte, «wurde er von Mitleid über sie bewegt und sprach zu ihr: Weine nicht!» und er befahl dem Sohn aufzustehen, was dieser auch tat (Lukas 7,13). In all diesen Fällen wurde Jesus «aus seinen Eingeweiden», «aus dem Bauch» heraus zum Mitgefühl bewegt, wie auch noch bei anderen, hier nicht zitierten Gelegenheiten.[60] Diesen Textstellen ist gemeinsam, daß Jesus handelte, um den Schmerz anderer zu lindern, und daß zweitens der Schmerz anderer häufig mit den Worten «habe Mitleid mit mir» oder durch Tränen ausgedrückt wurde.

Ganz offensichtlich war Jesus ein mitfühlender Mann und wurde genau deshalb von Menschen angesprochen, die Mitgefühl brauchten. Die Evangelisten identifizieren dieses Mitgefühl Jesu als eine seiner göttlichen Eigenschaften, wie bei der Wiedererweckung des Sohnes der Witwe in Naim deutlich wird: Zum ersten Mal im Lukas-Evangelium wird Jesus hier als «Herr» bezeichnet: «Da sie der Herr sah, wurde er von Mitleid über sie bewegt» (Lukas 7,13). Bis dahin war der Titel «Herr» allein für Jahwe reserviert. Jesus wird hier also für die Christen zum Sohn des Barmherzigen, des Mitfühlenden. Jesus ist das inkarnierte Mitgefühl, das Fleisch und Geschichte gewordene Mitgefühl, der Sohn Gottes, der Sohn des Barmherzigen.

Und Jesus drängt jene, die an ihn und den Vater glauben, selbst mitfühlend zu werden. Das wird im Gleichnis vom barmherzigen Samariter deutlich (Lukas 10,29–37), wo das Mitgefühl mit der aktiven Erleichterung des Schmerzes eines anderen verbunden wird; im Gleichnis vom verlorenen Sohn (Lukas 15,11–32), wo Mitgefühl mit Feiern verbunden wird; und im Gleichnis vom unbarmherzigen

Schuldner (Matthäus 18,23–35), wo das Mitgefühl mit Vergeben und Verzeihen verbunden wird.

Darüber hinaus bedeutet Mitgefühl für Jesus und seine Jünger, wie wir noch sehen werden, eine Lebensweise und einen Weg, sich Gott zuzuwenden. Die Bergpredigt und die Seligpreisungen bilden einen Höhepunkt von Jesu Lehre über das Mitgefühl und über die rechte Lebensweise. So verstanden die ersten Christinnen und Christen seine Lehre als «den Weg», als einen Weg, in Gerechtigkeit und Mitgefühl zu wandeln. Im Galaterbrief (5,13–25) setzt Paulus das «Wandeln im Geiste» damit gleich, «einander in Liebe zu dienen».[61] Wie wir bereits gesehen haben, wird im Evangelium und in Briefen des Johannes das Mitgefühl ebenfalls als essentiell für Jesu Persönlichkeit und Lehre herausgestellt. Wenn Jesus in Johannes 17,3 sagt, «Dies ist das ewige Leben: den Vater zu erkennen», so verwendet er damit einen Terminus, der bei den Propheten soviel bedeutete wie «Gerechtigkeit üben». «Jahwe zu erkennen schließt ein, Mitgefühl mit den Bedürftigen zu haben und ihnen Gerechtigkeit widerfahren zu lassen.»[62]

Wir sehen also, daß in der Sichtweite der hebräischen Bibel wie auch des Neuen Testaments, das den Lehren der hebräischen Bibel über das Mitgefühl viel verdankt, die Erkenntnis Gottes sich sehr von den «religiösen Handlungen»[63] unterscheidet. Beim Erkennen des mitfühlenden Gottes geht es zuerst um die *Imitatio Dei*, um das Wandeln auf dem Weg des Barmherzigen. Jesus betonte diese grundlegende jüdische Lehre in Wort und Tat und wurde in den Augen seiner Anhänger dadurch zu einer Inkarnation dieses Weges, zu einer Inkarnation des Mitgefühls. Sind seine Jüngerinnen und Jünger ihm auf diesem Weg gefolgt? Werden sie es noch können?

Mitgefühl ist kein moralisches Gebot, sondern ein Fließen und Überfließen der wahren menschlichen und göttlichen Energien

Mitgefühl ist nicht das elfte Gebot. Warum nicht? Weil es eine Spiritualität und eine Lebensweise ist, eine bestimmte Form zu *denken* und zu *handeln*. Es ist die Art, wie wir alles im Leben *be*handeln – uns selbst, unseren Körper, unsere Phantasien und Träume, unsere

Nächsten, unsere Feinde, unsere Luft, unser Wasser, unsere Erde, unsere Tiere, unseren Tod, unseren Raum und unsere Zeit. Mitgefühl ist eine Spiritualität, die handelt, als ginge es um die ganze Schöpfung. Sie behandelt die Schöpfung als heilig und göttlich – als das, was sie ist.

Jene, die zum Konstruieren von Ethik-Systemen oder zum Moralisieren neigen, werden sich mit dieser Mitgefühl genannten Lebensweise nicht anfreunden können. Denn das Mitgefühl ist kein ethisches System. Es ist, wie wir soeben sahen, die volle Erfahrung Gottes, soweit sie dem Menschen zugänglich ist. Obwohl sie wie jede echte Spiritualität die Ethik umfaßt, ist sie mehr als das – sie ist eine Feier des Lebens und, wo möglich, Linderung des Leidens anderer. Mitgefühl ist ein Durchbruch in der Beziehung zwischen Gott und Menschen. Menschen werden dadurch göttlich und erinnern sich an ihren göttlichen Ursprung als «Bilder und Ebenbilder» Gottes. Als der Schöpfer uns machte, «atmete Gott einen Teil seines Atems in uns ein. Jede und jeder von uns hat an diesem Atem Anteil, ist Teil des Göttlichen. Jede Seele ist mit jeder anderen Seele durch ihren Ursprung im Schöpfer aller Seelen verbunden.»[64] Rabbi Dressner erklärt, daß es «die Wahrheit aller Wahrheiten» sei, «daß jeder Mensch unser Bruder ist, daß wir alle Kinder des einen Vaters sind, alle Schafe des einen Hirten, alle Geschöpfe des einen Schöpfers, alle Teile des einen unendlichen, gnädigen Geistes, der die ganze Menschheit durchdringt und erhellt». Und er geht in seiner Definition dessen, worauf es beim Mitgefühl ankommt, noch weiter: «Wir sind nicht nur Brüder unter einem Vater, sondern wir sind alle genau der gleiche Bruder, alle der gleiche Mensch, alle Teil des einen universellen Menschen.»[65] Mitgefühl wird so zur «Liebe des Menschen zu seinen Mitmenschen, die die Liebe Gottes zu allen Menschen ist»[66].

Der Durchbruch im Mitgefühl geschieht mit der Abkehr vom dualistischen und separatistischen Denken und Handeln, das sich auf jeder Daseinsebene manifestiert. Mitgefühl heilt diese Wunde, denn es weigert sich, die Liebe Gottes von der Nächstenliebe zu trennen, es erfährt beide zugleich. Laut Matthäus (22,37–40) lehrte Jesus genau dies: Das Gesetz und die Propheten können in zwei große Gebote zusammengefaßt werden – die Liebe zu Gott und die Nächstenliebe. Rabbi Dressner wirft ein Licht auf diese neutestamentliche Lehre des Mitgefühls, indem er von den hebräischen Quellen her denkt, die Jesus so gut kannte:

> Die Möglichkeit, das Gebot, *Liebe deinen Nächsten wie dich selbst,* zu erfüllen, läßt sich nur verstehen, wenn wir auch die Formulierung lesen, die in der Bibel darauf folgt: *Ich bin der Herr.* Damit sagt Gott uns: *Du sollst deinen Nächsten lieben wie dich selbst,* weil *ich der Herr bin.* Das heißt, weil dein Selbst und das deines Nächsten in mir verbunden sind, weil ihr nicht wirklich getrennte und konkurrierende Wesen seid, sondern gemeinsam an einem Dasein teilhabt, weil du letztlich nicht ein Selbst und er nicht ein Nächster ist, sondern weil ihr in Quelle und Schicksal eins seid. Weil ich euch beide liebe, sollst du mich in ihm als dich selbst lieben.[67]

Das Matthäus-Evangelium zitiert Jesus, der das Gesetz und die Propheten mit den Worten zusammenfaßt: «Alles nun, was ihr wollt, das euch die Leute tun, das sollt auch ihr ihnen tun» (7,12). Miranda stellt fest, daß es für Matthäus «selbstverständlich ist, daß der Gott Israels in der Form von Nächstenliebe geliebt wird»[68]. Und Paulus reduziert diese beiden Gebote auf eines: «Das ganze Gesetz ist in dem einen Wort erfüllt, nämlich: Du sollst deinen Nächsten lieben wie dich selbst» (Galaterbrief 5,14). Wie für Johannes ist auch für Paulus die Nächstenliebe nur ein anderer Name für die Liebe zu Gott (1. Korintherbrief 8,1–3). Mitgefühl ist eine Energie, eine göttliche und eine menschliche. «Liebet einander, wie ich euch geliebt habe, damit ihr einander liebt», wird Jesus im Johannes-Evangelium (13,4) zitiert. Unsere Werke des Mitgefühls und der Nächstenliebe bewirken, daß Gott unter uns wohnt: «Wenn wir einander lieben, dann bleibt Gott in uns» (1. Johannesbrief 4,12). Es bewirkt auch die Gegenwart Christi nach seinem Fortgehen. Kitamori sagt in diesem Zusammenhang, daß die beiden Gebote, von denen Jesus sprach, tatsächlich eines sind, als wäre eine Zielscheibe auf die andere gelegt worden, so daß eine Person beide Scheiben mit demselben Pfeil durchschießen würde. Er kann es sich nicht anders vorstellen, als daß die «Liebe zu Gott und die Liebe zum Nächsten zweierlei Dinge [sind], dennoch müssen sie als eines gedacht werden . . . Genauso wie durch die Immanenz Gottes im Nächsten die Liebe zum Nächsten gleichzeitig Liebe zu Gott wird, so kann der Dienst am Schmerz der Weltwirklichkeit auch zum Dienst am Schmerz Gottes werden dadurch, daß der Schmerz Gottes im Schmerz der Weltwirklichkeit immanent ist.»[69]

Auch in einer anderen Hinsicht sind Moral und Mitgefühl als spirituelle Haltungen zu unterscheiden, nämlich in bezug auf die geistige Tradition der «Suche nach Vollendung». Sprachlich stützt sich diese Tradition angeblich auf Matthäus 5,48, wo das Wort Jesu festgehalten wird: «Seid vollkommen, wie euer himmlischer Vater vollkommen ist.» Das als «vollkommen» übersetzte Wort hat hier jedoch nicht die spätere griechische Bedeutung von «völlig frei von Unvollkommenheiten» und ist vor allem auch nicht auf eine moralische Perfektion zu beziehen.[70] Vollkommenheit hat vielmehr mit Wahrheit und Aufrichtigkeit zu tun, damit, ein «wahrhaftiger» Mensch zu sein. Aus diesem Grunde übersetzt W. F. Albright diese Passage: «Seid wahrhaftig, wie euer himmlischer Vater wahrhaftig ist.« Deutlich wird auch, daß in dieser Zeile das ganze Kapitel des Matthäus über die Seligpreisungen zusammengefaßt ist; und die Parallelstelle im Lukas-Evangelium erscheint ebenfalls im Zusammenhang mit den Seligpreisungen. Dort heißt es: «Seid barmherzig, wie euer himmlischer Vater barmherzig ist» (Lukas 6,36). Bei Matthäus wie bei Lukas geht dieser Aussage die Ermahnung voraus: «Liebet eure Feinde.» *Es kann also mit Sicherheit gesagt werden, daß es bei der biblischen Bedeutung geistiger Vollkommenheit um Mitgefühl, um Barmherzigkeit geht* und nicht darum, eine Art moralischen Reinheits- oder Perfektionszustand zu erreichen. Zu diesem Schluß kommt auch Albright angesichts eines rabbinischen Kommentars aus dem 1. Jahrhundert, der da lautet: «Seid wie er. Wie er gnädig und barmherzig ist, so seid ihr gnädig und barmherzig.» In konkreten, realitätsnahen Ausdrücken (einschließlich der Feindesliebe) ruft Jesus hier das grundlegende jüdische Gebot in Erinnerung.

Mitgefühl wird so zur vollen Erfahrung des geistigen Lebens. Das Mitgefühl – und nur das Mitgefühl – verdient es, als Transzendenz und sogar als Kontemplation bezeichnet zu werden. Denn indem wir das Los der Leidenden erleichtern, kontemplieren wir wirklich, das heißt, wir schauen auf Gott und arbeiten mit Gott.

Es ist zwar wichtig, die gesamte Spiritualität und damit auch die Spiritualität des Mitfühlens nicht nur auf moralische Normen und

Prinzipien zu reduzieren, doch ist es ebenso wichtig, die Integration von Moral und Spiritualität zu betonen. Denn in einem vollentwickelten Individuum und in einer wahrhaft geisterfüllten Gesellschaft gehört auch die Moral zu einer spirituellen Lebensweise. Wann wird das geschehen? Es wird geschehen, wenn das Mitgefühl überwiegt. Dann werden Moral (das Schaffen von Gerechtigkeit) und Spiritualität (eine Lebensweise der Gerechtigkeit und des Feierns der Gerechtigkeit) eins.

Mitgefühl ist nicht Altruismus, sondern Eigenliebe und Nächstenliebe zugleich

Im allgemeinen Sprachgebrauch hat Altruismus die Bedeutung angenommen: andere auf eigene Kosten lieben. Das hieße: Statt andere zu lieben *wie* uns selbst, lieben wir andere *statt* uns selbst. In diesem Sinne ist Mitgefühl sicherlich nicht altruistisch. Denn das Mitgefühl beruht auf der grundlegenden Einsicht, daß die anderen nicht *andere* sind und ich nicht *ich* bin. Ich liebe also mich selbst, wenn ich andere liebe, und beziehe dabei meine besten und stärksten Eigeninteressen mit ein. Es ist für mich eine Freude, zur Erleichterung des Leids anderer beizutragen, eines Leids, das auch das meine ist und das auch Gottes Leid ist. Wie Altruismus üblicherweise verstanden wird, setzt er Dualismus, Getrenntheit und Ego-Differenzen voraus, die für den mitfühlenden Menschen keine fundamentalen Kräfte sind.

Wir müssen heute erkennen, daß das Mitgefühl im Eigeninteresse von uns allen liegt und daß es eine Frage des Überlebens unseres gemeinsamen globalen Dorfes ist. Bildet das Mitgefühl den besten und vielleicht einzigen Weg zum allgemeinen Überleben, und ist die Aussage von William Eckhardt richtig, daß «die Welt an einem Mangel an Mitgefühl stirbt»[71], so ist das Mitgefühl kein Altruismus in dem Sinne, daß wir andere, die sich von uns unterscheiden, lieben. *Andere zu lieben, heißt, uns selbst zu lieben, heißt, die Möglichkeiten der Liebe und des Überlebens zu lieben.* Es ist eine Liebe, die alles durchdringt.

Zusammenfassung

Der Hauptrichtung der christlichen Spiritualität, die uns so lange die «Suche nach Vollendung» gelehrt hat, scheint das Mitgefühl als höchste Erfahrung spirituellen Lebens fremd zu sein. Was hat man unter dieser angestrebten «Vollendung» zu verstehen? Die traditionelle christliche Vorstellung von Vollendung ist in entscheidendem Maße von hellenistischen und gnostischen Definitionen geprägt, nicht vom biblischen Verständnis. Wir haben uns ganz auf biblische Interpretationen gestützt und gezeigt, daß «Vollendung» für die Juden bedeutete, «vollendet zu sein, wie der himmlische Vater vollendet ist», was wiederum bedeutet, mitfühlend zu sein. Denn Mitgefühl ist dasjenige göttliche Attribut, das wir mit allem Eifer und aller Kraft anstreben sollen. Denn Jesus sagt nicht nur: «Seid vollkommen, wie euer himmlischer Vater vollkommen ist», sondern auch: «Seid barmherzig, wie euer Vater barmherzig ist.» Geistige Vollendung bedeutet Mitgefühl, nichts weniger und nichts anderes.

Könnte man vielleicht sagen, daß Jesus angesichts der biblischen Lehren über die Gottheit als mitfühlend nicht so sehr mitfühlend ist, weil er göttlich ist, sondern vielmehr göttlich ist, weil er mitfühlend ist? Und lehrte nicht er, den die Christen für eine Inkarnation des Mitgefühls halten, für den Sohn des Mitfühlenden, lehrte er nicht andere, daß auch sie Söhne und Töchter des Mitgefühls sein sollten? Söhne und Töchter Gottes? Und göttlich deshalb, weil sie mitfühlend sind?

Wir sahen, daß ein Mitgefühl ohne Freude und Feier, ohne Handeln und öffentliches Schaffen von Gerechtigkeit, ohne Ideen und Ideale, ohne Leidenschaft und Fürsorge, ohne Bewußtsein oder rechte Lebensweise, ohne kosmische und göttliche Bewußtheit und Interaktion kein Mitgefühl ist. Es ist dann ein Nebengleis des Mitgefühls, ein dämonischer Ersatz für Mitgefühl. Alle Elemente des Mitgefühls sind miteinander vernetzt; in einer Hinsicht zu versagen bedeutet, das Mitgefühl als Ganzes in Frage zu stellen, denn jede Energie hängt von der anderen ab wie die Speichen eines Rades (siehe Abbildung A).

Diese biblischen Einsichten über die Bedeutung des Mitgefühls werden dieses ganze Buch durchziehen. Wir wollen daher hier eine zusammenfassende «Definition» des Mitgefühls versuchen: Mitge-

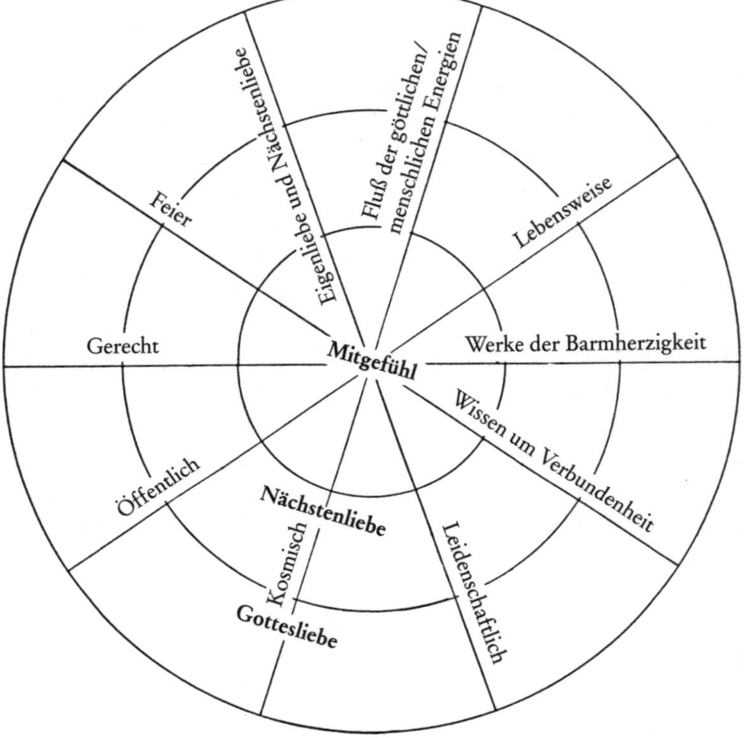

Abbildung A
Alle Elemente des Mitgefühls sind miteinander verbunden wie die Speichen eines Rades.

fühl kann eine leidenschaftliche Lebensweise sein, die aus dem Bewußtsein der wechselseitigen Verbundenheit aller Kreaturen angesichts ihres gemeinsamen Schöpfers geboren wird. Mitfühlend zu sein bedeutet, die eigenen stärksten Energien mit den kosmischen Energien zu der doppelten Aufgabe zusammenzubündeln, 1. das Leid unserer Mitgeschöpfe durch das Schaffen von Gerechtigkeit zu erleichtern und 2. das Dasein zu feiern, Zeit und Raum, die von allen Geschöpfen als eine Gabe des Einen geteilt werden, der ganz Mitgefühl ist. Mitgefühl und mitfühlendes Handeln kennzeichnen unsere Verbundenheit mit dem Universum und seinem Schöpfer. Meister Eckhart, der Gott zuweilen als Liebe, zuweilen als Güte und zuweilen als Gerechtigkeit bezeichnete, erklärte: «Das höchste

Werk, das Gott wirkt, das ist Barmherzigkeit» und «über diese beiden, über Erkennen und Liebe hinaus ragt die Barmherzigkeit».[72] Daher kann man sagen, Eckharts Lieblingswort für Gott sei «Barmherzigkeit» gewesen oder, wie wir sagen würden: Mitgefühl.

2 Sexus und Mitgefühl

Von der Jakobsleiter zu Saras Kreis

We are dancing Sarah's Circle
We are dancing Sarah's Circle
We are dancing Sarah's Circle
sisters, brothers, all.

Every ring gets fuller, fuller
Every ring gets fuller, fuller
Every ring gets fuller, fuller
sisters, brothers, all.

Statt der inneren Suche nach dem Mitgefühl hat uns die christliche Spiritualität eine Suche nach Vollkommenheit gebracht – und die westliche Gesellschaft hat uns die Suche nach Erfolg beschert. Welchen Preis haben wir für dieses zwanghafte Suchen bezahlt? Die Moralphilosophin Beverly Harrison meint: «Das völlige Verschwinden der zwischenmenschlichen Dimension aus dem öffentlichen Leben.» Und sie drängt darauf, «daß wir uns die verheerenden Spannungen zwischen dem Männlichen und dem Weiblichen in dieser Gesellschaft noch einmal *sehr genau* ansehen, sofern wir wirklich etwas an der unguten Situation ändern wollen»[1]. Die Verbannung des Mitgefühls hat uns eine des weiblichen Elements beraubte Spiritualität beschert, deren vorherrschende patriarchale Prinzipien das Nährende, Fürsorgliche und Erdverbundene ausschließen. In einer solchen Situation werden die Männer und ihre

Institutionen «gefährlich für Kinder und andere Lebewesen, die Männerwelt eingeschlossen»[2]. Und die Frauen machen sich selbst zu den größten Opfern, sofern sie dieses Fehlen des Zwischenmenschlichen akzeptieren. In diesem Kapitel werde ich Ursprung und Auswirkungen der verheerenden sexuellen Spannungen in der Geschichte der westlichen Spiritualität nachgehen. In diesem Zusammenhang möchte ich zwei gegensätzliche Sinnbilder oder Metaphern für die geistige Erfahrung analysieren: das Erklettern der Jakobsleiter und das Tanzen in Saras Kreis.

Das Erklettern der Jakobsleiter

Einer der Hauptgründe dafür, daß das Mitgefühl in der christlichen Spiritualität stets eine viel geringere Rolle gespielt hat als in Lehren und Leben Jesu, liegt in der beherrschenden Rolle der Jakobsleiter. In den männlich dominierten mystischen Lehren der westlichen Christenheit gibt es keinen Topos, der häufiger auftauchte als das Erklettern der Jakobsleiter. Ein Theologe drückte es so aus: «Im spirituellen Leben und in der Geschichte der Spiritualität ist das Motiv der Leiter stets präsent, ja sogar dominierend.»[3] Er hätte sagen sollen: «In *meinem* Verständnis des spirituellen Lebens und in der Geschichte der *westlichen* Spiritualität.» Im *Dictionnaire de Spiritualité*, einer mehrbändigen Enzyklopädie der westlichen Spiritualität, umfaßt der Eintrag unter «Geistige Leiter» 24 Spalten und enthält sogar noch eine Entschuldigung des Autors dafür, daß er das Thema keineswegs erschöpfend behandelt habe.

Die jüdische Tradition

Warum wird das Erklettern der Leiter als geistiger Fortschritt derart betont? Was hat der Traum Jakobs mit geistigem Wachstum zu tun? Rufen wir uns zunächst den Wortlaut der Geschichte ins Gedächtnis, in die geistliche Autoren so viele eigene Bilder und Energien projiziert haben. Im 28. Kapitel der Genesis (1. Buch Mose) ist der Traum Jakobs aufgezeichnet:

> Jakob zog aus von Beerscheba und ging nach Haran. Er gelangte zu der Stätte und blieb dort über Nacht, weil die Sonne schon

untergegangen war. Er nahm einen von den Steinen der Stätte, machte ihn zum Lager für sein Haupt und legte sich an jener Stätte schlafen. Da träumte ihm: Eine Leiter war auf die Erde gestellt, deren Spitze den Himmel berührte. Und siehe, Engel Gottes stiegen daran auf und nieder. Und Jahwe stand über ihr und sprach: Ich bin Jahwe, der Gott deines Vaters Abraham und der Gott Isaaks. Das Land, auf dem du ruhst, will ich dir und deinen Nachkommen geben. Deine Nachkommenschaft soll wie der Staub der Erde werden, und du sollst dich nach West und Ost, nach Nord und Süd ausbreiten, und durch dich und deine Nachkommen sollen alle Geschlechter der Erde gesegnet werden. Siehe, ich bin mit dir. Ich will dich überall behüten, wohin du gehst, und dich in dieses Land zurückführen. Denn ich werde dich nicht verlassen, bis ich vollbracht habe, was ich dir verheißen habe. Jakob erwachte aus seinem Schlaf und sprach: Wahrlich, Jahwe ist an dieser Stätte, und ich wußte es nicht! Er fürchtete sich und sprach: Wie ehrfurchtgebietend ist diese Stätte! Hier ist nichts anderes als das Haus Gottes und hier die Pforte des Himmels! Als Jakob früh am anderen Morgen aufgestanden war, nahm er den Stein, den er zum Lager für seinen Kopf gemacht hatte, richtete ihn als Gedenkstein auf und goß Öl darüber. Er gab jener Stätte den Namen Betel; früher hieß die Stadt Lus.

Man braucht kein Hebräisch-Studium, um die Bedeutung von Jakobs Traum zu verstehen. Es handelt sich um das Versprechen seines Gottes, Jakob eine zahlreiche Nachkommenschaft zu schenken, die sich in alle Himmelsrichtungen ausbreiten soll. Für Jakob ist der Traum so bedeutungsvoll, daß er das Gefühl hat, an einer heiligen Stätte geschlafen zu haben; deshalb macht er den Ort zu einer Gedenkstätte, indem er Öl über den Stein gießt und dem Platz den Namen Betel gibt, was heißt «Haus Gottes». Dies ist eine klare und einleuchtende Interpretation des Traums von Jakob, und so hat das jüdische Volk ihn jahrhundertelang verstanden.

Beispiel für die Leiter in der christlichen Mystik

Die – männlichen – christlichen Mystiker interpretierten diesen Traum über Nachkommenschaft und Landbesitz, diesen erdnahen Traum, völlig anders. Sie erklärten ihn als ein Sinnbild der Weltflucht, um einen transzendenten, das heißt hier einen «in der Höhe» angesiedelten Gott zu erfahren. Sie deuteten den Traum als Wegweisung des Aufstiegs zu Gott – weg von der Erde. So schreibt zum Beispiel Alan von Lille lapidar: «Mit dieser Leiter gelangen wir von der Erde in den Himmel.»[4] Und Gregor von Nyssa sieht in der Leiter eine Metapher des tugendhaften Lebens, die zeige, daß man nur zu Gott aufsteigen kann, wenn man stets nach oben schaut und ein nie versiegendes Verlangen nach den höheren Dingen hat. In diesem Zusammenhang formuliert Gregor mindestens neun Definitionen für «Aufstieg» und betont, daß wir «zu Gottes Majestät hinaufklettern». Für Gregor von Nyssa bedeutet Gebet, daß wir die Flügel ausbreiten und alles Materielle und Körperliche hinter uns lassen. «Ich lasse die ganze Erde unter mir, überquere den ganzen dazwischenliegenden Ozean der Luft, erreiche die Schönheit des Äthers und steige auf zu den Sternen, um ihre wundervolle Ordnung zu schauen!»[5]

Es heißt, daß das große und stets wiederkehrende Thema bei Gregor seine Gemeinschaft mit Gott nach dem Muster des Aufstiegs ist.[6] Gregor interpretiert nicht nur Jakobs Traum auf diese Weise, sondern auch das Leben des Moses und die Seligpreisungen Jesu, die seiner Ansicht nach von einem Berggipfel herab erfolgten.

«Die eine Treppe hinaufsteigen wollen, erheben sich, und wenn sie die erste Stufe erklommen haben, von dort zur nächsten und von da wiederum zur nächsten. Auf diese Weise kommt der Emporsteigende schließlich auf der obersten Stufe an. Warum beginne ich mit einer solchen Einführung? Es scheint mir, daß die Seligpreisungen wie eine Folge von Leiterstufen angeordnet sind, was den allmählichen Aufstieg zu höheren Ebenen der Kontemplation erleichtert.»[7] Meister Eckhart dagegen stellt fest: «Unten ist oben, und oben ist unten», wobei das Leiterdenken offenbar keine Rolle spielt. Diese nicht-vertikale Spiritualität hat jedoch in der Geschichte des Christentums nur wenig Anhänger gefunden.

Es ist wichtig, sich daran zu erinnern, daß zwar die Enzyklopädien der christlichen Spiritualität mehr als 24 Spalten zum Thema «Geistige Leiter» aufweisen, die jüdischen dagegen zu diesem Stichwort keinen einzigen Eintrag haben. Und das, obwohl Jakob ein Jude war und die Juden diesen Traum tausend Jahre vor den christlichen Reflexionen darüber kannten.

Die Rolle des Mitgefühls bildet eine weitere Dimension in dieser puren Projektion eines sich nach oben bewegenden Gebetslebens in Jakobs Traum. In einem solchen Schema wird die Kontemplation auf Kosten des Mitgefühls errungen. Deshalb stellt Pseudo-Bernard fest, daß «wir durch Kontemplation zu Gott aufsteigen und durch Mitgefühl zum Nächsten herabsteigen»[8]. Mitgefühl wäre demnach also ein Abstieg, bestenfalls ein übriges, ein Luxus, den man sich nur nach einem sehr langen Leben kontemplativen Aufstiegs leisten kann. Auf solche Weise wird Mitgefühl als Gegensatz zum Aufstieg oder zur Kontemplation gesehen. Im 13. Jahrhundert unterstützt Richard von Saint-Laureant diese Auffassung, wenn er sagt: «Der Höhepunkt des Aufstiegs ist die Kontemplation Gottes. Der Abstieg ist Mitgefühl und Mitleid mit den Menschen. Über diese Leiter kommen wir von der Erde zum Himmel.»[9] Wenn wir uns das Diagramm dieses Symbols für das geistige Leben anschauen, sehen wir, daß der Weg zu Gott und schließlich auch zum Nächsten (vorausgesetzt, man lebt lange genug) ein langes Pachisi-Spiel (ein indisches «Mensch ärgere dich nicht») ist, bei dem der Abstieg zum Nächsten, genannt Mitgefühl, eine sehr späte Erfahrung darstellt.

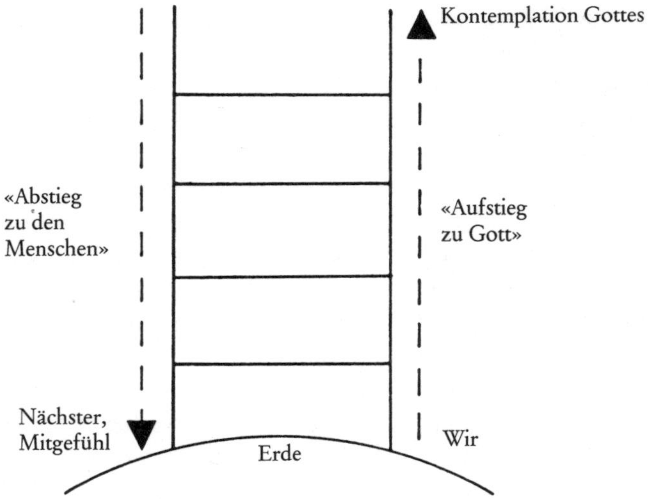

Abbildung A
Leider ist das Ersteigen der Jakobsleiter das *Symbol in der christlichen Mystik.*

Wie sind die Christen zu diesem aufwärts-orientierten Motiv in ihrer Vision der geistigen Reise gekommen? Es stammt aus hellenistischen und nichtbiblischen Quellen. Es entspricht zum Beispiel der Dynamik des platonischen Wegs der Wirklichkeitserfahrung; und dieses Aufsteigen ist, wie Thorleif Boman aufzeigt, auch eine Reise ins Reich der Abstraktionen. Plato geht stets von individuellen konkreten Dingen aus und wird immer allgemeiner und abstrakter, er klettert immer höher, bis er schließlich die Prototypen aller Erscheinungen, die Ideen, schaut.[10] Die Griechen blickten empor, weil sie optisch orientiert waren; Architektur war ihr Paradigma für die ganze Wirklichkeit. Gebäude baut man von unten nach oben. Vollkommenheit ist aufwärts gerichtet. Es kann kein Zweifel daran bestehen, daß diese Aufwärtsbewegung im Namen der Spiritualität ein Wegstreben vom Körper, von der Erde, der Materie, der Mutter, dem Sinnlichen ist. Wir werden uns damit in Kapitel 5 näher beschäftigen, doch erschien mir dieses Thema so wichtig, daß ich ein ganzes Buch darüber geschrieben habe: *Whee! We, wee All the Way Home: A Guide to the New Sensual Spirituality.*

Im Gegensatz dazu wurde im jüdischen Geist das Hören als der wichtigste Sinn betrachtet, und die Musik war das Paradigma der Wirklichkeit: Ein spiritueller Mensch wird immer sensibler für alles *um* sich *herum.* Räumlich gesehen ist Gott nicht oben, sondern in unserer Mitte. «Sie sollen erkennen, daß ich, Jahwe, ihr Gott bin, der sie aus Ägypten herausgeführt hat, um in ihrer Mitte zu wohnen, ich, Jahwe, ihr Gott» (2. Mose 29,45). Mitten unter uns, nicht hoch über uns, das ist die Dynamik der geistigen Reise. Die Juden verstehen göttliche Transzendenz nicht als räumlich, sondern als zeitlich. Die Frage ist also nicht so sehr, *wo* Gott ist, als vielmehr, *wann* die Menschen Gott erlauben werden, unter ihnen zu sein. Und die jüdische Spiritualität hat auch nichts mit einer Flucht vor dem Körper, der Erde oder der Sinnlichkeit zu tun. Jüdische Spiritualität findet direkt in der Mitte unseres irdischen Daseins statt. Sie fürchtet sich nicht vor dem, was als die «Unvollkommenheiten» des materiellen und erschaffenen Universums erscheint. Adrienne Rich rät:

> Kehren wir zurück zur Schule der Unvollkommenheit.
> Hören wir auf, Platos Geist zu folgen.[11]

Einige Folgen des Ersteigens der Jakobsleiter

Anbetung als «Hinaufbetung»

Welche Konsequenzen hat dieses dominante Motiv des Leiterkletterns als Kontemplation Gottes? Eine Folge ist, daß im Westen aus der Anbetung eine «Hinaufbetung» geworden ist. Bis zum Zweiten Vaticanum stellte im römischen Katholizismus jede Stufe der Leiter eine andere Form der Anbetung, eine andere Form des Gottesdienstes dar: Es gab eine normale Messe, ein Hochamt, ein feierliches Hochamt, ein Pontifikalamt und so weiter, und jeder Rang verlangte einem etwas mehr ab an Einsatz. Als das Zweite Vaticanum diese gestaffelten Gottesdienste abschaffte, tat es etwas Radikales: Es befreite die Liturgie von dem so lange vorherrschenden Leiterdenken.

Ich hatte immer geglaubt, nur römische Katholiken würden eine solche Haltung des Hinaufbetens lernen, bis ich vor kurzem eingeladen wurde, von verschiedenen protestantischen Kanzeln zu predigen. Als ich die ehrfurchtgebietenden Höhen einiger dieser Kanzeln erklomm und von dort auf das Volk Gottes tief herabschaute, dämmerte mir, wie sehr auch die Protestanten sich der aufwärtsgerichteten spirituellen Andacht unserer Vorfahren verschrieben hatten. Anbetung als Hinaufbetung. Wir drängen die Menschen, bei der Anbetung hinaufzuschauen – hinaufzuschauen und den Mund zu halten, hinaufzuschauen und doch unten zu bleiben. Wie mächtig unsere Symbole sind – und wie überholt und falsch! Denn Jakobs Traum hatte mit solchem Denken nichts zu tun.

Ehrfurcht vor dem Piedestal

Eine weitere Konsequenz des Symbols der Jakobsleiter in der christlichen Spiritualität ist die Ehrfurcht vor Piedestalen. Die Anbetung als Hinaufbetung zwingt uns eine «Piedestal-Frömmigkeit» auf, die die Menschen lehrt, zu Helden und Heiligen, zu Erfolg und Hoheit aufzuschauen. Wer in der gesellschaftlichen Realität am weitesten unten auf der Leiter steht – die Frauen zum Beispiel –, wird häufig, sozusagen als Kompensation, in irgendeiner Hinsicht idealisiert. Die Psychologin Karen Horney warnt vor diesem ideologischen Mechanismus: «Männer, die insgeheim Frauen gern verletzen und verschmähen möchten, können sie in ihrer bewußten

Vorstellung auf ein hohes Piedestal stellen.»[12] Alle Formen einer Frömmigkeit vor Piedestalen berauben die Menschen ihrer Verantwortung, eine Dynamik der Gleichheit für sich und andere zu schaffen. Piedestale versklaven jene, die zu ehren sie vorgeben, und sie leiten Energien nach oben, wo diese leicht zerstreut werden und verlorengehen, Energien, die innerlich und äußerlich genutzt werden sollten. Wir ehren aber die uns Vorausgegangenen nicht, indem wir sie erheben, sondern, wenn überhaupt, indem wir auf ihren Schultern stehen und weiterarbeiten, wo sie aufgehört haben. Indem wir zum Beispiel Heilige auf fromme Podeste heben, stellen wir sicher, daß ihre Konflikte und ihr Mut niemals Kontakt mit unseren eigenen bekommen. Frömmigkeit vor Piedestalen macht Abstraktionen aus allen, die darauf gesetzt werden. Und auch, was schlimmer ist, aus denen, die eine solche Form der Anbetung verinnerlicht haben.

Karen Horney weist auf eine noch gefährlichere Dimension hin, die hinter dieser Piedestal-Frömmigkeit lauert: auf den Masochismus, der durch sie gefördert wird. Der Masochist verachtet nämlich seine eigene Schwäche und verehrt die Stärke anderer und nährt sich von dieser, indem er sie zugleich ablehnt und immer feindseliger wird. Und aus diesem Masochismus entsteht Sadismus.[13]

Gerechtigkeit als Gericht, Barmherzigkeit als Mitleid

Die Leitersymbolik hatte im Westen auch zur Folge, daß das Mitgefühl oder die Barmherzigkeit von der Gerechtigkeit getrennt wurde. Erbarmen wurde zu einem Puffer zwischen Gott und den Ärmsten der Armen am Fuße der Leiter. Dies ist der Fall, seit die an der Spitze der Leiter den Begriff der Gerechtigkeit für alle definierten und aus einem Gott der Gerechtigkeit einen Gott des Gerichtes machten. Wenn Gott ein Richter ist, der hoch oben regiert (an der Spitze der Leiter) und strenge Richtsprüche nach unten verteilt, vor allem an die Ärmsten und Schwächsten am Fuße einer Gesellschaftsleiter, dann brauchen diese «Geringen» einen Puffer zwischen Gott und sich. Die Barmherzigkeit wurde dieser Puffer.

Gott ist jedoch – und hier ist biblisches Denken wichtig – kein Richter, sondern ein «Erretter aus der Unterdrückung». Die christliche Tradition verzerrte die jüdischen Worte für Gerechtigkeit, *sa-*

phat und *mispat*, und übersetzte sie als «Gericht», während sie eigentlich «Gerechtigkeit» bedeuteten. José Miranda sagt, «die wahre Bedeutung von *saphat* ist nicht ‹richten›, sondern vielmehr ‹den Schwachen und Unterdrückten Gerechtigkeit widerfahren lassen›«[14]. Zwischen den göttlichen Richter und das Volk muß also gar kein Erbarmen treten, denn Gott, der Gerechtigkeit Schaffende, ist bereits unter dem Volk – wenn man so will, am Fuße der Leiter. Barmherzigkeit *(mispat, chessed)* und Mitgefühl bedeuten Gerechtigkeit, sind keine Milderung des Urteils, sondern ein Schaffen von Gerechtigkeit. Deshalb singt der Psalmist: «Den Waisen und den Bedrückten schaffst du Recht, niemals mehr soll der aus Erde geschaffene Mensch erschrecken» (Psalm 10,18). Das ist die Bedeutung von Barmherzigkeit: Gerechtigkeit üben.

Der holländische Theologe Edward Schillebeeckx stellt fest, daß «Transzendenz nicht mehr oben ist. Sie ist die Zukunft.» Wir feiern jetzt das Ende der nach oben gerichteten Spiritualität, des Kletterns, der Hinaufbetung, der Obrigkeitsspiritualität, der Frömmigkeit vor Piedestalen, Gottes als Richter statt eines gerechten Gottes, der Barmherzigkeit als Puffer statt eines Mitgefühls, das Gerechtigkeit schafft. Was wird die Zukunft bringen? Welches neue Symbol wird geboren, das unseren geistigen Ursprüngen und den Anforderungen der Zukunft in wahrhafterem Sinne genügt?

Mittanzen in Saras Kreis

Ich halte das Tanzen in Saras Kreis für eine reichere und in der Schrift besser begründete Metapher für unsere Spiritualität als das Ersteigen der Jakobsleiter. «Tanzen in Saras Kreis?» fragen die Leute. «Wo findet sich das in der Schrift?» Schauen wir uns an, was die Schrift über Sara erzählt. Sara war neunzig Jahre alt, und Abraham war einhundert, als sie von einem Besucher hörte, sie solle ein Kind gebären.

> Abraham und Sara aber waren alt und hochbetagt. Darum lachte Sara in sich hinein. Denn sie dachte: Nachdem ich alt geworden bin, soll mir noch Liebeslust werden? Mein Mann ist doch auch schon alt. Da sprach Jahwe zu Abraham: Warum lacht Sara und

denkt: Soll ich wirklich noch gebären, obwohl ich alt bin? Ist denn für Jahwe etwas zu wunderbar? Ich werde im nächsten Jahr um diese Zeit wieder zu dir kommen, dann hat Sara einen Sohn. Da leugnete Sara und sagte: Ich habe nicht gelacht. Denn sie fürchtete sich. Er aber erwiderte: Doch, du hast gelacht (1. Mose 18,11–15).

Und das Überraschende geschah:

> Jahwe suchte Sara heim, wie er es verheißen hatte, und Jahwe tat an Sara, wie er es vorausgesagt hatte. Sara empfing und gebar dem Abraham in seinem Alter einen Sohn zu der Zeit, von der Gott geredet hatte. Abraham gab seinem Sohn, der ihm geboren wurde, den Sara ihm geboren hatte, den Namen Isaak ... Da sprach Sara: Ein Lachen hat mir Gott bereitet. Jeder, der es hört, wird mir zulachen. Und weiter sprach sie: Wer hätte Abraham gesagt, Sara wird noch Kinder stillen? Denn ich habe ihm einen Sohn in seinem Alter geboren (1. Mose 21,1–4; 6–8).

Der Name Isaak, der dem späten Sohn der Sara gegeben wurde, bedeutet «Gott hat gelächelt, Gott war freundlich».

Eine Spiritualität des Tanzens in Saras Kreis ist also eine Spiritualität des Lachens und der Freude. Sara war bereit, sich überraschen zu lassen, sich von Staunen erfüllen zu lassen und zu lachen. Schon dadurch unterscheidet sich der symbolische Gehalt der Geschichte deutlich von den männlichen Interpretationen von Jakobs Traum; denn wie Sie vielleicht schon beobachtet haben, gibt es unter denen, die Leitern erklettern, wenig Lachen und Freude. Leiterklettern ist eine ernsthafte Angelegenheit, denn das Ego ist dabei eminent gefordert. Eine weitere Einsicht aus Saras Lachen ist, daß seine Ursache ihre Schwangerschaft ist: Es steht für Gebären, Erschaffen und Fruchtbarkeit. Ihr Lachen beruht auf der Tatsache, daß Gottes schöpferische Phantasie soviel größer ist als die menschliche Phantasie. Sie lachte, weil die menschliche Klugheit eine Schwangerschaft für unmöglich hielt. Doch die göttliche Weisheit sagte: Nichts ist unmöglich.

Das Erklettern der Jakobsleiter im Gegensatz zum Tanzen in Saras Kreis

Sara ist also ein Symbol für Lachen und Kreativität – man könnte sagen für *Shalom.* Doch ist der Kontrast zwischen dem Tanzen in Saras Kreis und dem Erklettern der Jakobsleiter noch viel weitreichender, wie folgendes Diagramm verdeutlicht:

Erklettern der Jakobsleiter	*Tanzen in Saras Kreis*
Rauf/Runter	Rein/Raus
Flache Erde	Globales Dorf
Klettern	Tanzen, feiern
Wie Sisyphus	Befriedigend
Wettbewerb	Gemeinsame Ekstase
Restriktiv, elitär	Einladend, nichtelitär
Überleben der Stärksten	Überleben aller
Hierarchisch	Demokratisch
Gewaltsam	Stark und sanft
Himmelwärts	Erdverbunden
Rücksichtslos unabhängig	Wechselseitig abhängig
Eifersüchtig und richtend	Stolz machend und ohne zu urteilen
Abstrakt, distanzierend	Nährend, sinnlich
Linear, leiterartig	Gekrümmt, kreisförmig
Theistisch (immanent) oder transzendent)	Panentheistisch (transparent)
Nächstenliebe getrennt von der Liebe zum Höheren	Nächstenliebe *ist* Gottesliebe

Rauf/Runter, Flache Erde – Rein/Raus, Globales Dorf

Das Erklettern der Jakobsleiter setzt einen Oben/Unten-Blick auf das Leben, das Universum, auf Gott und die Nächsten voraus. Es ist verantwortlich für jene zahlreichen spirituellen Meßlatten, die Schüler kontrollorientierter geistiger Systeme im Laufe der Jahre verinnerlicht haben. Bist du noch auf der ersten Stufe? Auf der zweiten? Auf der dritten? Dabei macht eine Oben/Unten-Spiritualität eigentlich überhaupt keinen Sinn. Denn ein Oben/Unten setzt eine flache Erde und einen flachen Himmel voraus. Auf eine Kugel kann man keine Leiter stellen. Und einer Kugel entsprechen die Erde und das Universum, das wir bewohnen. Der zukunftweisende Architekt Buckminster Fuller sagte zu Recht, daß «alle, die noch die Worte oben und unten benutzen, fünfhundert Jahre zurück sind». Die einzigen, von denen er weiß, daß sie ihre Sprache und dementsprechend auch ihr Bewußtsein dieser Einsicht angepaßt haben, seien die Flugzeugpiloten. Wenn sie den Kontrollturm anfunken, sagen sie nicht: Ich fliege rauf bzw. ich fliege runter. Sie sagen vielmehr: Ich fliege jetzt ein bzw. ich fliege aus.

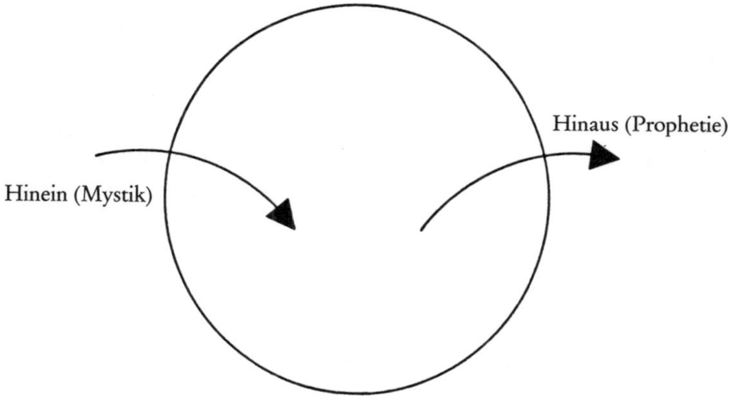

Abbildung B
Die wahre Dynamik unseres physischen und geistigen Lebens liegt im Hinein/Hinaus (nicht im Oben/Unten).

Die grundlegende Dynamik einer gekrümmten Erde und eines gekrümmten Universums ist: hinein und hinaus, nicht: rauf und runter. Das gilt für unsere geistigen Welten ebenso wie für die Welten der Physik, denn der Schöpfer der einen ist auch der Schöpfer der anderen (siehe Abbildung B). In meinem Buch *Becoming a Musical, Mystical Bear* bezeichne ich die Erfahrung des Hinein als Mystik – und meine damit unser Aufnehmen der Schönheit und der Freuden des Lebens – und die Erfahrung des Hinaus als Prophetie und meine damit unser Hinausgehen, um Gesellschaft und Geschichte umzugestalten, damit sie die empfangene Schönheit besser widerspiegeln. Hoffen wir, daß spirituelle Menschen in Saras Tanz eintreten (in dem es nur drinnen und draußen, nicht aber oben und unten gibt), so daß wir in Zukunft von Flugzeugpiloten *und* Gläubigen sprechen können. Offenkundig kann nur die Dynamik von Saras Tanz die Kräfte, die eine Spiritualität des globalen Dorfes erfordert, wirklich gewährleisten.

Sisyphushaftes Klettern – Befriedigendes Tanzen

Zwischen Klettern und Tanzen gibt es einen Unterschied. Zwar muß man sich in beiden Fällen anstrengen, doch macht man beim Leiterklettern eine sisyphusartige Erfahrung. Es hat etwas Frustrierendes, wie es auch für Sisyphus frustrierend war, einen Stein bergauf rollen zu müssen, der, wenn er dem Gipfel nahe war, wieder den Berg hinabrollt. Untrennbar verbunden mit der Dynamik des Leiterkletterns ist jedoch das Gefühl, niemals oben anzukommen. Immer wartet eine neue Sprosse oder sogar eine neue Leiter, wenn man glaubt, es geschafft zu haben. Volkstänze sind dagegen eine höchst befriedigende Anstrengung – erdverbunden und fröhlich –, die uns nicht zwingt, der Erde in Richtung Himmel zu entfliehen und uns erlaubt, uns zusammen mit anderen harmonisch zu bewegen.

Wettbewerb – Gemeinschaftliche Ekstase

Zum Leiterklettern gehört der Wettkampf. Zum einen können sich nur wenige gleichzeitig auf einer Leiter befinden; sind es zu viele, so bricht das ganze Gefüge zusammen – vor allem, wenn sich zu viele hoch oben auf der Leiter drängeln. Und je höher die erreichte Position, desto tiefer der Fall. Auf einer Leiter denkt man unablässig an Wettstreit und weiß stets genau, wer auf der Stufe über einem steht und wer von unten nachdrückt. Beim Kreistanz geht es dagegen überhaupt nicht um Konkurrenz, sondern um gemeinschaftliche Ekstase. In einem Kreis gibt es immer einen Platz für noch eine Person; ja, der Spaß für alle wächst sogar noch, wenn jemand hinzukommt. Wird der Kreis zu groß, so lassen sich leicht mehrere kleinere bilden. Dabei gibt es weder Gewinner noch Verlierer, sondern nur Tänzerinnen und Tänzer eines gemeinsamen Tanzes.

Restriktiv und elitär –
Einladend und nicht-elitär

Der restriktive Charakter einer Leiter, die nur wenige Überlebende oder Gewinner zuläßt, sorgt automatisch für eine Elite. Die Leiter steht für das Überleben des Stärksten. Ein Kreis kann auch jene willkommen heißen, die auf einem bestimmten Gebiet nicht so fit sind: Behinderte zum Beispiel, alte Menschen oder die sogenannten geistig Zurückgebliebenen, die dafür emotional oft so viel reifer sind. Ich erinnere mich noch an einen Volkstanzabend, bei dem der Teilnehmer neben mir ein Spastiker war. Er fiel oft hin, doch war es mir ein leichtes, seine eine Hand zu halten, ihn mit Hilfe des Tänzers auf der anderen Seite wieder hochzuziehen und weiterzumachen. Er sagte mir später, daß dieser Abend einer der glücklichsten in seinem ganzen Leben gewesen sei. Vielleicht ist Ihnen ebenso wie mir aufgefallen, daß es auf einer Leiter wenig Platz für irgendwie behinderte Menschen gibt, denn in einem solchen Überlebensspiel müssen alle gute Kletterer sein. Das Motiv der Leiter ist restriktiv, das des Kreises einladend und mitfühlend. Wie Erich Fromm in einem Kommentar über die Volkskunst in der modernen Kultur sagt[15], ist die Volksspiritualität so nicht-elitär, daß wir nicht einmal ein Wort dafür haben. *Saras Kreis* könnte dieses Wort sein.

Hierarchisch und gewaltsam –
Demokratisch, stark und sanft

Eine Leiter ist eine so unsichere Sache, daß jene, die einmal hochgekommen sind, darum kämpfen, ihre Position zu behalten. Wie erreichen sie das am besten? Indem sie das Obensein und die Ränge auf der Leiter «heiligen». Der gängige Ausdruck für die Heiligung der Leiter ist «Hierarchie». Dieses Wort stammt nämlich nicht etwa von «höher» ab, sondern von «heilig». Oben zu sein bedeutet in einer Hierarchie Heiligung und bestimmt das Zusammenarbeiten mit anderen Menschen. Dadurch werden die heiligen Ränge auf der Leiter unantastbar und vergöttlicht, wie die Götter auf dem Olymp immer Götter blieben, welche Schandtaten sie auch begingen. Kompetenz und Verantwortung zählen nicht mehr, wenn die Hierarchie beschworen wird. E. F. Schumacher macht deutlich, daß solche «Hoheit» an sich bereits gewaltsam ist. Denn befindet man sich hoch oben, etwa in den oberen Etagen eines Wolkenkratzers, dann sehen die Untengebliebenen in der Tat winzig aus. Es fällt somit sehr leicht, zu Gewalt führende Entscheidungen zu rationalisieren, denn man sieht die einzelnen Menschen unten nicht mehr von Angesicht zu Angesicht.

Ein Kreistanz dagegen ist an sich demokratisch und gewaltlos, und zwar aus zwei Gründen: Erstens befinden wir uns dabei alle auf der Erde, sehen einander in die Augen – und können die Tränen im Auge unserer Nächsten erkennen. Und wenn wir noch irgendein Gefühl für unsere gemeinsame Menschlichkeit haben, dann wollen wir nicht der Grund für diese Tränen sein. Und zweitens: Wenn man jemandem Aug in Auge gegenübersteht, dann kann der andere einem Gleiches mit Gleichem vergelten. Diese Möglichkeit fehlt dort, wo Menschen von oben herab handeln.

Rücksichtslos, unabhängig und eifersüchtig – Wechselseitig abhängig und stolz

Ein weiterer Unterschied zwischen dem Klettern auf der Jakobsleiter und dem Tanzen in Saras Kreis besteht darin, daß ersteres eine rücksichtslose Unabhängigkeit erfordert. Überlebensstrategie beruht auf brutalem Individualismus. Zuviel Fürsorglichkeit, Betroffenheit oder Mitgefühl könnten uns straucheln lassen. In Saras Kreis dagegen ist die wechselseitige Abhängigkeit ein Grunderfordernis. Wechselseitige Abhängigkeit ist indessen anders als jede andere Abhängigkeit. Von allen Tänzerinnen und Tänzern im Kreis wird viel erwartet, doch sind dabei alle zu beschäftigt mit ihren eigenen Schritten, als daß sie herumstehen und über andere urteilen oder auf die Leistung anderer eifersüchtig werden könnten. Beim Leiterklettern hingegen konnte ich beobachten, daß Gerüchte und Neid häufig bestimmend sind. Beim Tanz wird der Grad unseres Einsatzes nicht am Einsatz anderer gemessen. Deshalb ist eine echte wechselseitige Abhängigkeit das prägende Element.

Beim Erklettern einer Leiter sind unsere Hände so mit Festhalten beschäftigt, daß wir sie nicht gut ausstrecken können, um anderen zu helfen, ohne uns selbst in Gefahr zu bringen oder gar, falls wir hoch genug auf der Leiter sind, abzustürzen. Beim Tanzen jedoch haben wir die Hände frei, um sie den anderen helfend oder freundschaftlich zu reichen. Die Hände sind auch frei, um Hilfe zu erbitten und zu empfangen. Vielleicht ist die Zeit gekommen, statt des Unabhängigkeitstages den gegenseitigen Abhängigkeitstag zu feiern.

Abstrakt und distanzierend – Nährend und sinnlich

Ein weiterer Unterschied liegt darin, daß das Klettern auf der Leiter weitgehend abstrakt ist. Sinn der Sache ist, möglichst weit fort zu kommen von dem, was uns alle bindet – von der Erde –, und hinaufzukommen zu dem, was uns von anderen absetzt. Dadurch entsteht statt Nähe Distanz, Trennung statt Vereinigung. Die Luft wird immer dünner, während wir immer höher klettern. Das Tanzen im Kreis dagegen impliziert körperliche Nähe, gemeinsames Schwitzen und Lächeln, Hände, die einander und der gemeinsamen Erde begegnen. Die Dynamik ist nährend statt abstrahierend. Um nähren zu können, müssen wir sinnlich sein, erdverbunden, irdisch. Denn das Körperliche und die Erde sind unsere gemeinsame Basis.

Zu nähren ist auch etwas Mütterliches. In diesem Zusammenhang ist die Herausforderung durch feministische Denkerinnen wie Adrienne Rich für Männer von großer Bedeutung. Sie drängt die Männer dazu, die mütterliche, fürsorgliche Seite bei sich selbst zu entdecken, vor allem auch in bezug aufeinander, damit die «Mutterrolle» nicht nur an den Frauen hängenbleibt. Rich ist alarmiert angesichts der Tatsache, wie sehr unsere Kultur «die nährenden Eigenschaften von Männern, Kindern und in gesellschaftlichen Institutionen unterdrückt». Erica Jong sagt, daß *Feminismus* für Adrienne Rich *Mitgefühl* bedeutet und das *Weibliche* «die nährenden Eigenschaften bei allen Menschen, gleich, welchen Geschlechts»[16]. Empathie, Mitgefühl und Fürsorge – Elemente des Feminismus, Elemente des Mitgefühls, Elemente der Erdverbundenheit.

Linear und leiterartig – Gekrümmt und kreisförmig

Es gibt einen großen Unterschied zwischen einer Leiter, die gerade und linear ist, und einem Kreis, der rund und gekrümmt ist. Einer der größten Unterschiede besteht darin, daß die erstere Form eine künstliche ist. Die Idee der Geraden findet sich nicht in der Natur, sondern ist eine Abstraktion der euklidischen Geometrie. Obwohl gewiß oft nützlich im Alltagsleben, steht sie doch nicht in Einklang mit dem Bau des Universums. Buckminster Fuller konstatierte, daß «die Physik keine geraden Linien gefunden hat, sondern nur Wellen. Ich höre die Menschen ständig über Ebenen und gerade Linien usw. reden, die einfach nicht existieren»[17]. Eine Leiter ist, insofern sie linear ist, eine Illusion.

Das Gerundete, Gekrümmte und Kreisförmige dagegen paßt tatsächlich zu den Energien unseres gekrümmten Universums und zu unserer runden Erde. Ein Kreis ist an sich in Harmonie mit dem Kosmos und kommt nicht in Konflikt mit gekrümmten Kräften, wie es eine Leiter tut. (Denken wir z. B. an die therapeutische Wirkung des Mandala-Malens.) Der heilige Augustinus sagte, daß es «sündig ist, gebogen zu sein». Heute wissen wir, daß das Gekrümmte am ehesten eins ist mit dem Universum. Es ist mittlerweile deutlich geworden, daß die Schöpferkraft des Universums eine Vorliebe für das Gekrümmte hatte.

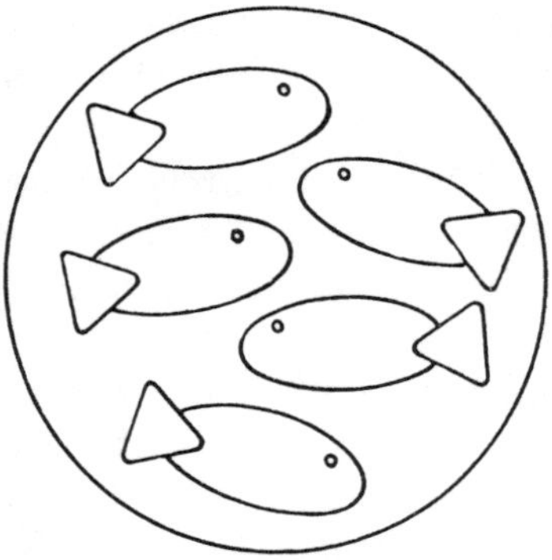

Abbildung C
Panentheismus – das angemessene Verhältnis zwischen uns und Gott, wobei Gott ein Ozean ist und die Geschöpfe die Fische, die Gott täglich ein- und ausatmen.

Es ist sehr wichtig, daß Sarahs Kreis ein offener und kein geschlossener ist. Der geschlossene Kreis verweist auf eine Rückkehr in den Mutterleib als einen Akt des Rückzugs und der Suche nach letzter Sicherheit. Er ist narzißtisch und führt zur Weltflucht. Ein offener Kreis hingegen sucht den Kontakt mit den Kräften unseres Ursprungs, ist aber nicht damit zufrieden, dort zu bleiben. Er bewegt sich weiter in immer größer werdenden kreis- und spiralförmigen Energien.

Theistisch (immanent oder transzendent) –
Panentheistisch (transparent)

Das Modell der Jakobsleiter geht aus von einer Distanz zwischen uns und Gott. Eine solche Annahme sollte von Gläubigen nicht als selbstverständlich akzeptiert werden, da sie auf den rein philosophischen Kategorien von Subjekt/Objekt, Ich/Gott, Du/Ich, Wir/Gott beruht. Dabei ist Gott stets da völlig gegenwärtig, wo wir sind, und nicht irgendwo hoch oben und weit fort von uns. Der klassische Ausdruck für diese Allgegenwart Gottes, wobei Gott in allem und alles in Gott ist, ist der Panentheismus. Das passendste Symbol oder Bild für diese göttliche Allgegenwart ist das eines Wasserkreises mit Fischen darin (Abbildung C). Wir sind die Fische, Gott ist das Wasser. Wir atmen Gott stets ein und aus. Wir sind in Gott, und Gott ist in uns. Ein solches Weltbild entspricht der Aussage Jesu: Dort, wo «zwei oder drei versammelt sind in meinem Namen, werde ich mitten unter ihnen sein». Und Gott wohnt nicht nur in uns – wir wohnen auch in Gott. Wir brauchen nicht aufzublicken, um Gott zu finden. Wir brauchen nur die Wahrheit in uns zu erwecken, daß Gott schon die ganze Zeit da ist und daß nur unser Bewußtsein dafür blockiert war, weil ihm die Einfachheit des Erwachens und Schauens fehlte. Die Dynamik von Saras Kreis entspricht den ein- und ausfließenden Energien des Panentheismus, während das Leitermotv dem Theismus eines weit von uns entfernten Gottes entspricht. Der Weg von Saras Tanz ist einfacher und schwächt uns nicht so. Um uns ganz auf ihn einzulassen, brauchen wir nicht erst hochzuklettern, sondern müssen nur in uns erwecken, was bereits gegenwärtig ist und in unserer Mitte pulsiert.

Nächstenliebe getrennt von der Liebe zu Gott –
Nächstenliebe als Liebe zu Gott

Wie wir bereits in den Aussagen der Jakobsleiter-Mystiker über die spirituelle Erfahrung sahen, ist in der Leiter-Symbolik die Nächstenliebe nur ein Nachklang, ein «Abstieg», ein Akt der Philanthropie oder der karitativen Weitergabe dessen, was wir übrighaben. In Saras Kreis ist Gott nicht vom menschlichen Tanz getrennt. Gott wird gefunden, wo der oder die Nächste leidet, in Not ist, oder wo wir mit anderen feiern können. Gerechtigkeit ist nicht von der Liebe getrennt, vor allem nicht von unserer Liebe zu Gott. Gott ist in der Schöpfung und in unserem Nächsten als Schwester oder Bruder, oder Gott ist überhaupt nicht.

Diese Überlegungen über die unterschiedlichen Kräfte des Kletterns auf der Jakobsleiter und des Tanzens in Saras Kreis haben klargemacht, daß wir es hier mit zwei unvereinbaren Bildern zu tun haben. Wir können nicht beides zugleich tun. Wer, einen Fuß auf der Leiter, mit dem anderen Fuß tanzen will, wird gar nichts zustande bringen. Jede Dynamik fordert uns ganz. Weder ein Individuum noch eine Gesellschaft kann gleichzeitig eine Leiter erklettern und im Kreis tanzen. Wir müssen uns für eines davon entscheiden. Was unsere Gesellschaft in den meisten Fällen gewählt hat, ist klar. Dieses aufwärtsgerichtete Spiel des Leiterkletterns könnten wir «Jeder ist sich selbst der Nächste» nennen. Es gibt jedoch Alternativen dazu.

Beispiele für die Dynamik von Saras Kreis

Saras Kreis symbolisiert eine Dynamik, die wir schon lange kennen, auch wenn wir sie bislang nicht so bezeichnet haben. Sie ist zum Beispiel überall dort am Werk, wo es wichtig ist, mit anderen gemeinsam zu essen. Wenn wir andere zum Essen einladen, dann erklettern wir schließlich keine Leiter und werfen Krümel auf unsere Gäste herab und werden noch viel weniger Getränke auf sie heruntergießen. Wir sprechen davon, «um einen Tisch *herum*zusitzen», selbst wenn dieser Tisch rechteckig ist, und gemeinsam dazusitzen und zu essen ist eine «Kreis-Erfahrung». Es ist eine sinnliche und irdische Erfahrung, alle schauen einander an, man ist wechselseitig abhängig («Reich' mir doch bitte die Marmelade») und doch nicht abhängig, man hat gemeinsam Spaß und unterhält sich reihum. Saras Kreis ist gegenwärtig, wo immer es «wahre Konvivialität» (Ivan Illichs Ausdruck) gibt – wie etwa beim gemeinsamen Essen eben.

Kreis-Tanz

Ein weiteres Beispiel dafür, wo Saras Kreis bereits in unserer Mitte wirksam ist («Das Reich Gottes ist mitten unter euch», sagte Jesus), ist der Volkstanz. Beim Volkstanz werden die Grenzen zwischen Alter, Geschlecht und Beruf durchbrochen. Achtjährige und Achtzigjährige und alle Altersstufen dazwischen können gemeinsam den gleichen Tanz genießen. Die Konkurrenz zwischen männlich und weiblich, jung und alt, Experten und Amateuren spielt keine Rolle.

Ich habe erlebt, wie Ego und geistige Haltung von Menschen sich gewandelt haben, wenn die militanten Worte des bekannten Liedes *We are climbing Jacob's ladder* («Wir klettern auf der Jakobsleiter») ausgetauscht wurden gegen den Text *We are dancing Sara's circle* («Wir tanzen in Saras Kreis»).

Für viele Menschen, die nie zuvor aufgefordert worden sind, ihren Körper in den Gottesdienst mit einzubringen, ist es ein großes spirituelles Erlebnis, sich an den Händen zu fassen und sich in einer Kapelle, einer Kirche oder einem anderen Raum in Spiralen oder Kreisen zu bewegen. Das traditionelle Lied der Jakobsleiter, das protestantische Kinder schon sehr früh zu singen lernen, hat folgenden Text:

We are climbing Jacob's ladder
We are climbing Jacob's ladder
We are climbing Jacob's ladder
Soldiers of the Cross

Every round gets higher, higher
Every round gets higher, higher
Every round gets higher, higher
Soldiers oft the Cross.

(Wir erklettern Jakobs Leiter . . .
Soldaten des Kreuzes.

Jede Runde hebt sich höher, höher . . .
Soldaten des Kreuzes.)

Beachten wir, wie gewaltsam diese Strophen jeweils enden. Die Musik zu diesem Text ist sehr eingängig, und es läßt sich gut danach tanzen. Deshalb ist es eine wichtige Erfahrung – der Beginn des Umdenkens – für jene, die mit einem so gewaltsamen und leiterhaften liturgischen Lied groß geworden sind, wenn einfach die Worte verändert und die gefällige Musik beibehalten wird.[18]

We are dancing Sarah's Circle
We are dancing Sarah's Circle
We are dancing Sarah's Circle
Sisters, brothers, all.

Every ring gets fuller, fuller
Every ring gets fuller, fuller
Every ring gets fuller, fuller
Sisters, brothers, all.

(Ja, wir tanzen Saras Kreis . . .
Schwestern, Brüder, alle.

Jeder Kreis wird voller, voller
Schwestern, Brüder, alle.)

Selbsthilfegruppen

Ein weiteres Beispiel für die Dynamik von Saras Kreis sind die Selbsthilfegruppen, vor allem jene, in denen sich leidende Menschen zusammenschließen, um ihre Schwächen zu teilen und dadurch Stärke zu gewinnen – die Anonymen Alkoholiker (AA) mögen als ein Beispiel für viele genannt sein. Zu denen, die heute auf einer wirklich heilenden Ebene arbeiten, gehören auch Frauengruppen, Basisgemeinden, Selbsthilfegruppen für Gefangene, Drogenabhängige oder Angehörige von Drogenabhängigen, Schwulengruppen, Männergruppen usw. In allen diesen Gruppen ist es üblich, zunächst die eigene Geschichte zu erzählen – was einen Sturz von der Leiter bedeutet. Machtlosigkeit zuzulassen ist die Voraussetzung, um zu gemeinsamer Wahrheit und Bescheidenheit zu finden. Ein Alkoholiker berichtet über seine Erfahrungen mit den Anonymen Alkoholikern wie folgt:

> Wir konnten vom Alkohol erst loskommen, als wir auch anderes opferten. Großkotzigkeit und Selbsttäuschungen mußten weg. Wir mußten aufhören mit Selbstrechtfertigungen, Selbstmitleid und Anklagen. Wir mußten den verrückten Wettkampf um gesellschaftliches Prestige und immer höheren Kontostand aufgeben. Wir mußten persönliche Verantwortung für unseren elenden

Zustand übernehmen und aufhören, anderen dafür die Schuld zu geben ... Wir lehnen mildtätige Gaben ab und ziehen es vor, selbst für uns zu zahlen.

Bei den AA sehen wir das Wirken von Saras Kreis in der Praxis: wechselseitige Abhängigkeit, nicht direkte, vertikale Abhängigkeit, Demokratie, kein elitäres Gehabe, Eigenverantwortlichkeit, Verlassen der Leiter des Prestigedenkens und zwanghaften Geldverdienens, anderen ins Auge schauen statt Selbstmitleid, handeln und ehrlich sein statt Sentimentalität, jeden Tag als solchen leben statt eine Leiter mit Zielvorgabe hinaufstreben.

In seiner Studie über Alkoholiker, die sich AA-Gruppen angeschlossen hatten, fand William Eckhardt in jedem seiner zwölf Fälle heraus, daß die Betreffenden in ihrer voralkoholischen und alkoholischen Lebensphase extrem egoistisch waren und nach ihren Erfahrungen in den AA-Gruppen ausgesprochen altruistisch oder mitfühlend wurden. Diese erstaunliche Veränderung kam, wie Eckhardt bemerkt, dadurch zustande, daß die AA einen Dienst ohne Gegenleistung anbieten und auch Frustrationsäußerungen ihrer Mitglieder ohne Vergeltung akzeptieren.[19]

Die Energie von Saras Kreis läßt sich in AA- und anderen Selbsthilfegruppen an der Betonung des Nährens, der Basisdemokratie, der Gefühle, der Zurückweisung der Leitermentalität auf sexueller und finanzieller Ebene ablesen. Gruppen, die sich treffen, um Leid zu teilen und dadurch menschliche Beziehungen aufzubauen und die um die gegenseitige innere Kräftigung ihrer Mitglieder ringen, praktizieren bereits eine Kreis-Dynamik.

Jesus über Saras Kreis

Jesu Denken war ein Kreis-Denken. Wie sonst sollte man seinen Ausspruch deuten: «Die Ersten werden die Letzten sein und die Letzten die Ersten»? In einem Kreis ist es nämlich genauso, daß die Ersten die Letzten sind und die Letzten die Ersten – ja, im Prinzip weiß niemand, wer der oder die Erste oder Letzte ist, und vor allem: Niemand kümmert sich darum. Als er von seinen Jüngern gedrängt wurde, den ihnen angemessenen Platz am Tisch zu bestimmen, wies Jesus dieses hierarchische Leiterdenken ausdrücklich zurück (Lukas 14,7–11). Seine Abendmahlzeiten mit den Jüngern zeigten deutlich das Schaffen von Nähe nach der Art von Saras Kreis – vor allem das letzte Abendmahl weist diese Dynamik auf. Der reiche Mann oben auf der Leiter, der laut Jesus die Brotkrumen vom Tisch dem Lazarus herabwirft, war einer von denen, die das Höllenfeuer kennenlernen würden (Lukas 16,19–31).

Ein Musterbeispiel für Saras Kreis ist auch die Zeremonie des Fußewaschens, die Jesus in der Nacht vor seinem Tod so wichtig war. Was könnte deutlicher für «Auge in Auge» stehen, stärker auf die Nähe zur Erde bezogen und weiter vom Leiterklettern entfernt sein, als einander die Füße zu waschen? Diejenigen, die ihre geheiligten Positionen oben auf der Leiter zu ernst nehmen, sollten mal darüber nachdenken, daß Jesus sowohl seinen Jüngern die Füße wusch als auch sich die Füße von einer Frau salben ließ. Bei der Dynamik von Saras Kreis geht es um das Nehmen *und* das Geben. Darin liegt der Schlüssel für gesunde, mitfühlende (mit-leidenschaftliche) Energien. Manche Menschen können nur «lieben», indem sie geben – das ist aber keine Liebe. Andere dagegen scheinen nur empfangen zu wollen – doch wer nur gibt oder nur empfängt, übt eine Art von Kontrolle aus, die der Liebe Jesu fremd war.

Ein weiteres Beispiel für Saras Kreis im Bewußtsein Jesu finden wir im Zusammenhang mit seiner Heilung eines Leidenden und der Speisung der Hungrigen (Matthäus 15,29–39). Wir lesen dort:

> Jesus aber rief seine Jünger zu sich und sprach: Mich erbarmt (d. h., «meine Eingeweide drehen sich in mir um») des Volkes, denn schon drei Tage harren sie bei mir aus und haben nichts zu essen. Ich will sie nicht hungrig weggehen lassen, sie könnten sonst auf dem Wege erliegen ... *Da ließ er das Volk sich auf der Erde lagern,* nahm die fünf Brote und die Fische, sprach das Dankgebet, brach sie und gab sie den Jüngern, die Jünger aber reichten sie den Volksscharen. Und alle aßen und wurden satt.»

Beachten wir, daß Jesus zu dieser Speisung – in vieler Hinsicht eine Parallele zur Erfahrung der Eucharistie – zum Niedersetzen auf den Boden auffordert. Irdisch zu sein, der Erde nah zu sein und deshalb Auge in Auge miteinander, ist essentiell für das spirituelle Bewußtsein Jesu.

Innerhalb der Kirche versuchen heute viele Gruppen, die Jakobsleiter zu verlassen und sich in Saras Kreis einzureihen – oft gegen den Widerstand einer uneinsichtigen Amtskirche. Denn Amtsführung im Team bedarf einer echten Demokratie, in der die individuellen Talente anerkannt und ermutigt werden. Sie funktioniert nur Auge in Auge, wechselseitig abhängig und nicht hierarchisch.

Ein gutes Beispiel dafür, daß die Kirche positiv auf das Modell von Saras Kreis reagiert, ist die Deklaration auf dem Zweiten Vaticanum, daß Kirche vor allem «Volk Gottes» bedeute. Die Kirche als Volk zu definieren, ist weit entfernt von einer Definition als Hierarchie. Das ist der Ruf Saras, kein Ruf vom oberen Ende der Leiter. Die Umsetzung der Implikationen dieses radikalen Statements der Bischöfe steckt noch immer in den Kinderschuhen. Eine der notwendigen Konsequenzen wäre zum Beispiel die Ordination von Frauen oder Verheirateten, männlichen wie weiblichen, wie auch von homosexuellen Menschen. All das sind Punkte, die den Wechsel von der Jakobsleiter in Saras Kreis markieren.

Ein weiteres Beispiel dafür, wie Saras Kreis im kirchlichen Bereich allmählich die Jakobsleiter ersetzt, ist die auf dem Zweiten Vaticanum dekretierte Zulassung der Landessprache in der Liturgie. Solange Gottesdienste in einer Sprache stattfanden, die nur wenige Eingeweihte verstanden, blieb die Leiter intakt und damit die Strategie des «Hinaufbetens» erhalten. Es wäre in dieser Hinsicht interessant, darüber nachzudenken, ob der Protestantismus, der sich im Gottesdienst stets der jeweiligen Landessprache bediente, nicht manchmal das Latein durch theologischen Jargon ersetzt hat. Was als die Sprache des Volkes erscheint, ist auf diese Weise ebenfalls nur wenigen zugänglich, jenen nämlich, die auf der Leiter akademische Ränge erreicht haben. Theologen, die ihre Sprache nicht in die Sprache des Volkes übersetzen können, dienen ihren eigenen Interessen beim Leiterklettern durchaus mehr als den Interessen des Volkes Gottes. Hier gibt es ein subtiles Ringen zwischen antiakademischer Haltung, antilateinischer Haltung und Anti-Intellektualismus. Ich habe nie einen echten Intellektuellen kennengelernt – im Gegensatz zu akademischen Aufsteigern –, der nicht die Sprache des Volkes beherrschte. Das gilt besonders für die Sprache gemeinsamen Leids, die für alle, die der Erde noch nahe genug sind, um ihre Schreie und ihr Flüstern zu hören, ein universelles Idiom darstellt.

Ein weiteres Beispiel dafür, daß Saras Kreis in der heutigen Theologie mehr und mehr an die Stelle der Jakobsleiter tritt, ist die Abwendung von einer ausgesprochenen Hoch-Christologie, von einem den Menschen völlig entrückten Jesus Christus. Niemand konnte sich mit derart entkörperlichten Bildern von Jesus identifizieren – und genau das war auch der Zweck der Übung. Aber Jesus ging nicht nur barfuß über die Erde, er lebte, aß, feierte und litt nicht nur wie alle Menschen, sondern sein Tod am Kreuz könnte durchaus den Tod des Leiterbewußtseins symbolisieren. Starb nicht die Leiter auf Golgotha? War die Kreuzigung nicht die letzte Handlung patriarchaler Mächte, nach der eine neue Herrschaft der göttlichen Gegenwart beginnen sollte? Der heutige Widerstand der Christologie gegen Christolotrien – Christusvergötzung – und die Betonung der Menschlichkeit Jesu zeigen deutlich den Übergang von der Jakobsleiter zu Saras Kreis.

Die Befreiungstheologie ist offenbar die Wiederentdeckung der Nähe Gottes zu den Armen der Erde, die nicht mit dem Erklettern einer Leiter beschäftigt sind. Ihr Impuls liegt nicht darin, alle auf die Leiter zu bekommen, sondern ein neues Gesellschaftsmodell zu entwerfen. Und auch die feministische Spiritualität, wie sie etwa von Mary Daly und Rosemary Ruether entwickelt wurde, führt uns von der Leiter fort in den Kreis.[20]

Die Gesellschaft und Saras Kreis

Zu den Beispielen, wo und wie Saras Kreis in unserer Mitte bereits wirkt, gehört das Interesse an Sonnen-, Wind- und Wasserenergie. Solche Systeme sind notwendigerweise dezentralisiert und schon deshalb nicht hierarchisch. Die Vorstellung, wir könnten alle unsere eigene solare Tankstelle auf dem Dach haben und unsere Energie von der Sonne ziehen, die allen Einwohnern der Erde gleichermaßen gehört, bedroht jene, die sich ein erhebliches Einkommen dadurch verschaffen, daß sie die Energie literweise von den hohen Leitern der Ölkonzerne ans Volk herabreichen. Ich habe schon oft gesagt, daß wir längst Solarenergie hätten, wenn Esso Eigentumsrechte auf die Sonne beanspruchen könnte. Das geht aber nicht –

und darin liegt für alle, die in Zukunft auf die Dynamik von Saras Kreis hoffen, eine gute Nachricht! Leider haben sich aber auch starke Kräfte zusammengeschlossen, um die notwendigen Forschungs- und Entwicklungsgelder für nichtleitergemäße Energiequellen zu blockieren.

Ein anderes Beispiel für die Dynamik von Saras Kreis wären auch Mütter, die ihr Kind durch natürliche Geburt im Kreise ihrer mitfühlenden Familie bekommen. Zu Saras Kreis gehören auch alle alternativen Heilweisen und alternativen Lebensweisen sowie alle Menschen in Not – bei uns und in anderen Ländern. Es gehören dazu alle Personen und Gruppen, die so empört sind angesichts der herrschenden Ungerechtigkeit, daß sie mit Recht die Worte des Vorsitzenden Mao zitieren, der erklärte, daß es keinen Luxus für einige wenige geben dürfe, bevor nicht die Grundbedürfnisse aller befriedigt sind. Was sind diese Grundbedürfnisse? Ich denke, daß Arbeit, Ausbildung, medinzinische Versorgung, Nahrung, Wohnung und Erholung dazugehören. Ein Luxusleben ergibt nur auf einer Leiter Sinn. In einem Kreis sind sich alle zu nahe und zu sehr von Freude erfüllt, um sich nach Luxusgütern und ihren Pseudo-Ekstasen zu sehnen.

Mystische Symbole als Legitimation für Gewalt

Ich gehe davon aus, daß unsere moderne Gesellschaft, die gern von sich behauptet, eine säkuläre Kultur zu sein, im Prinzip entsprechend der Dynamik eines mystischen Sinnbilds funktioniert: des Kletterns auf der Jakobsleiter. Es ist genau dieses Leiterdenken, das einen großen Teil der offenkundigen Gewalt in unserer Gesellschaft legitimiert und fördert.

Reichtum, Armut und Saras Kreis

Nehmen wir als Beispiel die Gewalt zwischen Besitzenden und Besitzlosen. Wenn Sie ein Diagramm der Verteilung des Geldes in unserer Gesellschaft betrachten (Abbildung D), so sehen Sie, daß die am oberen Ende der Leiter etwa die Hälfte des gesamten zur Verfügung stehenden Reichtums unter sich aufteilen, während dieselbe

Anzahl Menschen am unteren Ende nur einen Bruchteil davon für sich beansprucht. Die Wenigen ganz oben auf der Leiter verfügen sogar über mehr als das Doppelte als die untersten zwanzig Prozent der Menschen. Und die Differenz zwischen Oben und Unten wird immer größer.

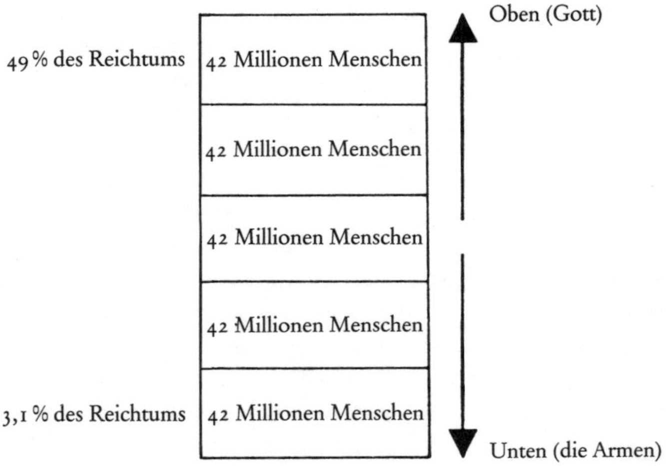

Abbildung D
Das mystische Sinnbild des Kletterns auf der Jakobsleiter legitimiert die wirtschaftliche Gewalt zwischen Besitzenden und Besitzlosen, weil es die Menschen lehrt «hinaufzubeten».

Was bedeutet das praktisch? Heißt es, daß «die da oben» eine Menge Geld oder Aktien haben? Ja, aber es bedeutet noch mehr. Es bedeutet auch, daß diejenigen am oberen Ende diktieren können, was das Fernsehen bringt und die Presse schreibt, denn sie haben die Macht über die Medien. Wir hatten zuvor schon gesehen, auf welche Weise Geld für Forschungen, zum Beispiel auf dem Gebiet der Solarenergie, ausgegeben bzw. nicht ausgegeben wird, welche Gesetze verabschiedet bzw. nicht verabschiedet werden und welche Seminare an unseren Universitäten abgehalten bzw. nicht abgehalten werden. Soll die Leiter stabil bleiben, müssen alle auf ihrem Platz verharren.

Solange religiöse Menschen damit fortfahren «hinaufzubeten», wird die Leiter nicht in Frage gestellt. Würden gläubige Menschen jedoch beginnen, die Leiter für einen fröhlichen Tanz zu verlassen (Abbildung E), dann könnte eine Revolution (wörtlich: «Herumdrehung») der gewaltfreien Art stattfinden, wie sie einst Franz von

Assisi initiierte. Sein Vater, Besitzer eines gutgehenden Seidengeschäfts, sah in ihm natürlich den Nachfolger. Franz bestand jedoch darauf, die Leiter zu verlassen. Er identifizierte sich mit den Armen am unteren Ende der Leiter, weigerte sich sein Erbe anzutreten, und begann ein Leben voller Kreis-Energie.

Abbildung E
Zu wirklich gewaltfreien Revolutionen kommt es, wenn die in der Mitte der Leiter ihre Hinauf*betung beenden, sich* um*schauen, die Armen sehen und dann von der Leiter herabtanzen, wie Franz von Assisi und Martin Luther King es taten.*

Ein weiteres Beispiel ist Martin Luther King, der ebenfalls eine gute Position in der etablierten Kirche seines Vaters hätte einnehmen können. Er sah sich jedoch um, verzichtete auf die Leiterdynamik und tanzte mit den Menschen am Boden davon. Wie wir wissen, starb er bei einer Demonstration der Müllarbeiter in Memphis, mit denen er sich solidarisch fühlte.

Diese beiden Beispiele von Leuten aus der Mittelschicht, die aufhörten «hinaufzubeten», zeigen das enorme Potential, das jenen in der Mitte der Leiter zur Verfügung steht, um etwas zu verändern. Diejenigen am oberen Ende sind gewöhnlich zu sehr damit beschäftigt, sich dort zu halten, und diejenigen am unteren Ende sind gewöhnlich zu sehr mit ihrem Überleben beschäftigt, als daß sie die Leiter zugunsten einer anderen Vision verlassen könnten. Die in der Mitte sind dazu aufgerufen, zu erwachen und fortzutanzen, den «Staub von ihren Leiterfüßen zu schütteln» und den Staub der Erde bei Saras Tanz aufzuwirbeln. In unserer Kultur finden wir den «plastischsten» Ausdruck des Leiterbewußtseins in bezug auf Geld und Institutionen in den Wolkenkratzern. Ein Wolkenkratzer ist selbst schon ein Symbol, eine Projektion aus unserem Innern. Für eine Kultur, die das Obensein vergötzt, sind Wolkenkratzer ein Symbol, ein Opfer an unsere Himmelsgötter, an unsere Leitergötter. Ist Ihnen schon mal aufgefallen, wie viele dieser Wolkenkratzer Versicherungsgesellschaften gehören? In der Stadt, in deren Nähe ich lebe, in Chicago, sind alle großen Wolkenkratzer Versicherungsgebäude, zum Beispiel die Sears Towers – die größten Wolkenkratzer der Welt, das Prudential Building und das John Hancock Building. Warum hat das «Hinaufbeten» der Wolkenkratzer so viel mit Versicherungsgesellschaften zu tun? Weil sich in einer Jakobsleiter-Gesellschaft und -Wirtschaft alles um die (Un-)Sicherheit dreht. Bei so dezidiertem egoistischem Konkurrenzdenken und einer derart dominierenden Aufstiegsmentalität ist klar, daß die beste Investition für jeden in einer Versicherung liegt. Denn irgendwann könnte man ja straucheln. Deshalb dreht sich in einer Leitern-Gesellschaft alles um Versicherungen.

Die spirituelle Bekehrung der Gläubigen vom Klettern auf der Jakobsleiter zum Tanzen in Saras Kreis ist der Anfang vom Ende der Dynamik des Hinaufbetens, der Dynamik unserer Leiterkultur. Denn dadurch ziehen wir den Teppich unter den verehrten Leitern weg und verwenden ihn für fröhlichere Zwecke.

Sadomasochismus und Saras Kreis

Es gibt noch eine weitere Energie, deren Funktion in der Leitergesellschaft benannt und erkannt werden muß. Schon darüber zu sprechen schmerzt, aber diese Energie muß gebannt werden. Es ist die doppelte Energie von Machtausübung und Unterwerfung – von Sadismus und Masochismus. Es handelt sich dabei um fundamentale sexuell-politische Energien, die in allen unseren leiterorientierten Institutionen virulent sind – in Regierung Militär, Kirche, Familie, Erziehungs- und Geschäftswesen, in den Medien und nicht zuletzt in uns selbst. Sowohl im Masochismus als auch im Sadismus geht es um die Macht als Kontrollinstrument: «Leiden und Hilflosigkeit werden seine wichtigsten Mittel, sich Liebe, Hilfe und Herrschaft zu sichern», konstatiert Karen Horney.[21] Sadismus besteht bekanntlich darin, andere als Objekte der Kontrolle zu unterwerfen. Laut Horney zerstört der Sadismus auch die Freude und ist im Grunde ein Akt der Selbstverachtung, der aus dem Masochismus entsteht. Je mehr der Sadist andere verachtet, um so weniger ist er sich seiner Selbstverachtung bewußt.[22] Sadismus und Masochismus sind viel verbreiteter, als wir ahnen, denn ihr sexueller Ausdruck ist laut Horney verhältnismäßig selten und bloß eine Ausdrucksform einer allgemeinen Einstellung anderen gegenüber. Der Kern der sadomasochistischen Kraft sei die Destruktivität eines verzweifelten Menschen, der die Wiederherstellung eines Lebens sucht, dem er sich nicht gewachsen fühlt.

Es ist eine traurige, aber wahre Geschichte, daß ein ungewöhnlich hoher Prozentsatz der Personen am oberen Ende unserer Leitern in ihrer Freizeit nicht weniger sadomasochistisch sind als in ihrer Arbeit. Dr. Sam Janus, ein Psychiater der New Yorker Universität, veröffentlichte eine Studie über Luxus-Callgirls und Firstclass-Prostituierte. Die Mehrheit der Kunden dieser Frauen waren Politiker oder andere Führungskräfte. Offenbar kann die offizielle Leiter nicht alle Bedürfnisse befriedigen, so daß diese Menschen zur Bestätigung ihrer Macht und Jugend noch jemanden brauchen, der alles tut, was sie wollen. Politiker der oberen Ränge geben jährlich Unsummen für Prostituierte aus, um die Illusion vermittelt zu bekommen, «ganze Männer» zu sein.

Dabei bevorzugen gerade viele Männer in Machtpositionen, wie etwa Politiker, sexuelle Praktiken wie Fesselung, Auspeitschen oder dergleichen.[23] Was läßt sich daraus folgern? Dr. Janus sagt: «Wir sind zu dem Schluß gekommen, daß Machttrieb und Sexualtrieb bei vielen Politikern und Führungskräften so eng miteinander verbunden sind, daß sie zu ein und demselben wurden.» Das Klettern auf der Jakobsleiter hat also sowohl eine sexuelle wie eine spirituelle Bedeutung. Es erzeugt Gewalt gegen sich und andere, ganz gleich, wie man es betrachtet. Der Übergang zu einer neuen Energie, die ich als Saras Kreis bezeichne, eine neue Spiritualität, würde diesen Männern und Frauen nur guttun, selbst wenn sie das zunächst gar nicht bemerkten.

Zusammenfassung

Solange der Westen weiterhin auf das Leitersymbol schwört, wird es im Namen all unserer vielen Götter immer mehr Gewalt, immer mehr Sadismus und Masochismus geben – das Mitgefühl wird in der Verbannung bleiben. Doch der Himmel ist nicht weit entfernt und auch nicht oben. Er ist, wie Jesus immer und immer wieder zu lehren versuchte, «mitten unter uns». Er ist da, wo Menschen sich als Schwestern und Brüder liebenlernen, wo sie Auge in Auge in Saras Kreis tanzen und einander ihren Schmerz erleichtern. Himmel ist überall, wo Mitgefühl praktiziert wird. Mit Recht sagt der Theologe Edward Schillebeeckx, daß die Transzendenz «nicht mehr oben, sondern die Zukunft» ist. Jetzt können wir anfangen, dieser Zukunft einen Namen zu geben: Saras Kreis. Transzendenz ist Saras Kreis, und Saras Kreis ist Transzendenz. Darin liegt die Erlösung für unser globales Dorf und die Menschen, die es bewohnen – für uns alle.

Chuck Lathrop, ein zeitgenössischer amerikanischer Dichter, der in Appalachia/Kentucky auf dem Land lebt und arbeitet, hat ein Gedicht geschrieben, das viele der Symbole aufgreift, von denen ich in diesem Kapitel gesprochen habe. Seine Bilder wenden sich zwar direkt an kirchliche Mitarbeiter, doch sprechen sie uns indirekt alle an, ganz gleich, welche Rolle wir in der Gesellschaft spielen.

Beim Bedenken des Warum und Wie und Was und Wer
des Amtes,
Taucht ein Bild immer wieder auf:
Ein runder Tisch.

Es wird einigen Sägens bedürfen,
Den Tisch rund zu machen,
Einiger neuer Definitionen
Und Neuentwürfe.

Solches Umwandeln und Neugebären
Des schmallangen Kircheseins
Kann schmerzhaft sein
Für Menschen und Tische.

Doch war so auch das Kreuz –
Ein schmerzhafter Tisch
Des Gebens und des Ja.

Und von solchem Tod stammt Leben,
Von solchem Sterben Auferstehen,
Beim Suchen nach dem runden Tisch
Und dem, was Rundtisch-Kirche heißt.

Es heißt kein Huldigen und Thronen,
Denn nur ein König ist dort,
Und der war ein Fußwäscher,
An einem Tisch zumal . . .

Denn an den schmallangen Tischen
Rückten Diener und Spiegel,
Zu Bildern gerahmt,
In die Mitte der Aufmerksamkeit;

Und Kreuze wurden vergoldete Ornamente
Auf nackten Steinwänden
In wöchentlich einmal benutzten Gebäuden.

Doch die Zeiten und die Tische
Sie ändern sich und formen sich neu:

Was wird aus Ämtern mit schmallangen Tischen,
Wenn ein Rundtisch-Volk
Ihnen gegenübersteht,
Nach Jahren der Arbeit den Tisch hinauf
(Wie die Leiter hinauf),
Um schließlich am Kopf zu sitzen,
Bloß um zu entdecken:

Der Tisch hat sich gedreht???

Fortgesetzt dünne Luft
Isoliert nur,
Denn es gibt dort keine Menschen,
Nur Rollen.

Sie müssen das Rundsein lieben,
Wo *Teilung* zu einem *Teil von* wird
Und der Ruf zur Zusammenkunft;

Denn Gott hat uns als Volk berufen,
Nicht «sie und uns».

«Sie und wir»
Sind unfähig
Uns rundherum zu versammeln,
Denn an einem runden Tisch
Gibt es keine Seiten.

Und *alle* sind geladen
Zur Ganzheit und zum Essen . . .
Runder Tisch heißt:
Kein besonderer Platz,
Kein Erster und kein Letzter,
Kein Besserer und keine Ecke
Für «den Geringsten von ihnen».

Runder Tisch heißt:
Beieinander sein,
Teil sein,
Zusammen und eins.

Er bedeutet
Raum für den Geist
Und die Gaben
Und beunruhigend tiefen Frieden für alle . . .

Und wir hier im Heute
Mischen und kneten
Den Teig für die Zukunft.

Wir können uns nicht länger
Auf die Vergangenheit vorbereiten . . .[24]

3 Psychologie und Mitgefühl

Von einer Psychologie der Kontrolle zu einer Psychologie des Feierns

> Mitgefühl ist der höchste und bedeutsamste Ausdruck emotionaler Reife. Durch Mitgefühl erreicht ein Mensch den höchsten Gipfel und die größte Tiefe auf seiner Suche nach Erfüllung.[1]
>
> Arthur Jersild

Der Dichter Chuck Lathrop hat uns aufgefordert, uns nicht länger auf die Vergangenheit vorzubereiten. Worum könnte es, psychologisch gesehen, in der Zukunft gehen? Der Psychologe Arthur Jersild hat, wie wir gerade gelesen haben, das Mitgefühl als den höchsten Ausdruck persönlicher Reife bezeichnet und damit ein anzustrebendes Ziel genannt. Nachdem wir im vorigen Kapitel die Bewegung von der grundlegenden kulturellen Metapher des Kletterns auf der Jakobsleiter weg und hin zum eher mitfühlenden Tanzen in Saras Kreis betrachtet haben, können wir nun die psychologischen Verzweigungen dieses Weges betrachten. Denn wenn wir von einem tiefen Wandel in den Sinnbildern reden, reden wir zugleich auch von einem tiefen seelischen Wandel. In einem späteren Kapitel wird es um die sozialen Hindernisse auf diesem Weg des Wandels gehen, aber zunächst wollen wir uns mit den psychologischen Hindernissen für das Mitgefühl befassen: Konkurrenz, Zwänge und Dualismus. In der Auseinandersetzung mit dieser unheiligen Trinität werde ich mich in bezug auf die Konkurrenz auf die Psychologin Karen Horney stützen, in bezug auf die Zwänge auf den Psychologen William Eckhardt und in bezug auf den Dualismus auf den Psychologen Robert Ornstein. Wenn die Gesellschaft nicht länger alle Energie in Konkurrenz, zwanghaftes Verhalten und dualistisches Denken steckte, würden erhebliche Kräfte frei für Mitgefühl. Das wäre der Anfang vom Ende der psychologischen Gründe für die Verbannung des Mitgefühls – ein Anfang der Heimholung des Mitgefühls und der zum Mitgefühl fähigen Menschen.

Konkurrenz versus Mitgefühl

Die Psychologin Karen Horney weist darauf hin, daß unsere Suche nach Absicherung gegen Ängste zu einer Suche nach Macht, Prestige und Besitz führt. Wir suchen Macht, um uns gegen unsere Hilflosigkeit zu wappnen, und unsere daraus folgende Feindseligkeit drückt sich in einer Neigung zur Dominanz aus. Wir suchen Prestige, um uns gegen Demütigungen zu wappnen, und unsere daraus resultierende Feindseligkeit drückt sich in einer Neigung aus, andere zu demütigen. Wir suchen Besitz, um uns gegen Not zu wappnen, und unsere daraus folgende Feindseligkeit drückt sich in einer Neigung aus, andere zu benachteiligen.[2] Es wird deutlich, wie hervorragend das Leitermotiv zu diesen neurotischen Formen der Feindseligkeit paßt: Dominanz, Demütigung und Benachteiligung gehören zum Klettern auf der Jakobsleiter. Horney bietet eine Erklärung dafür, warum manche Leute so schnell klettern, so rasant aufsteigen und um jeden Preis an ihrer Position auf der Leiter festhalten. Die Leiter dient ihren Bedürfnissen nach persönlichem Überleben und Wertschätzung. Leider werden diese Bedürfnisse auf Kosten anderer befriedigt, was insgesamt zu mehr und nicht zu weniger Leid führt. John Gardner bemerkte einmal, daß unter all den Kämpfen, die er für das Gemeinwohl – und gegen Rassismus und Armut – geführt hat, die schwersten Kämpfe jene waren, die er mit den Platzhaltern oben auf einer der Leitern führen mußte, wenn diese merkten, daß sie etwas von ihrer Macht aufgeben sollten.

Unsere leiterorientierte Kultur hat die Konkurrenz derart institutionalisiert, daß sie wie eine sich selbst erfüllende Prophezeiung immer neue konkurrenzfixierte Persönlichkeiten hervorbringt, die gezwungen sind, im herrschenden Wettbewerbssystem Erfolg zu haben. Die Konkurrenz bestimmt eine solche Gesellschaft auf jeder Ebene des Agierens, des Interagierens und der Selbstwahrnehmung. Davon geht Horney in ihrer Arbeit über das «neurotische Konkurrenzbedürfnis» aus. Sie hält Konkurrenz für ein Problem aller Mitglieder unserer Kultur. Denn wenn

> Macht, Ansehen und Besitz durch die eigenen Anstrengungen des einzelnen errungen werden müssen, so wird er dazu gezwungen, mit anderen in Wettbewerb zu treten. Von seinem ökonomischen Zentrum aus wirkt der Wettbewerb auch auf alle anderen Betätigungen und durchdringt die Liebe, soziale Beziehungen und das Spiel. Daher ist der Wettbewerb ein Problem für jeden einzelnen, der unserer Kultur angehört, und es ist keineswegs überraschend, ihn auch stets und unfehlbar im Mittelpunkt neurotischer Konflikte zu finden.[3]

Dieses Zentrum neurotischer Konflikte erweist sich auch als ein ständiges Hindernis für das Mitgefühl. Denn die dämonische Macht der Konkurrenz wirkt so, daß sie das Ego derart isoliert, daß es sich nur über den Kampf mit einem anderen Ego definieren kann. Auf diese Weise geht alle Hoffnung verloren, an etwas Tieferem als dem Ego teilzuhaben – sei es nun Freude oder Leid.

Ich verwende absichtlich das Wort «dämonisch» im Hinblick auf die Konkurrenz. Denn das Dämonische geht gerade darin über das bloß Unerwünschte hinaus, daß wir in ihm das subtile Wirken des Bösen erfahren. Dämonisch Böses tritt stets verkleidet auf als selbstgerechte Rationalisierung, die ihre positive Seite nach vorne kehrt (ja: das Dämonische hat eine positive Seite). Deshalb widersetzen sich viele der Kritik an der Konkurrenz, indem sie sagen: «Aber Konkurrenz muß sein! Sie ist natürlich und notwendig, um zu überleben.» Es ist der Gipfel des Zynismus zu sagen, Konkurrenz sei natürlich und ohne Konkurrenz gäbe es keine Innovationen. Beobachten wir doch Hunde beim Spiel: Das Spielen ist ihnen wichtiger als das Gewinnen. Das gleiche gilt für Kinder, bis aggressive Eltern sie eines «Besseren» belehren. Mehrere Studien haben gezeigt[4], daß Kinder zunächst in einer sich behauptenden, aber nicht aggressiven Weise konkurrieren. Aggressive Konkurrenz ist also gesellschaftliche Konditionierung, nicht natürlicher Instinkt.

Ich will allerdings nicht leugnen, daß Konkurrenz zur reinen Selbstbehauptung – im Gegensatz zur aggressiven Konkurrenz – auch ihre guten Seiten hat: Sie bringt die Faulen auf Trab und animiert so manchen, sein Bestes zu geben.

Wie sollen wir die beiden Arten der Konkurrenz voneinander unterscheiden – die kranke, neurotische und aggressive von der manchmal nützlichen, gesunden und selbstbestätigenden? Horney bietet drei Kriterien, um die Gesundheit der Konkurrenz in unserer Gesellschaft zu prüfen. Erstens: Ist das Messen an anderen ein ständiges Bedürfnis, und ist das einzige, was zu zählen scheint, besser zu sein als andere? Zweitens: Ist es unser Ehrgeiz, nicht nur besser zu sein als andere, sondern «am besten»? Dann verdirbt die Notwendigkeit, einzigartig und herausragend zu sein, die Fähigkeit, Erfolge zu genießen. Und drittens: Beinhaltet die Konkurrenz eine Feindseligkeit, mit der man verbal oder nonverbal erklärt, daß «niemand außer mir schön, fähig und erfolgreich sein darf»? Auf diese Weise ist Konkurrenz nämlich darauf aus, den anderen zu zerstören, anstatt sich selbst und andere kreativ aufzubauen.

Kennzeichnend für jede neurotische Konkurrenz ist es, daß wir uns gegen jedes Dankbarkeitsgefühl wehren.[5] Einer derartig ichbezogenen und kriegerischen Mentalität, wie aggressive Konkurrenz sie hervorbringt, fehlt nämlich immer die Dankbarkeit. Den Grund dafür sieht Horney darin, daß Neurotiker sich gedemütigt fühlen, wenn sie irgend jemandem irgend etwas schuldig sind. Wie dominierend ist eine solche neurotische Konkurrenz in unserer leiterorientierten Kultur? Laut Horney ist sie fast ein kulturelles Muster – und daran hat sich seit 1937, als die Psychologin das feststellte, wahrhaftig nichts geändert.

> Feindseligkeit steckt in jedem intensiven Wettbewerb, da der Sieg eines Konkurrenten die Niederlage des anderen voraussetzt. Tatsächlich gibt es in einer individualistischen Kultur ein solches Maß an vernichtender Konkurrenz, daß man Bedenken trägt, diese Haltung, wenn sie isoliert auftritt, ein neurotisches Merkmal zu nennen. Sie ist fast eine kulturelle Verhaltensweise.[6]

Mitgefühl und Konkurrenz schließen einander in gewissem Maße aus, denn das Gefühl sucht, was uns verbindet – unsere Freuden und Schmerzen –, nicht, was uns trennt. Aufgabe der Konkurrenz ist es jedoch, uns auseinanderzudividieren, in Gewinner und Verlierer, in Insider und Außenseiter. Konkurrenz isoliert, trennt und entfremdet. Mitgefühl hingegen vereint, verbindet und umschließt. Da in jeder kranken Konkurrenz die Dankbarkeit fehlt, fehlt auch jedes Potential für die Feier oder *Eucharistie* – der theologische Ausdruck für Dank. Indem wir uns von der Konkurrenz zum Mitgefühl hinbewegen, gehen wir von langweiligen, moralistischen, undankbaren und legalistischen Gottesdiensten zum Feiern des Dankes über.

Auch das Zusammenspiel der Geschlechter wird durch die neurotische Konkurrenz in unserer Kultur und das daraus resultierende zerstörerische Handeln stark berührt. «Die Tendenzen des Neurotikers, den Partner zu besiegen, ihn zu unterdrücken und zu demütigen, spielen in Liebesbeziehungen eine ungeheuer große Rolle. Sexuelle Beziehungen werden zu einem Mittel, den Partner entweder zu unterwerfen und herabzusetzen oder von ihm unterworfen oder herabgesetzt zu werden, eine Funktion, die ihrer Natur sicherlich völlig fremd ist.»[7] Die sexuelle Beziehung wird deshalb selbst zum Schlachtfeld, zu einem weiteren Träger vergifteter Konkurrenz. Damit ist der Teufelskreis perfekt: Ausgerechnet die sexuelle Intimität, die in einer wettbewerbsorientierten und individualistischen Gesellschaft als Heilerin dringend gebraucht würde, wird auf diese Weise zu einer weiteren Waffe im Arsenal der Konkurrenz.

Horney sieht jedoch durchaus auch einen gesunden Ehrgeiz, der nicht mit neurotischer Konkurrenz verwechselt werden darf. Menschen mit einem solchen gesunden Ehrgeiz können sowohl mit Fehlschlägen wie mit Erfolgen leben, während krankhaft Ehrgeizige im Grunde Konformisten sind und Angst haben, durch Versagen oder Erfolg aus der Menge herauszuragen. Sie scheuen jedes Risiko und wollen nichts verlieren. «Es erübrigt sich, darauf hinzuweisen, daß eine solche Haltung ein Leben viel ärmer macht und viele Möglichkeiten abschneidet. Denn wenn die Umstände nicht ungewöhnlich günstig sind, so setzt das Erringen von Glück oder einer Leistung stets Wagnis und Mühsal voraus.»[8]

In ihrem Aufsatz über «Kultur und Neurose» stellt Horney das

Dilemma dar, das sich in unserer Konkurrenzkultur für einen religiösen Menschen ergibt.

> Der erste zu erwähnende Widerspruch ist der zwischen Wettbewerb und Erfolg einerseits und brüderlicher Liebe und Demut andererseits. Auf der einen Seite wird alles getan, uns auf den Weg des Erfolges zu jagen, was heißt, daß wir uns nicht nur durchsetzen, sondern auch aggressiv und imstande sein müssen, andere aus unserem Weg zu drängen. Andererseits sind wir voll von christlichen Idealen, die erklären, es sei selbstsüchtig, etwas für uns selbst zu wollen, wir müßten demütig sein und ‹die andere Backe darbieten› und nachgeben. Für diesen Widerspruch gibt es nur zwei Lösungen innerhalb einer normalen Spannweite, nämlich eine dieser Bestrebungen ernst zu nehmen und die andere beiseite zu lassen oder beide ernst zu nehmen, was zur Folge hat, daß das Individuum nach beiden Richtungen hin ernstlich gehemmt wird.[9]

Als Theologe kann ich nicht zustimmen, wenn Horney das christliche Ideal als ein Nachgeben durch Hinhalten der anderen Wange darstellt. Wie wir im ersten Kapitel sahen, war Christus in seiner Psychologie, Soziologie und Spiritualität viel differenzierter. Er verlangte von uns, andere wie uns selbst zu lieben und diese Liebe in Handeln umzusetzen. Vor allem aber forderte er, daß wir mitfühlend sein sollen «wie unser Vater im Himmel mitfühlend ist». Darin liegt eine gesündere Lösung für das Dilemma, das Horney uns aufweist: das Dilemma zwischen einer aggressiven und krankhaft konkurrierenden Gesellschaft und dem, was wir werden könnten. Das passende Heilmittel für die Konkurrenz ist das Mitgefühl. Aber Mitgefühl heißt nicht einfach Hinhalten der anderen Wange. Es kann manchmal auch bedeuten, die Peitsche zu nehmen und die Geldverleiher voller Zorn aus dem Tempel zu vertreiben. Es kann auch bedeuten, eine Leiter in einen Kreis umzuformen. Es kann bedeuten, mit aller darin liegenden Bejahung und wechselseitigen Abhängigkeit zu tanzen. Eines ist sicher: Solange wir den Gott der Konkurrenz verehren, wird es kein Mitgefühl geben. Diese beiden Kräfte können nicht gleichwertig sein für uns. Man kann nicht zwei Herren zugleich dienen: dem der

Trennung und Feindseligkeit und dem der Gemeinschaft und Gegenseitigkeit.

Uns allen ist klar, welchen Gott unsere Kultur uns bisher gelehrt hat anzubeten. Es wird Zeit für einen Exorzismus. Denn es gibt einen besseren Weg: den Weg des Friedens und Saras Kreis – einen Weg namens Mitgefühl.

Zwänge versus Mitgefühl

In seinem bahnbrechenden Buch *Compassion: Towards a Science of Value* weist der Psychologe William Eckhardt darauf hin, daß Konkurrenz «nicht eine natürliche, sondern eine zwanghafte Funktion ist»[10]. Die dem Mitgefühl entgegengesetzte Kraft würde er als Zwang (*compulsion*) beschreiben. Er geht davon aus, daß wir uns und anderen zwanghaftes Verhalten beibringen, daß wir dadurch jede Hoffnung auf Mitgefühl austreiben und die Götter der Konkurrenz beschwören. «Es scheint so, daß jede Zunahme an Zwängen notwendigerweise die Kraft des Mitgefühls in den menschlichen Angelegenheiten vermindert und umgekehrt jede Zunahme an Mitgefühl notwendigerweise die zwanghaften Kräfte reduziert.»[11]

Diese Analyse scheint mir richtig zu sein. Ein zwanghafter Mensch kann schlecht lachen, schlecht zuhören und schlecht feiern. Eben die zwanghaft Moralischen, zwanghaft Aufrechten und zwanghaft Erfolgreichen können nicht feiern, nicht loslassen und sich nicht mit dem Leid anderer identifizieren. Es ist kennzeichnend und besonders hinderlich für die Zwanghaften, daß sie nicht in der Lage sind, mit den paradoxen Dimensionen des Lebens zu schwingen. Eine zwanghafte Kultur versteht ebensowenig vom Feiern wie von der Linderung des Leids.

Niemand kann leugnen, daß die Religion selbst den Menschen oft zwanghaftes Verhalten beigebracht hat; und Eckhardts empirische Studie weist nach, daß ein hoher Prozentsatz der Kirchenbesucherinnen und -besucher zwanghaft sind. Heute können wir erkennen, daß religiöse Traditionen, die die Arbeit als ein Zeichen der Erlösung und göttlichen Erwählung dargestellt haben, uns ein zwanghaftes Arbeitsverhalten bescherten. In einer solchen Situation werden jene, die in der Gesellschaft eine gute Stellung haben, zu getriebenen Workaholics und Leistungssüchtigen, wodurch sie ihr Potential zum Feiern verlieren. Stets haben sie «keine Zeit». Sogar in bezug auf religiöse Praktiken, Liturgien, Einkehr, Frömmigkeit, Heldenverehrung, die Suche nach dem perfekten geistlichen Führer, nach einer Gemeinschaft und so weiter kann es derartige Zwänge geben. Und immer stehen diese dem Mitgefühl entgegen. Ja, sie verdienen sogar, als dämonisch bezeichnet zu werden, denn das offenbar Gute an vielen dieser Aktivitäten verdeckt die hinter der Zwanghaftigkeit verborgene Gewalt. Krister Stendahl stellt daher fest, daß das meiste Böse in der Welt «in bester Absicht» getan wird. «Das wirkliche Böse in dieser Welt geschieht dann, wenn Satan sich als Engel des Lichts verkleidet» (2. Korinther 11,14).[12] Diese Versuchung zu zwanghaftem Verhalten ist ein weiterer Grund dafür, daß Kontemplation und Einsamkeit so wichtige Hilfsmittel für das Mitgefühl sind. Wir müssen lernen, selbst unsere guten Absichten, unsere guten Taten und Ansichten loszulassen; und solches Loslassen lernen wir in Einsamkeit und kosmischer Kontemplation. Meiner Erfahrung nach lauert hinter den Zwängen meistens eine Angst vor der Natur und vor den Dingen. Paoli hat ganz recht, wenn er sagt: «Bevor wir über Frieden zwischen Völkern und Menschen reden können, müssen wir über den Frieden zwischen Menschen und Dingen reden.» Er beklagt, daß in der Industriegesellschaft die Dinge zu unseren Feinden geworden sein.[13]

Eckhardt weist auf die tiefenpsychologischen Unterschiede hin, die zwischen einer Schöpfungs- oder biblischen Spiritualität und einer sündenorientierten Spiritualität liegen, wenn er feststellt, daß das Mitgefühl einen «radikalen Glauben an die menschliche Natur erfordert»[14]. Anhand folgender Regel unterscheidet er mitfühlende Philosophen von egoistischen: Erstere gehen davon aus, daß das menschliche Wesen im Grunde gut ist und der menschliche Geist zwischen Gut und Böse wählen kann, während letztere davon ausgehen, daß das menschliche Wesen im Grunde schlecht und selbstsüchtig ist.[15] Dieses Vertrauen in die menschliche Natur ist, psychologisch gesprochen, das, was Mitgefühl und Zwang unterscheidet. Dadurch unterscheidet sich aber auch eine schöpfungsorientierte Spiritualität (die die Aussage der Genesis ernst nimmt, daß die Schöpfung «gut» und die Menschheit «sehr gut» sei) von einer Spiritualität, die mit der Sünde beginnt und zur Erlösung hinführt.

Eckhardt weist damit auf einen weiteren Grund dafür hin, warum das Mitgefühl in der Spiritualität der vergangenen Jahrhunderte eine so kleine Rolle gespielt hat: Die schöpfungsorientierte Spiritualität ist zugunsten einer erlösungsorientierten vernachlässigt worden. Mit der heutzutage stattfindenden Wiederbelebung der Schöpfungsspiritualität hat darum auch das Mitgefühl eine Zukunft.[16]

Zwang ist laut Eckhardt durch eine Selbstbezogenheit gekennzeichnet, die die Bedürfnisse und Gefühle anderer ignoriert, ob sie sich nun affektiv, politisch, religiös oder kognitiv ausdrückt. Eine solche Persönlichkeit wird von einem Egoismus beherrscht, den Eckhardt mit großer Unreife gleichsetzt. Gerechtigkeit läßt sich auf einer derart niedrigen psychischen Entwicklungsstufe nur als Anpassung an den Status quo verstehen. Kindern gesteht Eckhardt ein Recht auf eine solche egozentrische Entwicklungsstufe zu, die von der Geburt bis etwa zum Alter von sechs Jahren andauert, jedoch nichts mit Zwanghaftigkeit zu tun hat. Auf diese Phase folgt normalerweise eine Phase der «Konformität», die von sechs bis zwölf Jahren reicht. Mit dem Erwachsenwerden sollte dann die Fähigkeit zum Mitgefühl erwachen.[17] Was wäre für eine solche Entwicklung charakteristisch? Es tritt eine Dialektik auf, die Eckhardt als «Kohärenzprinzip» zwischen dem Selbst und anderen, zwischen Schmerz und Freude, Feier und Linderung von Leiden versteht:

> Mitgefühl ist gekennzeichnet durch eine Versöhnung zwischen dem Selbst und anderen im affektiven Teil der Persönlichkeit, zwischen den Individuen und der Gesellschaft im ideologischen Teil der Persönlichkeit und zwischen Freiheit und Gleichheit im kognitiv-moralischen Teil der Persönlichkeit. Auf dieser reifen Entwicklungsstufe wird das Selbst ebenso behandelt wie andere, das Indiduum ebenso geschätzt wie die Gesellschaft, und Gerechtigkeit wird in Begriffen dieses fortschreitenden Ausgleichs definiert . . . Auf diese Weise lösen sich die Konflikte der niedrigeren Entwicklungsebenen zwischen Egoismus (Selbst) und Altruismus (andere), Freiheit (Kapitalismus) und Gleichheit (Kommunismus), Freiheit (Existentialismus) und Vernunft (Rationalismus) in einem Prozeß kreativer Wechselwirkung durch das Kohärenzprinzip auf.[18]

Ein dialektisches Leben, das ein Sowohl-als-Auch akzeptiert anstelle eines dualistischen Entweder/Oder, ist für Eckhardt also ein Zeichen von seelischer Reife. Wir werden dieses Prinzip unten weiterentwickeln, wenn wir den Dualismus als ein Hindernis für Mitgefühl erörtern.

Eckhardt betrachtet die menschliche Persönlichkeit anhand einer Skala, die vom Zwang (am unreifsten Ende) bis zum Mitgefühl (am reifsten Ende) reicht und auf der die Konformität die Durchschnittsstufe der menschlichen Persönlichkeitsentwicklung repräsentiert. Eckhardts «Zwang» entspricht der «Egozentrik» Piagets oder dem «Es» Freuds; seine «Konformität» dem Freudschen «Über-Ich», der Begriff des «Mitgefühls» dem Freudschen «Ich», der «Reziprozität» Piagets, dem «kategorischen Imperativ» Kants und der «goldenen Regel» in der Schrift. Wir müssen uns allerdings davor hüten, die mystisch-symbolischen Leitern des Geisteslebens durch die psychologischen Leitern der moralischen Entwicklung zu ersetzen, wo geistige Fülle doch im Sinne von Kreisen und nicht linear stattfinden soll. Außerdem umfaßt Mitgefühl zwar moralische Sensibilität und moralisches Handeln, reicht aber andererseits so tief, daß es eher von einer spirituellen denn einer moralischen Ebene ausgeht, wie bereits im ersten Kapitel gezeigt wurde.

Von diesen Einschränkungen abgesehen, läßt sich aus Eckhardts detaillierter und kritischer Analyse der Zwänge und des Mitgefühls sehr viel lernen. Wenn unsere Gesellschaft, wie er nahelegt, noch fundamentaler zwanghaft denn konkurrenzorientiert ist, dann haben wir den Feind des Mitgefühls als einen bösen Geist namens Zwanghaftigkeit klar benannt. In welchem Ausmaß unterliegen wir ihm individuell und kollektiv? In welchem Ausmaß zwingen uns beispielsweise unsere geschriebenen oder ungeschriebenen Gesetze, uns unmenschlich zu verhalten, das heißt, nicht nach moralischen Maßstäben zu entscheiden? In welchem Ausmaß werden wir blind für das Leid jener, auf deren Kosten wir gut leben?

Eckhardt beschreibt auch den Gegensatz zwischen zwanghaften und mitfühlenden Wertsystemen.

In einem zwanghaften System ist Freiheit nur für die Individuen und Gruppen am oberen Ende der Leiter vorgesehen – sei es durch eigene Erfolge, durch göttliche Auszeichnung oder durch natürliche Auswahl und das Überleben der Stärksten. «Zwanghafte Persönlichkeiten scheinen hauptsächlich durch ihren Willen zur Macht motiviert zu sein, durch den Willen zur Kontrolle und die Beherrschung des Verhaltens anderer, durch den Willen, Supermenschen oder höhere Wesen zu sein.»[19] In einem System des Mitgefühls besteht Freiheit für alle menschlichen Wesen in gleicher Weise. Eine solche Freiheit muß immer wieder von neuem erarbeitet werden. Zwanghafte Gerechtigkeit wird sich stets vor allem in strenger Gerichtsbarkeit, in harten Urteilen zeigen, denn ihre Ordnung der menschlichen Beziehungen ist stets hierarchisch. Gleichheit anstrebende soziale Bewegungen werden ihr stets suspekt sein. Eine Gerechtigkeit aus Mitgefühl bewegt sich zur Gleichheit hin, da alle menschlichen Wesen auf gleiche Weise menschlich sind.

In einem zwanghaften System wird die Liebe dazu neigen, «Herrschafts-Unterwerfungs-Beziehungen, also Sado-Masochismus»[20] zu entwickeln, während mitfühlendes Verständnis die Liebe als eine freie Wahl unter Gleichen begreifen würde, die einander als Selbstzweck behandeln. In zwanghaften Gesellschaften wird geistige Gesundheit als Egoismus definiert. Reichtum ist dann ein Zeichen von Gesundheit und Sexualität ein notwendiges Übel. Aus der Perspektive des Mitgefühls hingegen bedeutet geistige Gesundheit eine «ganze» Persönlichkeit, die sowohl sich selbst als auch andere respektiert. Kreativität ist ein Zeichen von Gesundheit und Sexualität, ein Beispiel kreativer Wechselwirkung. Für eine zwanghafte oder unkritische Ideologie oder Person bedeutet Friede ein Akzeptieren des Status quo, einschließlich all seiner Ungerechtigkeit. Dadurch wird ein Zustand struktureller Gewalt institutionalisiert, ja, sogar zu erhalten gewünscht. Im Gegensatz dazu «erfordert Mitgefühl Einsatz für Gewaltfreiheit als Mittel zur Verwirklichung seiner Werte»[21]. In diesem Zusammenhang ist Frieden etwas, was wir gewinnen müssen, wofür wir kämpfen müssen und was wir niemals völlig erreichen können.

In einem zwanghaften System steht Macht für Kontrolle und Beherrschung anderer und verstärkt dadurch alle bereits bestehenden Ungleichheiten. Im Kontext des Mitgefühls bedeutet Macht gleiche Verteilung von Macht an alle Menschen. Und eine solche Macht, eine gleichmäßig verteilte Macht, korrumpiert nicht.

Anhand seiner empirischen Studien und seiner kritischen Analyse entwirft Eckhardt einen ganzheitlichen psychologischen Ansatz, bei dem das Selbst nicht von der Gesellschaft getrennt wird. Und nur ein solcher Ansatz kann uns auf dem Weg zum Mitgefühl helfen, da er die so enorm wichtige soziale Dimension des Mitgefühls mit einbezieht und es nicht unzulässig sentimentalisiert. Vielleicht ist zwanghaftes Verhalten langfristig deshalb so unvereinbar mit dem Mitgefühl, weil es so feindselig gegen das Selbst ist. Es traut dem Selbst nicht in dem Sinne, in dem Jesus sagte, daß wir uns selbst lieben sollen. Ein Zwang ist immer auf etwas außerhalb von uns gerichtet – auf eine Regel, eine Norm, eine strukturierende Instanz oder eine Autorität. Dem Zwang fehlt der moralische Faktor der persönlichen Wahl und Entscheidung. Andere haben unser zwanghaftes Programm zusammenstellt, ohne daß uns dies oft bewußt wäre – worin die eigentliche Unfreiheit jedes Zwangsverhaltens besteht. Um mitfühlend sein zu können, muß man bewußt und wach sein, ohne jedoch den Kontakt zu verlieren zu den Träumen und den unnennbaren, unaussprechbaren Bildern, denen wir uns nur selten zu öffnen wagen.

Die Zwanghaftigkeit hat etwas an sich, das uns blind macht für Alternativen und unseren Geist gefährlich einschränkt. Wie Lemminge hören zwanghafte Personen oder Kulturen nur einen Ruf, sehen nur eine Richtung, glauben nur einer Ideologie. Diese Eindimensionalität macht unempfindlich gegen Schmerz und Freude anderer, und dadurch wird auch jede Möglichkeit des Mitfühlens verbannt. Sie führt zu einem fundamentalen Mangel an Fantasie, der sich durch kreative Menschen leicht bedroht fühlt.

Hier treffen sich Horneys Begriff der Konkurrenz und Eckhardts Begriff des Zwangs möglicherweise: Ein Mensch, der von Macht, Prestige und Besitz *getrieben* ist, macht sich auf, andere zu treiben. Eine Leiter erzeugt weitere Leitern. Keine Kreise. Keine Dankbarkeit. Kein Lachen. Keine Sensibilität für das Leiden anderer. Kein Feiern. Eine öde Welt, die kaum Raum hat für Sanfte oder Gerechte oder für eine gleichmäßige Verteilung der Freundlichkeit. Eckhardt schließt seine Studie über das Mitgefühl mit folgenden Worten:

«Mitgefühl ist die Wahrheit, die die Männer von ihrem Zwang zu gegenseitiger Zerstörung befreit. Zwänge sind nicht Instinkte, die unserer Kontrolle entzogen sind, sondern werden durch die materiellen Bedingungen der Ungleichheit bestimmt; und diese Bedingungen und Theorien werden von Menschen gemacht.

Infolgedessen können sie auch von Menschen verändert werden.»[22]

Dualismus versus Mitgefühl

Das dritte Mitglied der dämonischen Trinität, die uns im Hinblick auf unsere Fähigkeit zu Mitgefühl, Einheit und wechselseitiger Abhängigkeit psychisch vergiftet, heißt Dualismus. Der dualistische Geist bestimmt in vieler Hinsicht auch die anderen Mitglieder dieser Trinität, die wir bereits kennengelernt haben. Er ist Teil der Konkurrenz, die immer auf dem Wir-gegen-die- oder Ich-gegen-dich- Muster aufbaut. Er ist Teil des Zwangs, der oft auf einem Ich/Es-Muster basiert – ich und meine Flasche, ich und mein Ziel, meine Firma und der steigende Umsatz und so weiter. Die Mitglieder dieser Trinität sind nicht voneinander isoliert, sondern wirken als eine Art Wirbel, der uns immer tiefer in den Strudel der dämonischen Lügen hineinzieht. Vielleicht ist der Dualismus, wie die Theologin Mary Daly (20. Jahrhundert) und Meister Eckhart (14. Jahrhundert) behaupten, die Entfremdung an sich, die äußerste Aufgabe unserer inneren Wahrheit, die tiefste Sünde. Oder der Dualismus ist, wie sie sagen, die Ursünde, die letztendlich gar nicht so ursprünglich ist.

Dualismus: Die Sünde der Sünden

Was hat es mit dieser (un)ursprünglichen Sünde namens Dualismus auf sich und wie vergiftet sie unseren Geist und unsere Gesellschaft? Dualismus ist eine Form der Wahrnehmung, in der das Leben in Entweder/Oder-Schemata gesehen wird. Entweder männlich oder weiblich, entweder du oder ich, entweder oben oder unten. Ich stelle den Dualismus auf folgende Weise dar: zunächst als einfache, logische Trennung (Abbildung A), dann als zwei in entgegengesetzte Richtungen schwimmende Fische (Abbildung B). Dieses Sinnbild wird bezeichnenderweise von der astrologischen Überlieferung als Kennzeichen der Bewußtseinsepoche verwendet, die mit der Zeitenwende begann und mit dem Ende unseres Jahrhunderts ausläuft. Dieses Fischezeitalter ist gekennzeichnet durch dualistisches Denken, Handeln und Symbolisieren.

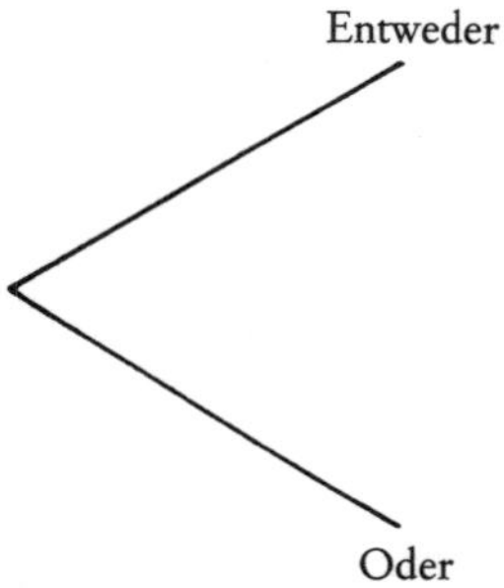

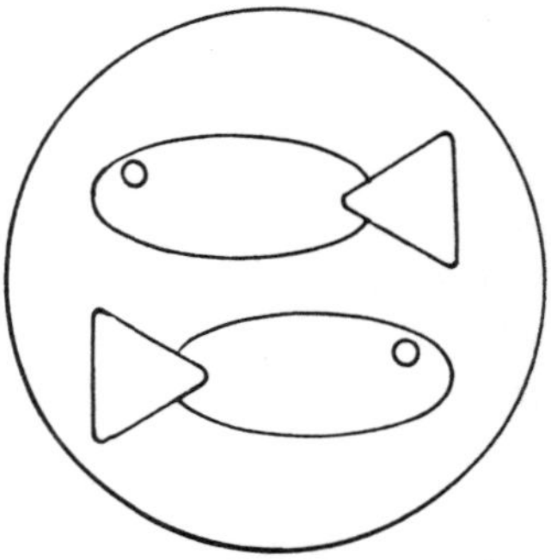

Abbildung A
Der Dualismus lehrt uns, in Entweder/Oder-Schemata zu denken.

Abbildung B
Das Grundsymbol des Fischezeitalters sind zwei in entgegengesetzte Richtungen schwimmende Fische. In diesem Zeitalter, das nun bald zu Ende geht, ist das dualistische Bewußtsein bestimmend.

Ist etwas dran an der Theorie, daß eine durch dualistisches Denken charakterisierte Bewußtseinsepoche zu Ende geht[23], dann sollten wir in der Lage sein, die Dualismen zu benennen, die jetzt zu verschwinden beginnen. Ich lade die Leserinnen und Leser ein, ihre Lektüre kurz zu unterbrechen und folgende, sieben Minuten dauernde Übung zu machen: Tragen Sie allein oder gemeinsam mit anderen sieben Minuten lang zusammen, wie viele bis dato gültige Beispiele für Dualismus Ihnen einfallen. Ein paar davon habe ich bereits genannt: männlich/weiblich; ich/du; oben/unten. Entdekken Sie nun weitere.

Beispiele für Dualismen, die heute in Frage gestellt werden

Ich führe hier eine Liste von Dualismen an, die Gruppen zusammengestellt haben, mit denen ich ebendiese Übung gemacht habe. Die Liste ist natürlich nicht vollständig, regt aber unsere Fantasie an, eine eigene anzufertigen oder weitere Möglichkeiten zu erkunden. Es ist demokratischer, man lernt mehr dabei, und es macht auch mehr Spaß.

Liste der Dualismen

alt/jung
fest/beweglich
innen/außen
städtisch/ländlich
Yin/Yang
behindert/nichtbehindert
stark/schwach
schwarz/weiß
kirchlich gebunden/kirchlich nichtgebunden
konservativ/liberal
statisch/fließend
hell/dunkel
verbal/nonverbal
Arbeit/Spiel
Kunst/Leben
gesund/krank
satt/hungrig
akademisch gebildet/lebenserfahren
beschäftigt/arbeitslos
christlich/nichtchristlich
Leben/Tod
Freude/Leid
Glück/Traurigkeit
Hoffnung/Verzweiflung
schöpferisch/erstarrt
Gewalt/Gewaltlosigkeit
Liebe/Haß
Türen/Fenster
heterosexuell/homosexuell
Gott/Mensch
marxistisch/kapitalistisch
potent/impotent
wörtlich/kontextuell
Atheismus/Theismus
Wissenschaft/Religion
reich/arm
buchstäblich/symbolisch
Mutter/Vater
links/rechts
Ost/West
Autorität/Kraft
formell/informell
häßlich/schön
teilen/behalten
offen/geschlossen
heilig/sündig
Wärter/Insasse
Ordinierte/Laien
komplex/einfach
gut/böse
Arbeit/Freizeit
Nacht/Tag
natürlich/übernatürlich
Gott/Teufel
Besitzende/Besitzlose
Mehrheit/Minderheit
gewinnen/verlieren
sein/haben
Körper/Seele
spirituell/sinnlich
männlich/weiblich
sauber/schmutzig
katholisch/protestantisch
christlich/jüdisch
Gläubige/Ungläubige
Erste Welt/Dritte Welt
Krieg/Frieden
Volk/Staat
Handarbeiter/Kopfarbeiter
Lehrende/Studierende

Eltern/Kinder
Manager/Gewerkschaften
wir/die
ich/du
Menschen/Tiere
Erde/Himmel
Zukunft/Gegenwart
Vergangenheit/Gegenwart
Rolle/Person
Sein/Tun
Religion/Gesundheit

Soweit die Auflistung von einigen Dualismen, mit denen wir leben und die jetzt möglicherweise modifiziert werden. Aber in welcher Hinsicht?

Tatsache ist doch, daß in allen solchen Dualismen auch eine Wahrheit steckt – es gibt einen Unterschied zwischen männlich und weiblich, zwischen Ost und West, zwischen «Dritter Welt» und «Erster Welt».

Die Frage ist aber: Wieviel Unterschied? Hat nicht eine extrem dualistische Bewußtseinsepoche uns denken lassen, diese Unterschiede seien objektiver und unversöhnlicher, als sie es im Grunde sind? Welche Alternativen haben wir, falls dem so ist?

Dialektisches Bewußtsein

Die Alternative zum dualistischen Bewußtsein ist das dialektische. Für Menschen, die in einer dualistischen Kultur und Bewußtseinsepoche groß geworden sind, ist das Wort dialektisch ein Fremdwort. Es ist auch denen fremd, die in einer materialistischen Kultur aufgewachsen sind, denn der Materialismus stützt sich per definitionem stark auf dualistische Kategorien: Käufer/Verkäufer, bezahlt/unbezahlt, Produzenten/Konsumenten; wo wäre der Materialismus ohne diese grundlegenden Dualismen?

Dabei ist das «Dialektische» eine ganz alltägliche Erfahrung. Jedesmal wenn wir lachen, drücken wir die dialektische oder paradoxe Wahrheit unseres Daseins aus. Das Lachen und die darin zum Ausdruck kommende dialektische und paradoxe Wahrheit sind so fundamental, daß es keinen besseren Test für geistige Gesundheit gibt als den Humor. Es ist bezeichnend, daß konkurrenzorientierte oder zwanghafte Seelen wenig Zeit oder Raum haben, viel zu lachen. Wo der Humor in die Ghettos des Wettbewerbs und des Zwangs eindringt, ist es immer ein Lachen auf Kosten anderer, ein sadistischer Slapstickhumor – kein Lachen über sich selbst oder mit anderen.

Ernest Becker definiert den Menschen als «einen scheißenden Gott», als einen «kackenden Engel».[24] Ich hoffe, Sie haben gelacht, als Sie Ernest Beckers Definition von mir, Ihrem Autor, gelesen haben, und von sich, der Leserin, dem Leser. Oder denken Sie an irgendeinen anderen Witz oder eine Gelegenheit, bei der Sie gelacht haben. Sie werden darin die grundlegende Wahrheit entdecken, daß unsere ganze Existenz ein Witz ist. Wir sind Gottes Witz. Denn wir sind in der Tat Götter, Göttinnen, die scheißen – und das öffnet uns. (Stellen Sie sich nur vor, wie es Gott damit geht!) Ein dialektisches Bewußtsein ist uns also so nah wie das Lachen. Es ist ein Erleben und Wahrnehmen des Lebens als ein Sowohl-als-Auch statt eines Entweder/Oder. Für diese Erfahrung benutze ich das Symbol eines gekrümmten Pfeils wie in Abbildung C.

Angesichts dieser dialektischen Art, die Wirklichkeit wahrzunehmen, können wir zu unserer Liste der Dualismen zurückkehren und uns fragen, ob sie als Sowohl-als-Auch mehr Sinn ergeben. Ein Sowohl-als-auch-Denken ist Grundlage des Mitgefühls, denn dadurch können wir die Verbindungen statt der kalten Trennungen der Wirklichkeit sehen.

Ohne dialektisches Denken gibt es keine geistige Reife. Alle echten mystischen Denkerinnen und Denker in Ost und West denken dialektisch. Vertrauen Sie nie einer Mystik, der die Dialektik fehlt oder ihr Verbündeter, der Humor.

Was wäre der christliche Glaube, wenn nicht eine Reihe von Geschichten über dialektische Ereignisse?

Weihnachten und die Inkarnation – Geschichten über die Menschwerdung Gottes;

Gnade – eine Geschichte über Menschen, die göttlich werden; Karfreitag und Ostersonntag – Geschichten von Tod und Wiedergeburt;

Pfingsten – eine Geschichte über den fortgehenden Christus und den ankommenden Geist;

die Bergpredigt – eine Geschichte über die Feindesliebe;

spirituell sein als «in der Welt, aber nicht von der Welt sein»;

der Hinweis Jesu, daß der Same keine Frucht bringen wird, wenn er nicht zuerst auf den Boden fällt und stirbt;

das Königreich Gottes als Hefe und als winziger Senfsame.

Immer wieder erweisen die Gleichnisse Jesus als einen Meister der Dialektik. «Wenn ihr Erwachsenen nicht umkehrt und werdet wie die Kinder . . .» Ich möchte meine Leserinnen und Leser einladen, sich die Geschichten von Jesus einmal mit diesem dialektischen Bewußtsein anzuschauen.

Abbildung C
Das dialektische Bewußtsein denkt und handelt in Sowohl-als-auch-Kategorien.

Ich glaube, daß eine wirklich reife geistige Reise genau in der Reise vom Dualismus zur Dialektik besteht, vom Entweder/Oder zum Sowohl-als-Auch.

Wir werden erst wieder fähig zum Mitgefühl, wenn wir diese Reise machen können. Sonst werden wir weder das Feiern noch die Erleichterung des Leidens anderer wirklich zu unserer Mitte machen können.

Durch Kontrolle oder Kontrolliertwerden versuchen wir stets vergeblich, unsere Mitte zu finden. Unsere göttlichen Möglichkeiten, die des Sowohl-als-Auch, bleiben dabei unberührt und ungenutzt. Und aus der Frustration über diese Unfähigkeit, zu unseren Wurzeln vorzudringen, entstehen Gewalt und ihr Gefährte, die Sentimentalität. Und Neid heißt das Kind dieser unseligen Verbindung, Neid auf all jene, die frei genug, dialektisch genug und mitfühlend genug sind, andere zu ermuntern, selbst die Grenzenlosigkeit ihrer Freiheit und Unfreiheit zu erfahren. Solcher Neid führte traditionell zur Kreuzigung der dialektischen Menschen. Nackt und ausgestreckt am Kreuz hängend werden diese spirituellen Narren verhöhnt, ein Wunder solle sie doch retten. Gerettet werden wollen aber vor allem jene, die das Annageln und Aufteilen der Kleider besorgt haben. Ein Wunder, das wie ein Blitz zwischen sie und uns tritt, zwischen Wahrheit und Unkenntnis, zwischen Leben und Tod. Aber selbst ein solches Wunder vorzuschlagen, ist schon eine Blasphemie, da nicht akzeptiert wird, daß neues Leben aus dem Tode entstehen kann, da die Möglichkeit einer Auferstehung für uns alle geleugnet wird.

Denn wer könnte zu sagen wagen, die menschliche Existenz sei nicht in Harmonie mit allem anderen Dasein? Tragen nicht unsere Körper die Wahrheit der Dialektik in sich? Schließlich sind wir Zweifüßer, mit zwei Armen, zwei Augen, zwei Ohren, zwei Beinen, zwei Seiten unseres Herzens und unseres Hirns, zwei Lungen, zwei Händen. Als Jesus davon sprach, die eine Hand solle nicht wissen, was die andere tut, wollte er uns vielleicht darauf hinweisen, nicht die eine Seite höher als die andere zu schätzen, sondern uns auf die Dialektik einzulassen, die die Struktur unseres Daseins bildet.

Echte Mystikerinnen und Mystiker sprechen von der Erfahrung des «Nichts» lediglich im Zusammenhang mit unserer Vergöttlichung. Nur eine Pseudomystik reduziert die Erfahrung des «Nichts» auf eine dualistische und psychologische Abwertung des Individuellen.

Diese Betonung der einseitigen Nichtigkeit ist eine weitere Waffe im Arsenal einer dämonischen Spiritualität. Sie nährt sich von der verborgenen Wahrheit aller Dialektik und verdient aus diesem Grunde den Titel des «Dämonischen». Sie verbirgt die Wahrheit, daß der Tod in der Tat vom Leben unterschieden *ist*, das Positive vom Negativen, der Norden vom Süden. Aber der dualistische Entweder/Oder-Standpunkt macht daraus eine Lüge. Eine Lüge, die die Menschen im Zustand der Unwahrheit verharren läßt – zunächst gegenüber sich selbst, dann gegenüber anderen und schließlich sogar gegenüber Gott.

Der Dualismus ist die Lüge schlechthin, die jede Möglichkeit des Mitgefühls unterminiert.

Jesus ist wie auch Buddha und Franz und Amos und Meister Eckhart und Mary Daly aufgestanden und hat die Lüge als Lüge bezeichnet. Nur die Wahrheit macht uns frei, und die Wahrheit ist, daß wir dialektisch sind. Die Wahrheit ist, daß wir mitfühlend sind. Die Welt und wir sind miteinander verwoben. Es wird Zeit, daß diese Wahrheit im menschlichen Geist erwacht – doch vielleicht ist es dafür schon zu spät. Diese Wahrheit ist heilig, und ihre Heiligkeit ist Ganzheit. Wie jede Wahrheit fordert sie etwas von uns; sie fordert von uns ganz und damit heilig zu sein. Und die einzige Art und Weise, wie Menschen Ganzheit und Heiligkeit erfahren kön nen, ist die dialektische. Wir lachen, weil wir gar nicht anders können. Wir können nicht *nicht* lachen. Und wenn wir uns selbst treu bleiben wollen, können wir nicht *nicht* dialektisch sein. Wir sind nicht geboren, Lügende zu sein, sondern Lachende. Wir *sind* Gottes Dialektik und Gottes Witz. Jedenfalls sofern wir Satans Lüge namens Dualismus entrinnen können.

Die dialektische Psychologie Robert Ornsteins

In den siebziger Jahren hat sich in Amerika eine psychologische Schule entwickelt, deren oberstes Ziel es ist, die dialektische Dimension des menschlichen Bewußtseins auszuloten. Der Gründervater dieser Bewegung der holistischen Psychologie ist Dr. Robert Ornstein.

Er behauptet, daß wir im Westen unter dem Einfluß der positivistischen Wissenschaft und der mechanistischen Theorien der letzten Jahrhunderte buchstäblich nur eine Seite unseres bipolaren Gehirns benutzen. Er hält es für notwendig, von einer streng analytischen Form der Realitätswahrnehmung hin zu einer weniger individualistischen zu finden.

> Der analytische Modus, bei dem eine Trennung der Objekte, des Selbst von den anderen (Ich-Es-Beziehung) stattfindet, hat sich für das individuelle biologische Überleben als nützlich erwiesen; und doch hat sich dieser Modus offenbar so entwickelt, daß er für die Lebensbedingungen vor Tausenden von Jahren die richtige Form hatte ... Die Überlebensprobleme, mit denen wir heute zu tun haben, sind viel eher kollektiv als individuell: ein Atomkrieg großen Ausmaßes, Verschmutzung der Erde, Überbevölkerung.
>
> Es ist bemerkenswert, daß bei diesen Beispielen eine Betonung des individuellen Bewußtseins und des individuellen Überlebens die Lösung der Probleme nicht erleichtert, sondern erschwert.
>
> Wenn uns bewußt wird, wie eng alles Leben miteinander verbunden ist, wenn wir die Einstellung des «Jeder ist sich selbst der nächste», die ein fester Bestandteil unserer gewöhnlichen Konstruktion des Bewußtseins ist, fallenlassen, dann wird es uns vielleicht möglich, jene «selbstlosen» Schritte zu tun, die ein Anfang zur Lösung unserer kollektiven Probleme sein könnten.[25]

Ornstein bezeichnet also ein Bewußtsein der wechselseitigen Verbundenheit, das heißt des Mitgefühls, als einzigen Weg für eine Psychologie der Moral in unserer Zeit.

Worin würde eine solche Psychologie des Mitgefühls bestehen? Ornstein arbeitet mit dem Modell der zwei Gehirnhälften. Niemand bestreitet, daß unser Gehirn aus einer rechten und einer linken Hemisphäre besteht und daß die rechte die linke Körperseite und die linke Hemisphäre die rechte Körperseite steuern. Es herrscht auch Übereinstimmung dahingegehend, daß jede Hirnhälfte bestimmte Aufgaben besser als die jeweils andere zu bewältigen vermag, doch gibt es noch Diskussionen darüber, worin genau sich die beiden Hirnhälften in ihren Aufgaben unterscheiden. Die Gestaltpsychologie hat viele Übereinstimmungen mit den grundlegenden Thesen von Ornstein gefunden, vor allem im Hinblick auf die Therapie. Der Gestalttherapeut Dr. Joen Fagan spricht von einer Annäherung der «linken» Seite der Psychologie (verbal, verhaltensorientiert, logisch, wissenschaftlich) an die rechte (intuitiv, erlebnisorientiert, bildhaft, therapeutisch). Er ist der Auffassung, daß die Gestalttherapie der psychologischen Theorie von den beiden Hirnhälften eine Menge verdankt. «Die meisten Techniken und Vorgehensweisen der Gestalttherapeuten scheinen die Funktionen der linken Hirnhälfte zu unterbrechen und Wahrnehmungen und Erinnerungen der rechten hervorzurufen, damit vergangene und gegenwärtige Erfahrungen angemessener symbolisiert und integriert werden können.»[26]

Ornstein bietet eine vorläufige Auflistung der beiden Bewußtseinsweisen. Wenn seine Hypothese im wesentlichen zutrifft, dann verspricht diese Psychologie eine Heilung der Dualismen, einen Weg aus dem Entweder/Oder-Muster unseres Denkens und einer dementsprechend strukturierten Gesellschaft. Vor allem hat Ornstein den Eindruck, daß die linke Hirnhälfte im Westen auf Kosten der rechten überbetont worden ist, während im Osten die Sache umgekehrt verläuft. Er fordert uns daher auf, die vernachlässigte Hälfte unseres Gehirns wiederzuentdecken. In folgender Auflistung habe ich meine eigenen Erkenntnisse mit denen Ornsteins verbunden[27]:

Linke Hirnhälfte	*Rechte Hirnhälfte*
Rechte Körperseite	*Linke Körperseite*
Tag, Licht	Nacht, Dunkelheit
Uhrzeit (Kontrolle)	Zeitaufhebung (Ekstase und prophetischer Dienst
lineare Zeit	sprialförmige Zeit
aktiv (prophetisch)	rezeptiv (mystisch)
intellektuell, Kopf-Erkenntnis	sinnlich, «Bauch», intuitive Erkenntnis
geradeaus	gekrümmt
Yang, Animus	Yin, Anima
Himmel	Erde
mechanistisch	organisch
Ort	Raum
Substantive	Verben
verbal	räumlich
analytisch	Gestalt
wörtlich	symbolisch

Die rechte Spalte dieser Liste entspricht der vernachlässigten Seite des westlichen Bewußtseins. Ornsteins Lösungsvorschläge für diese Einseitigkeit umfassen auch östliche Meditations- und Spiritualitätsformen. Ich möchte aber darauf hinweisen, daß auch den Geistestraditionen des Westens eine Schatzkammer voller Einsichten über die vernachlässigte Seite unseres Hirns zur Verfügung steht. Ich werde später in diesem Kapitel noch ausführlicher darauf zurückkommen. Wir sind nämlich seit mehreren Jahrhunderten derart beeinflußt von der linken Gehirnhälfte, daß wir oft nicht einmal mehr die richtigen Fragen an unser eigenes geistiges Erbe stellen können.

Auf dem Weg zu einer Psychologie des Mitgefühls, die eine Psychologie des Feierns ist

Es ist sicher, daß eine Psychologie der Konkurrenz, des Zwangs und des Dualismus noch nie Menschen mitfühlender gemacht hat und dies auch niemals tun wird. Denn die grundlegenden Kräfte, die psychologisch nötig sind, um die mitfühlenden Energien zu lösen, schließen jene Kontrolle aus, die wiederum jedes konkurrierende, zwanghafte, dualistische Verhalten und Bewußtsein implizieren. Während diese unheilige Trinität sich um Kontrolle dreht, hat eine eher heilige Trinität, die Mitgefühl zustande kommen läßt, mit Feiern zu tun. Der Psychologe Arthur Jersild bemerkt mit Recht, daß es «Elemente des Mitgefühls gibt, die man nur um den Preis des Schmerzes haben kann. Es gibt andere Elemente, die man nur haben kann, wenn man die Bedeutung der Freude kennt. Die ganze Flut des Mitgefühls aber setzt sich zusammen aus allen Gefühlsströmen, die durch das menschliche Dasein fließen.»[28] Er hat recht, denn die dem Mitgefühl entsprechende Psychologie ist eine Psychologie des Feierns. Jene, die nicht feiern oder nicht feiern können, werden die Kräfte, die zur Erleichterung des Leids anderer gedacht sind, «zwanghaft» umfunktionieren: Durch ihre Kontroll-Psychologie zerstören sie die sozial-prophetische Dimension des Mitgefühls, indem sie «Mitgefühl» ebenfalls zu einem Zwang, zu einer weiteren moralischen Norm, einem weiteren Test auf Orthodoxie machen, statt es eine fließende und überfließende Energie sein zu lassen, eine Energie, die sowohl zur Erleichterung des Leids führt als auch zu gemeinsamer Freude.

Meister Eckhart, der spirituelle Theologe des Mitgefühls, drückte es so aus: «Du sollst alle Menschen gleich wie dich lieben und achten und halten; was einem andern geschieht, sei's bös oder gut, das soll für dich so sein, als ob es dir geschehe.»[29] Die Kraft des Mitgefühls berührt uns, «sei's eine Freude oder ein Schmerz», und deshalb ist Mitgefühl ebensowohl ein Feiern als auch ein Erleichtern des Leids. Mitgefühl findet auf der Bewußtseinsebene statt, auf der wir erkennen, daß «was einem anderen geschieht, auch uns geschieht». Es ist ein gemeinschaftliches Dasein, eine wechselseitige Verbindung aller Kräfte, der Kräfte der Freude wie auch der Kräfte des Leids. Deshalb richten Konkurrenz, Zwang und Dualismus solchen Schaden an hinsichtlich der mitfühlenden Entwicklung eines Individuums: Weil sie uns definitionsgemäß dazu anleiten, nicht die Einheit mit anderen zu erfahren, sondern die Getrenntheit. Sie vergrößern die Getrenntheit, beschönigen sie und institutionalisieren sie. Sie machen die Getrenntheit zum Götzen. Unter ihrem mächtigen Einfluß wird die Kontrolle zum Götzendienst.

Das Gegenteil der Kontrolle aber ist die Feier. Wir haben die unheilige Trinität betrachtet, die Kontrolle voraussetzt; welche alternative Trinität bietet uns die Feier an? Es ist die heilige Trinität des Seinlassens, des Loslassens und des Geschehenlassens von Dialektik. Wir werden diese Kräfte nacheinander untersuchen, denn aus ihrer Kombination entsteht das Feiern, daraus wird es geboren und wiedergeboren. Die hebräische Bibel ist voll von Bildern des messianischen Tages, der Ankunft der erlösenden Fülle Gottes als einem Tag der Feier, wenn der Wein wie ein Fluß den Berg herabfließen wird (Amos) und alle auf dem Berggipfel an einem großen Mahl mit fein gekelterten Weinen und ausgezeichnetem Essen teilnehmen werden (Jesaja). Die Feier ist das Zeichen, daß das Reich Gottes gekommen ist. Das messianische Bankett ist ein wirkliches Festmahl, eine totale Feier, an der alle teilhaben, vor allem die Unterdrückten und Armen. Der Wein steht für den Geist, der «das Herz des Menschen erquickt», Jesus adaptiert dieses Gefühl des Feierns, das der Wein symbolisiert, wenn er von den neuen Weinschläuchen spricht, die die geistige Erneuerung repräsentieren, und wenn er auf der Hochzeit von Kana den Wein vermehrt sowie auch beim letzten Abendmahl mit Wein und Brot.

Das biblische Zeichen der Erlösung ist nicht die Kontrolle (sei es nun Selbstkontrolle, Kontrolle anderer oder Kontrolliertwerden), sondern das Feiern. Im biblischen Denken ist deshalb Feiern ein passendes Wort für Transzendenz, ebenso wie Mitgefühl, denn das Feiern ist eine der beiden Hauptenergien des Mitgefühls. Das Mitgefühl ist der auf die Erde gekommene Himmel oder, mit den Worten Meister Eckharts: Sich am Glück eines anderen Menschen zu erfreuen ist wie im Himmel sein. Der Himmel fängt an, wo das Feiern beginnt und die Kontrolle endet. Eine schwermütige Spiritualität und eine auf Askese beruhende kontrollierende Spiritualität haben unter anderem schon deswegen nichts über das Mitgefühl zu sagen, weil sie niemals feiern. Nur aus einer Psychologie des Feierns heraus entwickeln sich mitfühlende Menschen, denn im Feiern lernen wir, uns selbst zu vergessen, unseren Körper, unser Ich, unsere Ängste, unsere Probleme, unsere Selbstbilder, unseren Status oder unseren Mangel an Status, und nur so können wir uns an unsere Ganzheit und Heiligkeit erinnern. Denn alles Feiern ist ein Akt des Vergessens, um sich erinnern zu können. Beim Feiern vergessen wir das Oberflächliche, um uns an das Tiefe zu erinnern. Das Tiefe aber ist einfach und gut: Es lädt uns zum Feiern ein.

Feiern führt zu einem immer umfassenderen Mitgefühl, ob wir das Mitgefühl nun als Erleichterung des Leids von anderen ausdrücken oder als gemeinsame Feier. Mit anderen Worten: Feiern führt zu weiterem Feiern, Energie ruft Energie hervor. Zunächst feiern wir die Erleichterung vom Schmerz, dann feiern wir uns als gute Menschen, die das Leid empfinden, und schließlich feiern wir sogar die Feier.

Selbst wenn wir allein sind, feiern wir nicht allein, sondern tanzen mit den Energien. Erlösung als Feier berührt uns so tief, daß es uns vom Persönlichen zum Zwischenmenschlichen führt und sogar zum Überpersönlichen oder Kosmischen. Der ganze Kosmos wird vom Mitgefühl und vom Feiern berührt. Feier bringt uns vom Psychologischen zum Sozialen, vom Selbst zur Gesellschaft, vom Ich zum Wir, von uns zu Gott. Auf diese Weise wird es zu einem wesentlichen Teil der Schöpfung der Welt, die Gott täglich verwirklicht, und zur Neuschöpfung, die die Welt so dringend braucht. Unsere eigene Neuschöpfung wird zur Neuschöpfung der Welt. Arbeit und Spiel (Linderung von Leid und Feiern) bilden die doppelte Kraft des Mitgefühls. Sie sind jedoch nicht dualistisch, sondern treten zusammen auf, so daß Arbeit zum Spiel wird, Spiel zur Arbeit und beide zur Feier. Spiel ist jedoch grundlegender als Arbeit, denn letztlich ist das Leben eine Freude und ein Geschenk. In der Kraft des Mitgefühls treffen sich Politik – die Erneuerung der Gesellschaft – und Mystik – die Neuerschaffung von uns selbst und anderen in der Feier.

Aus allen diesen Gründen führt Feiern zum Mitgefühl. Wie aber können wir das Feiern lernen? Was genau ist diese heilige Trinität, genannt Feier? Ich habe drei psychologische Erfahrungen aufgespürt, die das Feiern ausmachen: Seinlassen, Loslassen, Geschehenlassen von Dialektik.

Seinlassen

Eine Psychologie des Feierns ist keine elitäre Psychologie – man muß für diese Form der psychischen Erleichterung nicht auf einer Couch liegen und pro Stunde bezahlen. Statt dessen zahlt man mit einem einfacheren entspannteren Lebensstil. Man zahlt, indem man seinläßt, losläßt und Dialektik geschehen läßt. Eine solche Lebensweise bedeutet in gewisser Hinsicht Opfer, und das sollte auch stets so sein. Wie Gandhi sagte, ist Gottesdienst ohne Opfer eine der Todsünden. Doch das Opfer besteht im Lassen und Entspannen und Erleichtern, nicht aber in der Ego-Projektion und der Ego-Kontrolle. Echtes Feiern beinhaltet auch ein Opfer, weil es mit echtem Gottesdienst zu tun hat.

Und was für ein Gottesdienst ist das, der im Feiern liegt? Zunächst das Seinlassen: Gott seinlassen, uns selbst seinlassen, Störungen zulassen, Freude zulassen, Schmerz zulassen, Schönheit zulassen, seinlassen.

Seinlassen ist Achtung, Respekt. Jeder wahre Gottesdienst geht davon aus, denn wir lassen Gott Gott sein, lassen uns selbst uns sein, lassen das Leiden Leiden sein und die Freude Freude. Durch ein solches Zulassen gelangt unser Wesen zur Identität mit all den wichtigen Kräften in unserem Leben. Wir lassen auch das Geheimnis zu, ohne es zu problematisieren – wir lassen es einfach Geheimnis sein. Aufmerksames Zuhören, gespanntes Wachsein und genaues Beobachten – all das gehört zum Zulassen. Denn wenn wir alle Dinge zulassen, finden wir selbst im Kleinsten noch große Wunder. Die Überraschungen kommen zurück, sogar Gott könnte zurückkommen. Und was ist schließlich ein Feiern ohne Überraschungen?

Beim Seinlassen lernen wir auch, andere sein zu lassen, Gott sein zu lassen und, vielleicht am grundlegendsten, uns selbst sein zu lassen. Mit uns selbst zu sein. Freundschaft mit uns selbst zu schließen, wie es eine gesunde Einsamkeit erfordert. Wir lernen unsere eigene Heiligkeit und Güte kennen und sind dann besser vorbereitet, die Heiligkeit und Güte anderer ohne Eifersucht oder Herabsetzung zu akzeptieren. So tief können wir uns verändern, wenn wir lernen zuzulassen.

Die Dinge sein zu lassen bedeutet, die Heiligkeit aller Dinge zu verkünden. Denn wenn wir Heiligkeit spüren oder preisen, dann erklären wir damit, daß dieses Ding (oder Person oder Ereignis) *nicht verändert werden muß*. «Es ist gut», sagen wir (was der Schöpfer auch am Anfang sagte). Es ist heilig. Es hat uns etwas zu sagen. Ich kann damit leben und lernen, kann es trinken, aufnehmen, davon genährt und erfrischt werden – kann damit sein. Zulassen ist also ein Akt der Achtung und des Respekts. Am wenigsten sind wir dazu in der Lage, wenn wir zwanghaft die Welt zu ordnen versuchen und auf zwanghafte Weise Konsumwaren ansammeln, um so die ganze Welt und das ganze geistige Leben auf eine Art Schachbrett zu reduzieren, auf dem wir alles manipulieren können. Wenn wir lernen zuzulassen, kann alles geschehen. Sogar Gott kann geschehen.

Loslassen

Wenn wir Feiernde statt Kontrollierende werden wollen, so müssen wir lernen loszulassen. Schon Meister Eckhart sagt, daß nur, wer loszulassen wagt, auch wagen könne, wieder einzutreten. Mit Wiedereintreten meint er das Wiedereintreten in die Wirklichkeit, die überall erfüllt ist von Gott. Überall und immer. Es ist aber unser zwanghaftes Festhalten, das uns daran hindert, für Geschenk und Heiligkeit wach zu werden und überall Gründe für Achtung und Feier zu entdecken. Deshalb müssen wir loslassen, um die Dinge geschehen lassen und zulassen zu können. «Wo die Kreatur endet», so sagt Meister Eckhart, «da beginnt Gott zu sein.»[30] Und der Rabbi von Kotzk soll einer Gruppe sehr gelehrter Männer folgende Frage gestellt haben: «Wo wohnt Gott?» Sie lachten über diese Frage und sagten: «Was für eine Frage! Steht nicht geschrieben: Die ganze Welt ist voll seiner Herrlichkeit?» Doch hatte der Rabbi eine andere Antwort. Er antwortete sich selbst: «Gott wohnt, wo der Mensch ihn einläßt.»[31]

Gott einzulassen bedeutet, andere Dinge herauszulassen, nicht weil sie Dinge sind und weil Dinge schlecht sind, sondern weil das Festhalten an Dingen unser Bewußtsein so beeinflußt, daß wir zu Festhaltenden werden statt zu Feiernden und Loslassenden. Diese «Dinge» können beispielsweise unsere Körper sein: Viele Menschen, die behaupten, am Sonntag «Gott» zu preisen, lassen ihren

Körper niemals genügend los, um tanzend zu feiern. Es können auch unsere Titel und Positionen sein, unsere Konten und Aktien, unsere fleischreiche Ernährung, unser zweites Auto, unser Schmerz, unsere Zeit. Loslassen kann sogar bedeuten, das Loslassen loszulassen. Wenn wir gelernt haben loszulassen, können wir zu den «Dingen» zurückkehren und sie besitzen, ohne von ihnen besessen zu werden, wir können wettstreiten, ohne zu konkurrieren, wir können ordnen und gestalten, ohne zwanghaft zu sein, wir können erfolgreich sein, ohne daran zu hängen, wir können versagen, ohne Versager zu werden. Kurz gesagt: Wir können wieder leben. Wir können feiern. Wir können lernen, daß die «Dinge» keine Dinge sind, sondern Kräfte, die uns entweder durch Forderungen der Konkurrenz, des Zwangs und des Dualismus versklaven oder die Teil unserer Befreiung sind, sofern wir von ihnen Achtung und Güte lernen. In der Tat können nur jene, die es wagen loszulassen, den Wiedereintritt wagen.

Wir müssen sogar Gott loslassen, um wieder in eine feiernde Erfahrung Gottes eintreten zu können. «Ich bitte Gott, daß er mich Gottes quitt mache», bekannte Meister Eckhart. Wenn wir auch Gott loslassen können, tanzen wir vor Gott, wie David es tat. Beten wir also zu Gott, daß er uns von einem Leiter-Gott befreie, von einem theistischen Gott, einem kindischen Gott, einem perfektionistischen Gott, einem nationalistischen Gott, einem kapitalistischen Gott («In God we trust» steht auf den Dollarnoten), von einem Wolkenkratzer-, einem Oben-im-Himmel-Gott. Und wenn wir lernen loszulassen, bereiten wir uns natürlich auf unser letztes Loslassen vor, das auf uns alle zukommt: das Loslassen des Lebens. Das Eintreten unseres Todes ist eine Gelegenheit, viele, viele kostbare und schöne Erfahrungen loszulassen: Sonnenuntergänge und Freunde, Musik und Wissen, Kochen und Unterhaltung, Verwandte und Vogelgesang. Und natürlich das Leben, wie wir es kennen.

Ein großer Teil des Widerstands dagegen, über den Tod zu sprechen und ihn verstehen zu lernen, erwächst in unserer Kultur gewiß aus unserem zwanghaften Festhalten an dem, was wir zu haben glauben – in diesem Fall das Leben. In Wahrheit jedoch besitzen wir das Leben gar nicht und auch keines der wahren Geschenke des Lebens. Sie sind uns nur geliehen, nicht gegeben. Auch unser sogenanntes Privatvermögen wird nach unserem Tod jemand anderem gehören. Besitz und Sucht nach Besitz ist eine Lüge, eine verdammenswerte Lüge, die uns schon vor unserem Tod in eine Hölle der Isolation und des Festhaltens verbannt. Der Tod ist dann ein ganz reales Loslassen. Indem wir schon vor dem Tod lernen loszulassen, üben wir für den Tod und für die Überraschung, die er enthält. Das aber ist identisch damit, vor dem Tod leben zu lernen und das ewige Leben vor dem Tod zu schmecken.

Ein weiteres Hindernis für das Loslassen ist unsere Angst vor dem Nichts. Oft halten wir an etwas fest, weil wir vor der Alternative Angst haben, die uns so unbekannt erscheint. Und insgeheim zweifeln wir daran, daß die Dinge irgendeine Ordnung hätten, wenn wir sie nicht in Ordnung bringen würden. Wir vermuten hinter der Realität ein gähnendes Loch, das nur darauf wartet, uns zu verschlingen. Diese Einstellung gegenüber der Wirklichkeit des Nichts ist sehr alt und kann vielleicht sogar als ein psychologischer Archetypus bezeichnet werden. Das Problem ist: Was tun wir angesichts des Nichts? Werden wir zu zwanghaften Machern, Sparern, Rettern, Ordnern? Verzweifeln wir an allem und jedem?

Im Westen gibt es auf diese Frage zwei große Antworten – eine griechische und eine biblische. Die griechische Antwort ist, um jeden Preis Ordnung zu schaffen; die biblische Antwort ist, daß zwar das Nichts wahr, das Sein aber wahrer und grundlegender ist. Die biblische Sichtweise, viel hoffnungsvoller und optimistischer, lädt zu einer Erkundung des Nichts ein, statt zu seiner Verleumdung, aber sie rät: Fasse Mut. Gott ist größer als das Chaos, die Schöpfung ist grundlegender als das Nichts. So schreibt Tresmontant:

> Das Eigentümliche des hebräischen Denkens im Vergleich mit der griechischen und abendländischen Philosophie liegt darin, daß es nicht gepeinigt ist von den negativen Ideen des Nichts und des Ungeordneten. Die Vorstellung eines ursprünglichen Nichts, das «rechtens» existierte und erst zu überwinden gewesen wäre, eines Ungeordneten, eines Chaos, das erst zu meistern gewesen wäre, und das mit seiner drohenden Gegenwart das Wirkliche untergrübe, diese Vorstellung bereitet dem hebräischen Denken kein Alpdrücken. Der Hebräer kommt nicht

erst vom Leeren ins Volle. Nicht das Nichtsein ist das, was im Anfang «rechtens» ist, sondern Er, dessen Name ist «Ich bin».[32]

Der Glaube fordert uns also auf, auch unsere Angst vor dem Nichts loszulassen, und lehrt uns zu vertrauen, daß eine Untersuchung des Nichts selbst wieder zum Etwas führt. Überall Überraschungen! Selbst das Nichts führt zur Feier. Gott hat selbst das Nichts geschaffen.

Eine weitere Dimension des Loslassens und Zulassens ist die Einsamkeit. In der Einsamkeit lernen wir, Freundschaft mit uns selbst zu schließen und unsere eigene Gesellschaft zu genießen und zu feiern. Der Schlüssel zur Einsamkeit und der grundlegende Unterschied zum Alleinsein liegt darin, daß wir in der Einsamkeit eben nicht wirklich sind und daß wir das wissen. Wir lernen, daß es so etwas wie Alleinsein nicht gibt. Alleinsein ist eine Illusion, die uns unsere zwanghafte Kultur zu fürchten und zu fliehen gelehrt hat. Unser Tanz mit dem Alleinsein, wie unser Tanz mit dem Nichts, enthüllt ein Etwas, die Wahrheit gemeinsamer Energie überall.

So verstanden mag «Einsamkeit» für unsere Ohren zunächst fremd und irgendwie mystisch klingen, denn in unserer Kultur ist der Begriff der Liebe – stets als Liebe zwischen zwei Menschen definiert – ein sehr oberflächlicher. Einsamkeit ist jedoch eine sehr klare und grundlegende Erfahrung. Man kann zum Beispiel sagen: «Ich gehe in den Wald, um einsam zu sein.» Gut und schön, doch enthüllt diese Aussage die Lüge jener, die uns einreden, Einsamkeit sei Alleinsein, denn wer «in den Wald» geht, ist auch stets «mit dem Wald». Wir sind, mit anderen Worten, niemals allein auf der Erde – und ich nehme an, auch nicht außerhalb –, denn es gibt immer den Boden, das Wasser, die Pflanzen und Tiere, die Klänge, die Sterne und den Himmel. Einsamsein ist dem Feiern eng verwandt, denn wie das Feiern ist es eine Möglichkeit, eine Zeitlang zu vergessen. Sehr häufig sind es unsere Erinnerungen, die wir in der Einsamkeit eine Weile hinter uns lassen wollen oder die wir mit Hilfe der Einsamkeit klären wollen. Daraus wird deutlich, daß Einsamkeit und Feier eng miteinander verwoben sind. Beide versuchen, über das Laute und Geschäftige hinauszugehen und ein gesundes Vergessen zu finden, das zu wirklichem Erinnern führt. Wenn also die Einsamkeit so eng mit dem Feiern verbunden ist, dann ist sie für das Feiern auch wesentlich.

Die volle Erfahrung der Einsamkeit besteht nicht im Rückzug, sondern in einer Haltung, die unsere Arbeit und unser Spiel bestimmt, ob wir nun allein oder mit anderen zusammen sind. Sie ist eine Begegnung mit der Leere, die einen Hinweis auf die Fülle enthält. Sie ist für die Fülle so wichtig wie die Leere, so nötig für die Feier wie das Lachen, so nötig für das Mitgefühl wie die Feier. Sie ist unser Loslassen, um zuzulassen. Niemand machte den Unterschied zwischen Mut und Angst deutlicher als Meister Eckhart: «Dies kann der Mensch nicht durch Fliehen lernen, indem er vor den Dingen flüchtet und sich äußerlich in die Einsamkeit kehrt; er muß vielmehr die innere Einsamkeit lernen, wo und bei wem er auch sei. Er muß lernen, die Dinge zu durchbrechen und seinen Gott darin zu ergreifen.»[33]

In den «Dingen», in den Ereignissen, Neuigkeiten, in der Arbeit, im Spiel, unter Menschen, im Leid, in der Natur, der Musik, dem Universum, finden wir Gott und feiern wir. Loslassen führt zum Finden Gottes.

Dialektik geschehen lassen

In Zusammenhang mit meiner weiter oben wiedergegebenen vorläufigen Liste von Dualismen bezeichnete ich die Dialektik als die Heilung für unser gespaltenes Bewußtsein. Im Folgenden gebe ich nun einen kurzen Überblick darüber, wie die westliche Spiritualität uns bei der Entwicklung der vernachlässigten Hälfte unserer Psyche helfen kann. Das ist vor allem deshalb wichtig, weil Ornstein und seine Schule sich fast ausschließlich damit beschäftigen, wie die spirituellen Überlieferungen des Ostens uns bei der Heilung helfen können.

Wichtig ist vor allem festzuhalten, daß Heilung nur dann zustande kommen kann, wenn wir dialektisch statt dualistisch denken. Mit anderen Worten: Ich betone zwar die Bedeutung der rechten Hirnhälfte, habe jedoch keineswegs die Absicht, die frühere dualistische Tyrannei der linken Hemisphäre jetzt durch eine der rechten zu ersetzen. Ich denke im Sinne des Sowohl-als-Auch. Abgesehen davon habe ich als männlicher weißer Theologe und Autor die Fähigkeiten der linken Gehirnhälfte entwickelt, oder ich wäre gar nicht in der Lage, dieses Buch zu schreiben; und Sie könnten es nicht lesen, wenn Sie linkshirnig unterentwickelt wären. Ich setze also voraus, daß auch die linke Hirnhälfte entwickelt werden muß, vor allem von jenen Bevölkerungsgruppen, denen unsere Kultur diese Entwicklung bisher mehr als schwergemacht hat, wie etwa den Frauen oder rassischen Minderheiten in den USA.

Wie wir oben schon erwähnt haben, hat Dialektik viel mit Lachen zu tun. Indem wir Dialektik geschehen lassen, lassen wir natürlich auch das Lachen wieder geschehen. Der Test für einen wahren Propheten ist, ob er, nachdem alles gesagt und getan ist, lachen kann. Es ist schon bedeutsam, daß die Bibel ein ganzes Buch (Jona) dem Zweck widmet, Propheten über sich selbst lachen zu lassen. Im Lachen geben wir zu, daß das wahre Leben, das wahre Mitgefühl, nichts mit Kontrolle zu tun hat, sondern damit, den im Universum liegenden Humor zu erkennen. Wir erkennen, daß wir sowohl Engel als auch Tiere sind, sowohl göttlich als auch menschlich, sowohl eine rechte als auch eine linke Hirnhälfte haben. Wir lassen einfach die Wirklichkeit geschehen, weil die Wirklichkeit so tief und närrisch dialektisch ist.

Ich fordere meine Leserinnen und Leser auf, die vernachlässigte Seite unseres Gehirns und unserer Seele mit mir zu erkunden, indem wir gemeinsam die Liste der Charakteristika durcharbeite, die ich zuvor aufgeführt habe.

Nacht, Dunkelheit

In der Liturgie der für Christen üblichen Mitternachtsmesse zu Weihnachten wird folgende Stelle aus dem Buche der Weisheit zitiert: «Während tiefes Schweigen alles umfing und die Nacht in ihrem schnellen Laufe bis zur Mitte vorgerückt war, da sprang sein allmächtiges Wort vom Himmel her, vom königlichen Thron, gleich einem wilden Krieger mitten in das dem Verderben geweihte Land» (18,14 f.). Was an dieser Aussage über die Nacht und die Dunkelheit ist für den christlichen Glauben an die Inkarnation so wesentlich? Zunächst einmal, daß Gott – das Wort – vor allem in der Nacht kommt. Jesus selbst wurde nachts geboren, denn wir hören, daß die Hirten nachts bei ihren Herden waren, als sie von der Geburt erfuhren. Auch die Auferstehung geschah nachts, denn wir lesen, daß die Frauen das Grab im Morgengrauen leer vorfanden.

Warum kommt das Göttliche gerade nachts? Weil die Nacht still ist? Ja. Aber auch, weil die Nacht – Nacht ist. Sie ist dunkel. Viele unserer Vorstellungen können wir nachts nicht unter Kontrolle behalten. Wir sind im Dunkeln gezwungen, genauer hinzuhören und unsere Augen mehr anzustrengen, um zu sehen.

Eine Frau aus New Orleans erzählte mir einmal folgende Geschichte: Sie hatte ein sehr enges Verhältnis zu ihrer Mutter, und als sie eines Nachts nach Hause kam, saß ihre Mutter noch auf der Veranda. «Laß uns reingehen und miteinander reden», sagte die Mutter. «Gern», erwiderte die junge Frau und wollte, als sie den Raum betraten, die Lampe anmachen. «Nicht», hielt ihre Mutter sie zurück. «Laß das Licht aus. Ich kann dich im Dunkeln besser sehen.» Können wir das? Können wir das Dunkel begrüßen, im Dunkeln besser sehen? Oder haben wir Angst davor? Können wir das Mysterium und auch den Zweifel, die Unsicherheit, Ungewißheit, das Unbekannte, das Verborgene begrüßen und Gott darin finden? Die von den Mystikerinnen und Mystikern entwickelte Via Negativa (Eckhart bezeichnet Gott als «Nicht-Gott») bedeutet, daß Gott vor allem im Dunkeln erfahren wird, daß im Dunkeln Gottes Name offenbar wird. Die dunkle Nacht der Seele wird als die Leere verstanden, die jeder Fülle vorangeht, doch ist es eine reiche und gotterfüllte Leere, die nur nach dem Urteil des Tages leer erscheint.

Wir müssen uns auch fragen, inwieweit die Technik unsere Beziehung zur Nacht und zur Dunkelheit verändert hat. Wir können heute zu jeder beliebigen Zeit in jedem beliebigen Raum mit einem Fingerschnippen die Nacht in Tag verwandeln. Dadurch haben wir natürlich einen großen Teil der Achtung vor der Nachtzeit verloren und haben verlernt, sie zuzulassen.

Wir müssen uns auch fragen, in welchem Maße die Flucht vor der Dunkelheit und der Nacht eine Flucht vor der Tiefe und sogar vor unserem eigenen Ursprung ist. Die Tiefen des Unbewußten sind sozusagen dunkel und unerforscht. Eine Kultur, die das Erforschen der Tiefe nicht fördert, wird auch die Nacht abwerten. Sind wir in unserer innersten Tiefe nicht alle dunkel wie der Boden des Ozeans oder die Tiefe des Raums? Unser aller Ursprung liegt im Dunkeln, denn der Mutterleib ist dunkel. Eine Flucht vor der Dunkelheit ist höchstwahrscheinlich eine Flucht vor der Wiedergeburt. Darüber hinaus wurden wir fast alle im Dunkeln empfangen, und auch dadurch wird das Dunkel heilig.

Eine weitere Einsicht aus der genannten Schriftstelle betrifft die politische Dimension der Nachtzeit. Wir hören, daß «ein wilder Krieger mitten in das dem Verderben geweihte Land sprang». Wie oft hat nicht ein sentimentalisierter Glaube von Sprüngen in die private Seele gesprochen – doch die Schrift verheißt einen Sprung in «ein dem Verderben geweihtes Land». Erlösung ist politisch, weil das Leben politisch ist; und im Dunkeln sind wir uns dessen mehr bewußt. Denn im Dunkeln fällt unsere Maske, unsere Persona, von uns ab, und wir sind weniger geschützt. Hier sind nicht länger die Unterschiede von Bedeutung, sondern die Einheit. Im Dunkeln lernen wir, daß alle Dinge in Wahrheit eins sind. Deshalb ist die Dunkelheit politischer als der Tag.

Zeitaufhebung, spiralförmige Zeit, Rezeptivität

Wenn wir sagen können «Wo ist nur die Zeit geblieben?» oder «Es hat mir solchen Spaß gemacht, daß ich die Zeit ganz vergessen habe», dann zeigen wir damit, daß Ekstase grundsätzlich etwas mit Aufhebung von Zeit zu tun hat. Sie ist eine Nicht-Zeit, eine vergessene Zeit – und deshalb eine erfrischende Zeit. Die Uhrzeit ist einfach objektiv: Wir sind entweder zu spät oder zu früh oder «rechtzeitig»; sie bildet die absolute Norm in einer Kultur, in der die Zeitverschwendung eine Sünde ist («Zeit ist Geld»). Die aufgehobene Zeit hingegen ist völlig relativ. Sie ist relativ zu den erlebten Ereignissen. Ich hörte einmal ein Radiointerview, in dem jemand von seiner Großmutter erzählte, die in Arkansas auf dem Lande lebte und keine Uhr im Hause hatte. Wenn sie ein Ei kochen wollte, dann sang sie eine Strophe von «Bringing in the Sheaves», und für ein hartgekochtes Ei zwei Strophen. Die Ergebnisse waren immer in Ordnung. Die kleine Geschichte zeigt, daß wir die Freiheit besitzen, ein alternatives Zeitgefühl und -erleben zu schaffen, das nicht der objektiven Uhrzeit entspricht.

In der Uhrzeit oder im linearen Zeitverständnis hat auch die prophetische Zeit keinen Platz. Wenn wir uns dafür einsetzen, die Zeiten zu ändern, dann verstehen wir Zeit anders. Wenn wir sagen: «Es wird Zeit, daß alle Kinder dieser Welt genügend zu essen haben», dann bringen wir damit unseren Einsatz für eine Veränderung der

Zeiten zum Ausdruck. Und dieses Gefühl, eine neue Zukunft einzuleiten, verändert unser gesamtes Zeit- und Lebensgefühl, oft auch unser Gefühl für den Tod. Wer wirklich auf das Zeitgefühl der Heiligen Schrift vertraut, taucht ein in ein eschatologisches Bewußtsein, das Gefühl, daß die letzte Zeit begonnen hat, eine Zeit der Gerechtigkeit und des Friedens, eine Zeit, die wir gestalten müssen, damit sie wirklich wird und gegenwärtig.[34]

Sinnlichkeit, Erde, Bauch, Intuition

Wahrheit kommt aus dem Bauch, aus unseren Eingeweiden, und nicht nur aus dem Kopf. Descartes' Definition der Wahrheit als «klare und distinkte Ideen» tut unserer Intuition und unseren tiefen Gefühlen Gewalt an, denn diese stellen ebenso wichtige Weg der Einsicht und des Bewußtseins dar. Diese Definition vernachlässigt jede Wahrheit, die sich in Leidenschaften offenbart, und damit alle Wahrheit des Leids und der Freude. Für eine spirituelle und psychische Erneuerung ist die Wiederentdeckung der Erdverbundenheit und Sinnlichkeit so lebenswichtig, daß ich bereits ein ganzes Buch darüber geschrieben habe und dieses Thema im fünften Kapitel dieses Buches noch weiterentwickeln werde. Christen können darüber meditieren, daß Franz von Assisi in seiner Todesstunde als einziges bereute, seinen Körper zu hart behandelt zu haben. Er hatte den platonischen Dualismus seiner Kultur zu ernst genommen, der in der Seele ein Mittel zur Kontrolle des Körpers sah, statt die Kräfte beider in dialektischer Wechselwirkung zu nutzen. Es ist außerordentlich bedeutsam, daß Franz, als er starb, nackt auf die Erde gelegt werden wollte, die er als seine Schwester und Mutter betrachtete.

Gekrümmt, Yin, organisch

Andrew Weil weist darauf hin, daß es einen großen Unterschied macht, ob man eine gerade Autobahn entlangfährt oder ob man einen Nebenweg nimmt, der sich bergauf und bergab dahinschlängelt.[35] Es ist ein völlig anderes Energiesystem, das bei den beiden Fortbewegungsarten jeweils angesprochen wird. Das eine hat im wesentlichen die Dynamik eines Pfeils: Das Ziel ist, an einem entfernten Ort anzukommen. Die zweite Dynamik liegt in der Freude am – kurvenreichen – Weg. Wir haben uns im zweiten Kapitel bereits mit den Symbolen der Krümmung und des Yin beschäftigt und werden uns in Kapitel 4 und 7 weiter damit auseinandersetzen. Hier liegt der Kern jeder Meditation über das globale Dorf und das Wesen jeden Bewußtseins, das sich darauf bezieht. Wir sind organisch aufeinander bezogen, miteinander verbunden – alle Geschöpfe auf einer Kugel in einem gekrümmten Universum.

Raum, verbal, räumlich

Die Entdeckung, daß die ganze Schöpfung ein Verb ist und kein Substantiv, bedeutete einen großen Durchbruch für die moderne Wissenschaft (siehe Kapitel 5). Schon seit Jahrhunderten bemühen sich die größten religiösen Lehrer, den Menschen das klarzumachen. Unsere an Substantiven und Institutionen orientierte Kultur lehrt uns häufig genau die gegenteilige Mentalität, daß nämlich alles in Ordnung wäre, wenn wir nur «unseren Platz kennen» würden. Tatsächlich ist aber die «Ordnung» des Kosmos eine Ordnung in Bewegung, eine Ordnung aus sich bewegenden Energien, und nicht aus statischen Dingen, die ruhig und sicher an ihrem Ort verweilen.[36] Menschen, die wirklich daran glauben, daß sie «Söhne und Töchter» des großen Verbs sind, Gottes, unseres Schöpfers, müssen von der Wahrheit überwältigt sein, daß sie Liebende sind und Gerechtigkeit Schaffende und selbst Schöpfer und Schöpferinnen. Daß sie deshalb selbst Verben sind und nicht Substantive, Räume und nicht Orte. Ist jede mystische Erfahrung, jede Aufhebung unseres Ego oder jede Erfahrung der Ekstase eine Bestätigung dafür, welch bodenloser Raum jede, jeder von uns ist? Liegt nicht gerade darin unsere Faszination angesichts des scheinbar unauslotbaren Ozeans oder Weltraums? Erinnern uns nicht diese Räume, denen wir uns so nahe fühlen, an unsere eigenen Innenräume, die noch weiter und unermeßlicher sind?

Wenn Christen von Christus als dem Wort sprechen, sollten sie sich dessen bewußt sein, daß damit nicht gemeint ist, Christus sei ein aufgeschriebenes oder gedrucktes Wort (was seit Erfindung des Buchdrucks die meisten Menschen darunter verstehen). Der hebräische Begriff für Wort, *dabhar*, bedeutet überhaupt nichts Statisches, nichts Ortsgebundenes. *Dabhar* heißt ebensogut «handeln» und «tun» wie «Wort»; es ist das Wort insofern, als es etwas bewirkt: das Wort, das erschafft. Es wird hier von einem dynamischen und schöpferischen Wort gesprochen. Wenn wir Christus als das Wort bezeichnen, bewegen wir uns eher in den Kategorien des räumlichen Denkens, indem wir mit den Mystikerinnen und Mystikern und modernen Physikern erkennen, daß der Raum ein Verb ist, ein Tun in Bewegung, ein Universum in seinem Lauf.

Gestalt, organisch, symbolisch

Analyse und Sprache sind sehr nützlich zur Abgrenzung, zur Quantifizierung und um die Dinge im Detail zu erkennen. Für sich genommen erhalten wir durch diese Vorgehensweisen jedoch nur ein Teil-Wissen, kommen nur zu einem Stück-Denken. Die Gestalt, die Art und Weise, wie wir die Ganzheit der Wirklichkeit wahrnehmen und sie durch Bilder symbolisieren, ist eine andere Sichtweise der Wirklichkeit. Sie hat heilende und mitfühlende Kräfte, weil sie das Ganze und die Verbindungen sieht. Sie ist eher organisch als mechanistisch.

Ich habe schon verschiedentlich Spiele eingesetzt, um ein Symbolbewußtsein zu entwickeln.[37] Als ich wieder einmal eine Gruppe durch diese Spiele führte, war ein Gestaltspsychologe dabei. Anschließend nahm er mich beiseite und fragte: «Wo haben Sie Gestalt studiert?» Ich mußte gestehen: Nirgends, aber ich habe das spirituelle Bewußtsein des Westens studiert und bin auf diesem Weg auf viele gestalt-ähnliche Übungen gestoßen.

Diese kurzen Ausführungen über die vernachlässigten Dimensionen unserer Psyche und über das noch offene Angebot der westlichen Spiritualität kann dieses weitgespannte Thema natürlich nur anreißen.[38] Es wäre zum Beispiel eine interessante Übung, nicht nur die Heilige Schrift, sondern auch die Lebensberichte westlicher Heiliger auf Hinweise auf ein dialektisches Bewußtsein hin zu untersuchen, auf die Entwicklung eines Raumbewußtseins statt eines Ortsbewußtseins, auf eine Aufhebung der Zeit statt bloßer Uhrzeit, auf Sinnlichkeit, Dunkelheit, Intuition, Empfänglichkeit, Erdverbundenheit etc. Da eine solche Übung unserer Überlieferung neue Fragen stellen würde, würden sich auch neue und aufregende Antworten ergeben.[39]

Vergebung und die Psychologie des Mitgefühls

Jesus verbindet Vergebung und Mitgefühl, Vergebung und Feier, wenn er sagt: «Seid barmherzig wie euer Vater barmherzig ist ... Vergebt, und euch wird vergeben werden» (Lukas 6,36 f.). Welche psychologische Einsicht entfaltet Jesus, wenn er diese Verbindung herstellt?

Offenbar fordern Freiheit und Erlösung, die für wahres Feiern, für Zulassen, Loslassen und Geschehenlassen der Dialektik nötig sind, auch tiefgehende Vergebung. Denn all diese Aktivitäten und Haltungen brauchen Vertrauen; und Vertrauen ist eine Art der Vergebung, eine Art bedingungsloses Tun, eine Bereitschaft zur Entleerung, die auf der Hoffnung auf Hilfe und Unterstützung basiert. Um feiern zu können, brauchen wir Vergebung, sei es von eingebildeter Schuld – was am häufigsten der Fall ist – oder von echter Schuld. Denn eine zwanghafte, konkurrenzorientierte und dualistische Kultur läßt Schuldgefühle in uns entstehen, wenn wir uns die Zeit nehmen, zu feiern und anders zu leben, indem wir zulassen, loslassen und Dialektik geschehen lassen. Auch wenn es sich dabei um eingebildete Schuld handelt, bedürfen wir ihrer Vergebung. Wir müssen daran glauben, daß andere uns vergeben können, daß wir vertrauen können. Wir brauchen aber ebenso einen Glauben an unsere eigene Fähigkeit, vergeben zu können, und an die Bereitschaft des Schöpfers, uns zu vergeben. Am grundlegendsten und schwierigsten erscheint mir von diesen drei Arten der Vergebung die zweite: Sich selbst vergeben zu können, ist ein großes spirituelles Geschenk. Wir sollten es weitergeben, wo immer möglich, sei es als Eltern oder als Geschwister, als Freunde oder Feinde. Eine der größten Hilfen dabei, Vergebung für uns selbst zu erlernen, ist, die Vergebung Gottes zu erfahren. Denn diese ist überall. Wir können lernen, daß der Schöpfer nichts erschaffen hat, was an sich schuldig ist. Die biblische Überlieferung sagt von der Schöpfung, daß alles in ihr gut ist; das bedeutet auch, daß nichts in der Schöpfung schuldig ist dafür, daß es ist, wie es ist. Das müssen wir zutiefst glauben. Denn ohne diesen Glauben werden wir nie fähig sein zu feiern. Oder mitfühlende Menschen zu werden.

In der biblischen Lehre ist Vergebung ein Werk des göttlichen Mitgefühls, und vor allem die Propheten verkünden die Freiheit, die die Vergebung mit sich bringt. Die mit dem gebrochenen Herzen und die im Geiste Niedergedrückten, ihnen wird vergeben, und sie werden befreit. Doch ist es mit der Vergebung nicht so leicht, wie man sagen kann: «*Deine* Sünden sind dir vergeben.» Denn ihre Vergebung und Freiheit entspricht einer Vergebung in dem Sinne, daß die Sünden von den durch sie Niedergedrückten genommen werden. Nicht zu vergeben heißt, eine Spirale der Unterdrückung und Sünde in Bewegung zu setzen. Das gleiche Problem sprach Jesus an, als er den Menschen riet, sich zuerst mit dem Bruder, der etwas gegen sie habe, zu versöhnen, bevor sie ihre Gaben am Altar opferten. Andere brauchen ebenfalls Vergebung und oft mehr als wir selbst; und in solcher Vergebung liegt auch unsere eigene Erlösung. In ihrem Blick auf eine eschatologische Zeit der Erfüllung und der messianischen Fülle bezeichneten die Propheten die Vergebung als einen ersten und entscheidenden Schritt zur völligen Erneuerung der Schöpfung (Jeremia 31,34; Hesekiel 36,25).

Es ist gesagt worden, die Vergebung werde im Neuen Testament als der Hauptzweck von Jesu Kommen dargestellt.[40] Das göttliche Vorrecht, zu vergeben und dadurch Mitgefühl zu erwecken, scheint von Jesus akzeptiert worden zu sein. Johannes lehrt, daß Vergebung aus dem Vertrauen in Gott, in Jesus und in andere Menschen um uns herum entsteht, wie auch aus dem Vertrauen in unsere eigene Fähigkeit, unsere Ängste und Sünden zuzugeben. Diese Vergebung ist eine der Gaben, die der auferstandene Christus den ersten Christinnen und Christen als eine Gabe des Heiligen Geistes einhaucht.

Die von der Vergebung mitgebrachte Freiheit ist sowohl eine persönliche wie auch eine soziale. Die Pharisäer sollen zu Jesus gesagt haben: «Wir sind nie jemandes Sklaven gewesen; wie kannst du behaupten: Ihr werdet frei werden?» (Johannes 8,33). In dieser Aussage steckt, daß Jesus im Verhalten der Pharisäer eine Unfreiheit gespürt hat, die nach Vergebung und Erlösung ruft. Der Gott der Juden ist einer, der befreit, der die Gefangenen freiläßt – frei um zu feiern, gemeinsam zu feiern, könnten wir sagen. Wir dürfen nicht vergessen, daß die Vergebung, wie auch die Freiheit und die Befreiung, sowohl politische als auch psychologische Kategorien sind. Wir vergeben Systemen, die uns zwingen und kontrollieren, indem wir sie durch Strukturen ersetzen, die uns für das Mitgefühl freimachen.

Wir werden in den folgenden Kapiteln noch näher auf die Frage struktureller Veränderungen eingehen. Gott entläßt uns aus der Schuld und aus der Versklavung durch Schuld und Sünde, die uns davon abhalten, zu feiern und mitfühlend zu werden. Für Paulus hat Jesus uns «vom Geist der Sklaverei und der Angst» (Römer 8,15) befreit, so daß «wo der Geist des Herrn ist, die Freiheit ist» (2. Korinther 3,17). Mit ihrer kontrollorientierten Psychologie hat unsere zeitgenössische Kultur uns zu Sklaven der Konkurrenz, der Zwänge und des Dualismus gemacht. Um aus dieser Sklaverei zur Freiheit zu gelangen, müssen wir uns selbst vergeben, um die genannte unheilige Trinität hinter uns zu lassen und loszulassen. Diese befreiende Vergebung umfaßt auch unseren eigenen Zorn, unsere Fehler, unsere Fügsamkeit, sogar unsere Schuld. Und, wie wir im nächsten Kapitel sehen werden, auch unsere Vergebung für das, was wir geschaffen haben. So wundert es nicht, daß Jesus, der die Menschen zum Mitgefühl aufforderte, in dem einen von ihm hinterlassenen Gebet so viel Wert auf Vergebung legte: «Vergib uns, wie wir anderen vergeben», sollen wir beten. Aus diesem Loslassen der Schuld können echte Anbetung, echtes Loslassen und echtes Geschehenlassen von Dialektik entstehen. Wenn all das zusammenkommt, sprechen wir von Feier, von explosionsartigem Entstehen einer neuen und heiligeren Trinität.

Der Übergang vom Dualismus zur Dialektik fordert Vergebung der Schuld, die wir empfinden, wenn wir nicht an Objekten anhaften, sondern die Ereignisse zulassen. Es erfordert auch eine Art Vergebung für unsere Feinde, das heißt für das, was wir am meisten fürchten. In vielen Fällen entsprechen diese Angst und dieser Haß einer vernachlässigten Seite unserer eigenen Psyche, wie wir weiter oben gezeigt haben. Um die Dialektik geschehen zu lassen, bedarf es einer Art «Vergebung» für die Nacht, für das Sinnliche und für das Gekrümmte, denn unsere Kultur hat uns gelehrt, daß Beschäftigung mit jener anderen Seite unserer Psyche falsch ist, uns schuldig macht.

Zusammenfassung

Die Abkehr von der Kontrolle, die uns Konkurrenz, Zwänge und Dualismus vorschreibt, bedeutet den Weg zur Feier durch Geschehenlassen, Loslassen und Zulassen der Dialektik. Auf diesem Weg finden wir allen Tanz – den Tanz der Atome oder den Tanz der Menschen, und jeden Tanz dazwischen. Auf diesem Weg liegt auch der göttliche Tanz, die göttliche Dialektik, die die Schöpfung durch die erst kürzlich benannte Gottheit, den Menschen, weiterführt – eine Schöpfung, die eine Feier ist. Denn aus unserer Erneuerung heraus können wir alles wieder neu machen, und aus unserer Neuschöpfung entsteht weitere Neuschöpfung. Aus unserem Seinlassen, Loslassen und dialektischen Leben entstehen eine neue Gestalt und eine neue Ordnung: eine Gestalt der Gerechtigkeit und eine Ordnung der Liebe, eine Lebensweise im Einklang mit der Schöpfung, so daß wir sagen können, daß ein neuer Himmel und eine neue Erde geboren werden wollen. Ja, Feier ist eine Psychologie für die Zukunft, statt für die Vergangenheit.

4 Kreativität und Mitgefühl

Vom Kreuzesfetischismus zur Erkundung des leeren Grabes

Wir müssen erkennen, daß in uns
ein schöpferisches Wesen lebt,
ob wir es mögen oder nicht,
und daß wir ihm aus dem Wege gehen müssen,
denn es wird uns sonst keinen Frieden lassen.[1]

Mary Richards

Ohne Kreativität wird es kein Mitgefühl geben. Ob wir Lebens- oder Arbeitssituationen mitfühlender machen wollen, ob wir Wirtschaftssysteme oder das Verhältnis von Erster und Dritter Welt mitfühlender machen wollen, ob wir uns mit den Problemen von Nahrung und Hunger beschäftigen, von Sonnenenergie- oder Atomkraftnutzung, von Arbeitslosigkeit oder Überbeschäftigung, Langeweile oder Alkoholismus – die Linderung allen Leidens geht von der Kreativität aus. Soll die Spezies Homo sapiens überleben, so brauchen wir eine neue Lebens- und Arbeitsweise. Und vielleicht brauchen wir auch eine neue Art Homo sapiens. Nicht nur Wissenschaft und Technik müssen der menschlichen Rasse mit schöpferischen Lösungen beistehen, sondern unsere problematische Situation erfordert – wenn ein Überleben noch möglich sein soll – Erneuerungen in allen gesellschaftlichen Bereichen. Ohne diese Kreativität werden, wie der Psychologe Carl Rogers warnte, «die Lichter ausgehen»[2].

Vielerorts ist das Licht bereits ausgegangen, und um das Leben der Menschen zu erhellen, bleiben nur Drogen, Verbrechen, Alkohol und andere Auswege der Verzweiflung. Man muß sich fragen, ob nicht die exponentielle Zunahme an Gewalt, die überall dort zu verzeichnen ist, wo die Menschen das Land verlassen und in die Städte strömen – sei es nun Chicago oder São Paulo – mit der Unmöglichkeit zusammenhängt, in einer städtischen und industriellen Gesellschaft kreativ zu sein, vor allem dann, wenn die Arbeitslosigkeit hoch ist. Doch selbst wo es Beschäftigung gibt, breiten sich Frustration und Gewalt aus. Warum ist das so? Muß das Tier namens Mensch gewalttätig, frustriert und gemein sein? Ist leidenschaftliches Mitgefühl bloß ein versponnenes Ideal? José Arguelles weist darauf hin, daß Gewalt und Mangel an Kreativität im Leben der Menschen eng zusammenhängen. «Wenn einem Menschen die Macht entzogen wird, sich auszudrücken, so wird er sich in brutalem Streben nach Macht ausdrücken.»[3]

In diesem Kapitel möchte ich vier Themen untersuchen, die sich um Kreativität und Mitgefühl drehen. Zunächst geht es mir darum, wie wir unser elitäres Kunstverständnis so verändern können, daß die Kreativität zu einer Spiritualität oder Lebensweise für alle Menschen wird – so wie es auch das Mitgefühl sein sollte. Zweitens frage ich danach, wie die spirituelle Tradition des leeren Grabes die Menschen dazu befreien kann, Angst und Schuld zu überwinden, die sie daran hindern, schöpferisch zu sein. Drittens untersuche ich, inwieweit die Energien «Kreativität» und «Mitgefühl» einander ähneln, und viertens, inwiefern die Erneuerung einer extrovertierten Meditation im Westen auch eine Erneuerung der prophetischen und schöpferischen Kraft des Mitgefühls sein kann.

Kreativität als eine Lebensweise für alle Menschen

Die Vorstellung, daß Kreativität eine Spiritualität oder Lebensweise für alle Menschen sein könnte, ist in der Epoche, in der die westliche Mystik von der Jakobsleiter beherrscht wurde, ein wohlgehütetes Geheimnis geblieben.

Auf dem Weg zu einer nicht-elitären Kunst

Die Vorstellung, daß Kreativität ein Besitz und ein Vorrecht aller Menschen sein könnte und nicht nur einer kleinen Elite, hat in letzter Zeit nicht gerade Konjunktur. Ich glaube, daß Gewalt und Destruktivität einer Jakobsleiter-Mystik und einer ihr entsprechenden kulturellen Struktur nirgends deutlicher werden als in der Kreativität und den Künsten. In den vergangenen Jahrhunderten hat man im Westen einige wenige Künstler «in den Himmel gehoben» – um ihre Werke mit möglichst viel Profit jenen zu verkaufen, die nach einer weiteren Investitionsmöglichkeit suchten – und alle anderen darüber getäuscht, was wahre Kunst ist. So sagt Otto Rank:

«Die Kunstmanie der modernen Gesellschaft mit ihrer Überbewertung des Künstlers zeigt einen Niedergang echter künstlerischer Energie, die sich nur noch knapp durch das letzte Aufflackern eines snobistischen Enthusiasmus überdecken läßt. Heute schaffen die Künstler jedenfalls nichts mehr für das Volk, sondern für wenige exklusive Gruppen, besonders für Intellektuelle, die sich selbst als Künstler fühlen.»[4] Rank betont, daß eine professionelle Kunstideologie entstanden ist, die ein von Kunst erfülltes Leben verhindert.

In einer Dynamik entsprechend Saras Kreis wäre immer Raum für geniale oder außergewöhnlich begabte Künstlerinnen und Künstler, und die Kunst würde stets allen gehören. Alle waren dazu aufgerufen, ihre eigene Kreativität zu erkennen, sie mit Disziplin zu entwikkeln und mit anderen gemeinsam zu feiern. Eric Gill drückt den Kontrast zwischen den beiden Auffassungen von Kunst so aus: «Nicht jeder Künstler ist eine besondere Art Mensch, aber jeder Mensch ist eine besondere Art Künstler.» Und Erich Fromm hält es für bezeichnend, daß es für die Kunst der Menschen in Saras Kreis nicht einmal einen Begriff gibt, da mit «Kunst» heutzutage ein abgesonderter Lebensbereich, ein spezialisierter Beruf gemeint sei. Dem Künstler gegenüber stehen die Konsumenten und die Bewunderer.[5]

Dem buddhistischen Philosophen und Dichter Kenji Miyazawa zufolge kann die Kunst nicht gleichzeitig in den Händen der Leiter-Leute und der Kreis-Leute sein:

> Wenn Kunst von ihrem Publikum getrennt wird, degeneriert sie. Die Begriffe «Geistlicher» oder «Künstler» meinen heute jeman-

den, der im Besitz der «Wahrheit» oder «Güte» oder «Schönheit» ist. Wir gewöhnlichen Menschen haben nicht die Macht, diese «Wahrheit» oder «Güte» oder «Schönheit» zu erlangen. Und wir brauchen sie auch nicht. Wir können unseren eigenen neu gefundenen Weg gehen, den richtigen Weg für uns. Wir müssen unsere eigene Schönheit hervorbringen. Wir müssen mit der Kunst unseres eigenen Lebens Feuer an unsere graue Arbeit legen. Und bei solcher Art Schöpfung wird jeder Tag zu einer reinen Freude ... Was meinen wir mit *Künstler*? Wir sollten die Vorstellung eines «professionellen Künstlers» ad acta legen. Alle Menschen sollten sich fühlen wie Künstlerinnen oder Künstler. Alle sollten die Freiheit haben, ihren inneren Geist zu sich sprechen zu lassen. Und alle, die das tun, sind Künstlerinnen und Künstler ... Da haben wir also viele freie Künstler. Milliarden einzigartiger Genies leben in unserer Welt zusammen. Die Erde ist der Himmel.[6]

Die Überlieferung, daß alle Menschen Schöpferinnen und Schöpfer sind, ist auch eine biblische Überlieferung. Wenn es in der Genesis heißt, Gott habe die Menschheit «nach seinem Bilde und ihm ähnlich» geschaffen, so bedeutet dies, daß wir alle Künstlerinnen und Künstler sind. Denn die ganze Geschichte der Gensis, die dem *Imago Dei* vorausgeht, handelt von *einem* Aspekt Gottes: Gott als Schöpfer, der über den Wassern schwebende Geist, der die Geburt allen Daseins initiiert – vom Licht zu den Sternen zu den Pflanzen zu den Tieren und schließlich zur Menschheit. Dem Schöpfer ähnlich und nach seinem Bild geschaffen zu sein, bedeutet, ein Schöpfer, eine Schöpferin zu sein. Und die biblische Einsicht ist, daß alle Menschen Schöpfer sind, jedes einzelne Individuum. Vielleicht ist diese allen Menschen innewohnende schöpferische Kraft dem Göttlichen so nahe, daß sie uns potentiell auch dämonisch macht, also nicht nur fähig zu schaffen, sondern auch fähig zu zerstören. Einen Mittelweg zwischen diesen beiden Kräften gibt es nicht, denn Kreativität und Zerstörung, Göttliches und Dämonisches sind zu eng miteinander verknüpft. Man könnte sagen, daß unsere Vorfahren, die die Folterinstrumente der Inquisition erfanden, oder die heutigen Angestellten des Pentagon, die Napalm oder Pflanzenvernichtungsmittel entwickelten, «kreativ» sind. So ist es – aber in einem dämonischen Sinne. Kreativität wird dämonisch, wenn sie den Götzen am oberen Ende der Leiter dient.

Ein weiteres Beispiel dafür, daß die Bibel das Schöpferische in uns allen billigt, findet sich in der Genesis, als dem Menschen die Kraft verliehen wird, den Geschöpfen der Erde ihren Namen zu geben. Benennen ist ein Schaffen von Symbolen und deshalb ein Akt der Kreativität. Dem Psychiater Silvano Arieti zufolge ist es das Schaffen von Symbolen, das uns von den anderen Tieren unterscheidet.[7] Das Benennen ist aber nicht auf eine Elite beschränkt, sondern ist eine jedem menschlichen Wesen verliehene Kraft, wie schon der Name des ersten Menschen ausdrückt: *Adam*, «jeder Mensch». Da wir Benennende sind, sind wir Erschaffende. Wir alle. Und dieses grundlegende Recht, dieses Privileg und diese Verantwortung müssen wir durch schöpferische Tätigkeit bestätigen.

Manche Menschen sind Schöpferinnen und Schöpfer als Eltern, manche als Mechaniker, andere als Tischler oder Liebende, Köche oder Gärtnerinnen, Lehrerinnen oder Denker, Tänzer oder Musikerinnen, Geschichtenerzähler, Lachende, Beraterinnen oder als Vertreter der verschiedensten Kombinationen von diesen und anderen Tätigkeiten. Kreativität beschränkt sich nicht auf einen elitären Bereich namens «die Künste»; dafür ist sie viel zu wichtig. Kunst ist nicht um der Kunst willen da, sondern um der Ekstase willen, das heißt für einen immer volleren, immer enthusiastischeren Tanz in Saras Kreis. Kunst ist um der Menschen willen da. Kreativität gehört allen und betrifft uns alle, sei sie dämonisch oder göttlich, sei es durch ihre intensive Gegenwart oder durch ihr Fehlen. Kreativität ist uns viel zu nah, als daß sie von wenigen gehortet werden dürfte. Echte Kreativität kann nicht gekauft oder verkauft werden, obwohl natürlich jene, die sie ausüben, ihren Lebensunterhalt damit verdienen müssen und sollen. Sie wird geteilt und mitgeteilt und bewegt sich auf der Ebene menschlicher Anteilnahme, nicht auf der Ebene wirtschaftlichen oder kulturellen Dualismus. Kreativität ist ein Verb, kein Substantiv. Sie ist eine sich stets in Bewegung befindende Kraft, eine Leidenschaft, die Bewegung und Emotion hervorruft. Sie ist ebenso politisch wie zutiefst persönlich.

Der biblischen Überlieferung zufolge ist alle Befreiung oder Erlösung ein schöpferischer Akt Jahwes. Bei der Schöpfungserzählung geht es nicht um eine Suche nach dem Ursprung der Welt, sondern um eine Suche nach der menschlichen Befreiung oder nach den Ursprüngen der menschlichen Geschichte, die eine Geschichte der Befreiung und des Heils ist. «Die schöpferische Tätigkeit Gottes ist also nicht wie für uns auf die Erschaffung der Welt beschränkt, sondern ist ein Sammelbegriff, der alle positive, heilbringende Tätigkeit Gottes zu allen Zeiten ausdrückt.»[8] Die gleiche Vorstellung durchzieht auch das Neue Testament, dessen Hinweise auf Gott den Vater diesen nicht als Ersatz für den irdischen Vater anbieten wollen, sondern die Tradition des Schöpfers in der hebräischen Bibel verdeutlichen sollen (1. Korinther 8,6; Matthäus 11,25). Durch die Wiedergeburt des Geistes wird die menschliche Kreativität vergöttlicht; und die göttliche Fantasie, die die Menschheit befreien will, teilt sich der menschlichen mit.

Ist Kreativität eine Spiritualität, dann ist sie in gewisser Hinsicht stets mit uns. Sie wird zu der Art und Weise, wie wir fühlen und die Welt sehen, und wie wir uns von der Welt fühlen und sehen lassen. Sie ist vom Wesen her nicht-elitär.

Zur Bedeutung der Kreativität

Viele haben schon versucht, Kunst und Kreativität zu definieren, doch niemandem ist es bisher so recht gelungen. Das ist zweifellos eine gesunde und willkommene Ausgangssituation, denn wenn wir uns vorstellen, wir könnten die Kreativität definieren, dann könnten wir auch zu dem Schluß kommen, wir könnten sie konservieren, verpacken, annoncieren und verkaufen. Wir würden die Kreativität zu einem Objekt machen, statt sie als ein Verb zu achten, als eine Lebensweise. Da Definitionen von der linken Hirnhälfte ausgehende Analysen sind, zeigt die Vergeblichkeit dieser Definitionsversuche, daß wir es mit einer Aktivität zu tun haben, die mehr als eine Dimension besitzt, mehr ist als die Arbeit nur der einen Hemisphäre des Gehirns.

Trotzdem können wir unser Thema erhellen, indem wir einige der vorgeschlagenen «Definitionen» näher betrachten. Wenn die Kreativität ein spirituelles Konzept ist, werden wir viel auf dem Weg über die Via Negativa lernen, das heißt, indem wir überlegen, was sie nicht ist. Silvano Arieti betont, daß Kreativität nicht das gleiche sei wie Spontaneität, denn Spontaneität an sich bringe noch nichts hervor. Kreativität sit auch nicht das gleiche wie Originalität, denn Träume zum Beispiel sind immer originell, jedoch kein kreativer

Akt. Spontaneität, Originalität und sogar Überraschung mögen zur Kreativität gehören, sind jedoch nicht ihre Essenz. José Arguelles geht davon aus, daß Kunst weder allein aus der rechten Hirnhälfte (*psyche*) noch aus der linken Hemisphäre (*techne*) hervorgeht, sondern aus der Vermählung beider. Er betont, daß Kunst als Spiritualität immer etwas anderes ist als Unterhaltung. Kunst ist für ihn «das Mittel, durch welches alle Materie zu Geist regeneriert werden kann». Kunst ist eine Transformation des Geists, die den Sinn des Lebens selbst berührt, der in der Wandlung liegt. Wahre Kunst, so betont Arguelles, «ist die Kunst der Wandlung», und für diese Transformation müssen sowohl Künstler als auch Wissenschaftler sterben und wiedergeboren werden.[9] Echte Kunst hat mit diesem Tod, mit diesem Sterben und Leiden zu tun und unterscheidet sich dadurch von Unterhaltung oder bloßer Erregung.

Wie Arguelles ist auch Otto Rank davon überzeugt, daß wir die elitären Ideologien, nach denen im Westen Kunst und Künstler definiert werden, transformieren müssen. Ein Künstler muß in der Lage sein, auch sein Künstlersein loszulassen. Kreativität und Kunst sind, mit anderen Worten, nicht mehr das gleiche.

> Der neue Typ Mensch ... muß aus jenen Künstlern erwachsen, die zu einer Haltung des Verzichts gegenüber der künstlerischen Produktion gelangt sind. Ein Mensch mit schöpferischen Kräften, der den künstlerischen Ausdruck zugunsten der Persönlichkeitsbildung aufgeben kann ... wird den selbstschöpferischen Typus bilden und in der Lage sein, den schöpferischen Impuls *direkt* in den Dienst seiner eigenen Persönlichkeit zu stellen ... Der kreative Typus, der auf diesen Schutz durch Kunst verzichten und seine ganze kreative Kraft dem Leben und der Lebensgestaltung widmen kann, wird der erste Vertreter des neuen Typs Mensch sein.[10]

Diese beunruhigende Forderung nach dem Loslassen, die Rank an Künstlerinnen und Künstler stellt, erscheint fast zu groß. Sie steht hier als eine grundsätzliche Warnung vor einer Vergötzung der Kunst, vor jener Tradition der Kunst um der Kunst willen, die in der jüngsten abendländischen Zivilisation vorherrschte.

Wir sehen also, daß Kreativität eine Lebensweise ist, die das Schaffen für heilig hält und die das Gebären über die Kontrolle stellt, die Ekstase über die Objektivierung und das Feiern über die Anpassung. Wir werden uns später in diesem Kapitel mit der Kreativität als feiernder Dimension des Mitgefühls beschäftigen, auch wenn sie von Schmerz begleitet wird. Jedes Schaffen braucht Disziplin. Es braucht ebenso Kenntnisse wie Einsicht und Form ebenso wie Ideen. Schöpferisch zu sein bedeutet, Forderungen an sich selbst und die eigenen Möglichkeiten zu stellen. Aber Kreativität trägt ihren Lohn in sich, und wenn die Ekstase des Gebärens so total ist, wie sie sein kann, dann zählt der Schmerz nicht.

Wie auch das Mitgefühl ist die Kreativität eine Lebensweise, eine Spiritualität. Sie ist der Weg, den alle Menschen als Antwort auf das Leben einschlagen und den wir «die Kunst des Überlebens» nennen. Alle Überlebenden, so können wir sagen, haben bewiesen, was für Künstlerinnen, was für Künstler sie sind. Aber natürlich gibt es qualitative Unterschiede in der Art und Weise, wie verschiedene Menschen überleben wollen. Der reifste Ausdruck einer Kunst des Überlebens ist die schöpferische Kunst eines mitfühlenden Lebens.

Das leere Grab und der Reichtum der Kreativität

Vielleicht wüßten wir alle besser, was Kreativität ist, wenn wir stärker ermutigt würden, daran teilzuhaben. Im Westen ist die Kreativität zu einem großen Teil verdrängt worden; und oft wurden auch jene unterdrückt, die kamen, um sie zu verkünden. Insbesondere ein religiöses Symbol scheint dieser Verdrängung der Kreativität zum Opfer gefallen zu sein, während ein anderes als Waffe im Dienste der Verdrängung von Kreativität geschwungen wurde.

Vom Kreuzesfetischismus zur Erkundung des leeren Grabes

Ich spreche hier von der übertriebenen Rolle, die das Kreuz in der christlichen Überlieferung des Westens auf Kosten eines potentiell ebenso mächtigen Symbols, des leeren Grabes, gespielt hat. Bei uns verehrt man die vierzehn Kreuzesstationen und zählt Tausende von Kruzifixen und Gemälden der Kreuzigung zum Grundbestand seines kollektiven künstlerischen Gedächtnisses. Wie viele «Stationen des leeren Grabes» aber kennt man? Können Sie auch nur drei bedeutende Gemälde des leeren Grabes nennen? In der östlichen Christenheit dagegen – der russischen wie der byzanthinischen – zählt der Auferstandene Christus zu den am meisten verehrten Ikonen.

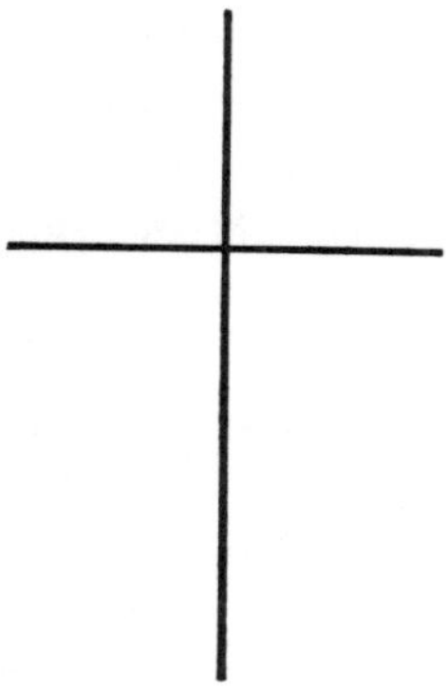

Abbildung A
Das Kreuz ist grundsätzlich linear.

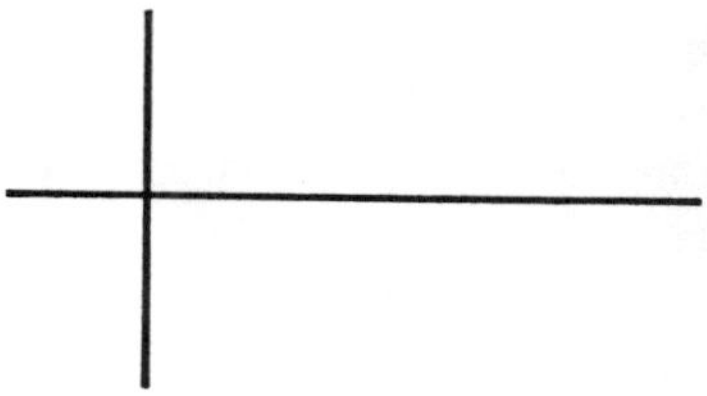

Abbildung B
Das Kreuz wurde oft auf der Seite liegend dargestellt und wurde auf diese Weise zum Schwert. Damit erfüllte es die Vorhersage Kaiser Konstantins: «Im Namen des Kreuzes werden wir siegen.»

Ganz gleich, wie man ein Kreuz zeichnet, es ist prinzipiell linear (Abbildung A). Und wie oft ist es nicht auf die Seite gedreht worden und hat die Gestalt eines Schwertes angenommen (Abbildung B). Kreuzzüge, Inquisition, Hexenverbrennungen, Pogrome gegen Juden – immer wieder in der christlichen Geschichte seit Konstantin (4. Jh.) – «In diesem Zeichen werden wir siegen» – hat das Kreuz die Rolle einer Waffe gespielt. Thomas Merton stellt fest, daß, als die Christenheit zur Reichsreligion wurde, es «das höchste Opfer war, unter dem christlichen Kaiser kämpfend zu sterben. Die höchste Selbstopferung war es, in der Schlacht unter der Fahne des Kreuzes zu fallen . . . Zu dem Zeitpunkt, da das Christentum bereit war, Asien und der Neuen Welt zu begegnen, waren Kreuz und Schwert so weit miteinander identifiziert, daß das Schwert selbst ein Kreuz war. Es war die einzige Art Kreuz, die manche Konquistadoren verstanden.»[11]

Als Schwert diente das Kreuz den Zwecken der Leiter. Am wichtigsten ist daher, daß wir Zugang zu dem Symbol bekommen, das während der Herrschft von Kreuz und Leiter im christlichen Bewußtsein weitgehend verdrängt wurde: das leere Grab. Das leere Grab ist der ursprüngliche Mutterleib, aus dem Christus wiedergeboren wurde, um alle Dinge neu zu machen. Vor allem jedoch ist das leere Grab das letzte – und erste – Wort des christlichen Glaubens. Das Kreuz war eine Erfindung des Römischen Reiches, das Jesus nackt daran schlug. Das leere Grab dagegen ist ein Produkt der göttlichen Phantasie. Es ist schon seltsam, daß Christen sich viel mehr auf das Kreuz als auf das leere Grab konzentriert haben. Es wird Zeit, daß Christinnen und Christen beginnen, die Reichtümer ihres vernachlässigten Schatzes zu erkunden. Um diese Erkundung zu initiieren, möchte ich folgende Betrachtungen anstellen.

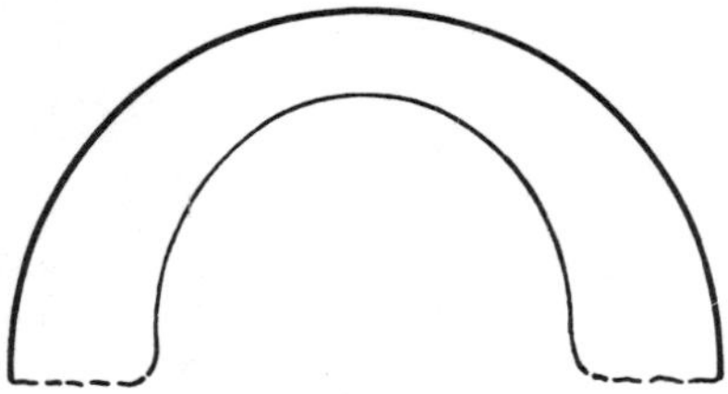

Abbildung C
Die Grabkammer ist gewölbt und in eine Höhle geschlagen.

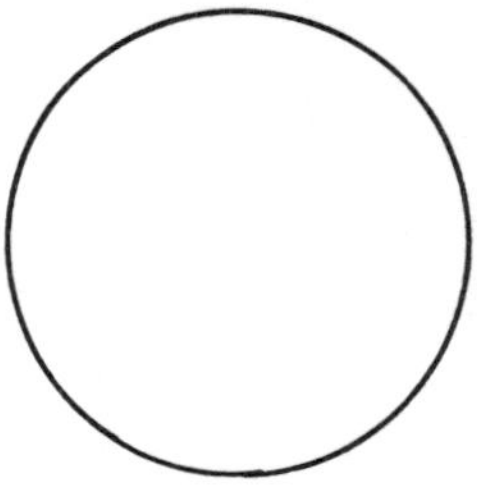

Abbildung D
Das Grab ist kein geschlossener, narzißtischer Kreis.

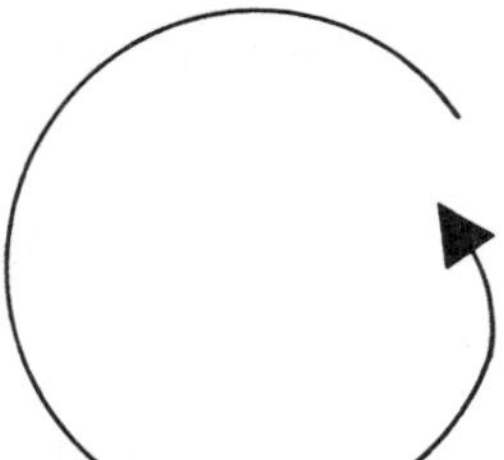

Abbildung E
Das Grab ist ein offener Kreis, in den Menschen hinein- und aus dem sie hinausgehen können.

Erstens ist eine Grabkammer rund oder gewölbt, und das Grab Jesu war in eine Höhle geschlagen (Abbildung C). «Auferstehung» bedeutet nicht, sich zu erheben, denn Jesus hätte sich in der Höhle dabei nur den Kopf gestoßen. Auferstehung bedeutet ein Hinausgehen, ein Verlassen des Todes, ein Zurücklassen der Hüllen. Das leere Grab war es, in das Menschen eintraten, und das einer verlassen hat. Leer zu sein und entleert worden zu sein weist nicht auf einen geschlossenen Kreis hin (wie in Abbildung D), sondern auf einen offenen Kreis (Abbildung E). Außerdem geht es nicht um einen geschlossenen Mutterleib oder eine geschlossene Grabkammer wie bei einer narzißtischen Rückkehr in eine uterusähnliche Sicherheit, in der das Selbst zum Fetisch wird. Vielmehr handelt es sich um ein sich in Bewegung befindendes Grab, einen bewegten Kreis, weil das Grab offen war und etwas daraus hervorgegangen ist. Wir sehen also eine Spirale (Abbildung F). Die Form einer Spirale unterscheidet sich deutlicher von einer bloß zyklischen Sicht des Universums, wie sie von manchen östlichen Philosophen vertreten wird. Jüdische und christliche Offenbarung postulieren, daß die menschliche Geschichte, wie eine Spirale, eine Richtung hat. Und diese Richtung liegt in einem Zuwachs an Liebesgerechtigkeit in der Welt. Die Spirale repräsentiert eine echte Revolution (vom Wortsinn «sich drehen» her), denn es geht um ein Weiterdrehen, ein Fortdrehen, ein Drehen auf etwas zu. Es geht um Wiedergeburt, um Auferstehung.

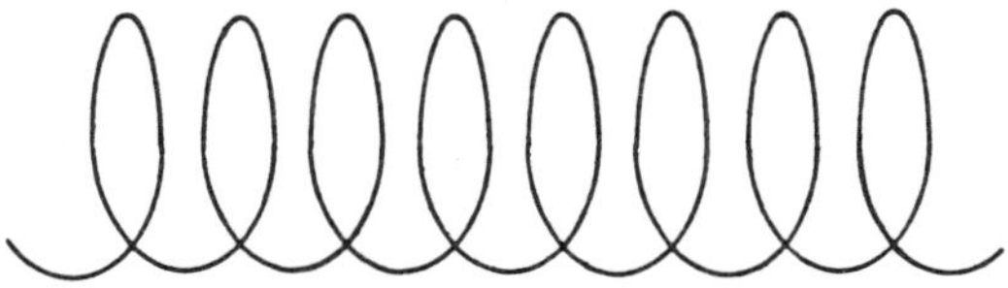

Abbildung F
Wird die Energie des offenen Grabes weitergeführt, bildet sie eine bewegte Spirale.

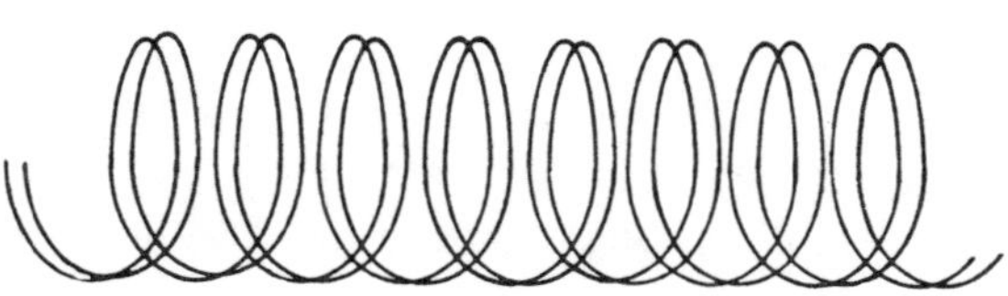

Abbildung G
Die Doppelspirale ist das Bild der DNS, der Grundlage allen physischen wie auch allen geistigen Lebens.

Es ist interessant, daß die DNS, der Grundbaustein allen Lebens, als zwei Fäden in einer Spiralbewegung verstanden wird (siehe Abbildung G). So wird eine Doppelspirale zum Symbol allen organischen Lebens. Wie passend wäre es, wenn alles geistige Leben einem identischen Symbol entsprechen sollte, denn der Schöpfer des physischen Lebens ist identisch mit dem Schöpfer des geistigen.

Wenn wir die Bedeutung des leeren Grabes als christliches Hauptsymbol betonen, so sagen wir damit nicht, daß das Kreuz in Zukunft keine Rolle mehr spielen sollte. Das Grab setzt vielmehr das Kreuz voraus. Doch ohne Zweifel muß das Kreuz, da es Jahrhunderte lang derart einseitig und dualistisch gesehen im Mittelpunkt stand, losgelassen werden, um in seiner vollen dialektischen Qualität von Grab *und* Kreuz wieder hervorzutreten.

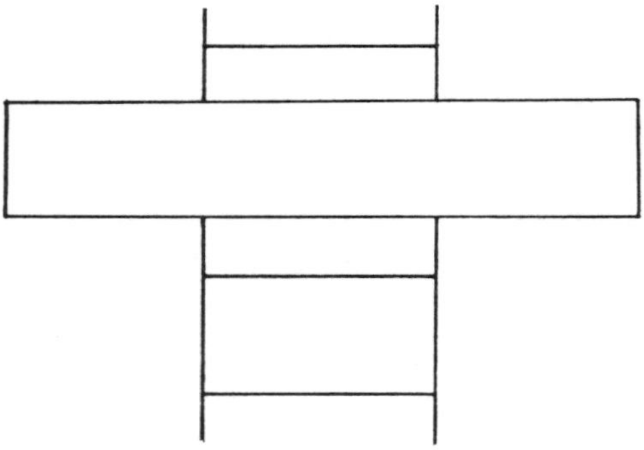

Abbildung H
Das Kreuz könnte auch die Kreuzigung der Leiter selbst bedeuten, das Ende aller Leitern der Welt.

Eine wichtige Bedeutung des Kreuzsymbols ist das Kreuz als Durchtrennung der Leiter (Abbildung H). Wenn Jesus davon sprach, daß er erhoben würde und alle Menschen mit sich nähme, könnte er da nicht auch gemeint haben, daß er das letzte Opfer der Leitermächte sein sollte? Daß sein Opfertod die Leitern der Welt überflüssig machen und in all ihrer blutrünstigen Realität deutlich machen sollte? Daß das Leben und nicht der Tod herrschen sollte? Daß also das neue Wort für das Leben das leere Grab, der ursprüngliche Leib, die Auferstehung sein sollte? Auf diesem Weg wurde der Tod wahrhaft vom Sieg verschlungen, wie die sterbende

Gestalt, Christus, vom Grabe verschlungen wurde und Jona vom Wal, und wie sie beide aus den Eingeweiden der Erde bzw. des großen Säugetieres wieder ausgespien wurden.

Adrienne Rich meint, daß die Beerdigungs-Höhlen und -Grüfte und -Labyrinthe patriarchaler Gesellschaften den weiblichen Körper repräsentierten, der für so viele Männer mit dem Tod verbunden sei und mit der Mutter. Eine solche Situation erzwinge eine Unterscheidung zwischen der sexuellen und der mütterlichen Frau. «Und selbst dann ist die romantische sexuelle Liebe durchgehend mit dem Tod assoziiert.»[12] Das Symbol des leeren Grabes beendet diese Ängste, jedenfalls sofern die Menschen loslassen und es betreten. Denn im leeren Grab wird eine Wiederkehr vollzogen, aber eine Wiederkehr, die keinen geschlossenen Kreis darstellt. Auch die Männer, die zum Grab liefen und hineinschauten, Petrus und Johannes, wurden nicht davon verschlungen, sondern gingen vielmehr von neuer Kraft erfüllt weiter. Am Grabe wird die Todesangst losgelassen. Der Tod wird verschlungen vom Sieg. Vor allem besteht dann keine Notwendigkeit mehr, die Furcht vor der Mutter zu leugnen und sie deshalb als einen «Engel des Hauses» zu idealisieren, wie Rich es nennt.

Eine an Mutterleib und leerem Grab orientierte religiöse Symbolik würde auch eine neue Art von Kraft mit sich bringen. Es ist verblüffend, daß im Hebräischen die Begriffe «Mitgefühl» und «Mutterleib» die gleiche Wurzel haben (*rehem* bedeutet Mutterleib; *rahamim* ist ein Wort für Mitgefühl), während wir im Westen vom griechischen Wort für Gebärmutter (*hysterikos)* die Hysterie ableiteten. Eine auf dem griechischen Weltbild basierende Spiritualität wird die Energien des Mutterleibs immer fliehen und eine grundlegende Misogynie zeigen. Ich bin sicher, daß die Unterdrückung des Mitgefühls im Westen in Beziehung steht zur Unterdrückung der Kraft des Mutterleibs. Rich meint, «die Idee der mütterlichen Macht wurde gezähmt. Durch die Verklärung und Dienstbarmachung der Frau wurde die Gebärmutter – die einzige Quelle dieser Macht – historisch gegen uns gekehrt und in eine Quelle der Machtlosigkeit verwandelt.»[13]

Eine am Mutterleib orientierte Spiritualität wird mütterlich sein und im schöpferischen Prozeß alle Menschen, seien sie nun männlich oder weiblich, eltern- oder kinderlos, feststellen lassen, daß sie

Mütter sind und andere bemuttern können. Vielleicht steht zu viel Leiter- und Penisneid einem zu geringen Gebärmutterneid gegenüber.

Ein weiteres Symbol aus der Metaphorik von Gebärmutter und leerem Grab ist die Spirale. Die Spirale ist ein altes Auferstehungssymbol, und in vorkeltischer Zeit waren die Ganggräber in New Grange in Irland als das «Spiralschloß» bekannt. Dort wurden die Könige in Gräbern mit Spiralmustern und versehen mit spiralförmigen Amuletten begraben. Es hieß, sie kehrten als neue Könige zurück, so daß die Spiralsymbole auf eine Art Reinkarnation hinwiesen.

Bei den Kelten waren auch Efeu und Wein, beide spiralförmig, Symbole von Wiedergeburt und Auferstehung. Und im Mittelmeerraum bedeutete der den Dionysos repräsentierende Wein, daß man mit der Traube stirbt, um als Wein wiederzuerstehen. Tiere wie die Schlange stehen besonders deshalb für spiralförmige Kräfte der Unsterblichkeit, weil sie regelmäßig ihre Haut abstreifen, und ein Spinnennetz bildet eine natürliche Spirale. Spiralförmige Schnecken und Muscheln, Symbole der Wiedergeburt, wurden in neolithischen Gräbern im Staate New York zusammen mit spiralförmigen Amuletten und Skulpturen gefunden, auf denen beiderseits Spiralen eingeritzt waren. Wie wir sahen, bilden auch die Nukleinsäuren im DNS-Molekül, die Grundbausteine des Lebens, eine Spirale. Auch die Nabelschnur ist eine Spirale, und jedes sogenannte «Herabfallen» vollzieht sich «spiralig». Denn was beim Fallen eines Apfels auf die Erde wie eine gerade Linie wirkt, ist tatsächlich eine Spirale, da sich die Erdoberfläche mit einer Geschwindigkeit von tausend Meilen pro Stunde am Äquator um ihre Achse dreht. Im Raum bewegt der Apfel sich deshalb auf einer gebogenen Diagonalen oder einer Spirale.[14] Mit Spiralkräften meinen wir sowohl die Wiedergeburt wie auch die Geburt.

Wer sich mit den Symbolen der Wiedergeburt in verschiedenen Kulturen und Epochen beschäftigt hat, ist nicht erstaunt darüber, das leere Grab als ein Spiralsymbol bezeichnet zu sehen. Überraschen muß vielmehr, daß die westliche Christenheit diese Dimension ihrer eigenen Überlieferung nur sehr langsam erkannt hat. Warum ist das leere Grab als Symbol so weitgehend verdrängt worden? Die Flucht vor der Kreativität, vor dem Mitgefühl und vor der

Frau hat mit dieser Vergeßlichkeit sicherlich viel zu tun. Und das gilt auch für die Angst.

Das Eintreten in das Grab als Sich-Einlassen auf die Ängste vor der Kreativität

In seinem ersten Brief (4,17f.) geht Johannes auf die Angst unter den Gläubigen ein und sagt:

> Darin ist die Liebe unter uns vollendet,
> daß wir freudige Zuversicht haben am Tage des Gerichts,
> weil wir auch in dieser Welt sind,
> wie er ist.
> In der Liebe gibt es keine Furcht,
> sondern die vollendete Liebe treibt die Furcht aus;
> denn die Furcht hat mit Strafe zu tun.
> Wer sich also fürchtet, ist in der Liebe nicht vollendet.

Johannes assoziiert hier die Angst mit der Angst vor unserer Göttlichkeit, der Angst, daß auch wir vielleicht Schöpferinnen und Schöpfer sind, daß wir «in dieser Welt sind, wie er ist». Ganz einfach und direkt macht Johannes uns klar, daß diese Angst «ausgetrieben» werden kann. Wir müssen etwas anderes mehr lieben, als wir die Angst lieben.

Kreativität hat mit der Überwindung von Angst zu tun, indem wir in sie hineingehen und spiralförmig aus ihr herausschwingen. Kreativität braucht Mut. Durch welche Ängste gehen schöpferische Menschen, wenn sie sie nicht verdrängen und nicht vor ihnen davonlaufen? In diesem Zusammenhang muß betont werden, daß angesichts unseres Verständnisses aller Menschen als Schöpfer und Schöpferinnen, sich auch die Ängste und ihre Auflösung auf uns alle beziehen. Sie sprechen unsere individuellen und unsere gesellschaftlichen Bedingungen an.

Die Todesangst

Die erste Angst ist die Angst vor dem Tod. Otto Rank meint, daß Kreativität nur durch eine Vorstellung von Unsterblichkeit auszudrücken ist; und deshalb definiert er den Künstler als jemanden, der eine Gabe hinterlassen möchte.[15] Der kreative Mensch hat die Begrenztheit des Daseins empfunden. Zweitens geht es um das Danken, denn ein Geschenk wird zurückgelassen. Kreativität impliziert also Dankbarkeit, ein Gefühl dafür, daß das Leben ein Geschenk ist, und das Bedürfnis, dafür Dank zu sagen. Dieser Aspekt der Kreativität weist darauf hin, warum sadistische Kräfte immer das Künstlerische unterdrücken werden; denn die Psychologin Karen Horney hat gezeigt, daß die im Sadismus liegenden Zwänge niemals Dankbarkeit hervorrufen.[16] Ebenso wie ein Sadist ist auch eine sadistisch orientierte Kultur nicht zu wahrer Kreativität fähig. Auch ein Masochist ist weitgehend von der Kreativität ausgeschlossen, denn kreativ zu sein «bedeutet immer, die eigenen Gesichtspunkte oder Gefühle zu behaupten»[17] – und das ist dem Masochisten nur selten möglich, der am liebsten resignierend sagt: «Ich kann nicht.» Horney meint jedoch auch, daß Kreativität für den Sadisten oder Masochisten in uns eine heilende Aktivität sein kann. Indem ein kreativer Mensch ein Geschenk hinterläßt, «macht er nicht nur den Künstler geistig unsterblich, sondern sichert auch der Gemeinschaft ein zukünftiges Leben in den kollektiven Elementen des Werks».[18] Für einen schöpferischen Menschen liegt also die Lösung der persönlichen und kollektiven Todesangst darin, schöpferisch zu sein. Eine schöpferische Person sucht die Transformation «des Todes ins Leben, obwohl sie eigentlich das Leben in Tod verwandelt»[19]. Warum bedroht die Kreativität den Tod? Weil ein einmal geschaffener Gegenstand «für seinen Schöpfer keine Bedeutung mehr hat, nachdem er einmal hergestellt ist». Und deshalb wird der Künstler wieder in die Lebenserfahrungen hinausgetrieben, die alle vergänglich sind und uns an unsere Endlichkeit erinnern. Und dieses Bewußtsein treibt den Künstler, die Künstlerin dann wieder in die Kreativität zurück, um aus den sterblichen Erfahrungen etwas Unsterbliches zu machen.

Rank verbindet dann die Todesangst mit der Angst vor dem Leben. In seinem Buch *Die Überwindung der Todesfurcht* geht Ernest Bekker auf das gleiche Thema ein und betont, daß ein Mensch oder eine Kultur, die das Leben verdrängen, auch den Tod verdrängen. «Lebensangst führt zu übergroßer Angst vor dem Tod», stellt er fest. «In gewisser Weise muß man mit dem Leben bezahlen und täglich in den Tod einwilligen, um sich den Risiken und Gefahren der Welt aussetzen zu können, um sich verschlingen und verbrauchen zu lassen. Sonst endet man, *als ob* man tot sei, indem man das Leben wie den Tod vermeidet.»[20] Und weil unsere Kultur das Leben gefürchtet hat, hat sie die Suche nach der Unsterblichkeit häufig der Suche nach dem Leben vorgezogen. Das ist bei den christlichen Predigern der Fall, die das «ewige Leben» mit dem Leben nach dem Tode verwechseln. Die neutestamentliche Überlieferung dagegen macht deutlich, daß dieser Ausdruck sich auf die Fülle der Zeit bezieht, die wir bereits in diesem Leben erfahren. Emery Reves beklagt die Angst unserer Kultur vor dem Leben, wenn er fragt: «Wann werden unsere Religionen, unsere Dichter und unsere Staatsmänner die Lüge aufgeben, daß der Tod heroischer sei als das Leben?»[21] Wann werden wir das Kreuz um des offenen Grabes willen aufgeben? Eine Fixierung auf den Tod geschieht immer, wie Anne Douglas zeigt, um den Preis einer Flucht vor dem Leben und ist die Basis einer Sentimentalisierung der Wirklichkeit.[22] Lebensangst führt zu neurotischer Verdrängung. Schöpferische Menschen wenden sich mit ganzem Herzen dem Leben zu, um diese Lebensangst zu durchbrechen. «Außer seinen Techniken und einer bestimmten Ideologie braucht der Künstler für eine echte schöpferische Kunst das Leben in der einen oder anderen Form.»[23] Der Schöpfer, die Schöpferin, so könnten wir sagen, betet das Leben an. Das Leben ist ihm bzw. ihr heilig, und muß es auch sein.

Diese Hingabe an das Leben ruft im schöpferischen Menschen einen Kampf hervor, den Rank als «die tiefste Quelle des künstlerischen Schaffensimpulses» bezeichnet, nämlich den Kampf zwischen «einer völligen Hingabe an das Leben und einer völligen Hingabe an das Schaffen. Er muß sich vor dieser Totalität durch Flucht schützen, mal vor der Skylla des Lebens, dann vor der Charybdis des Schaffens. Und diese Flucht gelingt natürlich nur um den Preis eines ständigen Konflikts.»[24] So wird also ein schöpferischer Mensch ans Kreuz genagelt; ein Nagel ist das Schaffen, der andere das Leben. Der Schmerz und die Kraft, die von einer Hand zur anderen übergehen, bringen im Leben eines jeden Menschen diesen Konflikt hervor.

Angst vor dem Leiden

Unsere Gesellschaft neigt dazu, Glück als die Abwesenheit von Leid zu definieren; und wir investieren deshalb unsere schöpferischen Kräfte in den Bau von Sicherheitstempeln, sei es nun die unsterbliche Ehe, der unsterbliche Beruf, die unsterbliche Firma oder der unsterbliche Wolkenkratzer für diese Firma, oder die unsterbliche Nation mit ihrer unbesiegbaren Armee und Bewaffnung. Wir müssen uns fragen, ob nicht dieser Zwang, das Leiden auszulöschen – oder in Form aller möglichen Versicherungen aufzukaufen –, ob dieser Zwang nicht das Symptom einer Leidensflucht ist. Ich ziehe da Pierre Boulez' Definition des Lebens vor, der sagt: «Das Ziel des Lebens ist nicht die Zufriedenheit [lies: Sicherheit]; es ist das Leben selbst.» Und zum Leben gehört, wie wir bereits gesehen haben, das Leiden. Kreative Menschen – und das sind wir hoffentlich alle – nehmen sogar zusätzliche Leiden auf sich, indem sie sich ganz auf das Leben einlassen. Jede Kreativität hat mit Opfer zu tun. Der kreative Mensch opfert ein Stück Leben, um ein Werk schaffen zu können, das er als Geschenk zurückläßt. C. G. Jung warnt: «Es gibt selten einen schöpferischen Menschen, der den göttlichen Funken des großen Könnens nicht teuer bezahlen muß.»[25] Und Henry Miller schreibt: «Der Mensch, der Ordnung schaffen will, ... muß wieder und wieder zum Scheiterhaufen und zum Galgen schreiten. Ich sehe, daß hinter dem Adel seiner Gebärden das Gespenst der Lächerlichkeit des Ganzen lauert, daß er nicht nur erhaben, sondern auch ein Tor ist.»[26] Wie Jesus, der der Sohn Gottes und deshalb Sohn des Schöpfers war, nehmen alle schöpferischen Menschen, Söhne und Töchter des Schöpfers, die Dualismen und Sünden der Menschheit auf sich, um daraus Hoffnung und Ganzheit zu weben. Arguelles bemerkt, daß sich «in ihren Leben und Werken nicht nur offenbart, was Eliade den Schrecken der Geschichte nennt, sondern auch die Erlösung der Geschichte, denn das Wesen der wandelnden Vision ist es, daß das Leiden der Geschichte selbst den Prozeß der Wandlung ausmacht».[27]

Ein schöpferischer Mensch flieht das Leiden nicht, sondern läßt sich darauf ein, weil er oder sie nicht anders kann. Kenji Miyazawa rät: «Weiche dem Kampf nicht aus, sondern gehe direkt hinein ... Verbrenne allen Kampf als deinen Treibstoff.» Beim Eintritt in diesen furchterregenden Bereich macht ein solcher Mensch aber die gesunde und heilige Entdeckung, daß das Loslassen dem Gebären gegenüber nicht feindlich ist. Aus diesem Konflikt heraus entsteht Harmonie und findet ihren Ausdruck. Aus Angst vor dem Leiden entstellen wir es, indem wir es zu einem Berg auftürmen, der um jeden Preis umgangen werden muß, oder indem wir es idealisieren und anbeten. Das erste entspricht einer materialistischen Weltanschauung, das zweite einer pervertierten religiösen Weltanschauung. Beide Verzerrungen des Leidens behandeln es dualistisch, als ein Objekt. Aber wir müssen uns dem Leid wie der Freude hin und wieder unterziehen. Dringen wir tief genug in das Leid ein, sind wir beim Wieder-daraus-Hervorgehen bereit, auf seiner anderen, der schöpferischen Seite, zu gebären. Und man vergißt das Leiden leicht, wie Jesus bemerkte, weil die Ekstase des Gebärens so groß ist. Eine gesunde Spiritualität des Leidens, so scheint mir, würde das Leiden in den Zusammenhang des Schaffens stellen. Sie würde es nicht idealisieren wie so manche masochistische Spiritualität; sie würde auch nicht davor fliehen oder sich davon freizukaufen versuchen, wie die säkularen, materialistischen Gesellschaften es uns lehren.

Angst vor der Lust

Der Künstler spielt mit seinen Materialien, die Künstlerin spielt und «verschwendet» Zeit. Künstler werden nicht für die aufgewendete Zeit bezahlt, sondern für ihr Werk (falls überhaupt), und haben ein entsprechend anderes Verhältnis zur Zeit als jene, die notgedrungen mit ihr «rechnen» müssen, weil sie «Stunden-Lohn» erhalten. Da aber «Zeit Geld ist», können wir uns vorstellen, daß in einer an der Uhrzeit orientierten Kultur wie der unseren eine tiefe Angst vor Spiel und Lust besteht. Künstlerinnen und Künstler entscheiden sich, diese Grabes-Gebärmutter der Lust zu betreten, statt davor zu flüchten oder ihre Existenz zu leugnen.

Freud stellte fest, daß der Einsatz des Künstlers für das Lustprinzip statt für das Realitätsprinzip ihn daher zu einer Bedrohung für die Gesellschaft macht. Kunst bereitet den Künstlern Vergnügen wie auch denen, die das Kunstwerk «genießen». Kunst ist Spiel, wie die Begriffe «Wortspiel» oder «Klavier spielen» sagen. Die Kunst läßt uns die Kindheit wiederentdecken, versetzt uns in einen euphorischen Zustand, in dem wir «das letzte Lachen der Kindheit wiedererlangen können»[28]. Für Künstler werden die Symbole zum Erwachsenenspielzeug. Kunst ist, so sagt Norman O. Brown, «eine Lebensweise, die den natürlichen Instinkten und damit der Kindheit treu ist». Als Jesus seine Jünger aufforderte, umzukehren und zu werden wie die Kinder, kam das wahrscheinlich einem Aufruf zu politischem Widerstand gleich, der für die Mächte seiner Zeit ebenso bedrohlich war wie das Austreiben der Geldverleiher aus dem Tempel. Die Angst vor der Lust ist eine zentrale politische Frage, wie ich in meinem Buch *Whee! We, Wee All the Way Home* zu zeigen versuchte. Und schöpferische Menschen betonen vehement, daß Leben Ekstase und Vergnügen ist – und keineswegs nur ein privates Vergnügen einiger weniger, das zudem oft nicht besonders vergnüglich und ekstatisch ist. Die Mystiker und Mystikerinnen aller Zeiten haben Gott als die äußerste Glückserfahrung beschrieben, und die Erfahrung der Ekstase möchte ich als unsere Gotteserfahrung bezeichnen. Jeder schöpferische Mensch weiß darum. Und nur solche Menschen können «ohne ein Warum» leben, wie Meister Eckhart es ausdrückt. Sie können das, weil sie nicht immer zwanghaft nach dem nächsten Vergnügen suchen, sondern selbst erfüllt sind.

Angst vor der Androgynie

Für kreative Menschen beginnen die Grenzen zu verschwimmen, die unsere Kultur so deutlich zwischen Mutter und Vater, männlich und weiblich zieht. Jung sagt über den kreativen Menschen, daß «in Wirklichkeit sein Werk aus ihm wächst. Es verhält sich wie ein Kind zur Mutter. Die Psychologie des Schöpferischen ist eigentlich weibliche Psychologie, denn das schöpferische Werk wächst aus unbewußten Tiefen empor, recht eigentlich aus dem Reiche der Mütter.»[29] Der schöpferische Trieb, so sagt auch Rank, ist ein «bisexueller Trieb des Zeugens und des Schwangerseins oder des

Selbstzeugens und der Selbst-Wiedergeburt, die im Künstler verschmolzen werden». Und dieser bisexuelle schöpferische Drang «ist nicht nur ganz sein Recht, sondern auch eine Lebensnotwendigkeit für ihn»[30].

Mit Recht kritisiert Rank, daß Jung die Wiedergeburt einseitig und chauvinistisch als passiv darstellt, ohne die aktive und eigenschöpferische Kraft darin zu erkennen. Frauen, die ihre Rolle im wesentlichen passiv definieren, stören die schöpferischen Kräfte ebenso wie Männer, die ihre Rolle als hauptsächlich aktiv definieren. Weder Masochisten noch Sadisten sind schöpferisch, wie wir sahen. Mit der Angst vor der Androgynie geht eine Angst vor dem Schöpferischen einher, und umgekehrt. Schöpferische Menschen wagen es, diese unausgesprochene Angst herauszufordern. Und aus dieser Herausforderung der Androgynie entsteht etwas. Im Schaffen gibt es «einen Prozeß des Zeugens und des Gebärens, nicht auf der Ebene der sexuellen Differenzierung von männlich und weiblich, sondern auf tieferer, fundamentalerer Ebene: die Befreiung des Individuums von der Last des Erzeugens, indem ein Teil des Ego abgelehnt wird, was aber als Erleichterung und nicht als Verlust empfunden wird».[31] Kreativität ist eine Erfahrung der Elternschaft; und schöpferische Menschen sind herausgefordert, auf gewisse Weise ihre eigenen Väter und Mütter zu werden, wie Jesus sagte: Wer nicht seine Eltern um meinetwillen verläßt, ist meiner nicht wert.

Angst vor der Schuld

Die letzte Angst, mit der schöpferische Menschen und eine schöpferische Gesellschaft sich auseinanderzusetzen wagen, ist die Angst vor der Schuld. Es ist sehr deutlich, daß eine Gesellschaft, die sich nicht auf Tod, Leben, Leiden, Lust und Androgynie einlassen kann, den Schaffenden, die mit all diesen Energien zu tun haben, erheblichen Widerstand entgegensetzen wird. Und der Ungehorsam gegenüber der langen Liste an Verboten, die die Gesellschaft bewußt oder unbewußt, verbal oder nonverbal aufgestellt hat, kann Schuldgefühle hervorrufen. So gehört also zum Leiden des Künstlers und der Künstlerin auch ein Maß an sozialer Schuld.

Otto Rank überwarf sich mit Freud, weil dieser alle schöpferische Inspiration auf ungelöste Ödipuskomplexe reduzierte. Rank, der selbst ein Künstler war und fast ausschließlich in der Beratung von

Künstlerinnen und Künstlern arbeitete, entdeckte in schöpferischen Menschen einen Schuldkonflikt, der tiefer geht als die fünf Ängste, die wir bisher behandelt haben. Er vermutete eine essentielle Ursache der Schuld in bezug auf die Kreativität in der «grundlegenden Unehrlichkeit des schöpferischen Menschen gegenüber der Natur», die in der Annahme liegt, daß die spielerische Freiheit der Abhängigkeit von der Natur vorzuziehen sei. Der Künstler fühlt sich schuldig, weil er Freiheit verspricht, denn die Natur fordert von uns Abhängigkeit. Jede Schöpfung umfaßt auch Zerstörung, und deshalb ist die Schuld immer anwesend. Außerdem impliziert Kreativität eine Art von Unzufriedenheit mit dem Bestehenden. Darin offenbart sich das Dilemma, daß wir auf der einen Seite göttlich und auf der anderen Seite abhängig sind. Unsere Göttlichkeit zu bekräftigen, wie es jeder schöpferische Mensch tut, bedeutet ein Wegschieben unserer Abhängigkeit. Und daraus entsteht Schuld. Diese Schuld, sagt Rank, zeigt sich «in jedem künstlerischen Prozeß und fehlt auch im Spiel nicht ganz»[32]. Wer die eigenen schöpferischen Kräfte verleugnet, läuft vor der eigenen Gottesebenbildlichkeit davon und stellt sich nicht der Schuld, die zu dem Wagnis gehört, unserem göttlichen Ursprung treu zu sein.

Ein schöpferischer Mensch muß auch damit rechnen, Schuld zu empfangen, wenn er das Leben dem Schaffen opfert oder wenn er mit seiner Vergangenheit bricht, der er viel verdankt und die er trotz allem liebt. Kreative Schuldgefühle sind also ein Teil des Preises, den man für das Schaffen zahlt; und sie sollten uns nicht abschrecken, Schöpferinnen und Schöpfer zu sein. Denn laut Rank[33] sind sie es, die heute die Kreativität am meisten einschränken.

Vergebung und Kreativität

Im Grunde, meint Otto Rank, würden wir uns sogar schuldig fühlen, wenn wir allein auf einer Insel wären und beginnen würden, schöpferisch tätig zu sein. Unter Künstlerinnen und Künstlern, die es wagen, etwas Neues «zur Welt zu bringen», und die die Folgen ihres Werks für die Welt nicht vorhersehen können, besteht daher ein großes Bedürfnis nach Vergebung. Viele finden diese Vergebung in ihrem religiösen Vertrauen. Hier zeigt sich wieder die «mysteriöse Verbindung zwischen Mitgefühl und Vergebung», von der wir im ersten Kapitel sprachen. Als einzelne oder als Gesellschaften brauchen die Menschen Vergebung, um schöpferisch zu sein, ebenso wie sie Vergebung brauchen, um loszulassen. Vergebung und Mitgefühl hängen zusammen, weil Kreativität und Mitgefühl so eng miteinander verbunden sind. Jesus war sich dessen bewußt, denn er sagte: «Seid mitfühlend wie euer Vater mitfühlend ist. Vergebt . . .»

Die im Schaffen liegende Vergebung bedeutet zunächst einmal, daß wir uns selbst vergeben dafür, daß wir unseren letzten Ursprüngen, die göttlich und vom Schöpfer sind, treu bleiben. Jesus, der uns in jeder Hinsicht gleich war (mit Ausnahme der Sündhaftigkeit), muß die tiefste Schuld von allen gefühlt haben, und doch konnte diese Schuld ihn nicht daran hindern, schöpferisch zu handeln. Stellen Sie sich nur vor, *wie schuldig* er sich gefühlt haben mußte, als er den Tod zerstörte, den er am Kreuz gestorben war, indem er sich wieder aus dem Grab erhob. Prometheus stahl nur das Feuer, und wir wissen, wie sehr er für diese Tat voll göttlichen Mutes und Kreativität leiden mußte. Jesus, der sich der Kreativität und der Schuld mit größtem Mut stellte, befreite uns nicht nur von unserer Sündenschuld, sondern vor allem auch von unserer Schaffensschuld. Darin liegt die Bedeutung des leeren Grabes und die gute Nachricht, die es verkündet. Jetzt, in der Fülle der Zeit, im messianischen Zeitalter, können wir ohne Schuld schaffen. Oder nicht? Haben wir genügend Vertrauen in Jesus und die Tatsache, daß er Messias war? Genügend Vertrauen, um andere willkommen zu heißen, die Neues gebären? Genug Vertrauen, um loszulassen? Wo in aller Welt gibt es solchen Glauben?

Wir müssen einander unsere Göttlichkeit vergeben, sagt Jesus. Wie recht er hat – und keiner wußte es schließlich besser als er. Denn er wurde ans Kreuz geschlagen, weil die Gesellschaft ihm seine Kreativität als Dichter, Gleichniserzähler und Visionär des Gottesreiches auf Erden nicht vergeben konnte. Und als er dort hing, sagte er: «Vater, vergib ihnen, denn sie wissen nicht, was sie tun.» Mitgefühl bei seiner eigenen Hinrichtung. Warum? Weil das Unwissen dieser Menschen, die tödliche Befehle ausführten, ihn so überwältigte. Sie waren so völlig unwissend darüber, wie nahe ihnen das Göttliche war. Oder wie nahe dem Tod das Leben war. Oder wie nahe der Verzweiflung die Hoffnung ist, wie nahe der Zerstörung die Kreativität. Oder wie nahe der Erde der Himmel ist, wie nahe Golgatha das leere Grab, wie nahe am Karfreitag der Ostersonntag. Jesus vergab seinen Verfolgern, damit ihre fehlgeleitete Kreativität sich in echte Kreativität und Mitgefühl verwandeln könnte. Hat es etwas genützt? Nur wenn wir unsere Lektion daraus lernen: daß Kreativität nur aus Vergebung geboren wird.

Ein weiteres Beispiel für das religiöse Vertrauen, das die Kreativität ermutigt, indem es die Angst vor der Schuld beseitigt, findet sich in der Geschichte unserer geistigen Vorfahrin Sara. Besonders bezeichnend ist das Ende der Episode: Sie lacht, als sie hört, sie solle im hohen Alter noch schwanger werden.

> Da sprach Jahwe zu Abraham: «Warum lacht Sara und denkt: Soll ich wirklich noch gebären, obwohl ich alt bin? Ist denn für Jahwe etwas zu wunderbar? Ich werde im nächsten Jahr um diese Zeit wieder zu dir kommen, dann hat Sara einen Sohn.» Da leugnete Sara und sagte: «Ich habe nicht gelacht.» Denn sie fürchtete sich. Er aber erwiderte: «Doch, du hast gelacht.» (1. Mose 18,13–15).

Wir hören, daß Sara versuchte, die in ihrem Lachen geäußerte Kreativität und damit den Ausdruck ihrer Selbst zu verstecken. Warum? Sie log, weil sie Angst hatte, heißt es in der Schrift. Angst läßt unser spontanes Kunstschaffen und unser Lachen erstarren. Sie log aus Angst über die zu wunderbare Ankündigung Jahwes. Und Jahwe selbst spricht Sara auf dieses Verstecken an und besteht auf der Wahrheit der Situation: daß Sara eine Lachende ist und dafür gesegnet; und daß wundervolle Ereignisse Gottesgeschenke sind. Vielleicht ist es diese Ermutigung, die Glaubenden durch ihr Vertrauen zuteil wird. Dieses Vertrauen ist grundlegend für die Kreativität – fehlt es, gewinnen Ängstlichkeit und Mutlosigkeit die Oberhand.

Eine schöpferische Person ist eine, die die Angst vor dem Tod, vor dem Leben, dem Leiden, der Lust, der Androgynie und der Schuld herausgefordert hat. Natürlich hat eine solche schöpferische Person nach dieser Reise etwas zu erzählen. Das leere Grab macht zuallererst Mut. Auch der Weg des Mitgefühls ist ein Weg der Kreativität, und beide sind ein Weg, den wir Spiritualität nennen. Alle Menschen sind eingeladen, die genannten Ängste zu erforschen und ihnen nicht davonzulaufen, eingeladen, einander vergebend und kraftvoll zu stützen, wenn jede und jeder zum Grab und zurück tanzt. Wir haben das Grab betreten und dort Gott und den Teufel gesehen. Das Leben und den Tod. Wohin gehen wir nun mit diesem neu gewonnenen Wissen und Bewußtsein? Wir gehen auf das Mitgefühl zu, machen es uns zu eigen, leben mit ihm.

Der schöpferische Prozeß als Herstellen von Verbindungen: Kreativität als Mitgefühl

Müßte ich in Form einer Gleichung ausdrücken, was ich unter «schöpferischem Prozeß» verstehe, so würde diese Gleichung lauten: Materie plus Form ergibt Energie (M + F = E).

Elemente der Kreativität

Das «Produkt» der Kreativität ist kein Kunstgegenstand oder *objet d'art* – ein solches Objektdenken konnte sich nur in einer Zeit des dualistischen und materialistischen Bewußtseins entwickeln. Das «Produkt» der Kreativität ist Energie. Wenn ein Maler ein Bild malt, das die Menschen anregt, das sie auf sich selbst, auf andere, die Natur oder Gott aufmerksam werden läßt, dann ist der passende Name für das Bild Energie und nicht Objekt. Gleiches gilt für eine Violinistin und ihr Geigenspiel, oder einen Tänzer und seinen Tanz oder eine Autorin und ihr Buch. Energie, deren menschlicher Name Ekstase ist, ist das eigentliche «Produkt» echter Kreativität.

Und wo bleibt der Schöpfer oder die Künstlerin in dieser Gleichung? Die Materialien (M) scheinen schon vorhanden zu sein – Ton, Farben, Körper, Ideen. Doch sind sie es nicht völlig, denn der Schöpfer muß *auswählen*, welche Materialien er einsetzt und welche er unbenutzt läßt – eine schwierige Aufgabe, die der Via Negativa der Mystiker sehr nahe kommt, die ebenfalls das Zurücklassen bestimmter Materialien, zum Beispiel Namen für Gott, mit sich bringt. Die Künstlerin verleiht der Materie auch Form, Ordnung, Stil und Deutung. Das zeigt sich dort, wo der Töpfer den Ton auf der Scheibe dreht, wo die Dichterin mit Worten spielt und sie sinnvoll anordnet, wo der Musiker seine Noten, Akkorde, Harmonien und Rhythmen zu einer Melodie zusammenfügt. Darüber hinaus hilft die Materie, die Form zu erschaffen, und gleichzeitig hilft die Form, die Materie hervorzubringen. Das Schöpferische ist essentiell dialektisch und polar, wie Mary Richards postuliert: «Im Handwerker wirkt die Phantasie auf verschiedene Weise ... Er baut nicht immer nach einer vorherigen Vision. Oft kommen die Bilder *im Prozeß des Arbeitens. Das Material und seine Hände – sie zeugen sich gegenseitig.*»[34] Es ist ein wichtiges Prinzip für das Verständnis der Kreativität und auch des Mitgefühls, daß nicht nur die Form die Materie gestaltet, sondern daß auch die Materie Formen gebiert. Im Herzen solcher Erfahrungen liegt ein Geben und Nehmen, eine Verletzlichkeit. Der Künstler ist auch in das E integriert, in die Energieebene des schöpferischen Prozesses, denn der Künstler selbst wird durch seine Produktion erneut mit Energie versehen. Ja, es stellt für Künstlerinnen und Künstler eines der größten Probleme dar, nach einer guten Aufführung oder der Vollendung eines gelungenen Werkes wieder «auf den Boden zu kommen».

Ist das alles, worum es bei der Kreativität geht? Eine Person, die die die Energie eines vorgegebenen Stoffes formt? Auf keinen Fall. Die Essenz des Schöpferischen ist, Beziehungen zwischen Materie und Form zu sehen, die sich niemand zuvor hatte vorstellen können oder die die Menschen zutiefst wünschen und brauchen. Dieser Akt des *Sehens von Verbindungen* scheint das Wesen des kreativen Bewußtseins auszumachen. Und angesichts von Thomas Mertons Definition des Mitgefühls als Erkenntnis der Verbindung der Dinge (Kapitel 1) finden wir hierin einen weiteren Grund, warum die Bibel das Mitgefühl mit dem Mutterleib identifiziert. Vielleicht sind Mitgefühl und Kreativität tatsächlich die gleiche Energie. Scheinen doch beide auf der tiefen Ebene der wechselseitigen Beziehungen zu wirken. Mitgefühl hat mit Sehen, Erkennen und Schmecken der Verbindungen zu tun, Kreativität *stellt die Verbindungen her.*

Stufen des kreativen Prozesses

Der Gestaltpsychologe Max Wertheimer betrachtet den kreativen Prozeß als die Suche nach einer Lösung oder nach einer Beziehung zwischen den Elementen einer Lösung. Ein schöpferischer Mensch sucht nicht nur nach irgendeiner Beziehung, die die Elemente verbinden würde, sondern «nach dem Wesen ihrer inneren Verbundenheit»[35]. Laut Wertheimer ist Kreativität also die Suche nach einer wechselseitigen Abhängigkeit – in unserer Terminologie: die Suche nach Mitgefühl. So weist der Psychiater Silvano Arieti in seinem Buch *Creativity – The Magic Synthesis* darauf hin, daß ein Ziel der konzeptuellen Stufe des Schaffens darin liegt, «zu organisieren, weil die verschiedenen Attribute oder Teile logisch miteinander verbunden scheinen»[36]. Wie ist es möglich, daß die Teile bewußt konzeptualisiert oder miteinander verbunden werden können? Weil das ursprüngliche Denken, das Vorbewußte, sie zuerst «gesehen» oder intuitiv erfaßt hat. Wenn Arieti sagt, daß »ein kreativer Mensch einen besonderen Zugang zum Primärprozeß hat»[37], dann sagt er damit meines Erachtens, daß einem solchen Menschen das Bewußtsein der tieferen Verbindung leicht zugänglich ist. Wenn wir mitfühlend sein wollen, dann müssen wir unser kreatives Potential einsetzen, das heißt, unsere Kräfte zum Wahrnehmen von tiefen Verbindungen. Im Gegensatz zu Freud meint Arieti auch, daß der Humor «Menschen zur Erfahrung der Geschwisterlichkeit und des Mitgefühls führen kann»[38] – für uns ein durchaus logischer Schluß.

Das Herstellen von Verbindungen umfaßt auch physiologische Dimensionen. Arieti weist darauf hin, daß unsere Hirnrinde die komplexeste uns bekannte Struktur des Universums ist. Mit seinen fünfzehn Milliarden Neuronen bringt das menschliche Gehirn Muster und Verbindungen hervor, die in ihrer Anzahl und ihren Möglichkeiten unvorstellbar sind. Jede Hirnrindenzelle hat etwa zweitausend Kontakte oder Verbindungen zu anderen Zellen. Die physiologische Basis der Kreativität beruht also ebenfalls auf tiefen und unzähligen Verbindungen. Ein Nervennetz ist «eine Population ähnlicher Neuronen, die in wechselseitiger Verbindung funktionieren, so daß die Aktivität einiger bei voller Erregbarkeit sich immer auf die übrigen ausdehnt». Arieti macht auch deutlich, daß auf dieser Ebene des Herstellens von Verbindungen und symbolischen Prozessen «das Konzept der strengen Kausalität verlassen und durch das Gesetz der Wahrscheinlichkeit ersetzt werden muß»[39], denn der Weg der Neuronenerregung ist so neu und unvorhersehbar wie die kreativen Einsichten. Ist der physiologische Sitz der Kreativität der gleiche wie der physiologische Sitz des Mitgefühls?

In der Reflexion über seine eigene Erfahrung betrachtet der Komponist Leonard Bernstein das Herstellen von Verbindungen ebenfalls als den Schlüssel zum schöpferischen Prozeß.

Ich sitze ganze Nächte allein da und habe keinen einzigen Gedanken im Kopf. Ich bin leer. Ich bin blockiert, oder so scheint es zumindest. Ich sitze am Klavier und improvisiere nur, schlage einige Akkorde an oder versuche eine Notenfolge. Und dann, plötzlich, finde ich eine, die trifft, die *auf etwas anderes hinweist.* Der ganze Witz beim Komponieren ist nicht, einen Akkord oder eine Note zu finden, die man mag. Erst, *wenn sie zu einem anderen Akkord oder einer anderen Note hinführen, ergibt sich ein Sinn.*

Er beschreibt auch, wie dieses Herstellen von Verbindungen vor sich geht:

Der Geist, in dem all diese Kreativität stattfindet, besteht aus immens komplizierten Schaltkreisen elektrischer Fäden, die alle an einem bestimmten Punkt verbunden und informationstragend sind. Aber ab und zu gibt es so etwas wie einen Kurzschluß; *zwei von ihnen kreuzen sich, berühren sich und geben etwas frei*, was wir eine Idee nennen.
Das ist der aufregendste Moment im Leben eines Künstlers. Und jedesmal wenn es geschieht, sage ich: *«Gratias agimus tibi.»* Ich bin für dieses Geschenk, für solche Momente dankbar, so wie ich in den Zeiten dazwischen, wenn nichts geschieht, furchtbar niedergeschlagen sein kann. Aber schließlich werden die beiden Stränge zusammenfinden, ein Funke wird fliegen, und ich bin davon, schwebe, mein Ego ist fort. Ich kenne meinen Namen nicht mehr. Ich weiß nicht mehr, welche Zeit es ist. Dann bin ich Komponist.[40]

Bernstein ist also ebenfalls der Auffassung, daß das Wesen der Kreativität im Herstellen von Verbindungen liegt. Trifft dies zu, so können wir erwarten, daß diese Dimension der Kreativität sich auf jeder Stufe des schöpferischen Prozesses offenbart. Das läßt sich anhand der dreifachen Ausprägung dieses Prozesses, wie Arieti ihn beschreibt, untersuchen. Er unterscheidet drei Stufen der Kreativität:

Primärprozeß. Er ist charakterisiert durch «ein Bedürfnis nach Unordnung», er ist urteilsfrei und undiszipliniert oder, wie Freud es ausdrückt: Im Primärprozeß gibt es kein Nein, keine Verdrängung, keine Zensur. Im Primärprozeß spielen wir mit Bildern, mit Symbolen, mit den geistigen Ausdrucksformen unseres Innenlebens. Sie beziehen sich auf unsere Erinnerungen und auf Spuren vergangener Wahrnehmungen, auf subjektive Erfahrungen und Eindrücke. Bilder sind die «ersten Keime der Kreativität» und bringen etwas Neues ins Leben, vielleicht gerade deshalb, weil sie fehlerhaft sind und nur einen Teil der Wirklichkeit zeigen. Arieti zufolge sind Bilder selbst dynamisch und neigen dazu, Verbindungen herzustellen, denn sie «assoziieren sich sehr schnell mit anderen Bildern» und «sind ständig in Bewegung, in einem Zustand steten Werdens. Sie repräsentieren die unablässige Aktivität des menschlichen Geistes» und sind eine «Kraft der Transzendenz», die auszudrücken versucht, was noch nicht da ist.[41] Dieser Primärprozeß ist zuweilen als das Unterbewußte (Freud) bezeichnet worden, als die «psychische Wirklichkeit», als das «Vorbewußte», als «primitive Erkenntnis» oder als die Aktivität der rechten Hemisphäre des Gehirns. Er produziert, was Arieti «Endozepte» nennt (im Unterschied zu Konzepten), um die es in Träumen geht und mit denen drei- bis vierjährige Kinder am meisten vertraut sind. Endozepte bringen Intuition und Empathie hervor. Musik findet fast ausschließlich auf dieser Aktivitätsebene statt.

Sekundärprozeß. Der Sekundärprozeß entspricht der bewußten Erkenntnis oder der aristotelischen Logik. Er geht von der linken Hemisphäre des Gehirns aus in Form von Konzepten oder Ideen. Ein Konzept läßt Ideen mitteilbar werden, weil wir dadurch beschreiben, organisieren, vorhersagen und dennoch für weitere Einsichten offenbleiben können, für bisher Ungesagtes und noch nicht Vorgestelltes. Ein Konzept kann zu einem Ideal werden und auf diese Weise zu «einer unserer stärksten motivierenden Kräfte in der Kreativität»[42]. Wie der Primärprozeß unser Bedürfnis nach Chaos und Unordnung ausdrückt, so drückt der Sekundärprozeß unser Bedürfnis nach Ordnung aus. Im Sekundärprozeß wählen wir, entscheiden und bringen in unsere Vorstellungen Ordnung und Form.

Tertiärprozeß. Arieti postuliert noch einen Tertiärprozeß, der aus der Vermählung von Primär- und Sekundärprozeß im Akt der Kreativität besteht. Man könnte sagen, der Tertiärprozeß setze sich aus den beiden anderen Prozessen zusammen, sei jedoch mehr als die Summe seiner Teile. Im Tertiärprozeß findet das Schaffen oder die Kreativität im eigentlichen Sinne, in ihrer ganzen Fülle statt. Hier treffen sich rechte und linke Hemisphäre, Intuition und Kognition, Endozept und Konzept. Auf dieser Stufe wird der primitive archaische und primäre Prozeß mit der Logik der jeweiligen Kultur zu einer neuen Synthese gebracht, eine «magische Synthese» findet statt.

Das Herstellen von Verbindungen funktioniert also auf jeder Ebene des kreativen Prozesses anders. Auf der primären Ebene geschieht es hauptsächlich durch Verwendung von Bildern, auf der sekundären Ebene durch die Ablehnung einiger Verbindungen und die Bestätigung anderer – durch Auswählen und Ordnen – und auf der tertiären Ebene durch die Herstellung von unvorhergesehenen Verbindungen, an die andere wiederum anknüpfen können. Künstler nehmen sich selbst als solche wahr, wenn eine vierte Stufe erreicht wird und jemand zu ihnen sagt: «Was du geschaffen hast, hat für mich eine Bedeutung.» Auf diese Weise wird die ganze Energie wieder rückverbunden und der ursprüngliche Ruf des Künstlers verwirklicht, dem Universum auf dem Weg umgewandelter Materie Energie zurückzugeben. Die Lüge von Subjekt/Objekt, von Ich/Du, von wir/sie, von Materie/Geist wird durchbrochen. Offenbarung geschieht. Gott ist wir, und wir sind Gott. Ein Durchbruch. Eine Wahrheit. Eine Inkarnation, die zu unserer Heilung wird, Erlösung. Wir lernen Mitgefühl und werden an unsere Heiligkeit erinnert. Eine schöpferische Person ist also eine Herstellerin von Verbindungen, die diese Verbindungen zunächst auf einer fast unerreichbaren Bewußtseinsebene gesehen hat. Sie oder er hat gelernt, dieser Vision genügend zu vertrauen, um sie zu erforschen und auszudrücken. Kabir redet vom Schwingen – und der schöpferische Mensch lernt, zwischen zuvor unfaßbaren Realitäten zu schwingen:

> Zwischen das Bewußte und das Unbewußte
>   hat der Geist eine Schaukel gelegt:
> Alle Erdengeschöpfe, sogar die Supernovas,
>   schwingen zwischen diesen beiden Bäumen,
> und niemals kommen sie zur Ruhe ...
> Alles schwingt: Himmel, Erde, Wasser, Feuer,
> Und langsam formt das Geheime einen Körper.[43]

Kreativität hat die Fähigkeit zu schwingen zwischen Ordnung und Unordnung, Produktion und Leiden[44], Kunst und Leben, Kindheit und Erwachsensein, Vergangenheit und Zukunft, innerer und äußerer Freiheit[45], Etwas und Nichts, Schmerz und Lust, Leben und Tod, Kreuz und leerem Grab.

Die Kreativität ist dem Mitgefühl verwandt, weil es in beiden Prozessen um das Herstellen von Verbindungen geht. Deshalb gibt es kein Mitgefühl ohne Kreativität.

Kreativität, extrovertierte Meditation und Prophetie

Jede Meditation hat mit dem Herstellen von Verbindungen zu tun. Die introvertierte Meditation, die Reise nach innen, soll uns an bereits geschaffene Verbindungen erinnern, die wir vergessen haben, daran nämlich, daß Gott in uns ist. Das heißt, daß Gott nicht über uns ist oder jenseits von uns oder über uns schwebt oder entfernt von uns ist, sondern in uns. In einer Kultur der Objekte, der Dinge und der Selbstentfremdung ist das eine wichtige Einsicht.

Die Meditation als eine Reise nach innen, um Gott dort zu finden, kann jedoch auch überbetont werden, wie es im Westen häufig geschah. Eine solche introvertierte Meditation kann zu leicht manipuliert und vom Selbst und der Gesellschaft kontrolliert werden, so daß sie zu einer Flucht vor der Leidenschaft und einer Flucht vor dem Mitgefühl wird. Sie kann unsere Fähigkeiten, schöpferisch zu sein, vor allem unsere Fähigkeit, Mitgefühl zu erschaffen, mit anderen zu feiern und ihre Schmerzen zu lindern, sehr leicht erstarren lassen, und hat dies auch oft genug getan. Der übertriebene Einfluß des hl. Augustinus[46] oder von Descartes hat unsere Sprache und unser Denken so geprägt, daß die meisten Menschen bei «Meditation» ausschließlich an die introvertierte Meditation denken, die leider keineswegs fließend in Mitgefühl übergeht. Im Gegenteil, viele Menschen, die sich heute der introvertierten Meditation widmen, kommen einer Studie zufolge zwar Jesus näher, aber nicht Jesu Gebot, daß wir «einander lieben sollen».[47] Wenn introvertierte Meditation nicht zu mehr Liebe in der Welt führt, so entspricht sie nicht biblischen Ansprüchen. «Jahwe zu kennen heißt, Gerechtigkeit üben», betont der Prophet Jeremia, während die bloße Verwendung des Wortes «Gerechtigkeit» in manchen introvertierten Meditationsgruppen heutzutage nur ungläubige und erschreckte Blicke hervorruft. Der innere Friede, der in introvertierter Meditation gesucht wird, ist nur ein winziger Teil wahren christlichen Lebens. Denn Spiritualität soll ein Friede sein, der auf Gerechtigkeit basiert, die oft erst gestaltet werden muß – häufig gegen den Widerstand der Gesellschaft.

Es gibt auch eine andere Art von Meditation: die extrovertierte Meditation, die ihr Zentrum im Schöpferischen findet, in der Kommunikation mit dem Material – Töpferton, Musiknoten, Worte, Bewegungen. Das sind Vorgänge der Sammlung, und sie sind schöpferisch. Kreativität wird hier zur Meditationsform. In solch einer Meditation werden die Sinne nicht gezügelt oder niedergehalten, sondern auf eine organische Ganzheit hin orientiert. Die Transformation führt «durch die Sinne, durch die Farben des trokkenen und feuchten Lehms, die Empfindungen seines Gewichts, wenn er fest und hohl ist, den langen Gang durch das Feuer, die erfüllten Erwartungen und die Überraschungen, die schon zur nächsten Gestalt drängende Phantasie, die zerbrochenen Scherben und die zermahlenen Platten»[48]. Die Körperlichkeit der extrovertierten Meditation ist heilig, so heilig wie die Inkarnation selbst. «Inkarnation, Weiterverkörperung. Ist das nicht unser ganzes Streben? Das Weiterverkörpern unseres Lebenssinns? ... Das ist die Form: das Weiterverkörpern. Das Weiterverkörpern des lebenden Gefäßes in den Gestalten des Tons.»[49]

Ohne extrovertierte Meditation kann es keine wirkliche Spiritualität der Inkarnation geben.

Nur die extrovertierte Meditation führt zum Handeln und hat mit dem Handeln zu tun; nur sie allein führt direkt zum Mitgefühl. Der Reichtum der Einsamkeit, den wir kennenlernen, wenn wir in der Natur allein sind oder sogar wenn wir in einer überfüllten U-Bahn mit uns allein sind, trägt zum Mitgefühl bei. Aber solche introvertierte Meditationen führen ohne extrovertierte Meditation selten zum Feiern oder zur Linderung von Leid. Diese Erfahrungen setzen andere voraus. In der extrovertierten Meditation lernen wir, unseren tiefsten Einsichten über alte und neue Bilder zu vertrauen und dadurch aus diesen Bildern zu lernen. Sie werden unsere Lehrer. Der Krug preist nicht nur die Töpferin, sondern belehrt sie außerdem. Und auch diese Art des Lernens ist das Werk des Mitgefühls. In diesem Sinne können wir vom Mitgefühl als Meditation sprechen. Wo es um extrovertierte Meditation geht, das heißt kreative Meditation oder Meditation durch Kreativität, da ist Mitgefühl Meditation. Denn beim Mitgefühl geht es um das Gebären, um das Verkörpern von Gerechtigkeit, wo vorher keine war, um das Heilen, wo Schmerz war, um Ganzheit, wo nur Teile waren.

Der kreative Mensch als Prophet

Aufgrund der einzigartigen Beziehung zwischen Kreativität und Mitgefühl, zwischen dem künstlerischen Schaffen und dem Schaffen von Gerechtigkeit, gab es nie einen echten Propheten, der nicht auch Künstler war, nie eine echte Künstlerin, die nicht auch Prophetin war. Der Psychologe Claudio Naranjo betont, daß die extrovertierte Meditation der «Weg der Propheten» sei.[50] Wie ist das zu verstehen? Inwiefern leiten schöpferische Menschen eine neue Zukunft ein – denn das ist ja im Prinzip das, was das Prophetische ausmacht? Zum einen muß der Schöpfer lernen, einen Blick für das Leid einer Kultur zu entwickeln, denn das Leid ist der Nährboden neuer Symbole, neuer Bilder – einer neuen Zukunft. Introvertiert Meditierende nehmen die Bilder anderer, häufig jene der herrschenden Elite, wahr und vermischen sie. Extrovertiert Meditierende hören auf das eigene Selbst und schaffen neue Bilder von innen heraus. Dieses Gebären neuer Bilder ist die Arbeit aller schöpferischen Menschen. Es ist ein prophetisches Werk – und ein gefährliches.

Wie gefährlich? Freud hielt alle Künstler für politisch subversiv. Norman O. Brown sagt, «die Funktion der Kunst ist es, subversive Gruppen zu bilden, die sich gegen die Autorität des rationalen Prinzips auflehnen, das die Zivilisation auf Verdrängung gründet»[51]. Weil, mit anderen Worten, jeder Künstler sich auf den Primärprozeß einläßt, der dem Lustprinzip entspricht, ist jeder Künstler eine Bedrohung für die Rechts- und Ordnungsstruktur, für deren Sprache und für die Regierenden. Brown bemerkt, daß «die Kunst uns zum Kampf gegen die Verdrängung verführt»[52]. Das Künstlerische hat damit zu tun, Unbewußtes bewußt zu machen, den primären Prozeß zumindest ebenso wichtig werden zu lassen wie den sekundären, dem Kind Einfluß auf den Erwachsenen zu geben. Und der Künstler tut dies weniger durch konkrete politische Agitation, er «verführt» uns viel mehr durch Bilder, Worte und Töne, Neues zu sehen, zu denken und zu hören.

Alle Künstlerinnen und Künstler schaffen Sprache und zerstören deshalb auch Sprache. Da sie die ererbte Sprache einer Gesellschaft nicht akzeptieren, suchen sie nach alternativen Bildern, Symbolen und Ausdrücken. Auch das macht sie politisch subversiv, denn wenn man sich einmischt in die Art, wie die Menschen reden und träumen oder ihre Träume erzählen, dann eröffnet man ihnen neue Freiheiten jenseits der etablierten Sprachnormen. «Des Wortes Natur ist, daß es offenbart»[53], sagt Meister Eckhart. Kein Wunder, daß er vom Establishment seiner Zeit als Häretiker verdammt wurde. Denn es wollte mit der Sprache der damaligen Zeit verbergen. Der Künstler unterminiert mit jedem neuen Wort, jeder neuen Sprache, jeder neuen Vision bestehende Strukturen.

Der schöpferische Mensch unterliegt der Spannung zwischen Ordnung und Unordnung, Form und Chaos, sekundärem und primärem Prozeß und ist aus diesem Grunde in das Ringen um Liebesgerechtigkeit einbezogen, das alle Propheten charakterisiert. Dieses Zeichen der Kreuzigung begleitet die Propheten, die wie Jeremia verkünden: «Ich bin gekommen, aufzureißen und zu zerstören, zu pflanzen und wachsen zu lassen.» Zerstörung ist ein Teil der schöpferischen Erfahrung. So sagt Henry Miller: «Die Aufgabe, die der Künstler sich implizit setzt, besteht darin, die vorhandenen Werte zu negieren, das Chaos um sich herum in eine Ordnung zu bringen, die seine eigene ist, Zwietracht und Sauerteig zu säen, so daß durch die emotionale Befreiung die Toten zum Leben erweckt werden.«[54] Und Ernest Becker bemerkt, daß der schöpferische Mensch kollektive Lösungen ablehnt und eigene finden muß. Statt von der Unterdrückung unterdrückt zu werden, verarbeitet der Künstler sie, arbeitet mit ihr und verwandelt sie in seiner Kunst.[55] In diesem Sinne will ein Künstler, eine Künstlerin alles geben – bis hin zu dem Punkt da er/sie die Kunst losläßt, um aus seinem/ihrem Leben Kunst zu machen. Es ist eine Herausforderung, prophetisch zu sein, und darüber hinaus auch die Herausforderung *an alle Menschen, schöpferische Propheten im Sinne der Kreis-Dynamik zu sein.* Was bedeutet das? Becker drückt es so aus: «Der schöpferische Mensch wird in

Kunst, Literatur und Religion zum Vermittler des natürlichen Schreckens und zum Wegweiser einer neuen Art des Triumphs über ihn. Er enthüllt die Dunkelheit und den Horror des menschlichen Wesens und schafft eine diesen entsprechende neue symbolische Transzendenz. Das war die Funktion der kreativen Abweichler vom Schamanen bis zu Shakespeare.«[56]

Die Wiederentdeckung der biblischen Verfügung, daß wir alle Schöpferinnen und Schöpfer sind, die nach dem Bilde des Schöpfers gemacht sind (1. Mose 1,26), und daß wir alle Benennende und deshalb Symbolsuchende und Bilderschaffende sind (1. Mose 2,19f.), ist politisch subversiv. Sie bedeutet, daß wir alle in den Primärprozeß eintauchen müssen. Was am Primärprozeß ist politisch subversiv? Es sind die Bilder. Die Erfahrung unserer eigenen Bilder ist die erste Erfahrung von Prophetie: Es ist der erste Bruch mit unseren Eltern – ein Bruch, den Jesus von allen verlangt, die ihm folgen wollen. Sagt Jesus damit nicht, daß alle, die ihm nachfolgen, schöpferische Menschen sind, die ihrer Kraft des Bilderschaffens trauen? Bilder stellen den ersten Akt unserer Selbstbestätigung dar, unser erstes Nein! gegenüber der Passivität, unser erstes Nein! gegenüber Grenzen. Die Kraft des Benennens, von der die Genesis spricht, ist also auch die Kraft der Rebellion und Vorstellung von Alternativen. Das Verständnis der Kreativität als Prophetie macht auch erklärlich, warum in Diktaturen vor allem die Künstlerinnen und Künstler gefährlich leben. Bei uns läuft die ganze Sache «sauberer» ab – unbotmäßige Künstler werden nicht inhaftiert, sondern entweder vermarktet und damit politisch wirkungslos gemacht, oder von den Medien totgeschwiegen.

Mary Richards spricht von der innigen Beziehung zwischen extrovertierter Meditation und Mitgefühl und nennt diese Verbindung «moralische Phantasie». «Wir sind nicht immer in der Lage, die Liebe zu fühlen, die wir fühlen möchten. Wir können uns aber phantasievoll verhalten: Wir können uns vorstellen und schließlich schaffen, was noch nicht da ist. Das nenne ich moralische Phantasie.»[57] Moralische Phantasie ist auch die besondere Gabe eines jeden Propheten. Und ohne diese kann es kein Mitgefühl geben. «Aus der Fähigkeit des Kindes, sich etwas vorzustellen, erwächst die Fähigkeit der Erwachsenen zum Mitgefühl: die Fähigkeit, sich das Leben anderer vorzustellen, sich damit zu identifizieren. In der

Kunst der Politik gehört es zu den Fähigkeiten, sich andere Lebensweisen als die eigene vorzustellen.»[58] Die Lösungen für drängende moralisch-politische Probleme hängen von moralischer Phantasie ab, die jedoch nicht entsteht, indem wir im Lehnstuhl stitzen, sondern im Prozeß des Handelns und Tuns selbst. Das wissen alle extrovertiert Meditierenden: Die besten Einsichten erwachsen aus dem schöpferischen Akt. Extrovertierte Meditation läßt eine neue Art Kraft entstehen – nicht Unterdrückung (Sadismus) oder Unterwerfung (Masochismus), sondern eine Kraft des Miteinander. Und diese neue Art von Kraft kann als Mitgefühl bezeichnet werden. Es ist die Kraft, mit anderen zusammen Vorstellungen zu entwickeln und zu verwirklichen. Die Kunst gibt den Anstoß zu dieser neuen Art von Kraft in uns (das englische Wort für handwerkliche Künste ist *craft*).

Getreu dem Primärprozeß, der die Verbindung aller Erinnerungen und Erfahrungsspuren umfaßt, sind Künstlerinnen damit beschäftigt, «alles aufzunehmen» und Verbindungen herzustellen. Alles Schaffen von Gerechtigkeit und jedes Mitgefühl besteht im Herstellen von Verbindungen zwischen den Unterdrückten und den Unterdrückenden (die ebenfalls unterdrückt sind). Alle schöpferischen Menschen sind ständig damit beschäftigt, sich zu sensibilisieren, um richtig wahrzunehmen. Das kann auch bedeuten, unsere Lernfähigkeit dafür zu sensibilisieren, wo das wirkliche Leiden liegt. Es ist eine Erziehung zum Mitgefühl.

Extrovertierte Meditation oder Kreativität tut etwas. Sie träumt nicht nur und phantasiert nicht nur, sondern produziert. Auch Gerechtigkeit hat etwas mit Handeln zu tun, mit dem Schnitzen, Kneten, Tanzen oder Singen von Alternativen. Man übt Gerechtigkeit wie man tanzt oder töpfert – das heißt, man agiert. Und dieses Tun richtet sich nach außen, auf andere, auf die Gesellschaft – und genauso beschreibt Rabbi Heschel die Aufgabe des Propheten. Das Mitgefühl des Propheten ist «das Gegenteil emotionaler Vereinzelung ... Nicht bloße Gefühle, sondern Handlungen werden das Elend der Welt mindern, die soziale Ungerechtigkeit und die Entfremdung der Menschen von Gott.» Aus diesem Grunde waren die Propheten keine introvertiert Meditierenden und hatten «nicht die Gewohnheit, sich mit ihren privaten Erfahrungen aufzuhalten«.[59] Der Prophet wendet sich nicht nach innen, um dort Frieden und

Ruhe zu finden, denn er weiß, daß ein Friede ohne Gerechtigkeit eine Lüge und eine Verschleierung ist. Vielmehr wendet sich der Prophet nach außen, so betont Heschel, um Gott zu finden; und der Gott, den er findet, ist ein Verb und kein Substantiv. «Der Prophet begegnet nicht seinem eigenen Glauben. Er begegnet Gott. Den lebendigen Gott zu spüren heißt, unendliche Güte zu spüren, unendliche Weisheit, unendliche Schönheit. Eine solche Wahrnehmung ist eine Wahrnehmung der Freude.«[60] Es ist Ekstase, der Anfang aller prophetischen und mitfühlenden Spiritualität, wie ich in einer früheren Arbeit *(Whee! We, wee . . .)* gezeigt habe. Der Prophet ist nicht damit beschäftigt, Gefühle oder Kräfte zu verdrängen oder zu unterdrücken, sondern vollzieht, was Richards als «eine Art Weihe der Leidenschaft» bezeichnet. Dem Mitgefühl des Propheten ist die Askese fremd, wie sie auch der künstlerischen Arbeit fremd ist. Heschel stellt fest: «Askese war nicht das Ideal des biblischen Menschen. Die Quelle des Bösen liegt nicht in der Leidenschaft, nicht im klopfenden Herzen, sondern in der Härte des Herzens, in der Gefühllosigkeit und Unsensibilität.» Künstler und Prophetinnen erwecken vielmehr unsere Leidenschaften, denn «wir werden von ihrer Leidenschaft und ihrer belebenden Phantasie aufgerüttelt . . . Die Propheten sprechen eher zur Phantasie und zu den Leidenschaften als zum kühlen Verstand.»[61] Wie der Künstler soll der Prophet die Menschen wachrütteln; und die Bilder, die ein Prophet, eine Prophetin wählt, «dürfen nicht leuchten, sie müssen brennen». Sie sind weniger gedacht «zu erbauen, als vielmehr zu schockieren», meint Heschel.[62] Das göttliche Wort, zu dem der Prophet die Menschen zurückruft, ist kein Substantiv, sondern ein Verb. Liebesgerechtigkeit ist sein Name. Kreativität ist sein Name. Mitgefühl und Schaffen des Mitgefühls sind seine Namen.

Zusammenfassung

Wir haben in diesem Kapitel gesehen, daß die Kreativität eine nichtelitäre Lebensweise ist, eine Art zu gebären, zu schaffen, wer auch immer wir sind und wo auch immer wir sind. Insofern gehören Kreativität und Mitgefühl als Lebensweise und Spiritualität der gleichen Familie an. Wir haben das leere Grab erkundet und sind auf die Wunder gestoßen, die jene erwarten, die eine solche Forschungsreise wagen. Wir haben einige der grundlegenden Ängste aufgeführt, die uns davon abhalten, das Grab zu betreten, um einen reiferen, göttlicheren Blick zu gewinnen. Dominierend unter diesen könnten die Schuldgefühle sein. Gerade die geistigen Traditionen, etwa des Judentums oder der Lehren Jesu, fordern uns auf, uns solcher Schuldgefühle zu entledigen, Vergebung zu finden und deshalb schöpferisch zu sein. Auf diesem Weg führen wir die Erkundung des leeren Grabes fort, wo unsere göttlichen Ursprünge *(imago dei)* wohnen und wo unser Raum zum Schaffen, zum Gebären ist – unser Mutterleib. Wir haben mit Arieti entdeckt, wie sehr alle Stufen der Kreativität, einschließlich der physiologischen, nach Verbindungen drängen. Dieser intensive Beziehungsimpetus entspricht auffallend dem Wesen des Mitgefühls. Denn Kreativität *tut* (Herstellen von Verbindungen), was das Mitgefühl *ist* (die Erkenntnis der Verbundenheit aller Dinge). So eng sind Mitgefühl und Kreativität verbunden: Man kann das eine nicht ohne das andere erlangen. Wir haben außerdem gesehen, inwieweit unser schöpferisches Mitgefühl die Fortführung der göttlichen Schöpfung ist. Und schließlich sind wir auf die verlorene Meditationsüberlieferung des Westens gestoßen, die Meditation als Schaffen versteht und deren Name extrovertierte Meditation ist. Eine Rückkehr zur extrovertierten Meditation wird unsere wilde Flucht vor dem Mitgefühl beenden, unsere Flucht in Oberflächlichkeit und Langeweile. Denn Schaffen bedeutet, Wunder und Heilung hervorzubringen.

5 Wissenschaft, Natur und Mitgefühl

Von einem mechanistisch-fragmentarischen Universum zu einem organischen Universum wechselseitiger Abhängigkeit

Wir haben nun genug gelernt über die Prinzipien, um auf eine wirklich neue, vollständigere und erwachsenere Weise mit dem Universum umzugehen. Und für alle Zeiten die Idee abzuschaffen, daß menschliche Wesen darum kämpfen müssen, wer zum Überleben am tauglichsten ist.[1]

Buckminster Fuller

Die Wissenschaft, oder was eine Kultur und Generation dafür hält, ist ein mächtiges Instrument, um Mitgefühl entweder zu ermutigen oder zu entmutigen. Das gilt besonders für den Bereich der Physik, denn sie bestimmt die Kosmologie einer Gesellschaft und ihre Vorstellungen von der äußeren Wirklichkeit. Die Physik ist so grundlegend, daß nicht nur die Naturwissenschaften davon abhängen, sondern daß auch die Psychologie, die Metaphysik, die Theologie, die Kunst, die Wirtschaft, die Pädagogik und die Technik sich auf eine bestimmte physikalische Sicht der Welt stützen. Wenn die Physik eine tiefgehende Wandlung durchläuft, wie es in unserem Jahrhundert der Fall ist, so geraten auch alle anderen Zweige des menschlichen Wissens in eine Krise. Wenn die Menschen darauf schöpferisch reagieren, muß eine solche Krise durchaus keine negative Erfahrung sein. Denn wie wir bereits gesehen haben, ist es der Schöpfer, die Schöpferin in uns, die das Chaos mit der geheimen Gewißheit zu erkunden wagen, daß darin eine Ordnung gefunden oder hervorgerufen werden kann. Denn das Chaos ist viel eher der

Anfang einer neuen Ordnung als die Apokalypse aller Ordnung. Der Name, den ich dieser neuen Ordnung gebe und der im Mittelpunkt dieses Buches steht, ist *Mitgefühl.* Mitgefühl aber beruht, woran Thomas Merton uns erinnert, «auf dem klaren Bewußtsein der wechselseitigen Abhängigkeit aller Lebewesen, die alle Teil voneinander sind und in Beziehung miteinander stehen». Hat die Entwicklung in der Wissenschaft in diesem Jahrhundert uns ein *klares Bewußtsein* davon verschafft, daß alle Wesen wechselseitig voneinander abhängen? Wie viele Denker unserer Zeit glaube ich, daß die Physik und vor allem die Biowissenschaften uns heute Wahrheiten eröffnen, die ebenso mystisch wie wissenschaftlich sind, ebenso mitfühlend wie nützlich. Wer in diesen Tagen an Spiritualität interessiert ist, hat den Lehren der Wissenschaft über das Universum, über unseren Planeten und über die Verbundenheit aller Dinge viel zu verdanken. Deshalb möchte ich in diesem Kapitel auf fünf Aspekte der wichtigen Verbindung (da ist das Wort schon wieder!) zwischen Mitgefühl und Wissenschaft eingehen: erstens, Physik und Mitgefühl; zweitens, Biowissenschaften und Mitgefühl; drittens und viertens, Tiere und Mitgefühl, einschließlich ihrer Rolle als spirituelle Führer für uns; und schließlich die Verknüpfung von Erde, Erdverbundenheit und Mitgefühl.

Physik und Mitgefühl

Wir können Albert Einstein durchaus als den Wissenschaftler des Mitgefühls bezeichnen. Er besaß die Barmherzigkeit, uns alle von den Newtonschen Mechanismen zu befreien, uns für das Mitgefühl zu befreien. Er gab uns die Freiheit wieder, die Welt als Ganzes zu sehen, statt als unabhängige Teile in einer im wesentlichen statischen und absolutistischen Maschine. Er befreite uns vom wissenschaftlichen Dogmatismus, der den kirchlichen Dogmatismus am oberen Ende der intellekutellen Leiter der Gesellschaft abgelöst hatte. Er gab uns damit die Freiheit, wieder bescheiden zu sein. Bescheiden genug, die *Relativität* all unseres Wissens und all unserer Modelle des Universums und der Universen, der Mikro- und Makrokosmen zu erkennen, von denen wir ein Teil sind. Er befreite uns vom Absolutismus, indem er zeigte, daß die mathematischen Gesetze, sofern sie sich auf die Wirklichkeit beziehen, nicht genau sind; und wenn sie genau sind, sich nicht auf die Wirklichkeit beziehen.[2] Die Wirklichkeit ist größer als wir – was für eine Erleichterung, dies zu wissen! Indem er uns vom mechanistischen Determinismus befreite, gab er uns die Freiheit zum Mitfühlen wieder. Die moderne Physik, die wir Einstein verdanken, befreit uns vor allem in vier Bereichen zum Mitfühlen; und ein fünfter Bereich geht über Einstein hinaus.

Verknüpfungen

Die klassische Physik beruhte auf der kartesischen Unterscheidung zwischen dem Denken (Subjekt oder *res cogitans*) und dem äußeren Objekt *(res extensa)*. Diese Unterscheidung gestattete es den Wissenschaftlern, die Materie als Objekt(e) zu behandeln. Die Bausteine aller Materie, die Atome, wurden als feste, kleinste Gegenstände begriffen, die von äußeren Kräften herumgestoßen und bewegt werden, von denen die wichtigste die Schwerkraft war. Die einzelnen, voneinander getrennten Teile der Materie verhielten sich wie Bestandteile einer Maschine. Im wesentlichen war die Materie tot und träge, wie Billardbälle es sind oder zu sein scheinen. Diese mechanistische Weltanschauung Newtons, Grundlage der zügigen technischen Entwicklung – des sogenannten «Maschinenzeitalters» – ist zwar auf vielen Gebieten nützlich und wird auch vor allem in den Bereichen der angewandten Wissenschaften weiterhin nützlich sein, doch hat sie erheblich zu der dämonischen Situation beigetragen, die wir in Kapitel 3 als Dualismus identifiziert haben. Sie hat uns gelehrt, uns die ganze Wirklichkeit dualistisch vorzustellen, einschließlich unser selbst und unseres Körpers, unseres Geistes, unserer Träume, unserer Zeit, Masse und Energie – *ad infinitum* könnte man sagen.

Einstein bietet uns eine bessere Möglichkeit an, den Kosmos und unseren Ort (Raum) darin zu sehen. Es ist der Weg der Verknüpfungen, der zu organischem Denken und ganzheitlichem Bewußtsein führt, worin das Universum als ein harmonischer Prozeß begriffen wird, der in sich grundlegend vernetzt ist. Er besteht aus Geweben und Mustern, die Galaxien und Sterne, Planeten und Meere, Bäume und Vögel, Kristalle, Moleküle und Atome einschließen, so daß wir nicht eines dieser Muster von den übrigen trennen können, ohne sie zu zerstören. Sowohl organische als auch sogenannte anorganische Materie gehören zu diesen Mustern und können nur in wechselseitiger Verbundenheit existieren. «Im Sinne der «Realitätstheorie ist der Raum nicht dreidimensional, und die Zeit ist keine selbständige Einheit. Beide hängen eng zusammen und bilden ein vierdimensionales Kontinuum, die Raum-Zeit. In der Relativitätstheorie können wir daher nie vom Raum sprechen, ohne die Zeit einzubeziehen, und umgekehrt.»[3] In der Relativitätstheorie werden also auch Raum und Zeit wechselseitig voneinander abhängig. Das ist der Durchbruch für ein mitfühlendes Bewußtsein, denn Raum und Zeit sind Grundkategorien unserer Vorstellungsfähigkeit. (Versuchen Sie sich irgend etwas vorzustellen, das nicht in Zeit und Raum ist, und Sie verstehen sofort, wie fundamental unsere mechanistischen Vorurteile hinsichtlich dieser Kategorien durch Einstein erschüttert wurden.)

Was setzte Einstein an die Stelle stabiler, isolierter Materieteilchen? «Wellenartige Wahrscheinlichkeitsbilder», die letztlich «nicht die Wahrscheinlichkeit von Dingen, sondern von Zusammenhängen darstellen». Wechselseitige Verbundenheit, der Schlüssel zu allem Mitgefühl, liegt also im Kern allen Daseins:

> Eine sorgfältige Analyse der Beobachtungsprozesse in der Atomphysik zeigte, daß subatomare Teilchen keine Bedeutung als isolierte Gebilde haben, sondern nur als Zusammenhang zwischen der Vorbereitung eines Experiments und der darauffolgenden Messung zu verstehen sind.
> Die Quantentheorie enthüllt somit die grundsätzliche Verbundenheit des Universums. Sie zeigt, daß wir die Welt nicht in unabhängige kleinste Teilchen zerlegen können. Wenn wir in die Materie eindringen, zeigt uns die Natur keine isolierten «Grundbausteine», sondern erscheint eher als ein kompliziertes Gewebe von Zusammenhängen zwischen den verschiedenen Teilen des Ganzen.[4]

Wir sehen also, daß die Materie selbst das Grundgesetz des Mitgefühls enthält: wechselseitige Abhängigkeit. Und dieses Gesetz ist so fundamental, daß die subatomaren Teilchen als isolierte Dinge überhaupt keine Bedeutung haben. Beziehung ist das Gesetz aller Materie.

Was ich als Grundgesetz des Mitgefühls bezeichne, gilt für die Makrowelt des Universums ebenso wie für die Mikrowelt der Atome. So schreibt Capra: «Die neue Weltanschauung betrachtet das Universum als dynamisches Gewebe zusammenhängender Vorgänge. Keine der Eigenschaften irgendeines Teils dieses Gewebes ist fundamental, sie alle ergeben sich aus den Eigenschaften der anderen Teile, und die Gesamtübereinstimmung der gegenseitigen Wechselbeziehungen bestimmt die Struktur des ganzen Gewebes.»[5] Wir sind vernetzt, alle Mitglieder eines Netzes, mit einem Netz vermählt. Verknüpfungen. Alle natürlichen Phänomene seien letztlich miteinander verknüpft, sagt Capra. Indem wir diese Tatsache über das physikalische Universum lernen und uns daran anpassen, werden wir frei für das Mitgefühl.

Mit Einstein ist unsere wissenschaftliche Weltsicht zu einem Bewußtsein der Verbundenheit geworden. Da gibt es zum Beispiel das Bewußtsein der Verbundenheit zwischen Schwingung und Sichtbarkeit, zwischen Farbe und menschlicher Stimmung und physiologischen Veränderungen des Körpers, zwischen Strahlung und biologischen Prozessen auf der Erde, zwischen Musik und dem Wachstum von Getreide, zwischen Chemie und Bewußtsein, zwischen einzelnen Zellen und der chemischen Zusammensetzung des ganzen Individuums, zwischen Materie und Geist. Diese Bewußtseinsrevolution ist wie eine Offenbarung, denn sie entspricht auf verblüffende Weise den Überzeugungen der Mystiker – ungeachtet geographischer, kultureller und historischer Begrenzungen. Dieser wechselseitigen Verbundenheit von Wissenschaft und Spiritualität entspringt eine neue Energie, die Lawrence Blair so beschreibt: «Das Schisma zwischen den beiden Welten der Wissenschaft und der Religion beginnt zu heilen und zu einem einzigen majestätischen Fluß der Vision zu verschmelzen.»[6]

Materie ist ein Verb, kein Substantiv

Abgesehen davon, daß Einstein uns für das Mitgefühl befreite, indem er uns die Verbundenheit allen Daseins sehen ließ, verblüfft er uns außerdem, indem er zeigt, daß Materie ein Verb und kein Substantiv ist. «Masse ist nichts als eine Energieform. Selbst ein ruhendes Objekt enthält in seiner Masse Energie»[7], erklärt Capra – die Materie ist nicht annähernd so tot, dumpf und träge, wie die Menschen angenommen haben. Ich hörte einmal einen Töpfer sagen, daß der Ton, sein geliebtes Arbeitsmaterial, «lebendig» sei. Meinte er das nur metaphorisch?

In der Schöpfung gibt es nicht so etwas wie «Dinge», «Objekte» oder «Substanzen». Nur Prozesse, Aktivitäten und Beziehungen treten ins Dasein und geben Form und anscheinende Substanz. «Die Relativitätstheorie zeigte nun, daß Masse keineswegs eine Substanz, sondern eine Energieform ist. Energie ist aber eine dynamische, mit Aktivität oder einem Vorgang assoziierte Größe ... Das Teilchen kann nicht länger als statisches Objekt gesehen werden, sondern als dynamische Struktur, als Prozeß der Energie, die sich als Masse des Teilchens manifestiert.»[8] Die Basis aller Wirklichkeit ist, wie die Basis des Mitgefühls, ein Verb und eine Handlung. Es ist eine Handlung innerhalb eines Musters, das wir auf der Ebene des Mitgefühls als Liebesgerechtigkeit bezeichnet haben. Auch auf der subatomaren Daseinsebene gibt es keine undurchdringlichen harten Individualisten, keine kaltherzigen, unbewegten Beweger oder stoische, solipsistische Einzelgänger. Statt dessen zeigt uns die hochenergetische Streuung der jüngsten physikalischen Experimente die «dynamische und ständig wechselnde Natur der Teilchen», in welcher Materie «völlig wandelbar» ist. «Alle Teilchen können in andere Teilchen umgewandelt werden; sie können aus Energie entstehen und zu Energie zerfallen. In dieser Welt haben klassische Begriffe wie Elementarteilchen, materielle Substanz oder isoliertes Objekt ihre Bedeutung verloren. Das ganze Universum erscheint als dynamisches Gewebe von untrennbaren Energiestrukturen.»[9]

Blair sieht einen Übergang von einer «kalten» Kosmologie des Determinismus zu Energie oder Vibration, «einem Wort, das sich von *vibrare* ableitet, teilen oder bewegen». Wie das Leben selbst, sorgt dieser Prozeß für «den ständigen Fluß und die Regeneration von allem, von den galaktischen Nebeln bis zu den Kieseln am Strand». Die Symbole aus dem Universum um uns und in uns sind «nicht bloß abstrakte Ideen, sondern Chiffren der Schwingungsmusik, die uns alle verknüpft. Für jene, deren Gefühle zutiefst lebendig sind, erzeugen die Formen eines Schneekristalls oder die Mandala-Gesichter einer Blume Resonanz im Innern, die Harmonie erweckt.»[10] Das Ästhetische weckt uns auf und erinnert uns an unsere harmonische Verbindung mit aller Schönheit um uns herum. Jede Materie, ob wir sie nun als lebendig oder tot bezeichnen, strahlt Energie aus.

Die Physik erinnert uns an das, was uns mitfühlende Menschen wie Jesus oder Hosea oder Buddha lehren wollten: daß auch Menschen Verben und keine Substantive sind. Daß wir fühlen, das Leid anderer lindern und feiern. Und daß diese Lebensweise sich in wahrer Harmonie mit dem Selbst, mit anderen und dem Kosmos befindet. Und daß diese kosmische Verbundenheit, obwohl sie einige mitgefühlslose und substantivische Menschen bedroht, die einzige langfristige lebensfähige menschliche Energie ist. Sie allein läßt auferstehen und verleiht neue Energie. Der Name für Menschen ist dann auch ein Verb: Liebende, Mitfühlend-Handelnde, Gerechtigkeit-Schaffende. Darin liegt unser Friede mit dem Universum, der jedoch nicht statisch ist, weil nichts im Universum statisch ist. Es ist ein bewegter Friede, ein Friede der Bewegung, die wir Gerechtigkeit nennen. Diese wiederum sorgt für eine Menge Aufregung, wie jede Energie. In dieser Hinsicht war Einstein seinem hebräischen und biblischen Erbe treu und ließ die hellenistischen Axiome eines Newton und Descartes hinter sich. Für die Griechen ist das Sein am meisten Sein, wenn es ewig ruht. Für die Juden ist das Sein in ständiger Bewegung.[11] Gott ist aktiv, nicht passiv. Und nun erklärt uns Einstein, daß auch die Materie aktiv und nicht passiv ist. Die wahre menschliche Energie können wir also Mitgefühl nennen. «Dies ist mein Gebot», sagte Jesus, «daß ihr einander liebt.»

Paradoxes, dialektisches und relatives Wissen

Ein weiterer Beitrag Einsteins und der zeitgenössischen Physik zur Kultur des Mitgefühls besteht in ihrer Ablehnung des Subjekt/Objekt-Dualismus und damit des Mythos einer absoluten Objektivität, dem die wissenschaftliche Welt nach Newton und Descartes erlegen war. Dabei geht es in gewisser Hinsicht darum klarzustellen, wie die Dinge sind und was wir über sie wissen. Für die Wissenschaft nach Descartes galt als Maxime, man könne die Wirklichkeit analysieren ohne Berücksichtigung des Beobachters selbst. Einstein zerstörte diesen Mythos und offenbarte die gewaltige Subjektivität und Relativität all unseren Tuns, Vorstellens und Denkens. Relativität – der Schlüssel zum Mitgefühl und zu der Fähigkeit, eine Beziehung zu größerem oder anderem Leiden als unserem eigenen herzustellen – ist auch der Schlüssel zu allem Nachdenken über Bewegung, Materie und Energie im Universum. Relativität bedeutet keinen Verlust des Absoluten oder seines Gegenteils (denn das Absolute hat kein Gegenteil), es bedeutet vielmehr die wechselseitige Verbundenheit aller Dinge. Die Physik postuliert die Relativiät, weil das denkende Subjekt selbst Teil des Raum-Zeit-Netzes ist, des Lichts und der Bewegung aller Dinge, über die es nachsinnt. Das gleiche gilt für das Mitgefühl.

Die Forschungen der Quantentheorie enthüllten noch mehr über die Relativität und Absolutheit in der Natur. Man entdeckte, daß die subatomare Welt selbst voller Paradoxien, voller Dialektik und Einheit der Gegensätze ist.

> Jedesmal, wenn die Physiker mit einem atomaren Experiment der Natur eine Frage stellten, antwortete die Natur mit einem Paradox, und je mehr sie die Lage zu klären versuchten, desto größer wurden die Paradoxa. Sie brauchten lange, um die Tatsache zu akzeptieren, daß diese Paradoxa zur inneren Struktur der Atomphysik gehören, und um festzustellen, daß sie immer auftreten, wenn man versucht, atomare Vorgänge mit den traditionellen Begriffen der Physik zu beschreiben.[12]

Das für die aristotelische Logik so fundamentale Gesetz des Widerspruchs scheint nicht zu gelten, wenn wir die Grundlagen der Wirklichkeit erforschen. Im Gegensatz zum Denken seiner Zeit verstand Einstein das Licht als Welle *und* Teilchen. Ein solches Sowohl-als-auch-Denken ist dialektisch; und seine Behauptung verlangte ein neues Verständnis von Wellen und Teilchen. Seine Hypothese, daß die Raum-Zeit-Krümmung den Gesetzen der euklidischen Geometrie widerspricht, ist nicht mehr absolut, wenn Raum und Zeit nicht absolut sind. Damit befinden wir uns an der Schwelle des dialektischen und paradoxen Denkens. Das paradoxe und dialektische Bewußtsein ist aber auch die Grundlage allen mitfühlenden Bewußtseins, denn welche Logik könnte für uns ableiten oder demonstrieren, daß die Linderung des Leidens anderer Linderung des Leidens Gottes bedeutet? Oder begründen, warum Gott eine Art Mensch wurde? Solche Umkehrungen könnten grundlegender für die Wirkungsweise von Energie sein, als wir uns je vorgestellt haben. Lernen, in Harmonie zu leben, bedeutet, unseren Sinn für Humor zu entwickeln, wie wir auch die Wahrheit des Leids im Universum durch das Leid unseres Nächsten erfahren.

Die Grundkraft der subatomaren Welt ist die elektrische Anziehungskraft zwischen positiv geladenen Kern und negativ geladenen Elektronen des Atoms. Wir sehen daran, daß Harmonie kein ausbalanciertes Gleichgewicht bedeutet, sondern eine vibrierende polare Energie, die alle andere Energie weiterdrängt. Dialektik wird zur Grundlage aller Wirklichkeit. «Dieses Zusammenwirken von Elektronen und Atomkern ist somit die Grundlage aller Gase, Flüssigkeiten und Festkörper, auch aller lebenden Organismen und aller damit zusammenhängenden biologischen Prozesse.»[13] Wir müssen dialektisch denken, weil wir tatsächlich dialektisch *sind*, von unseren Atomen bis zu unseren Träumen und allen Räumen dazwischen.

Das organische Universum

Indem wir die Vernetzung aller Materie erkennen – und natürlich die Konvertibilität von Energie und Materie –, indem wir feststellen, daß Materie ein Verb und kein Substantiv, keine Substanz ist, indem uns klar wird, daß das wahre Wissen über die Materie wie die Materie selbst paradox, dialektisch und relativ ist, erlangen wir wieder ein Bewußtsein vom Universum als einem Ganzen. Das mechanistische Univerum ist durch ein organisches ersetzt worden.

In einem organischen Universum ist das Feiern in grundlegendem Sinne, das Fließenlassen von Energie, ebenso elementar wie beim Mitgefühl. Capra schreibt: «Die moderne Physik hat uns gezeigt, daß Bewunderung und Rhythmus wesentliche Eigenschaften der Materie sind; daß alle Materie, sei es hier auf der Erde oder im Weltraum, an einem ständigen kosmischen Tanz teilnimmt.»[14] Und er bekennt, daß es, eines Tages am Meer, eine wundervolle Erfahrung war, als «ich mir plötzlich meiner Umgebung als Teil eines gigantischen kosmischen Tanzes bewußt wurde», eine geradezu mystische Erfahrung, die ihn zur Erforschung der Beziehung zwischen Physik und Spiritualität drängte:

Ich «sah» förmlich, wie aus dem Weltraum Energie in Kaskaden herabkam und ihre Teilchen rhythmisch erzeugt und zerstört wurden. Ich «sah» die Atome der Elemente und die meines Körpers als Teil dieses kosmischen Energie-Tanzes; ich fühlte seinen Rhythmus und «hörte» seinen Klang, und in diesem Augenblick wußte ich, daß dies der Tanz Shivas war, des Gottes der Tänzer, den die Hindus verehren.»[15]

Ich fragte Dr. Capra einmal, was denn andere Physiker von seinen Schriften über die Verbindung von Physik und Mystik dächten. Zunächst gab es, so sagte er, einige Skepsis unter ihnen. Auf seinen vielen Reisen habe er aber festgestellt, daß «wenigstens die Hälfte der Physiker in unserem Lande sich wegen der Mystik, die darin liegt, mit Physik beschäftigen». «Das würde ja bedeuten», meinte ich, «daß die Prozentzahl der Mystiker unter den Physikern heutzutage größer ist als unter Priestern oder Geistlichen . . .»

Ja, Wissenschaft und Spiritualität begegnen sich. Und ihre Begegnungsstätte können wir durchaus als Mitgefühl bezeichnen. Denn solange die Mechanik in der Wissenschaft die letzte Erklärung bot, konnte es keinen Raum geben für gegenseitiges Durchdringen oder Mitleiden, für Feiern oder Zusammenarbeiten. Eine solche Wissenschaft verkündet laut ihre «Wertfreiheit», je lauter sie das aber tut, um so mißtrauischer wird man. Denn hinter allen Fakten stehen Werte und Positionen, wie Einstein betonte. Dieses universelle Gesetz zu ignorieren bedeutet, «die Wissenschaft effektiv in den Dienst der Macht zu stellen, die die Werte definiert, denen die Wissenschaft dient», wie William Eckhardt warnt. Wissenschaft etabliert sich so als Lakai der Leitermächte. «Es gibt keine wertfreien Fakten. Infolgedessen ist eine wertfreie Wissenschaft bestenfalls naiv, schlimmstenfalls betrügerisch und widerspricht sich selbst.»[16] Aus diesem Grunde stellten Wissenschaftler, die die Einsteinsche Revolution und Offenbarung im Denken noch nicht nachvollzogen haben, eine Bedrohung für die Menschheit und die Kosmologie dar, denn, wie Eckhardt aufgrund seiner empirischen Studien feststellt: «Das Mitgefühl hatte in der konventionellen Wissenschaft, wie sie in unserer heutigen Kultur begriffen und praktiziert wurde, keinen Bestand.»[17] Einstein selbst zögerte nicht, die moralischen Implikationen seiner Theorien mitzubedenken[18], obwohl andere Mitglieder der wissenschaftlichen Gemeinschaft ihn deshalb für exzentrisch und «mystisch» hielten.

Max Scheler kritisiert den kartesischen Einfluß auf die Vorstellung vom Mitgefühl und weist darauf hin, daß «die Aufhebung der organologischen Weltansicht in jedem Verstande durch den Siegeszug der mechanischen Weltphilosophie und der Naturwissenschaften alle Einsfühlung zu Täuschungen macht . . ., so daß schließlich nur eine neu entstehende Sympathieform übrigbleibt: die *Humanität* oder die *allgemeine Menschenliebe* auf dem Boden eines wesentlich gesellschaftlichen Daseins des Menschen (isoliert von Gott und Natur).»[19] Statt eines wolkigen Humanismus, wie Distanz und Objektivität ihn diktieren, schlägt die neue Physik ein physikalisch begründetes *Eigeninteresse* als Basis der Moral vor, denn was anderen zustößt, stößt uns allen zu. Oder, wie es im Bewußtsein Jesu heißt, lieben wir andere tatsächlich so, wie wir uns selbst lieben. In der Welt ihrer isolierten Dinge wurde das Mitgefühl für Newton oder Descartes zu einem unmöglichen Wert. Eine Erfahrung der Einheit des Universums, wie Capra sie bezeugt, ist ein essentieller Bestandteil einer Spiritualität des Mitgefühls. Auch Scheler fordert eine solche Einheit: «Darum müssen wir – pädagogisch – die kosmovitale Einsfühlung an erster Stelle geradezu wiederentwickeln und sie aus ihrem Schlafzustande im abendländischen Menschen des kapitalistischen Gesellschaftsgeistes (mit dem ihm wesensmäßig gehörigen Weltbild eines Alls bewegbarer Quantitäten) aufs neue erwecken.»[20] Genau dieses von Einstein initiierte Bewußtsein des Kosmos als eines Organismus liegt einem mitfühlenden Bewußtsein zugrunde. «Kosmisches Einsgefühl kann es wesensmäßig nur geben, wenn in der Intention der Welt-Anschauung die Welt als Ganzheit, als ein *Allorganismus* gegeben ist, den ein Leben durchrinnt: also im Falle einer organologischen Weltansicht.»[21] Scheler hält es für ein Charakteristikum des westlichen Denkens, daß wir in den vergangenen mechanistischen Jahrhunderten diesem organischen Denken entflohen sind.

Materie, Energie und Bewußtsein: über Einstein hinaus

Einstein verdanken wir die Rückkehr zu einem organischen, holistischen und beweglichen Denken über das Universum, weil es die

Lichtgeschwindigkeit als absolut voraussetzte. Innovative Denker von heute gehen auch über dieses Absolute hinaus und stellen die unausweichliche Frage: Können wir eine Wirklichkeit erkennen, die jenseits der Lichtgeschwindigkeit liegt? Ist es diese Geschwindigkeit, die die Materie vom Bewußtsein unterscheidet? Es wird angenommen, daß in einem tiefen meditativen Zustand, Zeit und Bewegung aufgehoben sind. Wenn die als Liebe bezeichnete Energie überwiegt, werden Raum und Zeit überwunden. Die Physik steht an der Schwelle, neue kosmische Bewußtseinsausblicke zu eröffnen.

Wir kennen heute hundert Milliarden Sterne in unserer Galaxie und haben bis jetzt Kontakt zu einer Milliarde anderer Galaxien. Und doch könnte es sein, meint Itzhak Bentov, daß diese mehr als eine Milliarde Galaxien, die wir unser Universum nennen, nur «eine winzige Zelle in einer viel größeren Struktur» sind und daß auch jenes «größere System wiederum nur eine Zelle eines noch größeren ist» usw.[22] Wir kennen die Grenzen nicht; aber die Tatsache, daß wir wissen können, daß es vielleicht keine vorstellbaren Grenzen gibt, weist auf unsere eigene Grenzenlosigkeit hin. In gewisser Hinsicht sind wir raumlos und zeitlos und voller Bewegung und Energie, die sich in unzähligen Möglichkeiten wandelt wie das Universum selbst. Wir können schneller reisen als das Licht, obwohl unsere Sinne es nicht können. Wer wagt es noch zu sagen, wo die Materie endet und die Energie beginnt? Oder wo die Materie endet und das Bewußtsein beginnt? Nur jene, die niemals schneller als das Licht gereist sind – mit anderen Worten, die niemals geliebt oder eine Einsicht gewonnen haben.

Eine andere provokative Annahme, die sich beim derzeitigen Forschungsstand weder beweisen noch widerlegen läßt, betrifft jene große unbekannte Kraft, die ganze Ozeane und Städte bewegen kann, über die wir aber noch sehr wenig wissen. Ich meine natürlich die Schwerkraft. Interessanterweise spricht man von der «Anziehungskraft zwischen Mond und Erde», die Ebbe und Flut bedingt, und ebenso von Menschen, die «einander anziehen», oder daß ein gewisser Lebensstil uns anzieht. Unsere Sprache legt also eine verborgene Verbindung von Liebe oder des Mitgefühls nahe, die uns im Universum verwurzelt oder dort hält. Bentov stellt diese Frage noch faszinierender. Er betont, daß die Liebe eine Energie sei und nicht nur die Emotion, auf die wir sie reduziert haben, und meint: «Das, was wir Liebe nennen, ist daher eine Energie oder Strahlung, die den ganzen Kosmos durchdringt. Möglicherweise ist sie die Grundlage dessen, was wir als das Phänomen der Gravitation kennen.»[23] Wird das Mitgefühl zur Grundkraft des Universums? Geistige Lehrer in Ost und West haben genau das ständig behauptet: daß es der Sinn des Lebens sei, zu einer Energie namens Liebe zu werden.

In der Frage, wie wir die anscheinend unbewußten Elemente des Universums betrachten, liegt ein tiefes theologisches Problem. Es gibt so etwas wie einen Chauvinismus des Beseelten, der theologisch gesehen zur Häresie erklärt worden ist: Der Gnostizismus isoliert die beseelte von der unbeseelten Welt. Der dualistische und gnostische Häretiker Marcion lehrte, daß die Erlösung Christi akosmisch sei und das Universum nicht berühre.[24] Im dualistischen Gnostizismus «wird die sublime Einheit zwischen Kosmos und Gott zerbrochen, beides wird auseinandergerissen, und ein Abgrund tut sich auf, der nie wieder ganz geschlossen werden sollte: Gott und Welt, Gott und Natur, Geist und Natur wurden getrennt, einander entfremdet, sogar zu Gegnern. Wenn aber diese beiden einander fremd sind, dann sind sich auch Mensch und Welt fremd . . .» Typisch für den Gnostizismus sei es, so fährt Jonas fort, «daß der Mensch seinem inneren Wesen nach akosmisch ist; für einen solchen ist die ganze Welt gleichermaßen fremd. Liegt der Ursprung in etwas ganz anderem, so kann es weder mit dem Universum als ganzem, noch mit einem Teil desselben eine Verwandtschaft geben. Das Selbst ist nur mit anderen menschlichen Selbsten verwandt, die in der Welt leben – und mit dem überweltlichen Gott.»[25]

Damit ist wohl überdeutlich geworden, daß die von einer mechanistischen Wissenschaft hervorgebrachte Spiritualität eine gnostische ist. Dieser Dualismus ist für uns im 20. Jahrhundert mindestens ebenso typisch, wie er es im 2. Jahrhundert war, als Marcion lebte. Im Gegensatz zu diesem Dualismus steht die christliche Lehre, daß die Erlösung durch Christus eine kosmische und universelle ist (siehe Kapitel 8).

Biologie und Mitgefühl

Heute verwenden Biologen die Begriffe «Ganzheit» «wechselseitige Abhängigkeit» *(interdependence)* und «organisch», um ihre Zielrichtungen und Entdeckungen zu beschreiben. Im Prinzip laufen alle diese Forschungen auf mitfühlendes Bewußtsein hinaus. Ich sehe insbesondere vier Bereiche, in denen die zeitgenössischen Biowissenschaften uns Einsichten über das Mitgefühl und die Ökosysteme vermitteln können.

Lebewesen sind keine voneinander getrennten Entitäten

Um für das Leben wirklich bedeutsam zu sein, müsse sich die Biologie mit den Reaktionen des ganzen Organismus auf die ganze Umgebung beschäftigen, meint der Wissenschaftler René J. Dubos.[26] Nur so kann auch ein neuer wissenschaftlicher Humanismus geboren werden, der Werte mit einschließt und nicht bewußt oder unbewußt versucht, sie auszuschließen, indem nur die «biologische Maschine» Mensch oder Tier untersucht wird. Statt isolierte Wesen zu sein, vermischen menschliche Körper sich und durchdringen einander gegenseitig, wann immer sie sich in einem Raum begegnen. Blair stellt dazu fest, daß wir bereits mit jemandem Wasserdampf austauschen, wenn wir mehr als zehn Minuten in einer Entfernung von einem Meter neben ihm sitzen, denn wir sind ebensosehr Teile voneinander wie die Planeten im Sonnensystem.[27]

Wie die Physiker beginnen auch die Biologen ihr Studium der Welt mit der Zerstörung des Mythos vom strikten Individualismus und der Getrenntheit der Dinge. Melvin Bernarde schreibt in diesem Zusammenhang: «Je tiefer wir die Analyse des ‹Lebensnetzes› treiben, um so bedeutungsloser wird das Wort *Unabhängigkeit.*»[28] Laut Bernarde verliert das gesamte Konzept der Unabhängigkeit seinen Sinn. Wir befinden uns am Ende einer Epoche, am Ende einer Sprachregelung, am Ende eines Wortes. Und am Anfang eines neuen Wortes, einer neuen Sprache und einer neuen Epoche. Die Zellfusion, die heute viele Biowissenschaftler beschäftigt, ist ein Beispiel für das Ende des Begriffs «Unabhängigkeit». Das Phänomen der Zellverschmelzung «verstößt gegen den fundamentalsten Mythos des vorigen Jahrhunderts, denn es stellt die Bedeutung der Besonderheit, Integrität und Getrenntheit bei Lebewesen in Abrede».[29] Wechselseitige Abhängigkeit *(interdependence)* ist ein Terminus technicus in der Molekulargenetik geworden, basierend auf dem Axiom, daß unter den richtigen Bedingungen «jede Zelle – Mensch, Säugetier, Fisch, Vogel oder Insekt –» mit einer anderen verschmelzen kann. Wodurch wird die Epoche und Sprache der Unabhängigkeit ersetzt werden?

Wechselseitige Abhängigkeit (interdependence)

In der Biologie gibt es ein neues Bewußtsein für wechselseitige Abhängigkeiten. Biologen finden dieses Gesetz heute in allen ihren Forschungsgebieten. Lewis Thomas zum Beispiel sagt:

> Das neue schwierige Problem wird darin bestehen, mit der allmählich dämmernden und nun deutlicher werdenden Erkenntnis fertig zu werden, wie eng wir miteinander verflochten sind ... Wir bestehen nicht, wie wir immer angenommen haben, aus nach und nach angereicherten Ansammlungen unserer eigenen Teilchen. Wir sind Gemeinschaftseigentum, vermietet, besetzt ... [daher] kann ich mich nicht mehr so sehr als eigenständige Einheit fühlen, wie noch vor ein paar Jahren, ehe ich all diese Dinge erfuhr, und ich möchte annehmen, daß es anderen Leuten nicht besser ergeht. Wir haben keine solitären Wesen. Jedes Geschöpf ist in irgendeiner Hinsicht mit den anderen verbunden und von ihnen abhängig.[30]

Wir sind eine grundsätzlich soziale Spezies, und unsere Gesellschaft reicht weit über persönliche zwischenmenschliche Beziehungen hinaus. «Es wird fast überall zugegeben, daß wir nicht die Herren der Natur sind, wie wir glaubten; wir sind ebenso abhängig von dem übrigen Leben wie Blätter oder Mücken oder Fische.» Dieses Bewußtsein unserer Mitabhängigkeit bringt uns dazu, das weite Gewebe zu erforschen und kennenzulernen, von dem wir untrennbar Teil sind, denn «wir können kein eigenes Leben haben, ohne uns um das Ökosystem zu kümmern, in dem wir leben».[31] Melvin Bernarde drückt es ganz ähnlich aus, wenn er sagt, daß «unsere Umwelt ein gewaltiges komplexes Gebilde ist, das wir nicht durch das Verständnis irgendeines seiner Teile begreifen können».[32] John Storer, dessen Buch *The Web of Life* zu den ersten ökologisch orientierten Abhandlungen eines Biologen gehörten, führt als Beispiel dafür an, wie die Pflanzen in Millionen von Jahren der Evolution durch Tiere vor sich selbst gerettet wurden. Hätte es keine Tiere gegeben, die die Pflanzen fraßen und dadurch das Kohlendioxid wieder freisetzten, das die Pflanzen der Luft entnommen und gespeichert hatten, dann wäre alles Leben auf der Erde wieder ausgelöscht worden – einschließlich der Pflanzen. Das Leben ist wahrhaftig ein Kreislauf, es verläuft spiral- und kreisförmig, nicht linear. Nicht einmal die Pflanzen leben autark. Wie Storer sagt, «bauen die Pflanzen Nahrung auf, die es den Tieren ermöglicht zu leben, und hängen wiederum davon ab, daß die Tiere den Lebenskreislauf in Gang halten».[33]

Die Tatsache der organischen Abhängigkeit ist ein Prinzip in der Biologie, doch ebenso ein Prinzip der Spiritualität. Das braucht uns nicht zu erschrecken, denn der Autor des physischen Lebens ist der gleiche wie der Autor des geistigen. Dieser Einsicht stimmt auch Fairfield Osborne in seiner Einführung zu Storers bahnbrechendem Buch zu: «Eine grundlegende Wahrheit unserer irdischen Heimat ist, daß wir alle Lebewesen sind und in gewisser Weise in Beziehung zueinander stehen. Diese hauptsächlich als physikalisches Prinzip wichtige Tatsache hat sogar Implikationen geistiger Natur.» Genauso ist es, denn wechselseitige Abhängigkeit ist das erste Gesetz des Mitgefühls, das wiederum als höchster Ausdruck des menschlichen Geisteslebens betrachtet werden kann. Darüber hinaus erkennen wir sogar innerhalb des Organismus selbst die enge Abhängigkeit des Mikrokosmos vom Makrokosmos und umgekehrt – mit anderen Worten das Gesetz der wechselseitigen Abhängigkeit. Im Prinzip enthält jede einzelne Zelle unseres Körpers in ihren Chromosomen alle Informationen über uns. Dieses Gesetz der wechselseitigen Abhängigkeit ist nicht auf unseren Körper und unsere Erfahrung beschränkt, sondern erstreckt sich auf den gesamten Kosmos. Die Sterne, von denen die Energie unserer Körper stammt, sind in gewisser Hinsicht unsere Großeltern, unsere stellaren Großeltern könnte man sagen.

Kooperation, Kreativität und Feier

Eine weitere gemeinsame Dimension von Biologie und Mitgefühl ist die Bewegung weg von der *Härte* und *Strenge*, wie sie in dem Begriff des «strikten», «harten» Individualismus steckt. Die Voraussetzung, daß das ganze Leben ein Krieg ist und daß deshalb Konkurrenz eine notwendige und zwangsläufige Dimension des Lebens sei, gilt nicht mehr. Kooperation dürfte das grundlegendere Gesetz des Universums sein. So sagt Lewis Thomas: «Die meisten Beziehungen zwischen den Lebewesen, von denen wir etwas wissen, sind im wesentlichen kooperativ, mehr oder weniger symbiotisch.»[34] Thomas legt uns nahe, statt des Sozialdarwinismus, den wir ein Jahrhundert lang als ein Naturgesetz akzeptiert haben, von den Chloroplasten und Mitochondrien zu lernen, zwei Organellen, die «in einem fundamentalen Sinne die wichtigsten Lebewesen auf der Welt» sind. Sie produzieren nämlich für alle Lebewesen den Sauerstoff und sind in mir, in den Möwen, im Strandhafer, in Walen, Bäumen, Hunden und Stinktieren die gleichen. «Durch sie bin ich mit allem verbunden; ringsum habe ich nahe Verwandte zweiten Grades.» Diese Organellen machen uns Lebewesen alle zu einer Familie! Und sie haben eine eher friedliche denn konkurrierende Beziehung zueinander. «Alle symbiotischen Beziehungen haben notwendigerweise etwas im wesentlichen Gutartiges an sich, aber diese hier, die wahrscheinlich die älteste und am festesten begründete von allen ist, erscheint besonders ausgewogen. Da gibt es nichts, was nach räuberischem Verhalten aussieht, und keine Seite erweckt den Anschein, ein Feind zu sein.»[35] Es ist weise von Thomas, uns diese kooperative Wechselbeziehung als ein Modell vorzuschlagen, das dem menschlichen Konkurrenzverhalten wahrlich vorzuziehen ist, denn Leben zeugt Leben. Der Grundtrieb der organischen Welt ist, zurechtzukommen, und nicht, zu konkurrieren, meint Thomas. «Lebewesen tendieren dazu, sich zusammenzuschließen, Verbindungen herzustellen, eins im anderen zu leben, zu früheren Anordnungen zurückzukehren und, wenn irgend möglich, miteinander auszukommen. Das ist der Lauf der Welt.»[36] Vielleicht ist der «Lauf der Welt» eine reiche Quelle, etwas über den «Lauf des Schöpfers» dieser Welt zu lernen – und über die Mini-Schöpfer: uns selbst.

Es scheint außerdem so zu sein, daß Kreativität und Gebären, Schaffen eine weitere Dimension des Lebens bilden. Vor allem die

Gabe der Sprache verleiht der Menschheit jene besondere Fähigkeit der Phantasie und des Benennens, die manchmal so göttlich erscheint. Jede Sprache aber, sei es der Worte, der Musik, des Tanzes, des Schauspiels oder des Films, nimmt auf andere(s) Bezug. Sprache ist an sich sozial und dialektisch – in jeder Sprache braucht man zwei für einen Tango, wie es so treffend heißt. Sprache ist für andere und für einen selbst. Sprache ist die Äußerung wahrgenommener wechselseitiger Abhängigkeit. Sie ist für das Mitgefühl gedacht, für das Teilen der Leidenschaft, sei es die Leidenschaft des Leids und seiner Linderung oder die Leidenschaft des Feierns und der Erholung, die damit einhergeht. Alle Sprechenden sind Künstlerinnen oder Schöpfer, die davon leben, daß sie «Energie in Wörter umwandeln»[37]. Jeder Mensch ist ein Künstler, jeder Mensch eine Schöpferin. Sprache entwickelt sich, wie Thomas es ausdrückt, «von Worten zu Bach», und fordert uns zum Schaffen heraus, so wie sie mit immer neuen und phantasievollen «Kreationen» herausfordern.

In welche Richtung bewegen wir uns, wenn wir uns entscheiden, nicht länger als isolierte und konkurrierende Individuen durchs Leben zu gehen, sondern kooperative, kreative, symboleschaffende Bürger und Bürgerinnen des Universums zu werden? Thomas schlägt vor – wie es auch jede gute Theologie des Mitgefühls täte –, als Ziel das Feiern zu betrachten. Allein die einfache Tatsache unserer Existenz sollte uns bereits mit Freude erfüllen. Das sieht heute Thomas so, wie es vor sechshundert Jahren Meister Eckhart tat, als er sagte: «Sein ist Gott.» Daß wir da sind, ist schon Wunder genug, meinen Eckhart und Thomas. «Statistisch ist die Wahrscheinlichkeit, daß irgendeiner von uns hier ist, so gering, daß man annehmen sollte, wir würden höchst befriedigt sein und aus dem Staunen über die bloße Tatsache, daß wir vorhanden sind, nicht herauskommen.»[38] Aber wie Becker feststellt, haben wir bis zum Ende unserer Kindheit meist schon die Vison des ursprünglichen Wunders der Schöpfung verdrängt. Dabei leben wir doch in einer Welt, die so voller Schönheit, Majestät und Schrecken ist, daß Tiere, die es ganz erfassen können, darob erstarren müßten.[39] Wir selbst, unsere unglaublich organisierten Strukturen, sind eine Überraschung der Natur. Wir stehen in einem unheimlichen Kontrast zum «normalen, voraussagbaren Zustand der Materie im ganzen Universum», welcher zufällig ist; und «durch unsere Natur vergewaltigen wir die Wahrscheinlichkeit».[40] Ist das nicht genug Grund – oder besser Ungrund – zu feiern?

Eine weitere Dimension unserer Existenz, die die Biologen uns zu feiern drängen, ist unsere erstaunliche Verwandtschaft mit allen Geschöpfen, allen kleinen und großen. Wir haben so viele Jahrhunderte damit verbracht, das menschliche Tier als von den anderen Arten unterschieden zu definieren, daß wir vergessen haben, wie ähnlich wir einander sind und wieviel wir in dieser heiligen Zeit und diesem heiligen Raum, den wir als Lebenszeit und als globales Dorf bezeichnen, miteinander teilen. Es gibt eine «Familienähnlichkeit» zwischen den Enzymen der Gräser, denen der Wale und den unseren, bemerkt Thomas. Wir schulden es uns und unserem Universum, «die Gleichförmigkeit des Lebens auf der Erde» zu feiern, «die erstaunlicher ist als ihre Mannigfaltigkeit».[41] Ähnliches feiert Ähnlichkeiten.

Und ein weiterer Grund für das Feiern und Loslassen sind wir selbst. Wir sind tatsächlich ebenso wundervoll, wie wir schrecklich sind. Würden wir uns die Zeit nehmen, loszulassen und den Raum zuzulassen, so könnten wir «in uns selbst entdecken, was uns bei allen anderen Manifestationen der Natur in Staunen und Entzücken versetzt.[42]» Dann ist überall Feier. Alle Organismen feiern das Leben. Es scheint so, als sei der Mensch der einzige Organismus, der beschließen kann, nicht zu feiern. Wir können zu sehr damit beschäftigt sein, «eine Frau zu heiraten» (siehe das entprechende Problem Jesu in Lukas 14,15-24), eine Aktie zu verkaufen oder ein Schmuckstück zu erwerben, um loszulassen, zuzulassen und geschehen zu lassen. Das heißt, mit unseren Geschwistern zu feiern, mit manchen Kuscheligen und manchen fast Unsichtbaren, manchen Mammuts und spritzendem Wasser, manchen Musikalischen, die auf den Gliedmaßen der Bäume sitzen, manchen Winzigen, die im Boden herumhasten, um ihn für uns andere zu lockern. Eine mechanistische Spiritualität macht eine Feier des Lebens unmöglich, sie ist zu sehr an der Effektivität orientiert, zu aktivistisch und zu sehr beschäftigt damit zu manipulieren und alles unter Kontrolle zu halten, als daß sie zulassen, loslassen und geschehen lassen könnte. Ein organisches Bewußtsein ermöglicht das Feiern jedoch, weil alles organische Leben das Geben und Nehmen, das Tun und Empfangen, das Tun und das Sein impliziert.

Das Umdenken in der zeitgenössischen Biologie – ein Umdenken, das zu Mitgefühl und Feier führt – zeigt sich auch in der wachsenden Achtung vor dem, was ist, und davor, wie wunderbar es ist. Aus dieser Achtung erwächst eine Demut im engeren Sinne dieser Tugend: *kein* Abwerten des Menschen und seiner Gaben, sondern ein Anerkennen, das die entwickelte Verwendung gerade dieser Gaben uns mehr erfahren läßt über dieses komplizierte und schöne Netz, das wir Leben nennen. Thomas ruft die «nuklearen Realisten» dazu auf, ihre «Berechnungen über das akzeptable Ausmaß des Massentodes» so lange zu unterbrechen, «bis wir über mindestens ein Lebewesen wirklich vollständige Kenntnisse erlangt haben»[43]. Als Kandidaten für eine solche Studie schlägt er die Protozoe *Myxotricha paradoxa* vor, die in australischen Termiten lebt. Aus ihrer Untersuchung würden wir lernen, wie eine kernhaltige Zelle entsteht. Thomas will damit aber auch sagen, daß wir in bezug auf das Leben so unwissend sind, daß wir noch nicht einmal die kleinsten Organismen kennen, obwohl wir sie, zehn Jahre intensiver Forschung vorausgesetzt, vielleicht kennenlernen könnten. Eine seltene Demut kommt hier zum Ausdruck. Ist es nicht erstaunlich, daß wir so wenig über einen derart winzigen Organismus wissen, aber vollmundig behaupten, uns über Gott und seine (immer *seine*) Wege völlig klar zu sein? Demut besteht im Loslassen unseres Zwangs vorzugeben, wir wüßten mehr, als eigentlich der Fall ist. Das Studium dessen, was wir nicht (über uns) wissen, würde uns vom Drücken roter Knöpfe abhalten und unsere Dogmen und Zwänge und unser Leiterdenken nach und nach entthronen.

Auch im Hinblick auf den Tod hat die moderne Biologie zu einer neuen Bescheidenheit gefunden. Endlich gesteht sich die Menschheit ein, daß der Tod ein Teil des Lebens ist und daß wir vielleicht nicht vorzugeben brauchen, er existiere gar nicht. Thomas räumt zwar ein, daß er «keine Unterlagen über diese Frage» hat, spekuliert aber, daß das Bewußtsein mit dem Tode möglicherweise «zurückgeholt [wird] in die Membran seines Ursprungs, eine frische Erinnerung für ein biosphärisches Nervensystem»[44]. Seine Vermutung ist so plausibel wie jede andere, denke ich, vor allem aber läßt sie uns wieder über den Tod staunen. «Es ist ein Wunder der Natur», meint Thomas. «Alles Leben der Erde stirbt, zu allen Zeiten, im selben Ausmaß wie das neue Leben, das uns jeden Morgen, in jedem Frühling verblüfft.» Um dieses Wunder schätzen zu können, müssen wir jedoch unsere Angst und Unwissenheit angesichts dieses allgegenwärtigen Vorgangs loslassen. «Wir werden die Vorstellung aufgeben müssen, daß der Tod eine Katastrophe ist oder abscheulich oder vermeidbar oder auch nur seltsam. Wir werden mehr lernen müssen über den Kreislauf des Lebens bei den übrigen Teilen des Systems und auch über unsere Verknüpfung mit dem Prozeß.»[45] Es stimmt einen Theologen wie mich froh, Biologen über das Thema der Gemeinschaft der Heiligen in diesem mystischen, kosmischen Körper reden zu hören; und damit auch über die Gemeinschaft der Zeit (Vergangenheit, Gegenwart, Zukunft) und des Raums, um die es bei allem Leben geht. Es ist gut, Biologen mit solcher Offenheit und Tiefe sprechen zu hören, denn darin liegt ein Hinweis, daß möglicherweise endlich eine neue Kraft – die auch die älteste aller Kräfte ist –, das Mitgefühl, an Ansehen und Bedeutung gewinnt.

Tiere und Mitgefühl

Das englische Wort für Tier *(animal)* kommt vom lateinischen *animale*, was soviel wie «beseelt» bedeutet und sich von *anima*, Seele, ableitet. Mit den Tieren teilen wir also nicht nur diese Erde und dieses physikalische raum-zeitliche Univerum, sondern wir haben mit ihnen auch eine Seele gemeinsam. Oder wenigstens haben unsere Vorfahren das geglaubt und gelehrt. Descartes, der Philosph der mechanistischen Wissenschaften, nahm den Tieren die *anima* oder Seele fort und erklärte, sie seien bloße Maschinen. Und wenn es Maschinen sind, könne man sie ebenso gefühllos behandeln wie ein Stück Metall. Auch die zeitgenössische Philosophie, vollauf beschäftigt, auf der Leiter nach oben zu klettern, fort von ihrer Animalität, hat praktisch nichts über die wechselseitige Abhängigkeit zwischen Tieren und menschlichen Tieren zu sagen. Victor Hugo hat bemerkt, daß die Philosophie «die Beziehung des Menschen zu den Dingen und zu den Tieren, die in ihren Augen lediglich Dinge sind, nur oberflächlich und fast mit einem verächtlichen Lächeln untersucht hat»[46]. Und Albert Schweitzer klagt: «Entweder hält diese [die europäische Philosophie] die Betätigung des Mitleids gegen die Geschöpfe für eine Sentimentalität, die mit vernünftiger Ethik nichts zu tun hat, oder sie gesteht ihr nur eine mehr nebensächliche Bedeutung zu ... Der berühmte Philosoph Descartes (1596–1650) übernahm es sogar, sie in ihrer Mitleidslosigkeit zu bestärken. Er lehrte, daß die Tiere keine Seele hätten und darum ohne Empfindung seien und nur scheinbar Schmerz verspürten.»[47] Schweitzer meint, daß die europäischen Denker «sich nicht bewegen ließen, über ihr Verhalten zur Kreatur nachdenklich zu werden[48]». Er vergleicht diese Art antiseptischer akademischer Flucht vor den Tieren mit einer Hausfrau, die die Tür verschließt, um den Hund vom frisch geschrubbten Fußboden fernzuhalten. Der Elfenbeinturm für die Erkletterer der Jakobsleiter muß elfenbeinfarben bleiben, blütenweiß. Kein Tier darf hinein. Nicht einmal, und vor allem nicht, die animalische Dimension des menschlichen Tiers. Das hat uns asketische Tradition der westlichen Spiritualität zu lehren versucht.

Eine Folge dieser Flucht vor dem Animalischen und dieses langen Schweigens darüber, daß wir den Globus mit anderen Wesen teilen, ist ein enormer Sadismus gegenüber den Tieren, der in dem Maße gewachsen und deutlich geworden ist, wie seit Descartes die menschliche Kapazität zu foltern, und zu vernichten im Zuge der moralisch ambivalenten Entdeckungen der Technik gewachsen ist. Es werden heute weltweit Experimente durchgeführt, die nicht nur ungeheuer schmerzhaft für die Tiere sind, sondern oft auch unnötig. Und bei den Tests, die unerläßlich sind, könnte der Schmerz verringert werden. Auch auf die Gefahr hin, meine Leserinnen und Leser zu beunruhigen (wir wissen ja mittlerweile: alles Mitgefühl entsteht aus dem Bauch, aus den Eingeweiden), möchte ich einige dieser Versuche hier schildern. Die International Primate Protection League (IPPL) hat im Rahmen eines Strahlungsexperiments der Strahlung ausgesetzte Affen in eine Tretmühle gesteckt, um zu zählen, wie häufig sie sich übergeben mußten. Die kleinen Affen erbrachen sich bis zu fünfzigmal, bevor sie starben. In einem fehlgeschlagenen Experiment der Universität Chicago wurden Affen aus kürzester Entfernung mit Luftgewehren in den Kopf geschossen. An der Universität von Michigan wurden 72 Affen getötet, indem ihnen mit einer Geschwindigkeit von 120 Stundenkilometern ein Rammbock in den Magen gestoßen wurde. Andere wurden ohne

Betäubung bei hoher Geschwindigkeit herumgewirbelt, bis ihr Genick brach, oder tagelang ununterbrochen angeschnallt gelassen.[49] Bei anderen Experimenten wurden Affenbabys geblendet, um herauszufinden, ob ihre Mütter weiter für sie sorgen würden. Katzen wurden Drüsen, Nerven oder Hirngewebe entfernt, um ihr Sexualverhalten zu erforschen. Oder es wurden Affen oder Bären auf Autositze geschnallt und dann bei hoher Geschwindigkeit im Simulator zerschmettert.

Am erschütterndsten bei diesen und vielen anderen Tierversuchen ist, daß ein großer Teil von ihnen völlig unnötig ist, also nicht etwa medizinischem Kenntniszuwachs dient, sondern der Überprüfung von Kosmetika, Unkrautvernichtungsmitteln und Haushaltsprodukten. «Nur ein Drittel der Experimente an lebenden Tieren geschehen zur medizinischen Forschung, und noch schlimmer ist, daß einige dieser Experimente nur geringen Wert haben.»[50] Ich möchte hier keinen puristischen Standpunkt vertreten und sagen, daß überhaupt keine Tierversuche gemacht werden dürfen. Der moralische Gesichtspunkt des Rechts der Tiere verlangt aber eine absolute Minimierung der Anzahl der Experimente und der Schmerzen der Kreatur bei den Versuchen.

Eine gnostische und häretische Lehre besagt, daß die Tiere Produkte des Bösen seien; biblische Lehre dagegen ist, daß die Tiere zur *guten* Schöpfung gehören. In den gnostischen Gedanken des Mani heißt es, daß die Tiere von Fehlgeburten der Töchter der Dunkelheit abstammen und deshalb ein Hindernis für das Licht der Erlösung bilden und ein Gefängnis für die Reinheit, die sich immer nach oben erheben will.[51] Der Haß der gnostischen Systeme auf die Tiere der Erde scheint sich in der sadistischen Einstellung vieler Menschen den Tieren gegenüber widerzuspiegeln. Im Sadismus gegenüber anderen Tierarten zeigt sich offen der menschliche Chauvinismus. Victor Hugo weist darauf hin, daß die Tiere aufgrund ihrer geringeren Intelligenz schwächer als die Menschen sind und daß die Menschen sich aus diesem Grund ihnen gegenüber «freundlich und mitfühlend» verhalten sollten. Der Prüfstein einer Zivilisation ist, wie sie die Schwachen behandelt, seien sie nun menschlich oder tierisch. Niemand hat dieses moralische Thema direkter oder eindrucksvoller angesprochen als Mahatma Ghandi, der sagte: «Wir müßten in der Lage sein, das Leben zu verweigern, wenn der Preis des Lebens die Qual empfindender Wesen ist.» Wenn Menschen sich frei fühlen, Tiere zu quälen, werden sie sich dann nicht auch frei fühlen, einander zu quälen? Bedeutet nicht mangelndes Mitgefühl gegenüber irgendeinem Wesen, daß es an Mitgefühl gegenüber allen mangelt? Können wir Teilzeit-Mitfühlende sein? Oder selektiv mitfühlend? Natürlich nicht, denn das Mitgefühl ist eine universelle Kraft – oder es existiert überhaupt nicht. Und unter menschlichen Chauvinisten existiert es eindeutig nicht.

Eine weitere Dimension der Häßlichkeit des menschlichen Chauvinismus gegenüber Tieren liegt im völligen Mangel an Achtung vor dem Leben und vor dem Mysterium des Lebens. Schweitzer sagte, «daß sie [die Ethik der Ehrfurcht vor dem Leben] den Unterschied zwischen höherem und niederem, wertvollerem und weniger wertvollem Leben nicht geltend mache. Sie hat ihre Gründe, dies zu unterlassen ... Wer von uns weiß, was das andere Lebewesen an sich und in dem Weltganzen für eine Bedeutung hat ... Dem wahrhaft ethischen Menschen ist alles Leben heilig, auch das, das uns vom Menschenstandpunkt aus als tieferstehend vorkommt.»[52] Schweitzer lenkt unsere Aufmerksamkeit hier auf die Tatsache, daß der Chauvinismus oder das, was unsere Vorfahren als menschlichen Stolz bezeichneten, sich einbildet, alles über die Beziehungen zwischen den Wesen und Geschöpfen zu kennen. Bei unserer Untersuchung dessen, was Biologen wissen und noch nicht wissen, haben wir aber gesehen, daß wir in Wahrheit fast nichts über diese wichtigen Fragen wissen. Schweitzer ist kein Purist; doch als moralische Maxime für jedes Nehmen von Leben postuliert er: «Ist er [der Mensch] von der Ethik der Ehrfurcht vor dem Leben berührt, so schädigt und vernichtet er Leben nur aus Notwendigkeit, der er nicht entrinnen kann, niemals aus Gedankenlosigkeit.»[53] Und wer mit Tieren experimentiert, müsse darauf achten, das damit verbundene Leid soweit als möglich zu verringern. Warum? Weil wir Menschen, Schweitzer zufolge, den Tieren, mit denen wir experimentieren, viel verdanken. Aus ihrem Leid und dem Beitrag, den sie zur Verringerung menschlichen Leids leisten, könne sich eine neue und einzigartige Solidarität zwischen ihnen und uns entwickeln.[54]

Statt Tiere als Objekte zu behandeln, müssen wir die wechselseitige Abhängigkeit, die uns mit ihnen verbindet, respektieren. Heute wächst allmählich das Bewußtsein dafür, daß auch die Tiere Rechte haben.[55] Denn Tiere zu verletzen, bedeutet langfristig auch, das Animalische im Menschen zu verletzen. Wie John Galsworthy es sagt: «Nichts gefährdet den Adel des menschlichen Herzens so sehr, wie der Besitz von Macht über andere, nichts korrumpiert es so, wie die gefühllose oder grausame Ausübung dieser Macht; und je hilfloser die Kreatur ist, gegen die die Macht grausam oder gefühllos ausgeübt wird, um so mehr wird das menschliche Herz zerfressen.»[56]

Es gibt einen Philosophen, der das Thema der Behandlung von Tieren nicht ignoriert hat: Max Scheler. Er beobachtete, daß hinter der Grausamkeit Sentimentalität steckt. Eine grausame Person verhält sich gegenüber den Elemten der Natur, als seien sie nur Ausläufer von ihr selbst, die sie willkürlich manipulieren kann. Die Natur sollte jedoch «*um ihrer selbst willen*, ihrer dem Menschlichen also fremden Eigenart willen Gegenstand der Liebe sein.» Alles andere ist Sentimentalität. «Darum ist zum Beispiel auch Roheit gegen Gebilde der organischen Natur, Tiere oder Pflanzen, nicht erst dadurch ‹schlecht›, daß sie als Anzeichen ‹möglicher› Roheit gegen Menschen aufgefaßt wird, sie ist vielmehr in sich selbst schlecht.»[57] Bei denen, die Tieren gegenüber grausam sind, gibt es deshalb kein Mitgefühl. Und es gibt auch in einer Wissenschaft, Philosophie oder Religion, die die wechselseitige Abhängigkeit zwischen Menschen und Tieren ignoriert, kein Mitgefühl.

Geistige Traditionen und Tiere

Das alles haben die religiösen Überlieferungen der ganzen Welt gelehrt, sofern es sich dabei um echte spirituelle Überlieferungen handelte. Wie E. F. Schumacher sagte, «gibt es in unserer oder einer anderen Geschichte keine Heiligen oder Weisen, die grausam gegen Tiere sind und Tiere als bloße Gebrauchsgegenstände ansahen; unzählige Legenden und Geschichten aber verbinden die Heiligkeit wie auch das Glücklichsein mit einer liebevollen Freundlichkeit gegenüber diesen Geschöpfen».[58] Wir alle kennen die Geschichte von Franz, den die Mönche wegen seines schlechten Geruchs nicht bei sich übernachten lassen wollten und der dann unter den Wölfen, Hunden, Vögeln, Schafen und Geschöpfen der Wildnis viele Freunde fand. Oder haben vom hl. Antonius erfahren, der den Fischen predigte und auch ihrer Predigt lauschte, als seine Kongregation nicht hören wollte, was er zu sagen hatte. Wir wissen, daß Buddha unbefangen mit den Tieren umging, und daß auch Jesus in der Tierwelt zu Hause war.

Es kann uns nicht überraschen, daß Jesus die Tiere mit Respekt behandelte, denn die jüdische Tradition, in der er ja stand, achtete sehr darauf, wie Menschen mit Tieren umgingen. Laut Talmud war es ein biblisches Gesetz, das Leiden eines Tiers zu lindern; und deshalb war Jesu Ermahnung, einen gestürzten Ochsen selbst am Sabbat aus der Grube zu holen, für einen guten Juden nicht abwegig. Die Ernährungsrichtlinien sollten dazu dienen, das Fleischessen auf ein Minimum zu begrenzen, und das Jagen als Sport war den Juden absolut verboten. Fische fingen sie nur mit dem Netz und niemals mit dem Haken. Rabbi Dressner sagt: «Man zeigte nicht nur den Mitmenschen gegenüber, seien es Juden oder Heiden, Erbarmen, sondern allen Lebewesen: den Tieren des Feldes, den Fischen des Meeres und den Vögeln in der Luft. Man lehrt uns, keinem einzigen Lebewesen zu schaden, keiner Fliege oder Ameise, nicht einmal einer Spinne. Denn sie alle sind Geschöpfe Gottes; und auch sie leiden, wenn sie verletzt werden . . . Die Tiere sind Gottes Geschöpfe wie der Mensch, und allen Geschöpfen Gottes gegenüber sollen wir Erbarmen zeigen.»[59] Nach dem jüdischen Midrasch wurden sowohl Moses als auch David wegen ihres Mitgefühls gegenüber Tieren als Führer Israels ausgewählt – welch ein Kriterium!

Jesus war offenbar in keiner Weise ein Humanchauvist. Denn anstatt Tiere zu kontrollieren und zu schikanieren, beobachtete er sie sehr genau und lernte von ihnen. Ja, er lernte so viel von den Tieren, daß er sie ständig als Sinnbilder für das Reich Gottes auf Erden verwendet. Die Vögel in der Luft, die aus dem Nest gefallenen Sperlinge, die gesammelten und nicht verschwendeten Fische, die Schafe und Böcke, das verlorene Schaf – wenn Jesu Gleichnisse von Tieren handeln, so lassen sie eine demütige Haltung des Menschen gegenüber dem Tier erkennen. Er spürte die Harmonie und die wechselseitige Abhängigkeit, die uns mit allen Lebewesen verbindet. Es heißt, Jesus sei in einem Stall unter Tieren geboren worden: ein ziemlich guter Start ins Leben, könnte man meinen. Er starb als das geschlachtete Lamm Gottes. Wahrscheinlich das letzte so geschlachtete Lamm.

Victor Hugo, John Galsworthy und andere haben die Auffassung vertreten, daß Jesu Lehre, daß wir «anderen nicht tun sollen, was wir nicht wollen, daß sie uns tun» – oder, positiver ausgedrückt, daß wir andere so behandeln sollen, wie wir von ihnen behandelt werden wollen –, sich auch auf Tiere und andere Wesen bezieht, die das Universum mit uns teilen, und nicht nur auf unsere Mitmenschen.

Außer dem hl. Franz hat wenigstens ein anderer großer christlicher Mystiker die spirituelle Dimension der Tiere und die Bedeutung der Art und Weise, wie wir mit ihnen umgehen, gesehen: Meister Eckhart. Er weist auf die «Gleichheit» von Mensch und Tier hin und meint, daß er bei einem Leben in der Wüste Trost darin finden würde, wenn wenigstens ein Kind oder ein lebendes Tier bei ihm wäre. Denn das Leben in einem Tier gebe uns Stärke. Wo es um große Begabung, Freude und Lebenskraft geht, so sagt Eckhart, seien die Tiere und wir gleich. In dieser Eckhartschen Offenbarung steckt in nuce eine ganze Tierethik.

Keine andere spirituelle Überlieferung hat die geistige Beziehung zwischen Menschen und anderen Tieren so stark betont und entwickelt wie die der Indianer. Häuptling Oren Lyons von den Onondaga sagt über die Einstellung der Indianer zu ihren Brüdern, den Büffeln: «Wir schulden den Büffeln Dank. Sie traten vor die Gewehre der weißen Männer und nahmen die Wucht der blutrünstigen Zeit. Sie opferten sich für uns. Wir glauben, daß das Volk der Indianer, wenn sich die Büffel nicht geopfert hätten, jetzt nicht mehr da wäre.»[60]

Die Indianer sehen eine geistige Beziehung zwischen Mensch und Tier und achten diese. Häuptling Irving Powless jr. sagt über die Beziehung zwischen den Onondaga und den Büffeln: «Es ist ein spirituelles Gefühl. Dadurch tut es dem Volk gut . . . Mit dem Fortschritt und dem Zurückdrängen der Tiere in kleinere Gebiete werden nicht nur die Büffel, sondern auch unsere anderen Brüder wie der Hirsch und der Bär in kleine Gebiete abgedrängt, so daß sie verschwinden.»[61] Auf einem Treffen von Vertretern von sechs Indianervölkern aus dem Staate New York sagte Häuptling Oren Lyons: «Wir halten es für unsere Pflicht, als Hüter der natürlichen Welt zu sprechen. Regieren ist ein Prozeß des Zusammenlebens nach dem Prinzip, daß alles Leben gleich ist, einschließlich der Vierbeiner und der Geflügelten. Dieses Prinzip ist verlorengegangen. Die Zweibeiner laufen herum und glauben, sie seien mit ihren von Menschen gemachten Gesetzen überlegen. Es gibt aber universelle Gesetze aller Lebewesen. Wir kommen hier zusammen und sagen, daß auch sie Rechte haben.» Als Jesus den Menschen befahl, «den Nächsten zu lieben wie sich selbst», hat er da gesagt, daß die Nächsten unbedingt Zweibeiner sein müßten?

Als Häuptling Seattle vom Stamm der Suquamish vor hundert Jahren gezwungen wurde, sein Land an die Regierung zu verkaufen, da stellte er in seiner Abschlußrede fest: «Wenn wir uns aber entschließen [zu verkaufen], so unter einer Bedingung: Der weiße Mann muß die Tiere des Landes behandeln wie seine Brüder. Ich bin ein Wilder und verstehe es nicht anders. Ich habe Tausende verwesender Büffel auf der Prärie gesehen, vom weißen Mann zurückgelassen, der sie aus einem fahrenden Zug erschoß. Ich bin ein Wilder und kann nicht verstehen, wie das qualmende Eisenpferd wichtiger sein soll als der Büffel, den wir nur töten, um zu überleben. Was ist der Mensch ohne die Tiere? Wären alle Tiere fort, so stürbe der Mensch an großer Einsamkeit des Geistes. Was immer den Tieren geschieht, geschieht bald auch dem Menschen. Alle Dinge sind miteinander verbunden.» Häuptling Seattle hat die wechselseitige Abhängigkeit zwischen dem Menschen und den anderen Tieren erkannt, eine Abhängigkeit die nicht nur physisch und biologisch, sondern auch geistig ist. Eine «große Einsamkeit des Geistes» wird mit der Ausrottung der Geschöpfe einhergehen, mit denen wir diesen Planeten teilen. Er fährt fort: «Wir verstehen es nicht, wenn die Büffel alle geschlachtet sind, die wilden Pferde gezähmt, die stillen Winkel des Waldes schwer vom Geruch vieler Menschen und der Anblick reifer Hügel befleckt von sprechenden Drähten. Wo ist das Dickicht? Fort. Wo ist der Adler? Fort. Und was heißt es, sich zu verabschieden vom schnellen Pony und der Jagd? Ende des Lebens und Anfang des Überlebens.»[62] Ende des Lebens und Anfang des Überlebens – mit der wechselseitigen Beziehung von Mensch und Tier steht die *Qualität* des Lebens auf dem Spiel.

Schweitzer faßt die Ethik des Mitgefühls und der Tiere mit einem Blick auf die Zukunft zusammen:

«Die universelle Ethik der Ehrfurcht vor dem Leben erweist das so vielfach als Sentimentalität hingestellte Mitleid mit dem Tier als etwas, dem sich kein denkender Mensch entziehen könne ... Wann wird es dahin kommen, daß die öffentliche Meinung keine Volksbelustigungen mehr duldet, die in Mißhandlung von Tieren bestehen!»[63] Wann endlich, so fragt Schweitzer, wird die Jagd, das Töten von Tieren als sportliches Vergnügen, als eine geistige Verirrung angesehen werden? Und wann endlich werden wir jedes unvermeidbare Töten mit Bedauern ausführen?[64]

Tiere als geistige Führer

Wenn ich manchmal in Seminaren sage, daß mein Hund mein geistiger Führer sei, so meine ich das nur zum Teil scherzhaft. In vielen wichtigen Aspekten ist er es wirklich. Mir scheint, die folgenden Lektionen für ein mitfühlendes und spirituelles Leben können wir von den Tieren lernen.

Spirituelle Lektionen von Tieren

1. Es ist gut, ein Tier zu sein. Einige der glücklichsten Geschöpfe, die ich kenne, sind Tiere; und sie zögern nicht, ihre Lebensfreude zu zeigen.

2. Ekstase ohne Schuldgefühle. Tiere können wirklich loslassen, zulassen und sogar feiern, ohne Schuldgefühle wegen der «Zeitverschwendung» oder weil sie ihr «Gesicht», ihre Maske, verloren haben. Sie lassen uns erkennen, daß die Intensität des Lebens wichtiger ist als die Dauer und heilen uns in diesem Sinne von dem platonischen Vorurteil, daß die Ewigkeit und Dauerhaftigkeit Maßstab für die Güte der Dinge sei.

3. Spielen ist eine Beschäftigung, die auch für Erwachsene keine Rechtfertigung braucht.

4. Die Kraft und häufig auch Angemessenheit nonverbaler Kommunikation. Tiere sind Experten des Nonverbalen: Ihre Sprache ist Gestik, Klang der Stimme und Tanz. Und es kann auch eine ehrliche Sprache sein. Max Scheler spricht von dem, was «ein Hund durch Bellen und Mit-dem-Schweife-Wedeln oder ein Vogel durch Zwitschern ausdrückt». Wir sehen darin «*universale Grammatik*, die für alle Sprachen des Ausdrucks gilt und oberste Verständi-

gungsgrundlage für alle Arten Mimik und Pantomimik des Lebendigen ist»[65].

5. Offenheit und Sensibilität. Zweifellos haben die Tiere Kräfte der Identifikation und Sensibilität entwickelt bzw. nicht verkümmern lassen, die wir Menschen fast völlig vergessen haben. Viele Hunde wissen zum Beispiel beim Betreten eines Raumes sofort, ob jemand, der da sitzt, niedergeschlagen oder traurig ist, und werden sich bemühen, etwas dagegen zu tun. Scheler meint dazu: «Man wird dann nur sagen können, daß für den Menschen überhaupt sich der spezifizierende Einfühlungsinstinkt gegenüber vielen Tierarten gewaltig verdunkelt und zugleich auf sehr *allgemeine* Strukturen des fremden Lebens überhaupt dedifferenziert hat – daß aber im Kinde, im Träumer, im Kranken (Neurotiker) einer gewissen Art, im Fall der Hypnose, im Mutterinstinkt und im Primitiven noch weit erheblichere Reste der Einfühlungsfähigkeiten geblieben sind als im erwachsenen Durchschnittsmenschen einer späten Zivilisation.»[66]

Da die Sinne der Tiere häufig viel schärfer sind als unsere, erinnern sie uns daran, wie begrenzt unser Sinnesbewußtsein oft ist – und damit an die Notwendigkeit, unser Sinneswissen ständig zu erweitern.

6. Schönheit. Wer wäre nicht von der Eleganz einer fliegenden Möwe gefesselt, vom geraden Rücken eines stolzen Hundes, von den anmutigen Schritten eines Tigers, der vollkommenen Muskulatur eines schönen Hengstes? Schönheit ist kein Anhängsel des menschlichen oder geistigen Lebens, sondern seine Essenz. Tiere gewähren Einblicke in die Anmut des Schönen. Die Schönheit eines Vogelgesangs ist ebenso eine Form von Musik wie das Plätschern eines Baches, das Tosen des Meeres oder das Rauschen der Blätter. Es wird angenommen, daß bei Vögeln «die Ästhetik ein Faktor der Evolution» ist, denn «die Weibchen neigen dazu, die besten Sänger auszuwählen, so daß sich die Gene für musikalisches Talent durchsetzen».[67]

7. Sinnlichkeit. Tiere lehren uns, daß man gleichzeitig sinnlich und spirituell sein kann. Sie wissen, daß Abstraktionen wie etwa Geld nicht das sind, worum es im Leben und in der Ekstase geht. Ich erinnere mich daran, daß ich einmal eine Dollarnote in meine Brieftasche stecken wollte und sie statt dessen vor meinem Hund

auf den Fußboden fiel. Er zuckte nicht einmal mit den Augenlidern; und selbst wenn es eine Tausenddollarnote gewesen wäre, hätte er nicht anders reagiert. Hätte ich aber meine Brieftasche fallen lassen, so hätte es ein großes Gerangel gegeben. Warum? Weil die Brieftasche aus Rindsleder noch etwas Sinnliches an sich hat. Gott hat sie geschaffen, insofern er das Rind geschaffen hat. Also gibt es damit Spaß und Ekstase. Es ist ein Zweck und nicht nur ein Mittel. Geld ist jedoch, unabhängig von der Summe, nur ein Mittel und deshalb nicht das, was Leben und Ekstase ausmacht: An die gleiche Wahrheit erinnern uns auch Kinder, denen Geld nichts bedeutet, wie Freud gezeigt hat.

8. Das Klettern auf der Jakobsleiter ist unnatürlich. Haben wir außer den Zweibeinern je ein Tier gesehen, das gern Leitern erklimmt? Sie wissen es besser. Sie kennen ihren Ort, und ihr Ort ist auf der Erde, Aug in Aug mit den anderen Geschöpfen des Landes und des Meeres. Warum sollten die Tiere auf Leitern klettern, wenn der Schöpfer ihnen alles Notwendige auf der Erde gegeben hat? Ich sah einmal einen Bären im Zirkus eine Treppe hochsteigen, weil die Menschen ihn dazu gebracht hatten. Er hatte dabei solche Angst und fühlte sich oben so unwohl, daß er dort vor uns allen urinierte. Das Publikum lachte darüber, doch der Bär wußte: Am oberen Ende der Leiter war nichts!

9. Humor. Tiere bringen Humor in unser Leben, ein radikales feierndes Bewußtsein der Dialektik und Paradoxie. Ich bin sicher, die Tiere machen uns gern lachen. Meines Erachtens wissen sie häufig ganz genau, worüber wir lachen, und sie sind sehr oft ebenso humorvoll, wie sie Humor vermitteln können. Auf ihre Weise sind Tiere wahrhaft heilig, denn jeder echte Humor ist eine Spiegelung des guten göttlichen Humors. Mein Hund jagte einmal ein Eichhörnchen, nicht um es zu fressen, sondern um damit zu spielen. Obwohl das Eichhörnchen durch diese Einladung meines Hundes ziemlich traumatisiert war, kam es doch ohne jeden Schaden davon. Meiner Erfahrung nach besitzen Tiere mehr Humor als viele Menschen, die eine akosmische spirituelle Unterweisung hinter sich haben.

10. Stille Würde. Tiere haben ein Gefühl ihres eigenen Wertes und ihrer Würde, einen Stolz auf ihre einzigartige Existenz, der subtil darauf hinweist, daß ihnen nie jemand über die Erbsünde ge-

predigt hat. Als Folge davon fühlen sie sich mit der Stille, mit sich und mit der Einsamkeit wohl. Ich war in den vergangenen Jahren erstaunt darüber, wie viele Tiere zum Beispiel gern den Sonnenuntergang beobachten. Enten, andere Vögel, Hunde und Gott weiß wieviele kleine Tiere haben eine kontemplative Seite, die die menschliche Spezies in jüngster Zeit fast vergessen hat.

Diese zehn Aspekte gesunder spiritueller Anleitung, die wir von Tieren bekommen können, sind nur eine Einführung zu einem wichtigen und vielfach vernachlässigten Thema. Ich lade meine Leserinnen und Leser dazu ein, über diese grundlegenden Beiträge der Tiere zu unserem Geistesleben nachzudenken und sie zu erweitern. Deutlich ist, daß Gott unsere Tiere gesegnet hat und uns durch unsere Tiere segnet. Und Gott fordert von uns, daß wir wiederum Gott segnen, indem wir die Tiere segnen. Denn «Jahwe ist gut gegen alle, voll Erbarmen gegen alles, was er geschaffen hat» (Psalm 145,9).

Leidenschaft (passion), Mitgefühl (compassion) und menschliche Animalität

In seinem Buch *Touching* («Berühren») erzählt Ashley Montague von einer jungen weißen Akademikerin, die er fragte, ob sie heiraten wolle. Ja, gewiß doch. Möchten Sie auch Kinder haben? Oh, ja, mehrere. Wollen Sie die Kinder auch stillen? . . . Stillen! Das machen doch nur Tiere!

Es ist gut, ein Tier zu sein. Fragen Sie doch die Tiere. Und man kann auch ein spirituelles Tier sein – was eben die Menschen sein sollten. Ernest Becker bemerkt, daß ein großer Teil des menschlichen Elends und der menschlichen Gewalt von der Tatsache herrührt, daß wir Tiere sind, die keine sein wollen.[68] Tatsächlich sind wir dialektische Wesen, sowohl göttlich als auch animalisch, und darin liegt große Freude und viel Humor. Das unterstreicht auch unser gesamtes geistiges Dasein: daß wir Gottes Witz sind. Ein göttliches Tier. Könnten wir doch nur über uns und all unsere Werke lachen, über die Ideologien, Mythen, Spiele und die ach so ernsthaften Staaten, Unterschiede und Ziele. Und über unsere Körper. Vor allem wenn wir bedenken, wie viele Menschen im Westen gerade im Namen der Religion vor ihrer Körperlichkeit weggelaufen sind. Man muß sich wirklich fragen, ob die Religion im Westen nicht mehr Schaden als Nutzen gebracht hat.

Und das gilt ganz besonders, wenn wir die jüngsten Forschungen über die psychischen Ursprünge der Gewalt betrachten. Es gibt einen zunehmenden Konsens unter Forscherinnen und Forschern – zum Beispiel Ashley Montague und James Prescott – darüber, daß Gewalt, psychisch gesehen, aus einem Mangel an Körperkontakt in der Kindheit entsteht. Montague zitiert eine Studie, in deren Rahmen festgestellt wurde, daß ein Affenbaby ohne Milch und Nahrung länger leben kann als ohne eine mütterliche Berührung.[69] Eine Flucht vor unserer Animalität ist also eindeutig eine Flucht in die Gewalt. Wir lernen Harmonie und Gewaltlosigkeit, indem wir uns auf die Erfahrungen des Körpers und des Geistes einlassen und nicht durch die dualistische Kontrolle des einen über das andere. Die Propheten Israels (Jesus eingeschlossen) kannten diese kraftvolle Verbindung zwischen Leidenschaft und Mitgefühl, zwischen Körper, Gemeinschaft und Geist sehr wohl. So schreibt Rabbi Heschel: «Die Quelle des Bösen liegt nicht in der Leidenschaft, nicht im klopfenden Herzen, sondern in der Härte des Herzens, in der Gefühllosigkeit und Unsensibilität».[70]

D. H. Lawrence hat die Dialektik zwischen Geist und Sinnlichkeit so beschrieben:

«Zögern wir doch nicht zu verkünden, daß die sinnlichen Leidenschaften und Mysterien ebenso heilig sind wie die geistigen Mysterien und Leidenschaften ... Untragbar ist nur die Degradierung, die Prostitution der lebendigen Mysterien in uns. Mögen Männer und Frauen sich einander nur mit tiefem Respekt vor allem annähern, was die schöpferische Seele, das Gottesmysterium in uns, hervorbringt. Dann werden wir alle gesund und frei sein ... Aus der tiefen leidenschaftlichen Seele kommt nichts, was schlecht ist oder schlecht sein kann.»[71]

Ohne Leidenschaft *(passion)* kann es kein Mitgefühl *(compassion)* geben. Das könnte die wichtigste Lektion sein, die uns die Tiere lehren, einschließlich des Tiers in uns. Auch die moralische Entrüstung über das Unrecht ist eine Leidenschaft. Der Dichter W. H. Auden behauptet, daß es «in der Regel die Verächter des Vergnügens waren, die ungerecht wurden». Das Schaffen von Gerechtigkeit verlangt von uns Aktionen, die weise, phantasievoll und körperlich sind, Fleischwerdungen eines alternativen Zusammenlebens. Es gab nie einen Propheten, eine Prophetin, die nicht in Kontakt mit ihrer Animalität waren.

Weisen wir die kartesische Definition unseres Körpers als Gegenstand, den Descartes tatsächlich als «Leichnam» bezeichnet, zurück, so befinden wir uns auf dem Weg zur Integration seiner Kräfte mit anderen, deren Wege sich im Universum ständig mit unseren kreuzen. Descartes, dessen Denken Wissenschaft und Bildung der vergangenen Jahrhunderte beherrschte, verstand den menschlichen Körper so: «Ich betrachte mich zunächst als einen, der ein Gesicht, Hände, Arme und diese ganz aus Knochen und Fleisch zusammengesetzte Maschine hat, wie sie auch an einem Leichnam erscheint, und die ich mit dem Namen Leib bezeichnete.»[72] Kein Wunder, daß man in einer Kultur, die den Körper als Kadaver abtut, gern die getöteten Körper des Gegners zählt. Lawrence Blair versteht im Gegensatz dazu unsere Körperlichkeit als «durchscheinendes Gewebe einer pulsierenden Form, in ständigem Fluß, die sich verändert und auseinanderfällt, sobald die zugrundeliegenden Kräfte verzerrt oder zurückgezogen werden». Der Körper «ist schön und antwortet – wie alle Liebenden – auf Liebe, indem er strahlt».[73] Wir können bezüglich des Mysteriums der Körperlichkeit nicht länger Angst haben, unwissend oder abergläubisch bleiben, denn in diesem Mysterium liegen noch andere geistige Geheimnisse. «Unseren Körper wirklich zu kennen, bedeutet, uns selbst in der Tiefe zu kennen. Dadurch erfahren wir viel von der Bedeutung des kosmischen Flusses der Kreativität, in welchem wir uns selbst befinden.»[74] Für eine wahre Wertschätzung unseres Körpers ist es wichtig zu wissen, daß die Elemente, aus denen wir bestehen, vor Milliarden Jahren in den Sternen geschaffen wurden. Indem wir unser körperliches Selbst kennen, stehen wir mit dem Kosmos buchstäblich in Verbindung. Statt unseren Körper abzuwerten oder vor ihm davonzulaufen, sollte es uns, wie Bentov sagt, «stolz machen zu wissen, daß alle unsere körperlichen Bestandteile in diesen riesigen strahlenden Sternen gemacht wurden».[75] Kein Wunder, daß wir wie die Atome und Sterne des Universums unser Dasein im Tanz feiern wollen. Eine Flucht vor dem Körper, wie sie die christliche Spiritualität jahrhundertelang praktiziert hat, ist eine Flucht vor der irdischen Gemeinschaft und vor dem kosmischen Körper. Wie Becker sagt, ist die Angst vor der Selbsterkenntnis oft isomorph und entspricht der Angst vor der Außenwelt.[76] In diesem Fall ist die Außenwelt das Universum, Heimat unseres Ursprungs. Östliche Meditationsübungen aus den geistigen Traditionen des Yoga oder des T'ai Chi zum Beispiel vernachlässigen den Körper nicht im Namen irgendeines Spiritualismus oder versuchen ihm davonzulaufen. Sie hören auf den Körper und versuchen, von ihm zu lernen. So sagte schon Meister Eckhart, daß die Seele nicht im Körper sei, sondern der Körper in der Seele.

Erde, Erdverbundenheit und Mitgefühl

Die für die Spiritualität der Jakobsleiter so kennzeichnende Flucht vor Natur und Erde bestimmt auch weitgehend das Denken und Fühlen in Industriegesellschaften. Max Scheler bemerkt, daß durch diesen Verlust des Einheitsgefühls zwischen der Menschheit und dem natürlichen Universum, «der Mensch in einer Art und Form aus seiner großen ewigen Mutter, der Natur, herausgerissen ist, wie es seinem Wesen nicht entspricht ... Ein *Selbst*wert der Liebe zur Pflanze auf Grund der Einsfühlung mit ihrem Drang, ein Selbstwert der Liebe zum Tier auf Grund von Einsfühlung mit seinem Leben und Mitgefühl mit seinen Gefühlen, wird dann nicht zugestanden sein.»[77] Die Menschen, von denen unsere Kultur so abwertend als von «Heiden» spricht, waren ursprünglich Menschen der Erde, des Bodens, denn das Wort «Heide» steht für jene, die auf dem Lande leben. Viele mitfühlende Menschen, die ich kenne, arbeiten mit dem Boden, so oft sie können. Gärtnern ist für sie viel mehr als ein Hobby. Es ist eine Lebensweise und ein Weg der Weisheit. Der Boden lehrt uns nämlich etwas, das für die Entwicklung von Mitgefühl notwendig ist.

Der Respekt, das Steuern, das Warten und die Geduld sind ebenso Teil des Gärtnerns wie das Tun. Ein Gärtner, eine Gärtnerin sind automatisch antikartesisch, denn zwischen ihnen und der Erde, der Luft und dem Wasser besteht eine Beziehung wechselseitiger Abhängigkeit, sie sind nicht deren Manipulateure und Kontrolleure.

Von der Erde können wir auch eine Lektion über unsere Ursprünge lernen. Wir sind von der Erde und sind auch dazu bestimmt, zu ihr zurückzukehren. Durch unsere Beschäftigung mit dem Boden können wir echte Demut lernen. Der hl. Franz von Assisi, der gewiß mehr als die meisten Menschen über das Mitgefühl wußte, bestand darauf, nackt auf dem Boden liegend zu sterben. Einer, der dabei gewesen ist, berichtet uns, daß Franz auf diese Weise «den Tod singend annahm»[78], denn er wollte zu seiner «Schwester Erde, unserer Mutter», zurückkehren, wie er die Erde in seinem berühmten Sonnengesang nannte. In der Rückverbindung zur Erde geschieht eine Art Wiedergeburt. Der Sinn des Ritus alter Völker, einen Menschen bei Geburt und Tod auf die Erde zu legen, besteht darin, «ihm ein neues und allumfassendes Leben zu eröffnen. Das Individuum wird wieder in die Totalität des Seins eingebunden. Es wird in Harmonie mit seinem eigenen Mysterium gebracht und damit mit der Ganzheit seiner Seele ... Es partizipiert an der Ganzheit des Seins und seiner Heiligkeit.»[79] Erdverbundenheit ist Teil des kosmischen Mitgefühls.

Der Boden ist viel mehr, als wir uns darunter vorstellen. Zunächst einmal ist er keinesfalls unbelebt. Er enthält ganze Völkerscharen lebender Wesen, die sich voneinander ernähren und den Boden für verschiedene Lebensformen gastfreundlich machen. «Guter Boden ist tatsächlich ein Lebewesen; und seine Gesundheit ist für Pflanzen und Tiere, die darauf leben, eine Frage von Leben und Tod. Wir selbst hängen von seiner Gesundheit ebenso ab wie die kleinsten seiner Geschöpfe.»[80] Der Boden braucht Pflanzen ebenso, wie Pflanzen den Boden brauchen – wieder eine Lektion in wechselseitiger Abhängigkeit. Und alle Tiere brauchen die Pflanzen, wie wir weiter oben sahen. So sehr ist dank der Wirkung von Wasser und Wind über die Jahrhunderte der Boden auf der ganzen Erde eins, daß Storer sagen kann, daß es «kaum einen Quadratkilometer auf der Erdoberfläche gibt, der nicht Bestandteile jedes anderen Quadratkilometers enthält»[81]. Eine weitere Lektion in wechselseitiger Abhängigkeit – dieses Mal in bezug auf Zeit und Raum.

In der spirituellen Tradition der Indianer ist die Erkenntnis der wechselseitigen Abhängigkeit von Zeit und Raum besonders heilig und die Erde ihre verehrte Heimat, die Heilige und Vorfahren bewohnen. Häuptling Seattle sagt: «Der Staub unter unseren Füßen antwortet auf unsere Schritte freundlicher als auf eure, denn er ist die Asche unserer Vorfahren, und unsere nackten Füße sind sich dieser Berührung bewußt, denn der Boden ist reich vom Leben unserer Verwandten ... Das wissen wir. Die Erde gehört nicht dem Menschen; der Mensch gehört der Erde. Das wissen wir. Alle Dinge sind miteinander verbunden wie das Blut, das eine Familie vereint. Alle Dinge sind verbunden. Was immer die Erde befällt, befällt auch die Söhne der Erde. Der Mensch hat das Netz des Lebens nicht gewoben, er ist darin nur eine Faser. Was immer er dem Gewebe antut, das tut er sich selbst an ... Die Erde ist ihm (dem Schöpfer) kostbar, und die Erde zu verletzen heißt, ihren Schöpfer verachten.»

Der Häuptling beobachtete den Umgang des weißen Mannes mit der Erde – traurig und wütend: «Die Erde ist nicht sein Bruder, sondern sein Feind. Und wenn er sie erobert hat, geht er weiter. Er läßt seiner Väter Gräber zurück und kümmert sich nicht darum ... Er nimmt die Erde von seinen Kindern und kümmert sich nicht darum ... Er behandelt seine Mutter, die Erde, und seinen Bruder, den Himmel, wie Dinge zum Kaufen und Plündern, verkauft sie wie Schafe oder glänzende Perlen. Sein Hunger wird die Erde verschlingen und nur eine Wüste zurücklassen.» Die Erdspiritualität des roten Volkes steht im Gegensatz zu dieser Haltung. «Jeder Teil dieser Erde ist meinem Volk heilig ... Unsere Toten vergessen diese schöne Erde nie, denn sie ist die Mutter des roten Menschen. Wir sind Teil der Erde, und sie ist Teil von uns. Die duftenden Blumen sind unsere Schwestern, der Hirsch, das Pferd, der große Adler sind unsere Brüder. Die Gebirgskämme, die saftigen Wiesen, die Körperwärme des Ponys und des Menschen – alle gehören zur gleichen Familie.»[82]

Ein Mysterium liegt in der Erde und dem Leben in ihr. Wie neue Forschungen gezeigt haben, gibt es in lebenden Pflanzen ein hohes Maß an Energie und zum Teil noch unbekannten Kräften. Gärtner und Gärtnerinnen mit dem «grünen Daumen» wissen seit Jahrhunderten um die Empfänglichkeit der Pflanzen für die Stimmung in einem Haus, für Musik, für andere Pflanzen, für Berührung und für Zuspruch. Denn sie und wir sind «Teil der Erde» und mit ihr verwandt wie Mitglieder einer Familie. Ohne diese starke und sanfte Erdverbundenheit kann es kein Mitgefühl geben. Die Bemühungen, unsere Umwelt steril zu machen und von Erdigkeit, Schmutz und kleinen unsichtbaren Organismen zu befreien, töten das Mitgefühl.

Es ist eine gnostische Häresie, die sich auch in unserer zeitgenössischen industriellen und postindustriellen Gesellschaft findet, daß die Pflanzenwelt unser höheres spirituelles Leben stört. Für die Gnostiker waren alle Pflanzen, Samen, Kräuter, Wurzeln und Bäume Geschöpfe der Finsternis und nicht von Gott.[83]

Im Gegensatz zu diesem Dualismus war Jesus sehr erdverbunden. Um seine Vision vom Gottesreich, das er bringen wollte, zu illustrieren, stützte er sich auf entsprechende Gleichnisse.[84] Seine Beobachtungen des Samens und der Art und Weise, wie die Dinge wachsen, bilden einen wichtigen Teil seiner Lehre über das Gottesreich. In seinen Gleichnissen ist der Same häufig das Reich selbst, manchmal steht er auch für das Wort Gottes – immer ein lebendiges Wort –, das unter Steine, Disteln und gute Erde gesät wird. Er vergleicht das Gottesreich nicht mit einer großen Zeder aus dem Libanon oder einem Mammutbaum, sondern mit dem Senf, der nur ein paar Dezimeter über dem Boden wächst, mit anderen Worten: mit der Nähe zur Erde. Und es ist eine Pflanze, in der die Vögel gern nisten und zweifellos auch singen. Es ist eine einfache, aber freundliche Senfpflanze. Seine Jünger ermahnt er, von den Pflanzen die grundlegende aller spirituellen Lektionen zu lernen: «Wenn ein Weizenkorn nicht in den Boden fällt und stirbt, so geschieht nichts; stirbt es aber, so bringt es viel Frucht hervor.» Und «an ihren Früchten» kann man echte spirituelle Menschen von Scharlatanen unterscheiden. Im Johannes-Evangelium wird er selbst mit dem Weinstock und seine Jünger mit den Reben verglichen. Denn alle Dinge sind miteinander verbunden. Das Göttliche und das Menschliche, Leben und Tod zum Beispiel. Ein Mensch, der dem Boden nahe ist wie Jesus, hat das gelernt. Beim Gärtnern lernen wir das Gesetz des Lebens schlechthin kennen: die Dialektik. So sagt Meister Eckhart: «Der Same Gottes ist in uns ... Birnbaums Same erwächst zum Birnbaum, Nußbaums Same zum Nußbaum, Same Gottes zu Gott.»[85] Und in einem Kommentar zum Gleichnis Jesu über das Fallen des Samens auf den guten Boden bezeichnet er Jesus als «den Boden».

Zusammenfassung

Wir haben unsere Reise durch das Reich der Physik, der Biologie, der Tiere und der Erde beendet. Es ist eine heilige Reise, auf der noch eine viel größere Wegstrecke zurückgelegt und noch viel mehr entdeckt werden kann. Heute empfinden mehr Menschen als je zuvor die Notwendigkeit dieser Reise. Denn es wächst das Gefühl, daß die Natur, von der wir ein Teil sind, uns viel Kostbares zu lehren hat, wenn wir uns darum bemühen, mitfühlende, leidenschaftliche Bewohnerinnen und Bewohner dieses Verbs, genannt Raum, dieser Kugel, genannt globales Dorf und Heimat, zu werden. Die Evolution demonstriert uns, daß der Schöpfer aller Dinge Milliarden Jahre gebraucht hat, um die Landschaften der Erde zu malen, den Tanz der Materie zu choreografieren, die Sinfonie der Energie zu komponieren und dieses Geschöpf namens Homo sapiens zu gestalten. Da ist es nur angemessen, daß wir zulassen und loslassen, damit diese Schöpfung, dies Gewebe in seiner Ganzheit blüht und das wundervolle Kunstwerk lobt.

Vor Jahrhunderten, als die Gesellschaft an einen ptolemäischen Kosmos glaubte, der geostatisch und geozentrisch war, legten Mönche und Nonnen Gelübde der Stabilität ab, um die Kräfte des Universums so widerzuspiegeln, wie sie sie verstanden. Da wir heute wissen, daß das Universum in ständiger Bewegung und auf jeder Ebene in wechselseitiger Abhänigkeit ist, wird es Zeit, daß spirituell motivierte Menschen guten Willens sich zu dieser organischen Abhängigkeit und Bewegung bekennen. Als Name für ein Gelübde wäre «Mitgefühls-Eid» passend. Denn «ein Gebet, das die Dinge nicht umfaßt, ist nicht christlich. Christliches Gebet ist in den Dingen ... Friede liegt in der Suche nach Gerechtigkeit; und die Hauptform der Gerechtigkeit ist die Erkenntnis, daß wir Geschöpfe unter Geschöpfen mit einer Verantwortung für die Schöpfung sind.»[86]

6 Ökonomie und Mitgefühl

Von einer expansiven, nationenzentrierten Ökonomie zu einer globalen, vernetzten Ökonomie

> Die gegenwärtig sich zuspitzende Krise der weltweiten Inflation, die Energiekrise mit der sie begleitenden desolaten Situation der Weltwirtschaft und der politischen Systeme sowie die drohende Nahrungsmittelverknappung haben alle bis auf die Selbstgefälligsten und Verblendetsten davon überzeugt, daß wir in eine ganz neue Phase der Weltgeschichte eintreten.[1]
>
> Victor Ferkiss

Da ich kein Ökonom bin, schreibe ich dieses Kapitel nicht als Fachmann. Ich bin jedoch ein Bürger des globalen Dorfs und ein Theologe. Die Ökonomen, die mit der Art, wie die Weltwirtschaft sich derzeit entwickelt, zufrieden sind, werden weder von einem Theologen noch von irgend jemandem sonst etwas über Mitgefühl hören wollen. Sie sollten jedoch nicht vergessen, daß einer ihrer Helden, Adam Smith, in einem Zeitalter, das noch nicht so überspezialisiert war wie das unsere, seine Karriere als Moralphilosoph begonnen und ein Buch über die *Theorie der moralischen Empfindungen* geschrieben hat. Ironischerweise war die Moral, die er seinem Wirtschaftssystem zugrunde legte, im wesentlichen eine religiöse. Auch dies ist ein Grund für die Überholtheit der Wirtschaftstheorie von Smith, denn die gesellschaftlich verankerte Religion, die er kannte, ist heute tot. Wenn wir nicht jede nur erdenkliche Anstrengung unternehmen, Mitgefühl und Wirtschaft miteinander zu verbinden, dann wird Mitgefühl nur eine hohl klingende Phrase bleiben. Und die Ökonomie wird zu einer hochentwickelten Form der Gewalt.

Das Wort «Ökonomie» bedeutet ursprünglich «Haushaltung». Da also die Ökonomie mit der Haushaltung zu tun hat, hängt alles davon ab, was in einer Kultur oder in einer bestimmten geschichtlichen Epoche mit diesem «Haus» oder «Heim» gemeint ist. Mit der Veränderung der Definition des Heims verändern sich auch die ökonomischen Systeme. Die ersten Christinnen und Christen reagierten auf die neue Weltanschauung, die die frohe Botschaft Christi für sie bedeutete, indem sie sich zu einer Gemeinschaft zusammenschlossen, in der sie alles Hab und Gut miteinander teilten, Land- und Hausbesitz verkauften und den Erlös den Aposteln gaben, damit diese ihn an die Bedürftigen verteilten (Apostelgeschichte 2,44 f.; 4,32-35) – Basis des späteren monastischen Armutsgelübdes, der Mönchsorden.

Ohne hier auf die theoretischen Grundlagen der im Laufe der Jahrhunderte einander ablösenden – oder nebeneinander bestehenden – Wirtschaftssysteme des Feudalismus, Kapitalismus, Sozialismus und Kommunismus näher eingehen zu können, möchte ich mich dem heute so notwendigen neuen ökonomischen Aufbruch zuwenden – bedingt durch das wachsende Elend der Entfremdung, das weltweite Gefühl der Heimatlosigkeit, die Ohnmacht und Frustration angesichts der herrschenden Wirtschaftsstrukturen. Die Menschen spüren ein Chaos, einen Abgrund, über dem sie hängen, denn die Ökonomie hat die neue Bedeutung von Heimat in unserer Zeit noch nicht eingeholt. Die Wirtschaft wird immer noch nach den «Gesetzen» einer Newtonschen Mechanik betrieben, bestimmt von Angebot und Nachfrage, ohne sich viel darum zu kümmern, *was* angeboten wird und für *wen*, was *nicht* angeboten wird und *wer* nachfragt und wie die Nachfrage von den Herstellern *manipuliert* wird. Als weiteres «Gesetz» gilt, daß wirtschaftlicher Fortschritt identisch ist mit einer ständigen Zunahme des Bruttosozialprodukts. Außerdem wird seit Adam Smith' (1723–1790) Hauptwerk *Untersuchung über die Natur und die Ursachen des Nationalreichtums* angenommen, Wirtschaft sei im wesentlichen eine Sache der Nationalstaaten und ihrer Interessen. Das «Heim» der Ökonomie sei also, mit anderen Worten, das eng begrenzte Territorium eines jeden Staats. Dieses starre ökonomische System wird heute mehr und mehr in Frage gestellt, sieht man doch, daß es nicht in der Lage ist, die galoppierende Inflation zu stoppen oder den Armen das Überleben zu ermöglichen – im Gegenteil: Die Reichen werden immer reicher und die Armen immer ärmer. Die Menschen haben heute das Gefühl, daß unsere ökonomischen Hierarchien den Kontakt zur Wirklichkeit mindestens so stark verloren haben wie damals jene Kirchenmänner, die mit Galilei über seine Entdeckungen stritten. Angst erfaßt die Menschen. Einstein spürte das, als er sagte: «Die mechanischen Produktionsmittel haben bei der unorganisierten Wirtschaft dazu geführt, daß ein erheblicher Teil der Menschen für die Gütererzeugung nicht gebraucht und dadurch aus dem wirtschaftlichen Kreislauf ausgestoßen wird.»[2]

Welchen neuen Namen für «Heim» sollten die Ökonomen jetzt lernen? «Die Erde ist dein Schuh, der Himmel ist dein Hut»[3], sagt der Dichter und ist damit wissenschaftlich genauer, als er wohl vermutet hat, als er die Zeilen schrieb, denn der Himmel fungiert tatsächlich wie ein Hut und schirmt uns ab vor den Millionen Meteoriten, die tagtäglich in seine äußeren Regionen eindringen und dort verglühen. Gleichzeitig schützt uns die Ozonschicht des Himmels vor der harten Strahlung, die das Leben gefährden würde.

«Die Erde ist dein Schuh, der Himmel ist dein Hut» – diese Lektion haben wir im vorigen Kapitel gelernt: Unsere Heimat ist das Universum und in besonderem Maße dieser einzigartige Planet Erde. Wir sind nicht mehr Bürger und Bürgerinnen eines Stammes, eines Königreiches oder Staates, sondern eines Planeten. Unsere Heimat ist die Welt und unsere Gesellschaft das Universum: Diese Lektion der wechselseitigen Abhängigkeit bringen uns Biologie, Physik und das allgemeine Bewußtsein nahe, mit denen wir uns im vorigen Kapitel befaßt haben. Dank globaler Kommunikation und globaler Erfahrungen gemeinsamen Leids – seien es Krieg, Arbeitslosigkeit, Inflation, Hunger usw. – oder gemeinsamer Freude – Musik, Theater Tanz, Film und andere Feiern des Lebens –, nehmen viele diese Lektion heute bereitwilliger an. Wir sind keine isolierten Wesen mehr, nicht in unseren abgeschotteten Häusern und nicht in unseren isolierten nationalen Identitäten. Obschon die Nationalstaaten sich noch – und manche mehr denn je – gebärden, als wären sie Einzelwesen, sind sie es doch schon lange nicht mehr. Es wird den meisten immer klarer, daß die Erde unser gemeinsamer

Schuh, der Himmel unser gemeinsamer Hut ist und daß beide in Gefahr sind. Doch haben die Ökonomen und ihre Politiker diese Wahrheit, derer sich die Bürgerinnen und Bürgern in wachsendem Maße bewußt werden, noch nicht akzeptiert, ja zum Teil noch nicht mal zur Kenntnis genommen.

Der neue Name für unsere Heimat ist «globales Dorf», doch beginnt die Ökonomie sich erst langsam auf die neuen Realitäten der wechselseitigen Abhängigkeit einzustellen. Der Wirtschaftswissenschaftler Herman E. Daly tut das Seine dazu. Er betont die Notwendigkeit eines neuen Paradigmas oder Modells für die Wirtschaft:

> Das kontinuierliche Wachstum sowohl der Kapazität (Bestand) als auch des Einkommens (Produktionsleistung) bildet den zentralen Teil des neoklassischen Wachstumsparadigmas. In einer begrenzten Welt ist ein kontinuierliches Wachstum aber unmöglich. Angesichts begrenzter Mägen, begrenzter Lebensspannen und einer Art von Menschen, die nicht vom Brot allein lebt, wird das Wachstum schon unerwünscht, lange bevor es unmöglich wird. Aber die schweigende und manchmal ausdrückliche Annahme der Wachstumsmanie besteht darin, daß die Gesamtmenge der Wünsche unendlich ist und durch eine unendliche Produktionsmenge bedient werden muß . . . Selbst wenn wir es versuchen, können wir nicht neutral oder «wertfrei» sein, weil das Paradigma, mit Hilfe dessen die Menschen ihre Gesellschaft verstehen, selbst eines der bestimmten Schlüsselfaktoren des Gesellschaftssystems ist.[4]

Wenn wir alle auf diesem Planeten voneinander abhängen und der Planet unser aller Heimat ist, dann brauchen wir – falls es nicht schon zu spät dafür ist – eine neue Ökonomie und eine neue Art sozialer Verknüpfungen – geboren aus jenem Leid und jener Machtlosigkeit, die die großen und kleinen Völker, die reichen und armen, die vor- und nachindustriellen miteinander teilen. Mitgefühl wird erst dann Mitgefühl, wenn es an die Öffentlichkeit tritt; und deshalb wird das Mitgefühl auch erst geboren werden, wenn diese neue Ordnung zur allgemeinen Linderung des Leids geboren wird. In diesem Kapitel möchte ich die Grundthesen dieses Buches auf das so wichtige Thema der Ökonomie in einem globalen Dorf anwenden. Indem wir die Hindernisse für das Mitgefühl, die wir vorher benannt haben, offenzulegen versuchen und zeigen, wie sie mit der Wirtschaft zusammenhängen, könnten wir zur Konstituierung einer neuen Ökonomie und Sozialordnung beitragen – dieses Mal auf der Basis von Mitgefühl und Weltbewußtsein. Zunächst werde ich mich mit Newtonscher Wissenschaft und Ökonomie beschäftigen, es folgen «Psychologie und Ökonomie», «Sexualität und Ökonomie» sowie «Kreativität und Ökonomie». Danach müßten wir soweit sein, zumindest ansatzweise aufzuzeigen, was eine Ökonomie und Politik des Mitgefühls bedeuten könnte.

Von einer Newtonschen zu einer Einsteinschen Ökonomie

Im Rahmen der Erörterung des tiefgehenden Bewußtseinswandels, den die Einsteinsche Revolution in unserem Jahrhundert ermöglicht hat, habe ich fünf Hauptmythen der Newtonschen Wirklichkeitssicht aufgezeigt, die nicht länger bestehen können: 1. ein mechanistisches Wirklichkeitsmodell; 2. die überwiegende Beschäftigung mit Teilen oder Stücken auf Kosten des Ganzen; 3. ein harter Individualismus, gestützt durch Darwins These vom Überleben des Stärksten; 4. eine fadenscheinige Forderung nach «Objektivität» und eine absolute Perspektive; und 5. die Annahme einer Aufspaltung von Materie und Geist, Materie und Bewußtsein. Die Abkehr von diesen Punkten ist auch auf ökonomischem Gebiet von größter Bedeutung, wie wir gleich sehen werden.

Mechanistische Determinismen und Modelle

Die wissenschaftliche Ökonomie sucht so verbissen nach ökonomischen Gesetzen, als seien die menschlichen und natürlichen Produktions-, Verteilungs- und Konsumkräfte sowie der Kreislauf der Energie eine Maschine. Fragen des Mitgefühls und menschlicher Betroffenheit, des Unrechts und der Gerechtigkeit, des Luxus mitten in einem grundsätzlichen Mangel, die Vergewaltigung der Erde, der Luft, des Wassers und der Tiere, können da keine Rolle spielen. Derartige moralische Anliegen verwirren sogar nur das Bemühen, die Maschine – also die Ökonomie – wieder «in Gang zu bringen». Seit Descartes operieren der Westen und seine Ökonomie von dem kartesischen Grundprinzip des Wissens aus: klare und distinkte Ideen. Was nicht klar und unterschieden, was also nicht maschinenhaft einfach ist, ist unserer Aufmerksamkeit nicht würdig. Descartes, und anscheinend jeder Ökonom seither, hat erklärt: «Wer den direkten Weg zur Wahrheit sucht, sollte sich nicht mit Objekten beschäftigen, über die keine den arithmetischen und geometrischen Beweisen entsprechende Gewißheit zu erlangen ist.» So ist also die Quantität als einzige Norm der Wirtschaft festgesetzt worden. Von daher sind die Forderungen Lord Keynes' nur logisch – obwohl sie menschlich gesehen unsinnig sind. Keynes (1883–1946) sagte: «Für wenigstens hundert Jahre werden wir uns und anderen vormachen müssen, daß moralisch Gutes schlecht und Schlechtes gut ist, denn das Schlechte ist nützlich und das Gute nicht. Habsucht, Wucher und Vorsicht (im Sinne ökonomischer Sicherheit) müssen noch eine ganze Weile unsere Götter sein.»[5] Kein Wunder, daß moralische Fragen wie Gerechtigkeit und Mitgefühl für führende Wirtschaftsleute irrelevant sind. Schumacher kommentiert die Folgen einer Idolisierung von Mechanismus und Quantifizierung: «Wir haben jetzt diesen furchtbaren Fetisch des Messens des Bruttosozialprodukts eines Landes, das dann durch die Anzahl der dort lebenden Menschen geteilt wird, um das durchschnittliche Pro-Kopf-Einkommen zu erhalten.»[6] Die jeweilige Wachstumsrate, die ständige Jagd nach mehr, ist also die Bemessungsgrundlage für wirtschaftliche Leistung.

Schumacher weist darauf hin, daß wir in der Wirtschaft nicht nur Fragen der Geschwindigkeit, sondern auch Fragen der Richtung beachten sollten, denn genug ist gut, mehr als genug jedoch böse. «Ich finde die ökonomische Fixierung auf das Bruttosozialprodukt sinnlos. Die bloße Tatsache, daß einige böswillige Statistiker alles zusammengezählt haben, was wir im letzten Jahr taten, um dann zu verkünden, daß unser Bruttosozialprodukt gesunken oder gestiegen ist, sollte für alle vernünftigen Menschen völlig belanglos sein. Wachsen sollte, was gut und hilfreich ist, während das Schlechte und Hinderliche abnehmen muß.» Welche Richtung soll laut Schumacher die Wirtschaft einschlagen? «Wir sollten nach Gewaltlosigkeit streben, statt einen Krieg gegen die Natur zu führen.»[7] Letztlich ist Schumachers Argument, daß die Suche nach unendlichem Wirtschaftswachstum auf einem begrenzten Planeten und bei begrenzten Ressourcen eine Absurdität ist. «Das Wirtschaftswachstum ist zur Religion dieses Jahrhunderts geworden», stellt er fest und zitiert den früheren Wirtschaftsberater des US-Präsidenten, Walter Heller, der «sich eine erfolgreiche Wirtschaft ohne Wachstum nicht vorstellen kann». Ständiges Wachstum ist zu einem mechanischen Gesetz der gegenwärtigen Ökonomie geworden.

Ein anderes für selbstverständlich gehaltenes mechanistisches Gesetz ist das von Angebot und Nachfrage. Mit einer Laissez-faire-Haltung kombiniert führt es dazu, daß der Markt alles geschehen läßt, was geschehen will, und dadurch der Preis der Waren bestimmt wird. Die Amerikaner haben aber mittlerweile gemerkt, daß, sobald sie selbst nicht mehr die Fäden der Marktpuppen ziehen, sich sehr wohl die Frage stellen läßt, ob man wirklich alles «ohne äußere Einmischung» geschehen lassen soll – ich erinnere nur an die große Ölkrise in den siebziger Jahren, als das geheiligte Gesetz von Angebot und Nachfrage sich plötzlich gegen sie wendete. Da dämmerte es vielen, daß dieses Gesetz wohl doch nicht das *einzige* Gesetz der Ökonomie sein durfte. Überleben und Gerechtigkeit haben andere Gesetze. Wir lernten, daß Preise zu hoch sein können – und Profite ebenfalls. Die ökonomische Gleichung muß auch andere Werte berücksichtigen, die eben nicht so einfach funktionieren wie eine laufende Maschine.

Ein zentrales Beispiel für den Maschineneinfluß in der Wirtschaft ist die Entfremdung des Körpers unter industriellen Arbeitsbedingungen. «Der vom industriellen System entworfene perfekte Arbeiter ist derjenige, der der Maschine ähnelt», stellt Gregory Baum – ganz im Sinne von Karl Marx – fest. Der Arbeiter wird «ein Fremder gegenüber seinem Körper und der natürlichen Umwelt, in der er lebt».[8] Der Körper, die Energie und Kreativität der Arbeitenden fallen dieser vom newtonschen und kartesischen Denken geprägten Ökonomie zum Opfer. In einer solchen Wirtschaft wird auch die Zeit zu einem Absolutum, so daß die Arbeitszeit zu einer klar umrissenen, «eingestanzten» Zeit wird, bestimmt von einer absolutistischen Uhr an der Wand. Zeit wird zu einer Ware, die wir «ausgeben», statt zu einer Gelegenheit, die wir in Gespräch, Feier oder gemeinsamer Ekstase verbringen.[9] Zeit steht nicht mehr in Beziehung zur Freude an schöpferischer Arbeit, sondern wird selbst zum Objekt der maschinenartig sich drehenden Zeiger auf einer Uhr. Und wieder dienen die Menschen der Maschine, statt daß die Maschine den Menschen dient.

E. F. Schumacher bietet in diesem Kontext eine nützliche und befreiende Unterscheidung an, indem er den Unterschied zwischen Werkzeugen und Maschinen betont. Er möchte die Maschinen zugunsten der Werkzeuge abschaffen. «Werkzeuge dienen dem Menschen, während die Maschine fordert, daß der Mensch ihr dient. Werkzeuge fördern die Fertigkeiten und die Kraft des Menschen, während die Maschinen früher oder später die Menschen versklaven, die sie gebaut und gewartet haben.»[10] Am Ende entziehen Maschinen der Arbeit den größten Teil ihrer menschlichen Elemente, während Werkzeuge die schöpferische Arbeit den Arbeitenden überlassen. Interessanterweise kennt das biblische Hebräisch kein Wort für «Ding», sondern nur für «Werkzeug» *(keli)*. Dieser Begriff betont, worauf auch Schumacher hinaus will: die instrumentelle und funktionale Verwendung von Gegenständen. Dem jüdischen Bewußtsein sind Dinge Mittel zum Handeln und keine statischen Objekte zur Wahrnehmung.[11] Ein dinghaftes Denken, das aus der höheren Schätzung von Dingen und Maschinen als von Werkzeugen folgt, widerspricht biblischer Spiritualität. Es ist vielmehr die Essenz des Materialismus.

Ein weiteres Beispiel des Maschinendenkens in der Wirtschaft zeigt sich im wohl grundlegendsten aller ökonomischen Begriffe: den Gütern. Güter bilden den Hauptgegenstand der Ökonomen, doch besteht eine Tendenz, Güter wie Zahnräder in einer Maschine zu betrachten. Nach Schumacher gibt es vier Kategorien Güter: nichterneuerbare Primärgüter, wie etwa das Öl; erneuerbare Primärgüter, wie etwa den Weizen; hergestellte sekundäre Güter, wie etwa Schuhe; und ausgeübte sekundäre Güter, wie etwa Dienstleistungen. Jede Ökonomie dreht sich um diese vier Kategorien, doch «läßt sich die bisher geltende Ökonomie nur auf die hergestellten Güter wirklich anwenden, wird jedoch ohne Unterscheidung auf alle Güter, einschließlich der Dienstleistungen, angewendet, weil es völlig an Einsicht in den wesentlichen, qualitativen Unterschied zwischen den vier Kategorien mangelt».[12] Wir behandeln die Primärgüter oder jene, die wir nur umwandeln, aber nicht produzieren, weil die Erde sie produziert hat (Öl und Boden), wie hergestellte Güter, die oft ebenfalls, entgegen dem ersten Anschein, weniger produziert als umgewandelt sind. Wir behandeln, mit anderen Worten, alle Güter wie Maschinenteile, wie Dinge.

Der Fetisch «Teil»

Zu den überholten Newtonschen Konzepten, die unser ökonomisches Denken bestimmen, gehört auch die ausschließliche Beschäftigung mit den Teilen und die Verwechslung des Teils mit dem Ganzen. Ein Beispiel für dieses Denken haben wir in der Verwechslung eines Teils der Güter (der hergestellten) mit allen anderen Gütern gesehen. Ein solches Verhalten drücken auch jene Statements aus, die uns dazu aufrufen, «das System zu retten». Ein Fernsehwerbespot eines multinationalen Konzerns endete mit den goldenen Worten: «Die Lösung ist das System.» Und mit «System» meinen sie ihr System oder das System, das augenblicklich im Namen der Wirtschaftsordnung die Welt beherrscht. Ich kann wohl zustimmen, daß die «Lösung das System sei», sofern mit System das gesamte kosmische oder Ökosystem gemeint ist. Mit diesem System in Einklang zu kommen, ist in der Tat die Lösung: Es ist der Weg der Weisheit und des Mitgefühls. Dazu bedarf es aber einer kosmischen Vision, einer Vision des Ganzen und einer Weigerung, Teile mit dem Ganzen oder dem System zu verwechseln.

Den Teil statt des Ganzen zu sehen, ist fester Bestandteil des heutigen Wirtschaftsdenkens. Schumacher hat seine stärksten Begriffe für diesen «Reduktionsprozeß» reserviert, der im modernen Kapitalismus stattfindet. Er reduziert alles allein auf den Profit. Das einzige Ganze ist der Teil, den wir Profit nennen. Schumacher beklagt eine «Vergötzung der Selbstbereicherung, die Millionäre als unsere Kulturhelden feiert» und eine Wirtschaft favorisiert, deren Basis «private Gier» ist. Da sie so simpel funktioniert, fällt es ihr verhältnismäßig leicht, die Erde zu verändern – vor allem weil Wertfragen nie eine Rolle spielen. «Erfolgreiche Geschäftsleute sind häufig erstaunlich primitiv», bemerkt er, weil ihre Lebensanschauung so kurzsichtig ist. «Die wirkliche Stärke der Theorie des Privatunternehmens liegt in ihrer rücksichtslosen Simplifizierung.» Schumacher sieht hier eine enge Parallele zur Reduktion von Qualität auf Quantität, die auch die Wissenschaft betreibt. Die Einfachheit des Privatunternehmens als Wirtschaftssystem ist erschreckend, weil «es nahelegt, die Totalität des Lebens ließe sich auf einen Aspekt – den Profit – reduzieren». Eine Folge davon ist, daß das Privatunternehmen sich «nicht darum kümmert, was es produziert, sondern nur darum, welchen Gewinn diese Produktion abwirft.[13]

Die Analyse oder das Zerlegen von Dingen, um sie besser zu verstehen, ist eine nützliche, spezialisierte Denkweise. Doch es ist nicht die einzige Denkweise, die wir brauchen. Menschen, die immer mehr über immer weniger sagen können, werden zur leichten Beute für Propagandisten, weil allem rhetorischen Denken ein Stückwerk-Fetischismus innewohnt, der dazu tendiert, einzelne Faktoren zur stärkeren Betonung und Hervorhebung zu isolieren. Die Verwechslung von Göttern mit Gott oder von Teilen mit dem Ganzen ist geradezu die Definition von Vergötzung. Dieses götzendienerische Stückwerk-Denken zeigt sich heute auch in der verhängnisvollen Annahme, daß gut für den Planenten sein soll, was gut ist für den einzelnen Staat. Der Nationalismus ist eine Form des Stückwerk-Denkens, da er die Sicherheit des Staates über die globale Sicherheit stellt. Doch was würden uns alle ausgefeilten staatlichen Sicherheitssysteme nutzen, wenn man eines Tages merken würde, daß das grüne Meeresplankton, einer der größten Sauerstoffproduzenten, durch die atomare Strahlung vernichtet worden ist? Das Leben ist das Ganze, die Staaten sind nur Teile. Daß wir dies beides verwechselt haben, stellt eine große Bedrohung allen Lebens – und damit auch aller Staaten – dar. Darum ist der Wechsel von einer nationalistischen Wirtschaftsordnung zu einer globalen so wesentlich. Der «Nationalreichtum» ist in einer Epoche der drohenden globalen Selbstzerstörung kein angemessener Denkansatz für das ökonomische Planen und Strukturieren.

Harter Individualismus und die Isolierung von Einzelnem

Durch nichts anderes hat die klassische Physik Wirtschaft und Gesellschaft so gefährlich beeinflußt wie durch den Mythos, daß die Grundlage der Wirklichkeit feste, voneinander unabhängige Einzelteile seien, die um ihr Überleben kämpfen. Der Biologe Lewis Thomas drückt es so aus: «Die älteste, am leichtesten zu schlukkende Idee war, daß die Erde das persönliche Eigentum des Menschen sei, eine Kombination von Garten, Zoo, Banktresor und Energiequelle, uns zur Verfügung gestellt, um sie zu verbrauchen, auszuschmücken oder auseinanderzureißen, ganz nach unseren Wünschen . . . In den letzten Jahren wurde uns diese Betrachtungsweise schmerzhaft ausgetrieben, . . . es wird fast überall zugegeben, daß wir nicht die Herren der Natur sind, wie wir glaubten; wir sind ebenso abhängig von dem übrigen Leben wie Blätter oder Mücken oder Fische. Wir sind ein Teil des Systems.»[14] Beachten Sie, wie *er* das Wort «System» verwendet. Er meint damit das Weltsystem, das Lebenssystem, sogar das kosmische System, das das weitere Leben auf unserem Planeten ermöglicht.

Wechselseitige Abhängigkeit ist nicht nur das neue Grundgesetz des Universums, sondern auch das Gesetz, nach dem Staaten handeln müßten, obwohl jene Nationen, die die eigene Sicherheit vergötzen, dies erst noch lernen müssen. Gerald und Patricia Mische sind jedoch überzeugt davon, daß wir «heute die letzten Todeszuckungen des Prinzips der nationalen Autarkie» erleben. Wechselseitige Abhängigkeit, nicht Unabhängigkeit, ist der Schlüssel zum nationalstaatlichen Überleben, weil «ein irgendwo stattfindender Atomangriff unsere ganze Spezies betrifft. Die Zerstörung der Ozonschicht macht uns alle anfällig für Hautkrebs . . . Und eine Kostensteigerung auf dem Ölmarkt treibt überall die Inflation in die Höhe . . . Die unilaterale Entscheidung eines Staates, den Verlauf eines Flusses innerhalb seiner Grenzen zu verändern, würde die Sicherheit der Nachbarstaaten, die ebenfalls von diesem Fluß abhängen, vital berühren. Die Liste ist endlos. Alle Staaten sind also von den Entscheidungen und Aktivitäten anderer Staaten mit betroffen.»[15]

Aus diesem Grunde fordern die Misches in ihrem Buch *Toward a Human World Order* ein nicht kurzsichtiges (nicht stückwerkfetischistisches) Entwicklungsverständnis, das auch eine «Befreiung zum Sein» umfaßt. Dieses Gesetz würde in seinem Entwicklungsverständnis nicht nur die wirtschaftliche, sondern auch die soziale, politische, kulturelle und geistige Dimension des Lebens und deren Interaktionen in Betracht ziehen.[16] Das Hauptorganisationsprinzip für eine solche Humanisierung der Beziehungen müßte eine Erkenntnis der wechselseitigen Abhängigkeit der Menschen sein, wie die Misches sagen.[17] Einstein wäre von dieser Einsicht begeistert gewesen, denn er betrachtete dieses Problem als fundamental für die weitere Entwicklung des Menschen auf diesem Planeten: «Die Entwicklung der Technik und die der Kriegsmittel hat so etwas wie eine Schrumpfung unseres Planeten mit sich gebracht. Wirtschaftliche Verflechtung macht die Schicksale der Völker in viel höherem Grade voneinander abhängig, als dies in früheren Zeiten der Fall war.»[18] Ein Überleben ist nicht möglich, so erklärte er, «ohne die Beschränkung der traditionellen und nationalen Souveränität der einzelnen Länder».[19]

Auch die Misches betrachten das Prinzip der nationalen Autarkie als überholt. Die einzelnen Staaten haben, so sagen sie, uns alle in die Zwangsjacke der Nationalinteressen gesteckt und damit jede schöpferische wirtschaftliche Alternative unterbunden. In einem solchen System vermarktet die Machtelite unseren Planeten und baut Bomben statt Häuser. Und wir fühlen uns entfremdet und ohnmächtig, unser eigenes Schicksal zu gestalten. Diese Ohnmacht, so sagen die Misches, ist das «beherrschende Kennzeichen der heutigen, von nationalem Sicherheitsdenken bestimmten Gesellschaften»[20].

Schon Einstein war überzeugt davon, daß ein weltweites Sicherheitssystem das einzig Erstrebenswerte sei: «Die einzige Hoffung für Schutz liegt in der Sicherung des Friedens auf übernationalem Wege. Es muß eine Weltregierung geschaffen werden . . .»[21] Einstein schlägt in diesem Zusammenhang eine übernationale Organisation vor, die allein die Autorität haben darf, moderne Waffen zu produzieren und zu besitzen. Er betrachtete die Vereinten Nationen als ein bloßes Übergangssystem mit dem eigentlichen Ziel, eine friedenschaffende Weltregierung, ausgestattet mit legislativer und exekutiver Macht zu etablieren. Er war sich der Revolution im Denken, die eine solche globale Perspektive erfordern würde, durchaus bewußt. Er drängte sogar zu einem solchen Umdenken. Er meinte, wir müßten nicht nur unser Denken und unser Handeln radikal ändern, sondern auch den Mut haben, die Beziehungen zwischen den Staaten zu revolutionieren. Denn, wie Michael Harrington sehr richtig sagt, «eine von selbstsüchtigen Interessen beherrschte Wirtschaftsordnung ist nicht imstande, dem Gemeinwohl der Gesamtgesellschaft zu dienen»[22].

Objektivität und wertfreie politische Nationalstaaten

Die Newtonsche Physik verfolgt uns immer noch in Form einer illusionären Suche nach einer wertfreien und objektiven Ökonomie. Im Laboratorium oder auf einem Computerausdruck mag ein solcher Reduktionismus in sehr begrenztem Maßstab möglich sein. In menschlichen Angelegenheiten oder anderen Belangen der Natur ist er nicht mal wünschenswert und entspricht – wie Einstein gezeigt hat – auch nicht der Wahrheit des Universums, in dem wir leben. Raum und Zeit, die alles umfassen, was wir kennen und kennen wollen, sind relativ und nicht absolut. Und relativ ist auch all unser Wissen. Wer inmitten einer Überlebenskrise unerschütterlich «wertfrei» bleibt, enthüllt dadurch seine wahren Werte: die Werte eines stoischen Eigeninteresses. William Eckhardt stellt fest, daß es «keine wertfreien Fakten gibt. Infolgedessen ist eine wertfreie Wissenschaft bestenfalls naiv, schlimmstenfalls betrügerisch und widerspricht sich selbst.» Denn, so betont er, die Fakten selbst tragen Werte in sich; und wenn wir diese unterdrücken, «so stellt die Wissenschaft sich damit in den Dienst der Macht, die entscheidet, welchen Werten die Wissenschaft zu dienen hat».[23] Der letztgültige Wert der heutigen Ökonomie liegt nach den Misches im «Prinzip der uneingeschränkten nationalen Souveränität», einem Prinzip, das selbst die Bemühungen von Karl Marx, die Wirtschaft zu humanisieren, unterminierte.[24] Der Gründer des Club of Rome, Aurelio Peccei, sagte bereits 1976 auf einer internationalen Konferenz in Philadelphia vor Wissenschaftlern und Geschäftsleuten, daß zur Zeit zwar der Mythos des exponentiellen Wachstums an Glanz verlieren würde, nun aber auch der Mythos der nationalen Kompetenz ad acta gelegt werden müsse.[25] Schließlich geht es um nichts weniger als das Überleben von uns allen, um eine Verteidigung des Lebens auf unserem gemeinsamen Planeten. Der Schuh, den wir Erde nennen, ist schließlich der einzige Schuh, den wir haben.

Geist/Materie und Ökonomie

Die konventionelle Ökonomie neigt dazu, die Materie in Form von Gütern zu definieren, die sie uns dann auf dualistische Weise gegenüberstellt, als würde unser Geist nicht durch den Stoff der Industrie berührt und durch das, was in der Wirtschaft geschieht, und als würde, was im menschlichen Geist geschieht, die Wirtschaft nicht tangieren. In Wirklichkeit jedoch haben wir es mit einem wechselseitigen Einfluß zu tun. Es geht jedoch bei alledem um eine Kontraktions/Expansions-Dynamik.

Die Expansion, das Wachstum, ist nicht mehr das absolute Newtonsche Gesetz, das es einmal war. Expansion ist auch nicht mehr in dem Maße möglich, wie sie es einmal zu sein schien. Eine Wirtschaftstheorie, die auf Wachstum baut, ist völlig überholt. Sie ist ein Dinosaurier, der sich langsam zu Tode frißt. Ein solches System ist auch nicht mehr ökonomisch, denn es führt zu teuren, verschwenderischen, gewaltsamen, dualistischen und konkurrierenden Energien, die sich in einer immer kleiner werdenden Welt niemand leisten kann. Materie und Raum-Zeit gehen durch Phasen der Expansion und der Kontraktion; und offenbar leben wir heute in einer Periode intensiver Kontraktion. Und unsere Wirtschaft würde sich diesem Modell besser sehr bald anpassen. Denn ein System, dessen Teile sich ausdehnen, während das Ganze schrumpft, explodiert. Wir haben ein geistloses Wirtschaftssystem, das von Millionen Erdenbürgerinnen und -bürgern auch immer deutlicher so gesehen wird. Der menschliche Geist und das Bewußtsein dehnen sich aus, während die physische Welt immer kleiner zu werden scheint. Und doch dominiert nach wie vor ein Wirtschaftssystem, das immer noch versucht, sich auszudehnen, was zur Folge hat, daß das menschliche Bewußtsein schrumpft. Wenn Jesus davon sprach, daß wir nicht Gott *und* dem Mammon dienen könnten, so wollte er damit nicht die wichtige Arbeit herabwürdigen, Güter für das menschliche Dasein bereitzustellen, sondern wies auf die notwendige Dialektik zwischen Expansion und Kontraktion hin. Diese Dialektik auf einen simplifizierenden Dualismus zu reduzieren, in dem die Expansion die einzige vitale Energie ist, führt zu Zerstörung. Glücklicherweise sehen auch einige Ökonomen, was Jesus und verschiedene Menschen guten Willens und klarer Vernunft erkannt haben. Der Wirtschaftswissenschaftler H. E. Daly zeichnet die wechselseitige Abhängigkeit, die Interdependenz, als das neue ökonomische Gesetz: «Alle Wirtschaftssysteme sind Subsysteme im großen biophysikalischen System der ökologischen Interdependenz. Das Ökosystem setzt physikalische Beschränkungen, denen sich alle Wirtschaftssysteme anpassen müssen.»[26]

Wir haben hiermit einige der Implikationen einer auf die Einsteinsche statt auf die Newtonsche Physik gestützten Ökonomie dargelegt. Dazu könnte natürlich noch viel mehr gesagt, geforscht und gelebt werden. Doch eines lernen wir daraus gewiß: Es wird kein Mitgefühl und keine Wiedergeburt und auch kein Überleben des Mitgefühls geben, solange wir einer mechanistischen Weltanschauung statt dem Prinzip der Verbundenheit vermählt bleiben, den Teilen statt dem Ganzen, dem harten Individualismus statt der wechselseitigen Abhängigkeit, dem Nationalismus und der staatlichen Sicherheit statt internationaler Gegenseitigkeit, der Wertfreiheit statt einer wertorientierten Wirtschaft. Nichts wird bleiben, Schumacher, selbst Wirtschaftswissenschaftler, warnt uns vor der «großen Mehrheit der Ökonomen, die noch immer das absurde Ideal verfolgen, ihre Wissenschaft so wissenschaftlich präzise wie die Physik zu machen, als gäbe es keine qualitativen Unterschiede zwischen geistlosen Atomen und den Menschen nach dem Bilde Gottes.» Mit Physik meint Schumacher hier die Newtonsche quantitative Physik. Durch Einstein selbst haben wir einige wichtige qualitative Lektionen aus der heutigen Physik gelernt. Lektionen, die wieder zeigen, daß wir verb- statt substantiv-orientiert sind, daß wir uns in das Mitgefühl verlieben, in das Verb, das die Verbindungen herstellt, das die wechselseitigen Verbindungen erkennt und sie feiert.

Psychologie und Ökonomie

Im Kapitel über Mitgefühl und Psychologie haben wir die grundsätzlichen psychischen Hindernisse für Mitgefühl dargestellt: Konkurrenz, Zwänge und Dualismus. In welchem Maße ist die Wirtschaft diesen negativen und dem Mitgefühl feindlichen Kräften verpflichtet? In welchem Maße könnte die Ökonomie sich und uns alle zu einer heiligeren Trinität des Zulassens, des Loslassens und Geschehenlassens von Dialektik befreien, damit wir das Leben und seine erfreulichen Güter wieder feiern können, statt sie zu kontrollieren und zu horten?

Ökonomie und Konkurrenz

Die Konkurrenz, der Wettkampf, wird häufig als das ökonomische Gesetz schlechthin beschworen. Als solches wird es von denen, die sich ein menschlicheres und gerechteres Wirtschaftssystem vorzustellen versucht haben, wie zum Beispiel Martin Luther, rundheraus verdammt. Luther betrachtete das Kapital als dämonisch; und eines seiner schärfsten Argumente gegen das Papsttum seiner Zeit bestand darin, daß es kapitalistisch und deshalb dämonisch war. Luther hielt Geld für ein Werkzeug des Teufels, mit dessen Hilfe der Böse alles bewirkte, während Gott durch das wahre Wort schuf.

Ein Papst unserer Zeit – Paul VI. – hat jedoch ebenfalls die Dämonen der ökonomischen Konkurrenz erkannt und warnte davor, «Konkurrenz als höchstes Wirtschaftsgesetz» zu akzeptieren, da das zu einem «internationalen Imperialismus des Geldes» führe.[27] Gerechtigkeit oder eine ausgewogene Machtverteilung seien wichtiger als Konkurrenz. «Eine Austauschwirtschaft kann nicht mehr allein auf dem Gesetz freier Konkurrenz beruhen, einem Gesetz, das nur zu oft eine wirtschaftliche Diktatur zur Folge hat. Handelsfreiheit ist nur dann fair, wenn sie auch den Forderungen der sozialen Gerechtigkeit entspricht.»[28] Durch das bloße «freie Spiel der Kräfte» kann eine gerechte Verteilung der Güter dieser Welt niemals sichergestellt werden.

Konkurrenz wird immer zum Krieg führen, denn Krieg führen ist eine logische und archetypische Metapher für Konkurrenz. Jede Konkurrenz ist eine Art Krieg. Ekstase hingegen führt nicht zu Konkurrenz und damit zum Krieg, sondern zu Mitgefühl und damit zur Feier.

Das Konkurrenzdenken wird den einzelnen systematisch anerzogen – auf der Basis des überholten Mythos vom Überleben des Stärksten (womit in unserer Gesellschaft natürlich der Reichste gemeint ist). Doch die dämonischste Form nimmt die Konkurrenz an, wenn sie auf Staaten übertragen wird. Den Misches zufolge ist es diese «ungeprüfte globale Konkurrenz zwischen Nationen auf der Basis des Prinzips totaler Unabhängigkeit», die die Regierenden immer wieder dazu bringt, die Ziele der nationalen Sicherheit über die menschlichen Bedürfnisse der Weltbevölkerung zu stellen.[29] Der Kampf um Geldreserven und um die Ausbeutung der letzten nichterneuerbaren Ressourcen der Erde spielt heute eine ebenso wichtige Rolle wie die Konkurrenz um Waffen.[30] Konkurrenz ist auch die treibende Kraft des territorialen Expansionsdrangs verschiedener Nationalstaaten.[31] Konkurrenz ist also der Hauptmotor unsinniger Expansionsbestrebungen.

Wie jede dämonische Behauptung (im Gegensatz zu einer bloß «schlechten» oder «falschen»), enthält das «Gesetz» der Konkurrenz eine Wahrheit. Ein bißchen Konkurrenz kann sehr gesund sein, wie wir in Kapitel 3 sahen; sie hilft zum Beispiel, Trägheit und Widerstände gegen kreatives Handeln zu überwinden. Besonders im wirtschaftlichen Bereich kann sie dazu führen, daß alternative oder bessere Dienstleistungen und Güter entwickelt und produziert werden – theoretisch jedenfalls, denn praktisch spielt auf der Bühne der monopolistischen Großkonzerne die gesunde Konkurrenz schon lange keine Rolle mehr.

Die sogenannte freie Marktwirtschaft ist nämlich keineswegs frei – es ist sogar sehr teuer geworden, sie aufrechtzuerhalten. Und sie basiert auch nicht auf Konkurrenz, sondern ist monopolistisch. Nur die Fittesten (hier auch im Sinne von die Fettesten) haben überlebt. Wir müssen die Frage stellen, ob nicht unser Wirtschaftssystem und die Ausbildung dafür – die zum großen Teil aus mythisch klingenden Parolen und unreflektierten Klischees besteht – zur Zerstörung des Mitgefühls beitragen, weil sie die Konkurrenz als universelle Norm und als «Gesetz» des wirtschaftlichen Überlebens betrachten. Schließt unser Wirtschaftssystem das Mitgefühl nicht allein schon durch die so extreme Betonung der Konkurrenz aus? Wie lange wollen wir eine solche Dummheit und Gewalt gegen uns, die Erde und das Gemeinwohl noch tolerieren, wo doch Kooperation, wechselseitige Abhängigkeit und Mitgefühl unsere eigentlichen Überlebenskräfte sind? Wir haben den mächtigen Motivationsfaktor Überleben auf die banale Ebene der Konkurrenz reduziert – im Staat, in Firmen, in der Politik und im Sex – wo doch die eigentliche Grundlage für das Überleben der Gruppe nicht die Konkurrenz ist, sondern das Mitgefühl. Wenn wir das Mitgefühl endlich als die praktische, konkrete und erdverbundene Energie des Eigeninteresses und des Interesses an anderen begreifen würden, die es wirklich ist, dann könnte es zu einem mächtigen motivierenden Faktor werden.

Sind perfekte Konsumenten nicht auch perfekte Sammler? Und werden wir nicht durch die viele Werbung und ökonomische Stimulierung, die uns zu willfährigen Konsumenten machen soll, täglich zum Kaufzwang «erzogen»? Als Konsumenten werden wir zu wandelnden Mülltonnen, zu Menschen, die nur noch murmeln können, wenn sie nach ihrer Lebensphilosophie gefragt werden: «Ich kaufe, also bin ich», «Wir konsumieren, deshalb existieren wir – vielleicht.» Dieser Zwang ist der Konsumgesellschaft inhärent, wie Ernest Becker feststellt: «Der moderne Mensch macht sich mit Alkohol und Drogen bewußtlos; oder er verbringt seine Zeit mit Einkaufen, was dasselbe ist.»[32]

Über diesen Aspekt der Wirtschaft hat niemand einsichtsvoller geschrieben als Norman O. Brown in dem Kapitel «Schnöder Mammon» in seinem Buch *Life against Death.* In seiner Psychoanalyse des Geldes, die auf entsprechenden Erkenntnissen Freuds basiert, zeigt er auf, daß die berechnende Persönlichkeit, die «den Idealtypus des *Homo œconomicus* ausmacht, ein analer Charakter ist». Auch Max Weber weist auf die Verbindung zwischen dem «kapitalistischen Geist» und dem analen Charakter hin. Geld fällt in die Kategorie des Heiligen, so stellt Brown fest, weil es mit Schuld und Sühne zu tun hat. «Der ganze Komplex ‹Geld› wurzelt in der Psychologie der Schuld.»[33] In einer solchen Wirtschaft wird die Arbeit zu einer Zwangshandlung, um Schuld zu sühnen: «Der Mensch muß sich durch Arbeit selbst bestrafen.»[34] Hier erkennen wir wieder, warum Jesus das Mitgefühl mit Vergebung verbunden hat – vor allem auch mit der Selbstvergebung. Zwanghaftigkeit ist nämlich das Zeichen einer Persönlichkeit, die sich nicht vergeben lassen oder Vergebung spüren oder vergeben kann. So ist das Wirtschaftsleben eines Staates oder eines Menschen nicht auf die Freude und das Teilen von Freuden des Lebens hin ausgerichtet, sondern auf den Zwang, «das Leben der Freudlosigkeit zu organisieren».[35] In einer solchen Kultur wird das Leid statt der Freude zur Norm. Statt Feier und Zulassen und Loslassen regieren Masochismus und Sadismus. Ein auf Geld bezogener Zwang bedingt auch einen Zeit-Zwang («Zeit ist Geld») und damit die Unfähigkeit, Zeit loszulassen, um zum Beispiel Ekstase und Feier zu erleben. (Haben Sie schon mal bemerkt, wie selten in Banken gelacht wird? In ihrer Nüchternheit und Blockiertheit sind sie fast so schlimm wie die meisten Kirchen.)

Geld macht deshalb so zwanghaft, weil es ein reines Objekt ist. Man kann einem Geldschein gegenüber keine Ich/Du-Beziehung entwickeln. Geld ist tot. Verwesend oder «exkrementartig», um Browns Ausdruck zu benutzen. Menschen, die das Geld lieben oder andere lehren, es zu lieben, sind Menschen, die den Tod lieben und anderen beibringen, den Tod zu lieben. Die Beziehung zum Geld ist keine erotische oder spielerische, sondern, wie Brown betont, «eine Manifestation des Todestriebs».[36] Das zwanghafte Bedürfnis, das Geld zu vermehren, saugt alle anderen Bedürfnisse in sich auf, so wie ein Strudel alles schluckt, was in seine Nähe kommt. Der sich um Geld drehende Zwang verschlingt alle anderen Lebensperspektiven wie das Feiern, das Lindern von Leid, das Loslassen und Zulassen. Darüber hinaus ist die Sucht nach Geld in sich frustrierend, denn sie kann niemals befriedigt werden. Man kann immer noch mehr haben oder gewinnen oder verlieren oder vermehren. Ein wirklicher Zwang trägt immer seinen eigenen Tod in sich. Ein Erdrücktwerden von Gegenständen, ein Ertrinken in Geld und den Problemen, die Geld mit sich bringt, ein Ersticken in Dingen, ein Leben ohne Freude. Leben wird zum Zwang. Leben wird zum Tod. Freude wird auf das *Kaufen* von Freude reduziert, was einer Zerstörung der Freude gleichkommt, denn als eine echte Lebensgrundlage ist die Freude vom Wesen her ein Akt der wechselseitigen Abhängigkeit. Im Gegensatz zum Geld setzt Freude keine Subjekt/Objekt-Beziehungen voraus, sondern überwindet diese. Sie setzt Einheit voraus, Geben und Nehmen, herein und heraus, heiß und kalt. Sie setzt, kurz gesagt, Dialektik voraus. Geben und Nehmen ist aber genau das, was ein Zwang nicht tolerieren kann. Zwänge müssen immer alles im Griff haben, alles steuern, alles kaufen oder verkaufen. Im Zwang gibt es keinen Raum für Dialektik, sondern nur für Kontrolle.

Die Wirtschaft bringt uns nicht nur bei, als Konsumenten zwanghafte Sammler, sondern auch zwanghaft expansiv zu sein. Der Historiker Carroll Quigley schreibt, daß wir «in einer Krebsgesellschaft leben, in der das Wachstum lebensfeindlich geworden ist»[37], wir aber immer weiter auf das Wachstum setzen. Es liegt schon eine gewisse Ironie darin (oder ist es einfach adäquat?), daß in einer Gesellschaft mit entgleister Wirtschaft die meistgefürchtete Krankheit eine mit entgleisten Zellen ist – die expansionistische Krankheit namens Krebs. Wir haben alle gelernt zu expandieren. Steigt das Bruttosozialprodukt nicht, notiert der Aktienmarkt nicht höher, so blikken unsere Nachrichtensprecher sehr ernst. Doch ist, wie der Krebs uns lehrt, nicht jedes Wachstum unbedingt etwas Gutes. Wie Gregory Bateson sagt, kann «weniger Sauerstoff ‹besser› sein als mehr. Es hängt alles vom Kontext ab.»[38] Kapitalismus und ständiges Wachstum sind praktisch ein Synonym. Das zwanghafte Wachstum im Kapitalismus hat auf der einen Seite «eine unerreichte materielle Produktivität» hervorgebracht, die manchen Mitgliedern der Gesellschaft ein Leben in Luxus ermöglicht, und auf der anderen Seite «eine unerreichte soziale Rücksichtslosigkeit».[39]

Die psychologische Bezeichnung für das zwanghafte Bedürfnis nach Expansion ist Gier. Die Gier scheint eine in unser Wirtschaftssystem eingebaute Energie zu sein, da es sich in seinem Verlangen nach Ausdehnung so entwickelt hat, wie wir es kennen. Gier ist der Zustand, niemals zufrieden zu sein, und ruft Unzufriedenheit hervor. Gier vernebelt die Grenze zwischen Bedürfnis und Verlangen; zu viel Gier zerstört die Fähigkeit einer Gesellschaft, echte Bedürfnisse zu erkennen und zu befriedigen. Eine Folge davon ist, daß die Wirtschaft, statt der Gesellschaft wichtige Dienste zu leisten, sich mit Trivialitäten abgibt. Man denkt sich anregende Trivialitäten aus, stellt sie her und verkauft sie. Nehmen Sie nur mal eines der *Gift Magazines,* die in Flugzeugen verteilt werden, zur Hand, dann werden Sie sehen, wie real eine Trivialitätenwirtschaft für die höheren Ränge auf der Wirtschaftsleiter geworden ist. Es wird Sie sicher faszinieren, dort zu lesen, daß Sie zum Beispiel für wenige Dollar einen Münzclip aus Sterlingsilber erwerben können, der eine Miniaturausgabe Ihrer Visitenkarte enthält. Oder Sie können ein «nettes kleines Ringdöschen aus Kristall» kaufen, damit Ihre Ringe nicht in den Ausguß fallen, wenn Sie sie zum Händewaschen abnehmen. «Stellen Sie eins davon in Ihr Schlafzimmer, eins ins Bad, eins in die Küche.»[40] Da fragt man sich doch, wie unsere Zivilisation ohne diese Produkte so lange hat überleben können!

Was hier auf dem Spiel steht, ist nicht ärgerlicher Kleinkram. Das Leben selbst und die Lebensqualität stehen auf dem Spiel. Denn wenn die Industrie sich der Herstellung und Propagierung solcher

Trivialitäten zuwendet, dann heißt es, daß sie sich von anderen Gütern abwendet, denen wirklich Priorität zukäme – das öffentliche Verkehrswesen zum Beispiel. Luxusgüter sind moralisch nicht neutral; sie werden von wenigen auf Kosten anderer Güter für viele gekauft. Eine Wirtschaft, die immer mehr ihrer Ressourcen in Luxus und Trivialitäten steckt, macht dadurch deutlich, daß sie eine elitäre Wirtschaft für eine Elite ist. Damit ist sie vom Mitgefühl so weit entfernt, wie eine Wirtschaft nur sein kann. Es handelt sich um eine zutiefst sündige Ökonomie, wie der Prophet Amos (6,1; 4-7) betont, denn sie kümmert nicht der «Untergang Josephs» in ihrer Mitte, das heißt der Armen, während sie sich mit ihren Luxusdingen, mit Elfenbeinbetten und gemästeten Kälbern vergnügt.

> Wehe den Sicheren auf Zion . . .
> Ihr glaubt den Tag des Unheils hinauszuschieben
> und führt doch die Herrschaft der Gewalt herbei.
> Sie ruhen auf Elfenbeinbetten
> und recken sich auf weichen Polstern,
> sie verzehren die Lämmer von der Herde
> und die Kälber mitten aus der Hürde.
> Sie trinken den Wein aus Humpen
> und salben sich mit kostbarstem Öl,
> aber um den Untergang Josephs kümmern sie sich nicht.
> Darum sollen sie an der Spitze der Verbannten marschieren,
> und mit dem Lärm der Ausgelassenen wird es aus sein.

Der mehrfache Millionär Nolan Bushnell sagt etwas ganz Wesentliches über das Wirtschaftssystem, dessen Teil wir sind, wenn er gesteht: «Was mir wirklich am Geschäft gefällt, ist, daß es das Spiel schlechthin ist. Man schreibt die Punkte in Dollar an, und eine Menge interessanter Leute spielen mit.»[41] Das erklärt einen großen Teil des psychologischen Reizes des Kapitalismus, besonders unter den zwanghaften Konkurrenten. Darin zeigt sich aber auch eine giftige und verdorbene Seite des Systems: Es ist ein Hinweis auf den ihm innewohnenden Sadismus, denn nach Karen Horney ist es eines der Kennzeichen des Sadisten, daß sein Gefühlsleben so leer ist, daß er ständig neue Stimulierung und Erregung braucht.[42] Außerdem enthüllt es den Verrat an der Ernsthaftigkeit und Moral der

Wirtschaft, die durch eine derart triviale Weltsicht auf ein bloßes Spielzeug reduziert wird. Kein Wunder, daß viele Geschäftsleute intellektuell, moralisch und psychisch noch Halbstarke sind. Wenn solche Leute unbedingt spielen müssen, dann wird es Zeit, daß sie es für sich allein tun, und nicht die knappen Ressourcen und Güter verschwenden, die der Rest der Menschheit zum Überleben braucht. Wenn der Kapitalismus tatsächlich das «Spiel schlechthin» ist, wie einer seiner Gewinner, Mr. Bushnell, behauptet, dann wird es Zeit für eine ernsthaftere Ökonomie in unserem Lande. Für die Reichen mag Geld ein Spiel sein; für die Armen ist es jedoch ein Mittel zum Überleben – und damit ein todernstes Spiel.

Eine auf Wachstumszwang und Spieltrieb beruhende Ökonomie ist zum Scheitern verurteilt, weil das Wachstumspotential des Geldes (wie das von Zahlen überhaupt) an sich unendlich ist. Vielen ist inzwischen klar, daß man, je mehr Geld man verdient, auch um so mehr ausgibt. Jemand hat es mal als das «unwiderlegbare Gesetz des Marktes» bezeichnet[43] – Geld selbst wird nie genug da sein. Wer hat je von einem zufriedenen Kapitalisten gehört? Henry Ford wurde in einem Interview gefragt: «Wann ist genug genug?» Und er antwortete: «Wenn es immer noch ein bißchen mehr gibt.» Dieser Zwang zu mehr, der Zwang zum Wachstum macht unser Wirtschaftssystem für das Überleben unseres Planeten auf dämonische Weise gefährlich. Denn in einer zwanghaften Kultur des Wachstums werden alle Erdenbürgerinnen und -bürger unfähig zu begreifen, was Johannes in seinem ersten Brief (3,17) schreibt: «Wenn einer die Güter der Welt besitzt und seinen Bruder Not leiden sieht und sein Herz vor ihm verschließt, wie kann in dem die Liebe Gottes bleiben?»

Eine der Ironien und auch Illusionen unserer Zeit besteht darin, daß ausgerechnet die Kapitalisten sich als Konservative bezeichnen, obwohl der Kapitalismus eine zwanghaft expansive und deshalb zerstörerische Kraft ist. Er ist nicht nur der Erde und der Umwelt gegenüber expansiv und zerstörerisch, sondern auch gegenüber der menschlichen Psyche und dem Geist, da er sich von nichtstillbaren oder künstlichen Bedürfnissen nährt. Konservieren können nur jene, die sich dieser Art des expansiven, gierigen Kapitalismus widersetzen, der sich in das fromm wirkende Gewand des Konservativen hüllt.

Dieses Weltbild eines zwanghaften Expansionismus und der Gier attackiert die Soziologin Marie Augusta Neal, wenn sie die Nichtarmen – das von der gegenwärtigen ökonomischen Weltlage profitierende Drittel der Menschheit – aufruft, das Loslassen zu praktizieren. «Was sollten diejenigen tun, die vom bestehenden System profitieren? Vielleicht eine Theologie des ‹Loslassens› entwikkeln.»[44] Aber wie können Menschen erkennen, was Loslassen heißt, und es auch tun, wenn ihre gesamte ökonomische Erziehung vom Zwang zum Besitz beherrscht ist? Hier kommt die Umkehr, im vollen religiösen Sinne des Wortes *metanoia*, ins Spiel. Im Levitikus (Kapitel 25) ist von der Notwendigkeit die Rede, im Jubeljahr, alle fünfzig Jahre, das Land dem ganzen Volk zurückzugeben, damit das Land dem Volk nicht dauerhaft entfremdet bleibt. Auch die Evangelien fordern die Armen auf, sich zu nehmen, was das Ihre ist. «Kein Besitzrecht steht höher als menschliche Bedürfnisse» und «ganz gleich, wer Eigentümer von Nahrung ist, sie gehört den Hungrigen».[45] Es gibt nur zwei Wege zum Verzicht: mit Gewalt und gewaltfrei. Die Besitzenden werden ihre Privilegien kaum freiwillig aufgeben – deshalb waren Marx und seine Nachfolger der Ansicht, daß nur Gewalt zum Verzicht führen wird. Der gewaltfreie Weg ist es jedoch, den Jesus meint, wenn er den reichen jungen Mann auffordert, all seinen Besitz zu verkaufen, den Erlös den Armen zu geben und ihm nachzufolgen. In den Evangelien (Lukas 3, 1-11) ist Reue direkt mit der Rückgabe von Gütern an die Armen verbunden[46]; und wiederum ist klar, warum Jesus das Mitgefühl mit dem Verzeihen verbunden hat: Wenn mir vergeben wird, kann ich auch bereuen – und Reue bedeutet, nach neuen, menschlicheren und weniger zwanghaften Formen der Ökonomie zu suchen.

Dualismus

Unsere Wirtschaft ist grundsätzlich dualistisch strukturiert. Es gibt den Dualismus zwischen Arbeitgeber und Arbeitnehmer, Beschäftigten und Arbeitslosen, Hauseigentümern und Mietern, Aktieninhabern und Leuten ohne Besitz, nationaler und internationaler Wirtschaft, Käufern und Verkäufern, Konsumenten und Herstellern, Reichen und Armen, Habenden und Habenichtsen, Dritter und Erster Welt, Exporteuren und Importeuren, Sozialismus und Kapitalismus. Die Liste scheint endlos zu sein. Und das ist sie wohl auch. Denn jede mechanistische Wirklichkeitssicht beruht auf Subjekt/Objekt-Stücken. Also beruht eine auf Mechanismen gegründete Ökonomie auch auf essentiellen und absolutistischen Dualismen. Auf diese Art Ökonomie sind wir alle eingeschworen. Aber muß das immer so bleiben?

Das Gesetz der wechselseitigen Abhängigkeit hat in der Wirtschaft eine tiefere Wahrheit als das «Gesetz des ökonomischen Dualismus». Denn Reiche und Arme sind keineswegs nur voneinander getrennt, sondern auch auf Gedeih und Verderb aufeinander angewiesen. Damit die Reichen reich bleiben können, müssen andere Menschen arm bleiben. Solche Beziehungen bilden das Fundament jeden Wirtschaftslebens.

Welche Schlüsse können wir daraus ziehen? Das gegenwärtige Wirtschaftssystem läßt uns alle leiden. Ob wir arbeitslos sind (und vielleicht kriminell werden) oder sehr erfolgreich (und vielleicht auf dem besten Weg zum Alkoholiker) – es überfordert uns alle. Es vermittelt uns nicht Freude, sondern Leid. Keine Dialektik, sondern Dualismus. Es wird nämlich deutlich, daß Aufsteiger und Versager unlösbar aufeinander bezogen sind wie zwei Menschen auf einer Wippe. Wenn einer oben ist, dann muß der andere unten sein. Doch das ist eine dualistische Bezogenheit, keine dialektische, wie wir sie brauchen. Es wird Zeit, daß der Wirtschaft das klar wird. Es gibt eine tiefe Verbindung, eine wechselseitige Verbundenheit, zwischen dem Alkoholismus und der Langeweile der Besitzenden einerseits und der Verzweiflung der Besitzlosen andrerseits. Alle leiden unter Gewalt und Freudlosigkeit. Die Crux ihres gemeinsamen Elends, der Angelpunkt ihrer Wippe, sind die Machtzentren, in denen alle wichtigen ökonomischen Entscheidungen für uns gefällt werden. Eine Umstrukturierung unserer Wirtschaft ist die einzige langfristig mögliche Lösung für die Zwangs-Wippe, auf der wir alle sitzen und die Arme wie Reiche in ihrer Gewalt hat. Die Wirtschaft muß anhand der Prinzipien der Dialektik, des Loslassens und Zulassens umstrukturiert werden und sich von den für selbstverständlich gehaltenen Voraussetzungen und absoluten Gesetzen des Dualismus, des Zwangs und der Konkurrenz lossagen. Es wird sich dann um eine Wirtschaft handeln, in deren Mittelpunkt die Menschen, nicht die Objekte, stehen. Menschen und ihre Ekstasen – ihre Freuden und ihr Leid. Eine Ökonomie der wechselseitigen Abhängigkeit aller Menschen und Völker und aller Güter dieser Erde. Es wird eine organische, statt einer mechanistischen Wirtschaft sein. Statt sich mit dem «Nationalreichtum» zu beschäftigen, wie es die Bibel der Ökonomie von Adam Smith tut, wird sie sich mit der Armut auf diesem Planeten beschäftigen und nationale wie internationale Wirtschaftsabhängigkeiten dialektisch angehen. Sie wird eine dialektische Ökonomie praktizieren und nicht nur darüber reden.

Sexualität und Ökonomie

Welche Rolle kann die Wirtschaft dabei spielen, entweder die Energie der Jakobsleiter oder die Energie von Saras Kreis zu stärken?

Die Bewegung vom Klettern auf der Jakobsleiter hin zum Tanz in Saras Kreis bedeutet in der wirtschaftlichen und politischen Sphäre die Bewegung von einer bestimmten Art der Macht hin zu einer anderen Erfahrung von Macht. «Wenn ein Mensch Macht hat, müssen andere – oder ein anderer – machtlos sein»[47], warnt Adrienne Rich: Diese Form von Macht/Ohnmacht ist das System, das die Jakobsleiter repräsentiert und das wir alle Tag für Tag erleben. Rich möchte die Macht über andere durch eine transformierende Kraft ersetzen, die allein die «bedeutsame und wesentliche Kraft» ist und die die Frauen in der vorpatriarchalen Gesellschaft gut kannten. Aus der Sicht von Rich ist der erste Schritt zur Transformation, daß wir uns «weigern, Opfer zu sein»[48], das heißt, die Leiter verlassen und nicht länger akzeptieren, daß einige von uns unten sein und Opfer werden müssen. Mit dieser Weigerung beginnt bereits die Wandlung der Wirtschaft, denn mit der Bekehrung des Masochisten beginnt auch die Bekehrung des Sadisten, und eine grundlegend *neue* Art Wirtschaft wird sich entwickeln.

Eine weitere Strategie besteht darin, die oberen Ränge der Leiter zu ermuntern, sich dem Rest der Menschheit anzuschließen und Liebe und Arbeit miteinander zu verbinden, statt diese beiden Energiesphären strikt zu trennen. Wir hoffen, daß durch die Überwindung des Dualismus zwischen Arbeit und Liebe, zwischen Handeln und Fühlen, Ganzheit und Mitgefühl wieder Einfluß gewinnen in Ökonomie und Politik, die allerdings neu strukturiert werden müssen, um Werte tolerieren zu können, die so lange keine Rolle mehr gespielt haben in diesen gesellschaftlichen Bereichen. Rich und Ruether sind der Ansicht, daß Männer ihre «unterentwickelte Kapazität zur einfühlenden Identifikation» am ehesten entwickeln könnten, wenn sie sich mehr mit Kindern befassen würden. Auf diese Weise würden sie selbst lernen, was Mitgefühl heißt, statt es immer nur auf Frauen zu projizieren. «Solange es die Frauen und nur Frauen sind, die die Kinder versorgen, werden sich unsere Söhne so entwickeln, daß sie nur bei Frauen Mitgefühl suchen»[49], meint Rich. Und die von ihnen besetzten Institutionen, hauptsächlich die wirtschaftlichen und politischen, werden ebenfalls einen Mangel an Mitgefühl aufweisen, da dieses ausschließlich der weiblichen Sphäre häuslicher Belange zugeordnet wird. Die Befreiung der Frauen von der ausschließlichen Beschäftigung mit häuslichen Tätigkeiten könnte auch die leiterorientierte Arbeitswelt humanisieren, denn da die Frauen im Umgang mit Kindern und durch ihre größere Nähe zur Erde und damit zu Saras Tanz mehr Mitgefühl gelernt haben, werden sie auch in der Arbeitswelt mehr davon fordern und die amoralischen Praktiken und dualistischen, konkurrenzorientierten Voraussetzungen weniger akzeptieren als Männer. Haben die Frauen die phallische Hierarchie erst einmal von innen kennengelernt, werden sie mit der Wahrheit nicht hinterm Berg halten und deutlich sagen: «Sie ist nichts wert; sie ist nicht wirklich; wir brauchen eine neue Wirtschaft, eine neue Politik, eine neue Lebensweise.»

Obwohl unsere Erde rund ist, bleibt unsere patriarchale Ökonomie leiterorientiert und betrügt dadurch die Namen Gott, Gerechtigkeit und Mitgefühl. Denn in einem Leitersystem, wie in Abbildung A zu sehen, werden alle Kräfte, einschließlich der religiösen, dazu eingesetzt, den Bestand der Leiter zu sichern. José Miranda hat gezeigt, daß dieser Betrug in der westlichen Religion mit den Worten «Erbarmen», «Gnade» und «Gerechtigkeit» zusammenhängt: *Saphat* bedeutete ursprünglich Gerechtigkeit, und der gerechte Gott war auf der Seite der Unterdrückten, der Armen, der Witwen und Waisen. Als die Leiter an Einfluß und Macht gewann, wurde der Name Gottes als Gerechtigkeit in Gott als Richter geändert. Statt den Armen beizustehen, wurde Gott zum Richter *über* die Armen und verbündete sich mit den Mächtigen am oberen Ende der Leiter. Die Armen konnten sich nicht mehr auf Gott als einen

Partner beim Schaffen von Gerechtigkeit verlassen, sondern mußten an die Gnade appellieren, die zu einem Puffer zwischen dem Gott des Gerichts und dem einfachen, nichtprivilegierten Volk wurde. Solche Appelle an die Barmherzigkeit und an einen gnädigen Gott akzeptierten und zementierten im Grunde den Status quo. Erbarmen wurde zu einem zarten Gefühl, hatte aber nichts mehr mit einer Veränderung der Strukturen und einer Befreiung der Menschen zu tun. Mitgefühl wurde schließlich ein Synonym für Gnade, und das Wort «Gerechtigkeit» in die introvertierten Bereiche religiöser Anliegen verbannt, wo es um die «Rechtschaffenheit» gegenüber Gott ging.

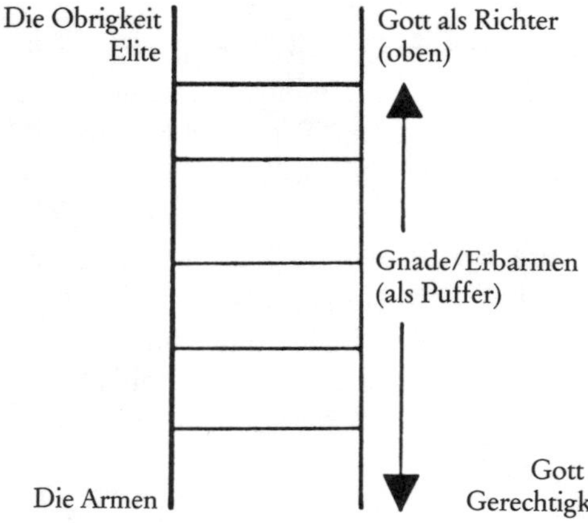

Abbildung A
Ist Gott ein Richter, so wird Erbarmen/Gnade zum Puffer.

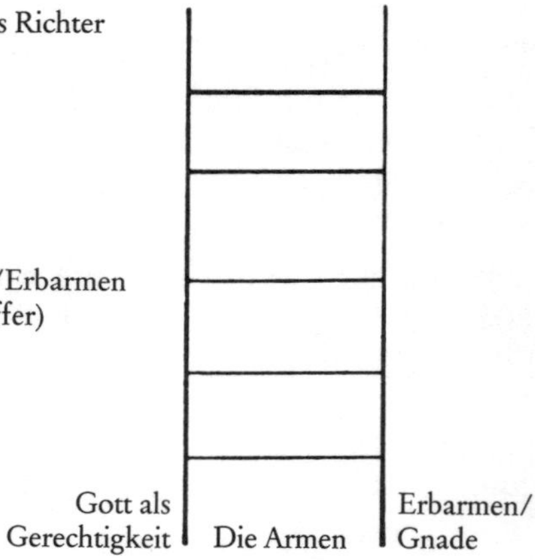

Abbildung B
Ist Gott Gerechtigkeit, so bedeutet Erbarmen/Gnade auch Gerechtigkeit.

Wie weit von der biblischen Tradition hat sich doch die Rede von Gott entfernt, von einem Gott als Krieger auf seiten der Unterdrückten, von einem Gott, der für Sklaven und Vergessene kämpft, von einer Gerechtigkeit, die den Menschen das als notwendig Erbetene gibt, und nicht erst, was ein letztes Gericht den Machtlosen zuteil werden läßt. «Die wirkliche Bedeutung von *saphat* ist nicht ‹richten›, sondern ‹den Schwachen und Unterdrückten Gerechtigkeit widerfahren lassen›.»[50] Mitgfühl wird zur gestaltenden Kraft von Gerechtigkeit, die oft ausgesprochen aktiv ist: «In deinem

Mitgefühl laß meine Feinde zugrunde gehen» (Psalm 143). Jene, die der Erde nahe geblieben sind, mögen dem oben residierenden großartigen Richter ferner sein, doch leben sie näher an der Gerechtigkeit, die von unten kommt und die allein einen göttlichen Namen trägt (siehe Abbildung B).

Am oberen Ende der Leiter, wo Männer und ihre männlichen Korporationen zu Kumpeln werden, geschehen erstaunliche Dinge. In einer solchen leiterartigen Ökonomie bekommen zum Beispiel die Reichen mehr staatliche Wohltaten zu spüren als die Armen. So belaufen sich zum Beispiel die Steuerbegünstigungen für die Reichen in Amerika auf das Vielfache der Summe, die an all die amerikanischen Armen gezahlt wird, die am unteren Ende der Leiter hokken. Justice Douglas hatte gar nicht so unrecht, als er sagte, daß es in Amerika einen Sozialismus für die Reichen und «freie Marktwirtschaft» für die Armen gebe.[51]

Die Fortführung einer Leiterwirtschaft vergrößert den Mangel an Mitgefühl, der unsere aggressive Kultur kennzeichnet. Sie legt die Macht in die Hände weniger auf Kosten der vielen, die buchstäblich von deren «Gnade» abhängen. Einige Päpste haben sich bereits gegen ein solches System ausgesprochen und statt dessen für eine Dezentralisierung der Macht und damit für die Entwicklung eines Kreisdenkens. «Auf jeder Ebene sollte die größtmögliche Anzahl von Menschen aktiv an der Steuerung der Wirtschaftsentwicklung teilhaben.»[52] Die Ironie einer solchen Forderung besteht jedoch darin, daß die institutionelle, männlich dominierte und patriarchale, hierarchische und obrigkeitliche katholische Kirche Teil der Leiterstruktur bleibt, die wir kritisieren. Das zeigt nur wieder, wie heimtückisch tief das Jakobsleiter-Syndrom in den herrschenden Institutionen des Westens verwurzelt ist. So heimtükkisch, daß ihr Sprecher selbst den Mangel an Mitbestimmung in anderen Lebensbereichen verdammen kann, ohne ihn im eigenen Haus in Frage zu stellen.

Eine weitere Dimension des Chauvinismus in der Wirtschaft offenbart sich in der unterschiedlichen Bezahlung von Männern und Frauen bei gleicher Arbeitsleistung. Aber nicht nur diese Lohndifferenzen enthüllen den Sexismus in unserer Ökonomie, er zeigt sich auch in der Rolle, die die Frauen für die Leiter zu spielen haben. Sie sind vor allem als Konsumierende für die Wirtschaft interessant und werden als im wesentlichen passiv innerhalb eines grundsätzlich aktiven Systems dargestellt. Wie Anne Douglas in ihrer Studie über Frauen in der Industrie des 19. Jahrhunderts darlegt, «heiraten Frauen nicht mehr, um den Mann beim Erwerb des Lebensunterhalts zu unterstützen, sondern um ihm beim Ausgeben des Einkommens zu helfen»[53]. Der größte Teil der Produktwerbung richtet sich demzufolge auch an Frauen, denn Einkaufen wird in erster Linie als «weibliche Beschäftigung» definiert. Ruether kommentiert diese geschlechtsökonomische Zuordnung: «Frauen wurden zu den Hauptkäuferinnen und zu den sexuellen Bildern, durch die der Appetit auf Konsum angeregt werden soll. Frauen werden zu einer Art selbstentfremdeten ‹schönen Objekten›, die durch das Medium ihres eigenen sexuellen Bildes Konsumgüter an sich selbst verkaufen. Das Haus wird zum verschlingenden Maul, das durch jedes sinnliche Bild des Konsumkapitalismus stimuliert wird.»[54] Hier finden wir auch die sehr aufschlußreiche Definition des «Heims» unserer Zeit als «verschlingendes Maul». Sie offenbart den Grund für die Vergötzung der Familie, für die die Gesellschaft und die Institutionen der Macht sich so vehement einsetzen, denn die Familie, die erste Stufe der Leiterökonomie, ist die Basiszelle der Konsumgesellschaft. Auf dieser Stufe der Leiter wird die Gier, der nimmersatte Schlund, anerzogen, falls die Familien nicht kritisch und mitfühlend werden.

Was geschieht mit den Männern, die auf der sexistischen Leiter konkurrieren? In den männlich dominierten Firmen spielen das Klatschen, Tratschen und die Eifersucht beim Nach-oben-Klettern eine seltsame Rolle. Wie Larry Ross festgestellt hat, gibt es in einer Firma immer Klatsch und Gerüchte, aber absolut keine Geheimnisse. Alles Heilige wird dem Anspruch der Leiter unterworfen. Die Firmenleitungen spielen wirklich Gott. Sie sind zwar daran interessiert, nach außen hin ihr Gesicht zu wahren – sofern das Profit bringt –, aber intern tobt ein brutaler Kampf Mann gegen Mann ums Überleben und um den Griff nach der Macht. Für manche gibt es nichts Heiligeres im Leben als das Geschäft. Ross sagt, er habe die Leiter verlassen, «weil Macht und Status plötzlich leer waren. Ich bin dort gewesen, und als ich da war, war es nichts mehr. Plötzlich hat man das Gefühl, kleine Jungs würden Geschäft spielen.»[55] Leider haben diese Jungs den größten Einfluß auf unsere Erziehung,

Medizin, Politik, Gesetzgebung und Industrie, denn sie besetzen die Schlüsselpositionen in fast allen Institutionen der Forschung und Lehre. Und sehr häufig sind sie auch diejenigen, die die Regierenden beraten.

Solange die Menschen gegenüber der Leiterwirtschaft unkritisch bleiben, wird auch der Mythos fortbestehen, daß Amerika für all seine Bürger und für alle Bürger der Welt ein Mittelschichtleben will. Jeder US-Bürger verbraucht 13mal mehr Benzin als der durchschnittliche Bürger in Lateinamerika. Wem machen wir etwas vor, wen belügen wir, wenn wir vorgeben, wir wollten, daß es den Lateinamerikanern geht wie uns? Würde es ihnen gelingen, so könnten wir selbst nicht mehr unseren Lebensstil aufrechterhalten, der vom Privatverkehr abhängt. Wenn wir den in den USA gängigen Mittelschichtstandard auch anderen Ländern predigen, handelt es sich um eine dreiste Dummheit oder eine glatte Lüge. Die nicht erneuerbaren Ressourcen der Erde wie das Öl entlarven solche Statements als pure Heuchelei. Wann wird die Leiter endlich dem Kreis Platz machen? Ruether glaubt, daß das «Bewußtsein der Frauen und aller unterdrückten Menschen erlösend wirkt, wenn es unter den verzerrten Herren/Sklaven-Verhältnissen Mitmenschlichkeit als eigentlichen Grund unseres Daseins offenbart und sie ihren Kampf auf eine Weise führen, der diesen Grund ständig bestätigt.»[56]

Ein von der Leiter fort und zum Kreis hinführender Kampf wird also selbst der neue Weg sein, ein Weg des Mitgefühls, der dialektisch statt dualistisch ist. Aber die derzeit bestehenden gesellschaftlichen Strukturen würden einen solchen Weg niemals ermöglichen. Denn «die Befreiung der Frauen als Gruppe ist innerhalb des gegenwärtigen sozioökonomischen Systems unmöglich. Nur in einem neuen System, durch eine Umstrukturierung der Wirklichkeit mit all ihren grundlegenden Abhängigkeiten, besonders in den Beziehungen zwischen Arbeitszeit, -ort und Haushalt, können die Frauen zum vollen Maße menschlicher Aktivitäten aufsteigen, während sie zur Zeit der herrschenden Klasse und Geschlechtsgruppe zur Verfügung stehen.»[57] Es wird keine Geburt geben ohne Tod. Die meisten Mütter wissen das. Viele Nicht-Mütter, die sich beim Klettern auf den Leitern verausgabt haben, würden es gern schnell vergessen. Aber wenn ein Saatkorn nicht in den Boden fällt und stirbt, so wird nichts geboren – auch keine Wirtschaft, die mit Recht eine menschliche Wirtschaft genannt werden kann, und keine Politik, die eine wahrhaft menschliche Ordnung und Organisation repräsentiert.

Kreativität in der heutigen Ökonomie

Wir haben weiter oben gesehen, daß die Entscheidungen über die zu produzierenden Güter einer Gesellschaft und über deren Konsum am oberen Ende der Leiter im eigenen Interesse gefällt werden. Das sogenannte Gesetz von Angebot und Nachfrage stellt selten die Frage, was und für wen da eigentlich angeboten wird, und wer nachfragt. Wer sind jene, die jedes Jahr ein neues Automodell brauchen oder den neuen silbernen Ohrclip – statt ausreichend Wohnraum für alle und ein gut ausgebautes öffentliches Verkehrsnetz? Die «Kreativität», die auf die Herstellung von silbernen Ohrclips verwendet wird, ist eine dekadente Kreativität, die sich am Luxus und nicht an den Menschen orientiert. Sie verdient die spirituelle Bezeichnung «Kreativität» eigentlich gar nicht. Es ist eine dämonische Kreativität, die die Gottähnlichkeit des Menschen verrät, die Feier und Gerechtigkeit schaffen sollte und nicht Gier und kriegsähnliche Konkurrenz.

Im heutigen Wirtschaftssystem scheint die Kreativität hauptsächlich auf die Kunst beschränkt, eine Nachfrage für weitgehend überflüssige Angebote zu schaffen. Damit meine ich natürlich die Werbebranche. Werbeagenturen stellen kreative Menschen ein, um eine Nachfrage zu schaffen, wo zuvor meist gar nichts vorhanden war. Überdies richtet sich ein großer Teil der Werbung an Kinder. Die Industrie gibt enorme und ständig wachsende Summen für Reklame aus; und wir haben, bis wir erwachsen geworden sind, schon Hunderttausende von Werbespots im Fernsehen gesehen. Was sind das für Leute und Firmen, die wir in die Intimität unserer Wohn- und Schlafzimmer lassen, die wir zu unseren kleinen Kindern sprechen und von denen wir unsere Teenager beeinflussen lassen? Niemand hat mich je gefragt, aber ich frage mich, ob Sie nicht ebenso wie ich und die anderen Empfänger solcher Großzügigkeit lieber die ungeheuren dafür ausgegebenen Summen im bar hätten. Was stellt die

Werbung mit unserem Potential für Mitgefühl an? Was macht sie mit unserem Potential, die Kräfte unserer Sehnsucht und Phantasie auf die Linderung des Leidens und auf das Feiern zu lenken? Im Einsatz für die Massen«erziehung» und den Massenprofit werden diese Potentiale zerstört. Denn Werbung ist ein institutionalisierter und mit großer Kreativität betriebener Versuch, Gier zu erzeugen. Gier wird stets zu Konkurrenz und niemals zu Mitgefühl führen. Denn Gier beginnt mit einer Konkurrenz im Innern, mit einer nagenden Unzufriedenheit mit dem, was man bereits besitzt. Ihr Ausgangspunkt ist deshalb das *Schaffen von Unzufriedenheit.* Die Werbebranche will uns nicht dafür gewinnen, etwas zu mögen, was wir bereits sind oder haben, sondern versucht uns davon zu überzeugen, daß wir noch nicht sind, was wir sein sollten, weil wir noch nicht haben, was wir haben sollten.

Jede Werbung besteht aus einer Spirale destruktiver Unzufriedenheit, die unendlich weitergeführt wird. Wenn Sie alle Werbenden, denen Sie im Fernsehen im Laufe des Jahres begegnen, zufriedenstellen und alles kaufen würden, was die Ihnen verkaufen wollen, was geschähe dann im nächsten Jahr? Alles wäre «überholt», und Ihr Cadillac von 1991 wäre 1992 schon altmodisch. Der Geist des Materialismus ist ewig und endet nie. Darin liegt die Entfremdung schlechthin, die jede Werbung ausmacht. Wie Sisyphus ist der Materialist niemals zufrieden. Eine Konsumkultur wird nie zufrieden sein können oder wissen, was Zufriedenheit ausmacht. Denn durch all die Dinge, die die Religion des Materialismus und ihre Werbeprediger uns so angestrengt verkaufen wollen, wird das Herz nicht erfüllt oder zufriedengestellt. «Wo dein Schatz ist, dort wird dein Herz sein», warnt Jesus uns. Und die Schätze, die zu einem mitfühlenden Leben führen, sind nicht käuflich, denn es sind weniger Gegenstände als vielmehr Erfahrungen. Und vor allem Erfahrungen der Ekstase und der gemeinsamen Ekstasen. Nur Ekstase befriedigt. Ekstase und das Vertrauen darauf, daß uns die große Aufgabe des Teilens dieser Ekstasen mit allen anderen in dieser Welt gelingt. Die Gier fragt niemals, wann genug genug ist. Sie weiß nichts von Grenzen. Deshalb weiß sie auch nichts von den wahren Freuden des Lebens. Sie versteht absolut nichts vom Feiern.

Karen Horney warnt uns vor den sadistischen Aspekten der Werbung, wenn sie darauf hinweist, daß ein Sadist ein Spiel spielt, «das darin besteht, anzuziehen und abzustoßen, zu bezaubern und zu enttäuschen, zu erheben und zu erniedrigen, zu beglücken und zu betrüben»[58]. Die Leiter hält diese sadomasochistischen Kräfte intakt und in Gang und setzt den Sadismus in der Werbung immer weiter fort.

Die Werbebranche macht vor nichts halt, um uns gierig nach ihren Produkten zu machen. Sie zögert zum Beispiel nicht, unsere Sprache zu zerstören, und ist bereit, für ihre Zwecke jede heilige Struktur zu manipulieren. «Ginger Ale schmeckt wie die Liebe», wird uns erzählt – oder verkauft. Was geschieht bei solchem Verkaufsgeschwätz mit einem einstmals heiligen Wort wie «Liebe»? Manche Psychologen gehen davon aus, daß die Werbung gerade von der Verdrängung in unserer Gesellschaft lebt. Da unsere Bevölkerung regelrecht hungrig ist nach Streicheleinheiten, verkauft eine ganze Reihe von Unternehmen wie Massagesalons, Esalen, die Tabakkonzerne und General Motors sie den Leuten eben, oder sie implizieren zumindest in ihrer Werbung, daß ihre Produkte dem Konsumenten und den Konsumentinnen solche verschaffen werden.[59] Es ist also die Verdrängung des Körperlichen, die zu derartiger Unterdrückung im Wirtschaftskörper führt. So werden Streicheleinheiten statt des gemeinsamen Feierns zum beherrschenden Anliegen in der Gesellschaft. Die kreativen Werbeleute sind durchaus in der Lage, das Heilige zu sentimentalisieren, wie zum Beispiel in dem Werbespot der Firma Xerox mit «Bruder Dominik», einem fetten Mönch, der einen Kopierer braucht, um sein Gehorsamsgelübde zu erfüllen. Der Schauspieler in diesem Werbespot (ja, es ist ein Schauspieler!) sagt, daß er Mönche auf eine «nette, liebenswerte Weise» darstellt und erklärt, er habe bisher wenige kritische Reaktionen von echten Mönchen erhalten – offenbar glaubt er, «echte Mönche» würden sich seine Werbespots im Fernsehen ansehen.[60] Oder es werden die ersten Takte von Beethovens Fünfter Sinfonie verwendet, um uns ein Schmerzmittel schmackhaft zu machen, oder das Gebet des hl. Franz, um uns ein Haarspray anzudrehen.

Warum werden so viel Geld, Talent und Zwang in diese riesige Werbeindustrie gesteckt? Ich war immer der Meinung, daß ein Produkt, das nur ein Viertel der Qualität und Notwendigkeit besitzt, die die Werbung uns verspricht, jede Werbung überflüssig machen würde. Was die Menschen brauchen, davon hören sie gewöhnlich auch so und besorgen es sich dann. Ich bin immer mehr davon überzeugt, daß unsere Industrie nur deshalb so viel für Werbung ausgibt, weil sie genausogut wie wir weiß, daß wir ihre Produkte eigentlich zum größten Teil nicht brauchen. Man verkauft uns, kurz gesagt, sinnlosen Schnickschnack. Vielleicht sollten wir anderes produzieren, solche Dinge, die die Menschen wirklich brauchen. Dann könnten wir unsere Werbekosten drastisch reduzieren und damit auch unseren zwangsbedingten Mangel an Zufriedenheit.

Ich glaube allerdings, daß es schon einen Platz für Werbung gibt. Wenn die Information verbreitet wird, daß ein nützliches Produkt jetzt verfügbar ist, dann ist das ein Dienst an der Gemeinschaft. Groß angelegte Reklamefeldzüge haben aber eine dämonische Funktion übernommen, indem sie Legitimes so manipulieren, daß die Werbung nicht mehr eine Frage der Information ist, sondern eine Frage der Giererzeugung. Sie lenkt ab – soziale Sünden werden zu bloßen Kavaliersdelikten –, sie erregt – beachten Sie die wachsende Sexualisierung der Werbung –, und sie macht falsche Versprechungen. Dadurch wertet sie uns alle ab, denn sie zerstört etwas Einzigartiges, das Menschen einander geben können: das Versprechen. Sie reduziert das ganze Leben auf die Ebene des Habens, auf dualistisches Kaufen und Verkaufen, auf Unterhaltung. Zum größten Teil ist die Werbung heute ein dämonischer Ausdruck von Kreativität, der uns mehr zum Tod als zum Leben bereit macht. Die Werbung im großen Maßstab macht uns konkurrenzbetonter, neidischer, gieriger, und Mitgefühl, Feier und Loslassen geraten immer mehr ins Hintertreffen. Eine auf Werbung basierende Kultur wird mehr daran interessiert sein, in militärische Abenteuer zu investieren als in den Frieden, den die Gerechtigkeit bringen kann.

Für eine Ökonomie des Mitgefühls: Sieben Vorschläge

In Kapitel 4 stellten wir fest, daß es kein Mitgefühl gibt ohne Kreativität und keine Kreativität ohne Phantasie. Unser unökonomisches Wirtschaftssystem manipuliert unsere kreativen Köpfe, Luxusgüter herzustellen, die niemand braucht, oder uns noch weißer machende Waschmittel und Zahnpasten zu verkaufen, weicheres Klopapier und anhaltenderes Deodorant. Es wäre aber gesünder, unsere schöpferischen Kräfte einzusetzen, uns ein Wirtschaftssystem vorzustellen und aufzubauen, das wirklich mitfühlend ist. Es ist längst an der Zeit, wirtschaftliche Alternativen zu erarbeiten, die in ihrer Dynamik mehr an Saras Kreis orientiert sind und deshalb wieder eine Lebensweise ermöglichen können, die Auge in Auge stattfindet, weniger gewaltsam und nicht so zwanghaft leiterorientiert ist. Eine Lebensweise, die ein Einsteinsches Universum der wechselseitigen Abhängigkeiten statt der Newtonschen Welt absoluter Isolation reflektiert.

Die Wirtschaft ist für unser aller Leben viel zu wichtig und zu grundlegend, um sie unpersönlichen, quasi göttlichen und unveränderlichen Gesetzen der Ökonomie zu überlassen, die jedoch unter ganz bestimmten historischen Bedingungen formuliert wurden. Ich möchte nun eine Art Sieben-Punkte-Programm zur Diskussion stellen, das einige grundlegende Leitlinien für eine mitfühlende Ökonomie aufzeigt.

Lokale Wirtschaftskontrolle

Ich würde gern eine Ökonomie sehen, die kleine Geschäfte und bäuerliche Betriebe fördert, statt sie zu entmutigen. Eine solche Ökonomie bedürfte einer nichtelitären Sprache und einer gründlichen Ausbildung in einer Ökonomie der wechselseitigen Abhängigkeit statt der konkurrierenden Unabhängigkeit. Sie würde auch das Ende des Papierkriegs und der massiven bürokratischen Einmischungen bedeuten. Die kleinen Betriebe sind heute immer wieder Opfer der sogenannten «freien Marktwirtschaft», die die Großindustrie fleißig propagiert. Kleine Geschäftsleute müssen unbedingt lernen, sich psychologisch, ideologisch und ökonomisch von der Großindustrie zu lösen. Die Monopolstellung der Konzerne zerstört die kleinen bäuerlichen Betriebe, Kolonialwarenläden oder Juweliere und fordert gleichzeitig, daß die Regierung sich da nicht einmischen dürfe. Keine Einmischung bei Kleinbetrieben: Ja! Für Großbetriebe aber: Nein! Die Kleinbetriebe täten weit besser daran sich mit den Verbrauchergemeinschaften zusammenzutun, mit denen sie viel mehr gemeinsam haben als mit den Lobbyisten der Konzerne. Denn die Betriebe werden gerade dadurch menschlich, mitfühlend und leisten ihren gesellschaftlichen Beitrag, weil sie eine Situation schaffen, in der Kaufende und Verkaufende einander von Angesicht zu Angesicht begegnen. Das ist die Dynamik von Saras Kreis. Darin liegt das Potential, sich kennenzulernen und ein menschliches Verständnis zu gewinnen, das oben in den Wolkenkratzern völlig fehlt.

Strukturelle Vereinfachung der Einkommenssteuer

Unsere Steuergesetze sind so elitär, daß nur Steuerfachleute sie interpretieren können. Diejenigen also, die sich solche Fachleute leisten können, besonders die Großkonzerne, holen dabei – und im rechtlichen Bereich überhaupt – am meisten für sich heraus. Wer von den vielen Kleinunternehmerinnen und -unternehmern kann sich überhaupt die Zeit und die Kosten eines Gerichtswegs leisten? Wäre es denn so schwer, und würde es nicht den bürokratischen Wasserkopf drastisch verkleinern, wenn die Besteuerung derart vereinfacht würde, daß sie dem Zehnten der alten Zeiten ähnelte? Eine solche direkte, klare Einkommenssteuer könnte im Prinzip etwa so aussehen:

> Fünf Prozent für jene, die DM 20 000 bis 30 000 verdienen
> Acht Prozent für jene, die DM 30 000 bis 60 000 verdienen
> Fünfzehn Prozent für jene, die DM 60 000 bis 150 000 verdienen
> Zwanzig Prozent für alle, die mehr verdienen.
> Und das ohne Abzüge, Abschreibungen etc.
> Wer weniger als DM 10 000 verdient, würde einfach keine Steuern zahlen.

Durch Arbeit verdientes Geld sollte dabei geringer besteuert werden, als durch Geldanlage verdientes. Denn wer Geld zum Spielen hat, kann sich auch höhere Steuern leisten. Und die Menschen wären eher bereit, ihre Steuern zu zahlen, wenn sie davon überzeugt sein könnten, daß die Abgaben erstens gerecht sind und nicht ständig die Reichen und die Konzerne begünstigen, und sie zweitens die Ergebnisse ihrer Steuern in Form vernünftiger Wohnungen, effizienter öffentlicher Verkehrsmittel, eines brauchbaren Erziehungs- und Gesundheitswesens und eines soliden Sicherheitssystems sehen würden.

Abgesehen von Menschen ist Land die wertvollste Ressource, die wir kennen. Jede Art von Eigentum hat irgendein Verhältnis zum Boden, und sei es nur zur Lagerung von Gütern. Die Beziehung, die wir alle zum Land haben, ist heilig, denn niemand von uns hat es geschaffen, und wir werden alle in seinen Schoß zurückkehren. Und doch gibt es in Amerika viel Land, das ungenutzt ist, das mißbraucht oder auf den Status eines bloßen Besitzobjekts reduziert wird. Indem wir Boden stärker und auf besondere Weise besteuern, wären wir in der Lage, das Arbeitseinkommen erheblich geringer zu besteuern. (Das ist der Grund für die relativ niedrige Steuerquote im vorigen Abschnitt.) Eine Bodenbesteuerung sollte dazu dienen, das Monopol der Großkonzerne, der abwesenden Landeigentümer und der staatlichen Kontrolle zu korrigieren. Eine Bodensteuer würde den Boden als solchen besteuern, aber nicht Verbesserungen desselben, und auf diese Weise Initiative und Jobs fördern. Es würde die Bodenspekulanten und abwesenden Grundeigentümer aus der Stadt drängen.

Henry George, ein amerikanischer Pionier der Bodenbesteuerungsbewegung, betrachtet sein Konzept als eine Alternative zum Marxismus und als eine radikale Lösung für ein ungerechtes Wirtschaftssystem, das die Spekulanten belohnt und Millionen arbeitslos macht. Im Prinzip fordert er, daß alle Menschen Miete zahlen für das Land, das sie benutzen, und daß diese Miete die einzige Grundsteuer für die betreffenden Personen ist. Eine solche Bodensteuer würde jene Bauern belohnen, die ihr Land wirklich bestellen, statt jene, die nur damit spekulieren. Und er meint, es würde der Produktivität, der Phantasie, der Initiative und der Zahl der Arbeitsplätze nur zugute kommen. Außerdem würde dadurch die bürokratische Einmischung reduziert, weil das Gesetz so einfach ist. Reichtum würde «gerecht verteilt. Damit meine ich nicht, daß jeder gleich viel bekäme. Das wäre keine gerechte Verteilung, insofern verschiedene Menschen unterschiedliche Fähigkeiten und unterschiedliche Bedürfnisse haben. Aber ich meine, daß die Güter entsprechend dem Fleiß, den Fertigkeiten, dem Wissen oder der Klugheit der einzelnen verteilt werden sollten – eben entsprechend ihrem Beitrag zum Gemeinwesen. Es wäre nicht mehr möglich, daß Nichtproduzierende im Luxus leben, während die Produzierenden kaum die Grundbedürfnisse ihrer animalischen Existenz befriedigen können.»[61]

So wie wir jahrhundertelang im Namen der Ökonomie die eine Quelle des Reichtums, die Menschen, versklavten und schließlich lernten, daß wir auch ohne Sklaverei leben können, so versklaven wir nach wie vor die zweite Quelle des Reichtums, den Boden. «Die andere Quelle von Reichtum, die passivere, wird durch ein törichtes Wirtschaftssystem noch immer in Fesseln gehalten»[62], und erst wenn das Land von den Bodenspekulanten befreit ist, die damit zu ihrem Vorteil «arbeiten» oder horrende Mieten dafür fordern, werden auch die Menschen frei werden.

Ich kann nicht das ganze Ausmaß der Folgen abschätzen, die die Ökonomie von George mit sich bringen würde, ich nehme aber an, daß eine Grundsteuer auf das Einkommen noch notwendig sein würde. Sein Ausgangspunkt ist aber auf beeindruckende Weise vom Mitgefühl geprägt, was man von dem Wirtschaftssystem, mit dem wir uns jetzt herumschlagen, wahrlich nicht behaupten kann. Er sagt zum Beispiel: «Zivilisation ist Kooperation . . . Die Neigung zu einer ungerechten Verteilung von Reichtum und Macht hat jede wertvolle Zivilisation zerstört.» Er glaubt, daß sein System «all denen sehr nützen wird, die von Löhnen leben, egal ob für Hand- oder Kopfarbeit». Und da er Amerikaner ist, verschreckt er die Amerikaner nicht, indem er von einer Verstaatlichung des Privateigentums spricht. Denn für viele Amerikaner ist das Privateigentum umgeben vom Mythos der Autarkie. Aus all diesen Gründen halte ich eine weitere Erforschung von modifizierten Bodenbesteuerungsprogrammen, wie George sie beschreibt, für lobens- und bedenkenswert für jene phantasievollen Ökonomen, die ebenfalls mitfühlend sind. Einige Städte wie Pittsburgh und Baltimore haben bereits Versionen von Georges Landbesteuerung in die Tat umgesetzt.

Eine Betonung der Verteilung statt der Produktion

Die Wachstumsmanie und die Mythen über die unendlichen Möglichkeiten des Wirtschaftswachstums verführen uns alle und lenken uns ab vom wahren Zweck der Ökonomie, der darin besteht, für unsere menschliche Familie eine lebenswerte Heimat zu schaffen.

Statt mythischer Visionen, die von sogenannten säkularen Wissenschaftlern entworfen werden, deren Weltbild mythischer ist als das der meisten Theologen, sollten wir unser ökonomisches Denken mit Fakten beginnen. Tatsache des Wirtschaftslebens ist, daß die Zahl der Armen zunimmt und diese Armen immer ärmer werden, während die wenigen Reichen immer reicher werden.

Harrington stellt fest, «daß eine *Mehrheit in diesem Lande*, zu der die Armen, die beinahe Armen, über die Hälfte der Arbeiter und die untere Mittelschicht gehören, nicht einmal einen – nach der offiziellen Definition der Regierung – bescheidenen Lebensstandard hat»[63].

Wie gehen wir mit dieser Situation um? Ökonomen, die einen Blick dafür haben, fordern eine Revolution der Verteilung statt unserer Produktionszwänge, und ich stimme ihnen darin zu. «Das materielle Wachstum, das wir während des letzten Jahrhunderts erlebt haben, hat auf keine Weise zu einer größeren Gleichheit unter der Weltbevölkerung geführt. Im Gegenteil vergrößert das Wachstum in seiner gegenwärtigen Form einfach die Kluft zwischen Reichen und Armen.»[64] Boulding kommentiert: «Das wesentliche Maß des Erfolgs der Wirtschaft liegt nicht in Produktion und Konsum, sondern in der Natur, dem Ausmaß, der Qualität und Komplexität des vorhandenen Gesamtkapitals, einschließlich des Zustands der im System befindlichen Körper und Geister ... Die Vorstellung, daß Produktion und Konsum eher schlecht als gut sind, ist den Ökonomen sehr fremd, die von Konzepten des Einkommensflusses besessen waren und Konzepte des Kapitalbestandes kaum beachtet haben.»[65] Und Daly stellt fest, daß «das wesentliche Thema eines Gleichgewichtszustands die Verteilung und nicht die Produktion ist»[66]. Das bedeutet notwendigerweise eine Beschneidung des Luxus, der zwar das Verlangen nach Überlegenheit befriedigt, letztlich aber in den erregten Bedürfnissen und der dafür erforderlichen Produktion unersättlich ist. Auch John Stewart Mill warnte vor einer Ökonomie, die auf «dem Konsum von Dingen aufbaut, die wenig oder keine Freude machen, außer Reichtum zu repräsentieren»[67]. In einer am Menschen orientierten Wirtschaft sollte die Ermunterung derjenigen Priorität haben, die das schaffen, was Schumacher als «gute Arbeit» bezeichnete. Dazu gehört die Förderung von Kleinbetrieben, der Nutzung des Bodens und die Beschäftigung von Künstlerinnen und Künstlern. Es müßten zum Beispiel Erfindungen belohnt werden, die Energie einsparen und Menschen Arbeit geben, statt menschliche Arbeit überflüssig zu machen; es müßte belohnt werden, wenn die Strukturen es ermöglichen, Haushalt und Arbeitsleben näher zusammenrücken zu lassen – und all das sollte zu einer humanen Ökonomie gehören.

Schulung der Langzeitarbeitslosen

Viele Jugendliche in den sogeannnten «heruntergekommenen» Stadtteilen sind arbeitslos; und doch werden gerade in solchen Gegenden dringend Wohnungen, Einkaufsmöglichkeiten, Sicherheit, Straßenreinigung, Parks, Kindertagesstätten usw. gebraucht. All diese Arbeiten könnten von Anwohnern erledigt werden. Und sie sollten diese Dinge auch selbst tun, denn aus Gruppenaktivitäten entsteht echte Gemeinschaft. Was die einzelnen, die sich für die Verbesserung der Umgebung einsetzen, aus ihren Jobs lernen, könnte auch anderen in der Nachbarschaft helfen. Eine Investition in Materialien und Leute mit einer Grundausbildung, die weder nach Bezahlung noch nach Kenntnissen Spitzenkräfte sein müßten, würde viel besser angelegt sein als das ganze Geld, das sonst in Verbrechensbekämpfung, Gefängnisse oder Drogenfahndung gesteckt wird. Joe Selvaggio, Direktor eines solchen Projekts, hat in Minneapolis und St. Paul genau das getan und damit die Machbarkeit eines solchen Unternehmens bewiesen und auch gezeigt, wieviel Hoffnung, Stolz und Initiative daraus für die Gemeinschaft folgt.[68]

Eine globale Ökonomie

Die Wirtschaft muß auf das Ganze hin orientiert und der ganzen Welt bewußt sein. Adam Smith hat mit seiner *Untersuchung über die Natur und die Ursachen des Nationalreichtums* die politische Ökonomie «als eine eigene Wissenschaft etabliert», und J. Bullock meint, es handele sich dabei «um die beste umfassende Darlegung und Verteidigung einiger der grundlegenden Prinzipien der Wirtschaftswissenschaft»[69]. Das mag für das 19. Jahrhundert zutreffen. Doch heute hat unser schrumpfender Globus ohne eine weltweite Wirtschaftsperspektive keine Zukunft mehr. Wir müssen von der Perspektive des Reichtums der Nationen zu einer Perspektive des Reichtums und der Armut auf dem Planeten übergehen. Nur dann kann sich auch das (über)lebensnotwendige Mitgefühl entwickeln und unsere Lebensweise verändern. «Wir müssen das, was aus nationaler Sicht wertvoll ist, in den Rahmen einer politischen Weltordnung stellen, die moralisch und sozial ebenso verantwortlich ist wie physisch.»[70] Wie alle Wissenschaften muß die Ökonomie lernen, von wechselseitiger Abhängigkeit auszugehen.

Ökonomie als ein Ideal und motivierender Faktor: Für einen neuen Sozialismus

«Der prototypische Kapitalist, ob er nun religiös ist oder nicht, lehnt die Vorstellung der Perfektionierung des Menschen auf Erden ab»[71], hieß es im Magazin *Time.* Darin liegt das moralische und geistige Elend des Westens: Unser Wirtschaftssystem ist pessimistisch. Und daran ändert auch nichts, daß die realsozialistischen Staaten mittlerweile fast alle das Handtuch werfen mußten. Vom theoretischen Ansatz her war das sozialistische System eigentlich prädestiniert, den Kampf um mehr wahre Lebensqualität zu gewinnen. Dem Kapitalismus mangelt es nämlich an Vision, Hoffnung und deshalb auch Motivation. Er kann in uns keine kosmische Vision, kein mitfühlendes Teilen, keine Großzügigkeit wachrütteln. Deshalb wohnt ihm nichts inne, womit er die Phantasie der Jugend fesseln könnte, die sich nicht so leicht durch die Erregungen der Gier zum Narren halten läßt, wie offenbar ihre Eltern. Man kann zwar dem Sozialismus vorwerfen, «utopisch zu sein», doch darin offenbart sich nur, warum der Sozialismus und nicht der Kapitalismus die Jugend und andere Idealisten angesprochen hat. Denn der Sozialismus ist, obwohl er sich als materialistisch darstellt, doch mitfühlend. Die einzigen spirituellen Bemühungen des Kapitalismus hingegen bestehen in einer sentimentalisierten, profitorientierten Religion oder in philanthropischen Gesten.

Angesichts eines derartigen Mangels an geistigen Herausforderungen im kapitalistischen Wirtschaftssystem wird klar, daß eine solche Ökonomie zum Scheitern verurteilt ist. Denn sie kann die Herzen, Köpfe und Hände der Menschen nicht erheben. Auf lange Sicht geht es nämlich in der Wirtschaft nicht um individuellen Profit, sondern vielmehr um Menschen. Es geht um die Armen, nicht um die Reichen. Es geht um die Erhaltung der Güter der Erde, nicht um den schnellen Profit durch Zerstörung nichterneuerbarer Ressourcen auf Kosten der nachfolgenden Generationen. Auch die Konkurrenz ist nicht so universell, wie uns der Kapitalismus glauben machen will. Wir brauchen eine Ökonomie wechselseitiger Abhängigkeit. Aber wer von uns ist schon dazu aufgefordert worden, ein solches alternatives Wirtschaftssystem zu entwerfen? Der größte Teil unserer wirtschaftlichen «Erziehung» gipfelt doch darin, uns im vorhandenen System Geld verdienen zu lassen und «sozialistische Ideen» abzulehnen. Es wird nun Zeit für schöpferische Alternativen.

Da wir nach einer Ökonomie der wechselseitigen Abhängigkeit und des Mitgefühls suchen und auch der Sozialismus theoretisch danach sucht, sollten wir uns nicht abwenden von dem, was die sozialistische Tradition uns lehren kann.

Ich lebe seit achtunddreißig Jahren in der amerikanischen Gesellschaft und ihrem Gesellschaftssystem und habe in diesen Jahren beobachtet, wieviel Gewalt das System auf sehr subtile Weise fördert. Es ruft durch seine gigantomanische Werbeindustrie nur Gier hervor, es führt zu massenhafter Arbeitslosigkeit und Inflation, es hätschelt die Superreichen und ignoriert die Grundbedürfnisse der Menschen wie Gesundheit, Ausbildung, Sicherheit, Wohnung, Ernährung etc. Es unterwirft sich einer Luxus- und Trivialitätenwirtschaft, es macht Menschen zu Konsumenten und Feste zu Verkaufsorgien, es korrumpiert die Medien, läßt die Bürger gegenüber dem eigenen Wirtschaftssystem unwissend und gegenüber alternativen Möglichkeiten im unklaren. Es mangelt ihm an einem Idealismus, der jung und alt gleichermaßen zur Arbeit an neuen und gemeinschaftlichen Visionen anregen könnte. Es gibt der Dekadenz der Bequemen nach, es idolisiert einen harten Individualismus und zerstört den Sinn für das Gemeinwohl. Ich bin zu der Überzeugung gekommen, daß der Kapitalismus und seine Voraussetzungen sich mit dem Mitgefühl nicht vereinbaren lassen.

Deshalb ist die Zeit für eine neue Art Sozialismus gekommen, einen wahrhaft demokratischen Sozialismus. Dieser müßte über Parolen und bloße Rhetorik hinausgehen und sich mit den komplexen Fragen der modernen Wirtschaft auseinandersetzen. Doch müssen die neuen Sozialisten Geduld haben, um nicht dieselben Fehler zu machen wie die alten; schließlich hat sich der Kapitalismus im Westen acht Jahrhunderte lang entwickeln können, während wir den Sozialismus erst seit einem Jahrhundert kennen. Doch geht es gerade darum, die Notwendigkeit für kreativere Ausdrucksformen des Sozialismus zu erkennen, Ausdrucksformen, die wirklich das Ziel verfolgen, das Michael Harrington als «Maximierung der menschlichen Freiheit und menschlicher Fähigkeiten» beschreibt. Es wird Zeit, konstruktive Beiträge zu einem mitfühlenderem Wirtschaftssystem zu leisten. Dieses Mitgefühl wird sich aber nicht an einem Tag und auch nicht mehr zu unseren Lebenszeiten manifestieren. Die Fast-food-Methode ist kein Weg, die Wirtschaft in Ordnung zu bringen.

Das grundlegende Modell des Sozialismus geht von Saras Kreis aus, im Gegensatz zum Kapitalismus, der der Jakobsleiter entspricht. Werden wir so viel Mut und Phantasie aufbringen, um Saras Kreis als Wirtschaftsmodell für das 21. Jahrhundert zu konzipieren? Darin liegt die grundlegende Herausforderung, die eine Spiritualität des Mitgefühls uns heute stellt.

Zusammenfassung

Wir haben in diesem Kapitel die wechselseitige Abhängigkeit zwischen der Ökonomie und anderen Ebenen des Bewußtseins und des Mitgefühls betrachtet, die in diesem Buch behandelt werden – der Psychologie, der Sexualität, der Kreativität, der Wissenschaft und der Politik. Wir haben ein Wirtschaftssystem gefordert, das die Lebenswirklichkeiten unserer Welt widerspiegelt, statt nur die Privilegien einer ökonomischen Elite zu schützen. Ich habe sieben Punkte als Weg zu einer solchen alternativen Ökonomie zur Diskussion gestellt. Der Schlüssel zu einer solchen neuen Ökonomie wird die wechselseitige Abhängigkeit, die Interdependenz, sein, das jüngst erkannte «Gesetz» unserer Welt.

Grundlage dieser Ökonomie werden gemeinschaftliche und spirituelle Werke des Mitgefühls sein. Achten wir nicht mehr darauf, um wieviel das Bruttosozialprodukt unserer Wirtschaft jährlich wächst; sondern achten wir vielmehr darauf, ob unsere weltweite Wirtschaft folgendes erreicht: Wohnungen für die Obdachlosen, Nahrung für die Hungrigen, Bildung für die Unwissenden, Sorge für die Kranken, Humanisierung der Gefängnisse, gute Arbeit für die Arbeitslosen, Förderung einer Technik mit menschlichem Gesicht, Feier mit den Vergessenen, Weitergabe der natürlichen Energien an kommende Generationen. Das wäre eine Ökonomie der wechselseitigen Abhängigkeit, eine Ökonomie, der etwas an der Schöpfung, in der wir leben, liegt.

Bei einer jeden Ökonomie des Mitgefühls ist ein wesentliches Prinzip, daß sie im Eigeninteresse von uns allen liegt, aber im privaten und habgierigen Interesse von niemandem. Mit Gandhis Worten: Es gibt «genug für die Bedürfnisse aller, aber nicht genug für die Gier aller». Eine solche Ökonomie setzt voraus, daß wir den Unterschied zwischen Bedürfnissen und Habgier gelernt haben. Und das braucht offenbar noch eine lange Erziehungszeit.

7 Politik und Mitgefühl

Von einer elitären Leiterpolitik zum gerechten Teilen in Saras Kreis

> Wenn der Mensch von den Umständen gebildet wird, so muß man die Umstände menschlich bilden.[1]
>
> Karl Marx

Das Wort Politik stammt vom griechischen *polites*, Bürger. Es geht dabei um unser Sein, Handeln und Behandeltwerden als Bürgerinnen und Bürger. Wenn Politik also bedeutet, daß wir Bürgerinnen und Bürger sind, ergibt sich daraus die logische Frage: Bürger wovon? Wer ist Bürgerin und Bürger und wer nicht? Die Griechen verstanden sich als Bürger eines Stadtstaates, der *polis*, die Römer als Bürger eines Reiches, die Amerikaner als Bürger ihres Landes usw. Die Realitäten unserer Zeit fordern uns auf zu begreifen, was es bedeutet, Weltbürgerinnen und -bürger zu sein, Bürger eines gemeinsamen globalen Dorfes. Das Bewußtsein und Handeln, das einer solchen Bürgerschaft entspricht, stößt auf harten und ernsthaften Widerstand, der gut organisiert und finanziert ist und nicht unähnlich jenem, dem die erste Generation der US-Bürger gegenüberstand, als sie sich gegen King George und seine Kolonialpolitik auflehnten. Bezeichnenderweise teilt das Wort *Polizei* seine Wurzel mit dem Wort *Politik*. In machen Ländern und manchen gesellschaftlichen Schichten kommt man der Politik in der Tat nicht näher als bis zur Polizei. Wenn Bürger-Sein auf Überwacht-Werden reduziert ist, so fehlt da vielleicht etwas in der Gesellschaft.

Die neue Bedeutung von Politik

Viele verwechseln heute die Politik mit den Politikern, so daß der Eindruck entsteht, Politik sei nur ein weiteres Leiterspiel für zwanghaft Konkurrierende. Wenn wir eine solche Bedeutung der Politik zulassen, geben wir unsere eigentlichen Bürgerrechte auf. Der Kampf einzelner Gruppen – der Schwarzen, der Frauen, der Weißen ohne Landbesitz – um ihre Bürgerrechte in den vergangenen Jahrhunderten war ein Kampf um eine Bürgerschaft im Geiste von Saras Kreis. Und dieser Kampf geht weiter.

Außerdem ist Politik dazu da, sich um die Wirtschaft eines Landes zu kümmern. Man könnte sagen, daß die Politik die Volkswirtschaft überwacht. Wie die Wirtschaft, so läuft auch die Politik. Ein Wirtschaftssystem, das die Gier einiger über die dringendsten Bedürfnisse aller setzt, braucht eine jakobsleiterartige, elitäre Politik, um ihre stets gefährdete Leiterexistenz abzusichern, und eine Bürokratie, auf die sie sich stützen kann. Bürokratien sind typisch für alle elitären Leiterstrukturen, in der Regierung, im religiösen, pädagogischen oder medizinischen Bereich. Aufgrund interner Verwaltungsberichte schätzt Ivan Illich, daß heute mindestens 25 Prozent der Krankenhauskosten für die Verwaltung aufgewendet werden müssen.[2]

Jedem denkenden Menschen ist heute klar, daß Politik und Wirtschaft so eng wie nur möglich miteinander verflochten sind. Der Grund dafür, daß heute immer mehr Menschen Schwierigkeiten haben, sich für eine politische Partei zu entscheiden, wird wohl darin liegen, daß alle Wahlmöglichkeiten von der gleichen phantasielosen und elitären Wirtschaftshierarchie bestimmt sind. Es gab einmal eine Zeit, als zum Beispiel die Demokratische Partei Amerikas die kämpfende Arbeiterklasse des Landes repräsentierte. Aber welche Partei repräsentiert heute die Langzeitarbeitslosen? Oder die Verbrechensopfer? Jene, die keiner Elite angehören oder die keine Leiter erklettern wollen? Die Behinderten? Die Alten? Die Gewerkschaftsbeiträge in Amerika sind oft so hoch, daß nur die bestbezahlten Arbeiter einer Gewerkschaft beitreten können. Immer mehr Menschen werden sich dessen bewußt, daß unsere politischen Systeme die Bewahrer des Wirtschaftssystems sind. Es wird keine größere Beteiligung an der Demokratisierung der Politik geben, bis wir anfangen, die Wirtschaft zu demokratisieren – hier liegt der Grund, warum immer weniger Menschen wählen gehen: Weil es nämlich «keine Wahl gibt bei den Wahlen». Strukturell gesehen bietet keine der großen Parteien die schöpferische Lösung an, die die Menschen brauchen. Keine von ihnen stellt in Frage, was die Menschen in Frage stellen: das elitäre Wirtschaftssystem, das wir am Hals haben.

Die politischen Parteien schlagen sich mit Trivialitäten herum und engagieren die gleichen Agenturen, die uns Seife und Lippenstift verkaufen, um uns ihre Kandidaten zu verkaufen. Welche politische Partei fragt überhaupt noch danach, ob es in der Wirtschaft um Reichtum oder Armut geht, ob es um nationale Gewinnsteigerung oder internationale Zusammenarbeit geht, ob es um das Bruttosozialprodukt geht oder um Menschen, die hungern, getötet werden, arbeitslos oder ohne Würde sind; wer fragt nach dem Unterschied zwischen Bedürfnis und Luxus? Welche Güter, die nicht nur angenehm erregend wirken, könnte unsere Industrie für uns alle herstellen? Welche Güter in unserem Leben haben wir nur geliehen und müssen sie für zukünftige Generationen bewahren? Wann ist genug genug? Wann ist zuviel zuviel und zuwenig zuwenig? Wie kommen wir von einer Mentalität des staatlichen Reichtums zu einer Berücksichtigung globaler Armut? Ist es möglich, eine unbürokratische sozialistische Wirtschaft aufzubauen? Wie kommen wir von der Sorge um quantitatives Wachstum zu einem Einsatz für qualitatives? Wie können wir gewaltfrei von einer bloß karitativen Philanthropie zu einer Umstrukturierung der Gesellschaft gelangen, in der alle ihren Beitrag zu einem gemeinsamen Pool von Ressourcen leisten? Wie können wir die Abhängigkeiten in unserem System überwinden, dessen Macht in immer weniger Hände gerät? Wie können wir die Vision zurückgewinnen, daß Freiheit für alle da ist und daß sich die kleine Elite nicht um ihre Sicherheit sorgen müßte, wenn die Freiheit wirklich für alle da wäre? Wie bauen wir eine Wirtschaft auf, deren geistige und körperliche Werke vom Mitgefühl bestimmt sind, statt von Profit und privater Habgier?

Unsere gemeinsame Heimat hat sich seit der Entdeckung, daß wir in einem globalen Dorf leben, verändert. Und damit auch die Bedeutung des Reichtums. Die Hauptressource, die wir haben, erhalten und entwickeln müssen, sind die Menschen mit ihren Körpern, ihrer Phantasie, ihren Herzen, ihrer Stimme und ihren Visionen. Wie anders können wir das erreichen, als durch die Bereitstellung von Wohnraum für alle, Arbeit für alle, Gesundheitsfürsorge und Ausbildung für alle und durch Feier für alle? Das sind unsere Prioritäten. Und wir können sie in unserer gegenwärtigen Welt nicht ohne ein ökonomisch-politisches System verwirklichen, das wechselseitig abhängig statt konkurrierend ist, international statt national, überstaatlich statt von Supermächten beherrscht, und dezentral statt unter staatlicher Kontrolle. Das ist die Tagesordnung, die kreative Menschen im Hinblick auf unsere gemeinsame ökonomische und politische Zukunft diskutieren sollten.

Ich möchte in diesem Kapitel drei politische, das heißt bürgerliche Belange aufgreifen, die heute alle aufmerksamen und mitfühlenden Menschen betreffen: die Energiepolitik, das Gesundheitswesen sowie Bildung und Erziehung. Die Entscheidungen, die man im Hinblick auf diese höchst politischen Fragen im Laufe der nächsten Jahre trifft, werden zeigen, ob wir überhaupt in der Lage sind, eine Ökonomie und Politik nach dem Muster von Saras Kreis zu entwerfen. Sie bilden sozusagen einen trinitarischen Lackmustest für die Zukunft unseres Mitgefühls. Wenn wir diese Probleme ansprechen, fragen wir gleichzeitig, ob das Mitgefühl eine Zukunft hat oder nicht.

Energiepolitik

Zwischen der aus Öl und Kohle gewonnenen Energie und der Sonnenenergie gibt es einen grundlegenden Unterschied. Die fossilen Energien sind leiterartig und elitär, denn ihre Gewinnung erfordert ein gewaltiges Maß an Fachkenntnis, Kapital und Spezialisierung. Sonnenenergie ist potentiell demokratisch und paßt zu Saras Kreis.

Diese mögliche Demokratisierung der Energie ist im wesentlichen verantwortlich für den Widerstand gegen die Erforschung der Sonnenenergie und ihre mehr als zögerliche Verbreitung in unserem Land. Unsere Regierung steckt ihre Forschungsgelder lieber in nichterneuerbare Energiequellen. Die Regierung und die Ölkonzerne haben die Öffentlichkeit im Hinblick auf die Kosten von Solarenergieentwicklung getäuscht, und ihre Behauptung, sie sei zu teuer, zu einer sich selbst erfüllenden Prophezeiung gemacht, indem ständig weitere Milliarden Dollar ins Ölgeschäft gesteckt wurden, während man die meisten Bemühungen um Solarenergieforschung im Keim erstickte. Nach einem Bericht der Vereinten Nationen könnten die Produktionskosten von Photozellen zur Gewinnung der Solarenergie drastisch reduziert werden, wenn nur eine Milliarde in diese Forschung investiert würde. (Das ist bedeutend weniger als die Betreibungskosten eines einzigen großen Atomkraftwerks.) Doch die großen Ölkonzerne beginnen bereits, die Solartechnikfirmen aufzukaufen, als wollten sie die Sonne monopolisieren, wie sie monopolisiert haben, was unter der Erde ist. Einer Sache können wir sicher sein: An dem Tag, an dem der Esso-Konzern auf die Idee kommt, er könne die Sonne besitzen, werden wir massenhaft Solarenergie bekommen, wenn auch keine billige. Am Tag nach dem Sonnenenergietag startete Mobil Oil eine Kampagne, um die Sonnenenergie schlechtzumachen, und gab dabei für Annoncen mehr aus, als das gesamte Budget für den Sonnenenergietag betragen hatte.

Die Sonnenenergie ist offensichtlich zu einem wichtigen politischen Problem geworden – und natürlich auch zu einem ökonomischen. In den vergangenen Jahrzehnten hat die amerikanische Regierung die elitären Energiequellen mit zig Milliarden an Steuergeldern subventioniert. Ein Teil dieses Geldes ist über Lobbyisten in Washington zurückgeflossen, um sicherzustellen, daß die «Spender» dieser angenehmen Zuwendungen auch was von ihrer Großzügigkeit haben – ein weiteres Beispiel von Sozialismus für die Reichen und die Konzerne, die sich am oberen Ende der Leiter breitgemacht haben. E.F. Schumacher faßt die Situation prägnant zusammen, wenn er sagt: «Seit die Solarenergie an Bedeutung gewonnen hat, haben wir die seltene Gelegenheit, entweder dazustehen und zu beobachten, wie vor unseren Augen ein neues Monopol entsteht, oder wir können unsere Kraft in einen Versuch stecken, die Solarenergie zu unserem Besten als Individuen, als Gesellschaft und als Welt zu entwickeln und einzusetzen.» Heute werden die ökonomischen und politischen Weichen für die Energie unserer Zukunft gestellt.

Das Thema Solarenergie überschreitet die ideologischen Grenzen von Kapitalismus und Sozialismus. Diese Energieform würde für neue Arbeitsplätze sorgen, wäre langfristig billiger, ist von ihrer Natur her gutartig und läßt sich lokal steuern und einsetzen, während sie die internationalen Rivalitäten im Hinblick auf Öl, Gas und Kohle relativiert. Kurz gesagt erfüllt sie die Hauptkriterien, die wir für ein mitfühlendes ökonomisches und politisches System genannt haben. Der Mythos, die Atomenergie könne die Antwort auf unseren Energiebedarf sein, gilt nur noch dort, wo die Fakten unterdrückt wurden. Ein Atomreaktor, der Temperaturen von Millionen Graden erzeugt, ist so effektiv wie eine Motorsäge als Buttermesser. Und die Lagerung von atomarem Abfall wird immer ein unlösbares Problem bleiben. Professor Robert Jungk hat deutlich gemacht, daß die potentiellen Gefahren, die von einem Kernreaktor ausgehen, derart strenge Sicherheitsvorkehrungen nötig machen, daß die Nutzung einer solchen Energieform schließlich zur Entwicklung eines Polizeistaats führen muß. Länder der Dritten Welt werden, sofern sie die Atomenergie übernehmen, noch autoritärer werden müssen. Ein echter Fortschritt würde seiner Ansicht nach in der Entwicklung einer dezentralen Technik bestehen, die menschlich und sanft ist.[3] Eine solche sanfte Technik entspricht den Energien, die ich Kreis-Energien genannt habe: Sonne, Wind und Wasser.

Bislang kennen wir keine sichere Lagerungsmöglichkeit für Atommüll, der Hunderttausende von Jahren lang gefährliche Radioaktivität in die Atomsphäre, in Boden und Wasser unseres Planeten abgibt. Falls uns die uns Nachfolgenden überhaupt irgend etwas bedeuten, wird es Zeit, den Mythos zu entlarven, die Atomenergie sei ein brauchbarer Ersatz für die ölabhängigen Energiesysteme. Von den entsprechenden Kosten ganz zu schweigen. Wir sollten mehr in jene Forschungen investieren, die uns sanfte und weniger gewaltsame Energieformen für Industrie und Privatbedarf garantieren. Unsere Einstellung zur Energie spiegelt auch unser politisches, ökonomisches und spirituelles Bewußtsein wider.

Politik und Gesundheitswesen

Ähnliches gilt für das weltweite Gesundheitswesen. Man kann zwischen sanfter und harter medizinischer Versorgung unterscheiden. Die harte Form mit ihren überspezialisierten Krankenhäusern, ihrer aggressiven Chirurgie und ihren geballten Pharmaladungen hat jene Kostenexplosion im Gesundheitswesen in den vergangenen Jahren verursacht, die weit über der allgemeinen Preissteigerung liegt. Die diesbezüglichen Statistiken aller Industriestaaten ähneln einander. Das Problem liegt hier nicht nur in der Habgier der Profiteure an der Spitze der medizinischen Hierarchien, und es ist auch keine Frage einer «rechten» oder «linken» Politik der jeweiligen Regierung. Es geht vielmehr darum, was wir unter Gesundheit und Fürsorge verstehen: «Die Rationalisierung ist nicht durch irgendeine politische Richtung motiviert, sondern durch die reine Notwendigkeit, einen effektiveren Einsatz knapper und teurer Ressourcen möglich zu machen», betonen Kommentatoren der internationalen Medizinszene.[4] Die Frage ist, ob wir harte oder sanfte Medizin wollen, gewaltsame oder gewaltfreie, elitäre oder nichtelitäre.

Eine sanfte Medizin widersetzt sich dem aus Konkurrenz und Machismo erwachsenen Mythos, ein Heiler würde den Körper erobern oder die Krankheit besiegen. Sie widersetzt sich dem Dualismus zwischen Geist und Körper, der impliziert, daß der Intellekt mit seinen technischen Erfindungen das Allheilmittel sei. Statt dessen würde sie die Kraft des Gehirns nicht wie die Dualisten mit dem rationalen Verstand verwechseln, sondern respektieren, daß der Geist den eigenen Körper zu heilen vermag. Sanfte Medizin würde weitgehend ohne Chirurgie und ohne Pharmazeutika auskommen, um dem Geist eine Heilung des Körpers zu ermöglichen. In der sanften Medizin sind Ärztinnen und Ärzte Künstler, die die Kunst des Heilens praktizieren, zu der auch gehört, auf den Patienten einzugehen und ihn zu ermutigen, auf den eigenen Körper zu hören. Ärztinnen und Ärzte, die noch Künstler sind, respektieren den Körper und wissen, «daß kein Mensch und keine Menschengruppe den Körper reparieren kann. Der Körper muß sich immer durch das Wachstum neuer Zellen und den Ersatz alter, sterbender oder toter Körperzellen selbst reparieren.»[5] Solche Ärzte würden zuerst das Normale studieren, um die Anomalien besser verstehen zu können. Sie hätten Achtung vor dem Körper und der Fähigkeit und dem Verlangen des Geistes, den Körper zu heilen; ihre Arbeit würden sie im wesentlichen darin sehen, die Hindernisse zwischen der Psyche und dem Schmerz im Körper zu beseitigen, damit die Selbstheilung beginnen kann. Sie würden das Zulassen und das Loslassen praktizieren.

Eine sanfte Medizin würde die Überlieferungen der Heilkunst respektieren, die die Menschheit im Laufe von Jahrhunderten entwickelt hat, und nicht annehmen, daß die jüngsten, teuersten, dramatischsten und am meisten technisierten Formen auch die besten sein müßten. Seit mehr als 5000 Jahren zum Beispiel wird schon durch Akupunktur geheilt, und doch denkt das medizinische Establishment im Westen immer noch in chemischen, symptomfixierten Kategorien statt in energetischen, ganzheitlichen, die die Grundlage der beeindruckenden Akupunkturerfolge bilden.

Zur sanften Medizin gehört auch der Respekt vor den Gefühlen. Gefühle sind jedoch nicht gerade das, worauf sich die vielen Leiter-Menschen unserer Gesellschaft spezialisiert haben. So sagt Dr. Charles: «Es ist kein Wunder, daß wir uns in bezug auf unser Gesundheitsverständnis immer noch im Mittelalter befinden, wenn wir einander unsere Gefühle nicht besser mitteilen können, als es der Fall ist. Auch Ärzte untereinander können nicht über ihre Gefühle sprechen.»[6] Tatsächlich haben Gefühle in der harten Medizin auch nichts zu suchen. In Laboruntersuchungen, Röntgenaufnahmen, Blutwert- und Urinanalysen zeigen sie sich nicht. Eine sanfte Medizin wird die Patientinnen und Patienten dazu ermutigen, die Verantwortung für ihre eigene Gesundheit zu übernehmen und auf ihren Körper zu hören. «Nur wenn sie eine hemmende Droge oder Chemikalie zu sich genommen haben, die die normalen Kommunikationskanäle zwischen betroffenen Körperteilen und dem Gehirn, dem Nervensystem, unterbricht, nur dann wird der Körper unfähig, ihnen die Wahrheit über sich mitzuteilen.»[7]

Die Einführung von Chemikalien in den menschlichen Körper oder das Aufschneiden desselben – eine Operation – würde ich als harte oder gewaltsame Medizin bezeichnen. Und doch haben wir Laien gelernt, von dieser Medizin nicht nur Heilung zu erwarten, sondern sie auch zu achten, ja sogar zu verehren. «Wir haben alle gelernt, unsere Gesundheit chemisch zu betrachten, nicht elektrisch. Allopathische Mediziner denken chemisch; und sie bilden all jene aus, die später in unseren Verwaltungs- und Schulämtern sitzen und an den medizinischen Fakultäten unserer Universitäten lehren. Sie stehen den Gesundheitsausschüssen aller politischen

Parteien vor und den medizinischen Fachabteilungen der Krankenversicherungen... Warum zerstören die jungen Menschen bei uns wohl ihre Körper und ihre Gesundheit mit Aufputsch- und Beruhigungsmitteln? Sie werden dazu von chemisch denkenden Menschen angeleitet, die Milliarden Dollar am Verkauf derselben verdienen.»[8] Auch die Medien tragen erheblich zum positiven Image der harten Medizin bei mit ihrer Sensationsgier – Stichwort: Herztransplantationen – oder durch die Zerstörung unserer Sprache, indem sie von den «Wundern der modernen Medizin» sprechen oder die Ärzte als unsere «Retter» verklären.

Harte Medizin ist teuer und elitär. Nur Menschen, die in eine mythische Aura gehüllt sind und eine Kaste für sich bilden, den neuen Klerus sozusagen, nur solche von unserer Gesellschaft als «Halbgötter in Weiß» betrachtete (Über-)Menschen können diese Medizin praktizieren. Dieser elitäre Kern von Akademikern strebt zum größten Teil die medizinische Leiter hinauf und behält eine elitäre Sprache bei, die dazu beiträgt, die Entfremdung der Patienten von ihrem eigenen Körper zu fördern, und die den Mythos aufrechterhält, daß nur sie die «Antwort» auf die Krankheiten kennen. Die Kunst des Heilens hingegen ist in der harten technikorientierten Medizin zum größten Teil verlorengegangen. Und die Ärztinnen und Ärzte werden häufig ebenso hart, gefühllos und kalt wie die Maschinen, mit denen sie so gern operieren.

Vor Jahren hatte ich einen schweren Autounfall. Danach bin ich zu acht verschiedenen medizinischen Spezialisten gegangen, zu manchen bis zu acht Mal, und wurde zweimal operiert. Ich habe über vierhundert Stunden in Krankenhäusern oder Wartezimmern von Ärzten verbracht. (Illich weist darauf hin, daß Patienten bei einem deutschen Internisten durchschnittlich 1,7 Minuten verbringen, ganz gleich, wie viele Stunden sie in seinem Wartezimmer gesessen haben. Das entspricht auch ungefähr meiner Erfahrung in Amerika.) Außerdem war ich Tausende von Dollars losgeworden. Der Schmerz in meinem Nacken, wo der Eingriff vorgenommen worden war, ließ an dieser Stelle zwar nach, nahm aber in den Handgelenken, Händen, Füßen, Armen und Knien ständig weiter zu. Schließlich wollten die Ärzte mich wieder operieren, dieses Mal am rechten Handgelenk. Es wurde aber angedeutet, daß ich nach dieser Operation an meinem linken Handgelenk, am Fuß und an

Thomas finden. Thomas behauptet, daß die Welt aus der von den Astronauten fotografierten Perspektive lebendig ist. «Betrachtet man die Erde vom Mond aus, dann ist das Erstaunliche, Atemberaubende, festzustellen, daß sie lebt . . . die aufsteigende Erde, das einzig Üppige in diesem Teil des Kosmos.» Sie ist lebendig wie ein Organismus lebendig ist, organisiert und verbunden, ein echter mystischer Körper. «Die Erde sieht aus wie ein organisches, in sich geschlossenes Lebewesen, voller Wissen und wunderbar geschickt im Umgang mit der Sonne.» Die Lieblingsanalogie von Thomas für die Erde ist die einer Zelle: «am *ähnlichsten* ist sie einer einzelnen Zelle». Denn sie tut, was Zellen tun: Sie trägt Leben. «Wir sollten anerkennen, was er (der Himmel, die Atmosphäre) ist: Was seine schiere Größe und Perfektion des Funktionierens betrifft, ist er bei weitem das großartigste Ergebnis von Zusammenarbeit in der ganzen Natur. Er atmet für uns.»[3] Bentov ist derselben Ansicht, denn wenn nicht nur Energie und Materie, sondern auch Bewußtsein und Materie austauschbar sind, dann lebt unser Planet. «Materie enthält bzw. *ist* Bewußtsein . . . Wenn diese Behauptung stimmt, dann ist unser Planet ein sehr großes Wesen! Und die Sonne ein noch viel größeres.»[4] Und auch Blair bezeichnet die Erde als ein geheimnisvolles Lebewesen.[5]

Humpty lädt uns ein, die Welt als ein Ei zu betrachten, als ein ganzes System, das größer ist als die Summe seiner Teile, als ein Wunder, das größer – und zerbrechlicher – ist als eine Maschine. Sein Handeln setzt voraus, was Buckminster Fuller als «Synergie» oder Systemverhalten bezeichnet, also mehr ist als ein Zusammenwirken von Teilen. Ein Weltenei ist eines – und das systematisch und absichtlich. Ein solches Ei besitzt eine Ordnung. Und an Humpty zeigt sich uns auch die Zerbrechlichkeit eines solchen Eies. Denn Humpty ist ein verletzliches, kaputtes und potentiell unwiederbringlich zerbrochenes Weltenei. Humpty ist ein Mikrokosmos unseres Makrokosmos, das Ei unseres EIES.

In Humpty als Weltenei steckt noch viel mehr. Zunächst besteht eine Verbindung zwischen den Erklärungen des Weltursprungs verschiedener Kulturen, denn der Mythos vom Ei findet sich in den ägyptischen, finnischen, druidischen, persischen, indischen, chinesischen, phönizischen und griechischen Überlieferungen. In den Veden wächst die Welt aus einem Ei, dessen eine Hälfte zur Erde und dessen andere zum Himmel wird. Die Sonne ist der Embryo dieses Eies. Dieser Mythos erinnert uns an die Verbundenheit aller Dinge, an die grundlegende Einheit unseres Kosmos, die noch größer ist als das Weltei: das kosmische Ei. Diese Eier-Mythen weisen auch auf die Geburt hin, auf Wiedergeburt und Auferstehung. Wie jede Geburt birgt auch das Ei in sich, was Robert Graves als «unendliches Potential» bezeichnet, das darauf wartet, ausgebrütet zu werden.[6]

Frauen haben zum Weltenei eine besondere Beziehung: «Das Weltenei ist eng verbunden mit dem weiblichen Prinzip.»[7] Die Geschichte vom Weltenei weist auch hin auf die Mutter als die Allgebende. Die Muttergöttinnen der Chaldäer, Griechen, Skandinavier, Hindus und Chinesen erscheinen in dem Mythos, der erzählt, daß der Ursprung von Erde und Mond «ein Weltenei war, der Mond, der sich in zwei Teile teilte, von denen einer als Mond im Himmel blieb und der andere zur Erde wurde». Deshalb war das erste Weltei die Mutter, von der alle Dinge ausgehen; und die Erde ist ein Teil des großen kosmischen Welteneies.[8] Ohne Mutterschaft und ohne Eier keine Geburt – kein Wunder also, daß das gesamte männliche königliche Gefolge Humpty nicht retten konnte!

Im Mythos von Humpty Dumpty steckt auch die ganze Geschichte des Dualismus – der Trennungsakt in den Schöpfungsmythen. Vielleicht ist das Ei gerade deshalb so zerbrechlich und verletzlich, weil es den Dualismus umfaßt. Vielleicht war die Mauer, von der Humpty fiel, die Mauer des Dualismus. Es war der Zwang einer Entweder-oder-Realität, die das Ganze, die Synergie zerfallen läßt und nach Erlösung und Ganzheit ruft.

Das globale Dorf als neues Mandala

Gott hat ein Ei gelegt. Ein schönes, zartes, organisches, sich entwickelndes und mit Leben erfülltes Ei. Es ist unsere Heimat. Wir nennen sie das globale Dorf. Das globale Dorf ist der neue Name für das Weltenei. Wie noch keine Generation vor uns durften wir einen Blick auf seine Schönheit werfen – in unserer Zeit ist es zu einem noch nie dagewesenen Durchbruch in unserer Wahrnehmung und Wertschätzung des Welteneies gekommen. Dieser Durchbruch geschah in Form von Fotos, die Astronauten Meilen außerhalb unseres globalen Dorfes machten. Noch kein menschliches Wesen in der gesamten Weltgeschichte hat je gesehen, was wir auf diesen Bildern sehen können. Es ist die Einheit, die Harmonie und das Gleichgewicht unseres globalen Dorfes. Es ist ein wahrhaftiges neues Mandala, ein Bild, das wir alle, die wir auf diesem Planeten leben, miteinander teilen. Das Wort «Mandala» stammt vom Sanskritwort für Kreis oder Mitte.[9] Ein Mandala ist ein heiliger Kreis, der uns heilen, ganz und so heilig machen soll, wie wir eigentlich sind. Blair zeigt auf, daß die DNS, die Grundlage allen Lebens, von oben betrachtet wie ein Mandala aussieht. In der zweidimensionalen Darstellung sieht sie aus wie eine Spirale.[10] In unserem Leben gibt es viele Mandalas: Atome, Augen, den Körper, Blumen usw. Wenn wir über ein Mandala meditieren, kommen wir buchstäblich mit unseren Wurzeln als lebende Organismen in Kontakt, denn jede Zelle ist ein Mandala. Menschen des Ostens und des Westens haben gleichermaßen die Kraft der Mandala-Meditationen erkannt. Lange bevor C. G. Jung das Mandala als Hilfsmittel therapeutischer Ganzwerdung wiederentdeckte, haben unsere Vorfahren bereits in den Rosettenfenstern der gotischen Kathedralen Mandalas dargestellt. Diese Bleiglasfenster mit ihren lebendigen und strahlenden Farben waren kreisförmige und symmetrische Mandalas, die uns wieder heilig machen konnten.

Im neuen Mandala des globalen Dorfes sind wir alle, unabhängig von Rasse, Geschlecht oder Religion, wieder zum Gottesdienst eingeladen. Es ist der gemeinsame Gottesdienst unseres heiligen Planeten, unseres globalen Dorfes. Und wie bei jedem echten Mandala ist dieses globale Dorf nicht nur «da draußen», sondern ist ebenso in uns, wie wir in ihm sind.

Da Anbetung, wie wir vorher sahen, nicht ein Hinaufblicken, sondern ein Feiern bedeutet, verbindet die heilige Feier des neuen Mandalas des globalen Dorfes uns alle. In diesem Sinne ist es die wahre Religion unserer Zeit (denn Religion stammt vom lateinischen *religare*, «zurückbinden»), die uns zu Bindungen und Verbindungen aufruft, ganz gleich in welcher besonderen geistigen Tradition wir stehen und welchem Weg wir folgen. Denn der Wunsch, dieses gottgeschaffene Mandala, dieses globale Dorf zu erhalten, ist heute universell. Manche Wissenschaftlerinnen und Wissenschaftler sind der Auffassung, es sei bereits zu spät dafür – klar ist auf jeden Fall, daß die Zeit uns davonzulaufen scheint, wenn man sieht, was sich in Politik und Wirtschaft weltweit tut. Ein kritisch und praktisch verstandenes Mitgefühl, wie wir es in diesem Buch skizziert haben, bildet den einzigen noch möglichen Ausweg. Es ist der einzige Klebstoff für unser zerbrechendes Mandala.

Aus diesem Grunde ist das Mitgefühl nicht altruistisch, sondern eine Frage des Eigeninteresses. Vielleicht wird dieses Gefühl der Notwendigkeit die Menschen schließlich drängen zu werden, was sie sein sollen: harmonische Tänzer und Tänzerinnen in Saras Kreis, Teilende auf der guten Erde, Schöpfer und Gerechtigkeit Schaffende in einem wechselseitig abhängigen politischen und wirtschaftlichen System, intelligente Erforscher des Universums und göttliche Bilder der Schöpferkraft. Vielleicht wird uns dadurch die Bedeutung des Bindens und Verbindens und der Religion klar, die Silvano Arieti so beschreibt: «Von ihrem Ursprung her kann Religion als ein Set kognitiver Konstruktionen betrachtet werden, die die Hoffnung auf ein Überleben des Individuums und der sozialen Kleingruppe weitertragen, zu der es gehört. Später wird die Hoffnung natürlich ausgedehnt auf den Stamm, den Staat, das Volk oder die Menschheit; oder sie konzentriert sich auf das ewige Überleben (Unsterblichkeit) wenigstens eines Teiles des Individuums (Seele), oder auf den allgemeinen menschlichen Fortschritt und so weiter.»[11]

Humpty Dumpty als kosmisches Ei

Vom Symbol des Welteneies ist nur ein kleiner Schritt zum kosmischen Ei, denn jeder Mikrokosmos führt zu seinem Makrokosmos. Indem wir also Humpty Dumpty als Weltenei betrachtet haben, haben wir bereits einen Blick auf Humpty als kosmisches Ei geworfen.

Bentov schlägt das Ei als passendes Modell unseres Universums vor, da «der Fluß der Materie in ihm stark der Form der elektrischen Felder um ein Samenkorn oder ein Ei» ähnele. Der Same oder das Ei repräsentieren potentiell die allmähliche Entfaltung eines veränderten und erweiterten Bewußtseins, das aus seinem «meditativen, winterschlafartigen Zustand» erwacht und sich entfaltet, wenn die Zeit reif ist.[12]

Wenn wir den Kosmos als ein Ei begreifen, so betrachten wir ihn als geordnet und nicht als Chaos. Das Wort *kosmos* (aus dem Griechischen) *bedeutet* sogar Ordnung. Wenn das Universum nun Ordnung oder Kosmos ist, dann wird das Chaos vertrieben. Kosmos weist auf überall vorhandene Verbindungen hin. Das Universum eines solchen Eies ist organisch und wechselseitig abhängig, kein chaotischer Kampf zwischen isolierten Teilen. Ein Kosmos würde bedeuten, daß wir wirklich «Teil eines hochintegrierten Systems im weitesten Sinne des Wortes» sind, jedenfalls lehrt uns das die zeitgenössische Wissenschaft.[13] Ein solches Universum enthüllt eine «universelle Homöostase, ein dynamisches Gleichgewicht, in welches wir alle als Zellen integriert sind: Sich in dieses an irgendeinem Punkt einzumischen, bedeutet buchstäblich, sich selbst zu schaden.»[14] Das Gesetz eines Kosmos im Unterschied zum Chaos ist eine Synergie oder ein «Systemverhalten» im Gegensatz zum «Teilverhalten». Wir leben in einem holistischen, nicht in einem stückwerkartigen Universum. Ein Ei, nicht viele. Im Kosmos – im Unterschied zum Chaos – «beginnen wir zu spüren, daß unsere individuellen Gefühle Teil der musikalischen Bewegungen des Kosmos sind und daß wir ein und der gleiche Leviathan des Lebens sind».[15] Ein Ei. Sehr lebendig.

Humpty Dumpty und die Suche nach dem menschlichen Ei oder der Seele

Ist Humpty Dumpty tot? Offenbar nicht. Denn des Königs Pferde und Männer kamen, um ihn zusammenzusetzen, nicht um ihn zu beerdigen. Noch steckt Leben in dem Burschen. Wie ein Saatkorn, das im Boden gestorben ist, in einer anderen Form weiterlebt. Und doch ist der in so viele Stücke zerbrochene Humpty dem Tode nahe, und seine Überlebenschancen scheinen, angesichts der Unfähigkeit der königlichen Männer, klein genug. Wir könnten sagen, Humpty befinde sich am Rande des Todes – also auch am Rand des Lebens. Er schwebt zwischen diesem Leben und dem nächsten, falls es ein nächstes gibt, zwischen Sterblichkeit und Unsterblichkeit, zwischen dem Ende und dem Anfang. Es gibt, wie wir sehen werden, gute Gründe dafür, warum Humpty dem Rande so nahe ist. In mancher Hinsicht ist er der Rand, unser Rand.

Eine Besonderheit des Eies ist, daß es keine Kanten hat. Die Eier aller Viecher der Welt liegen nie auf vorhersehbare Weise. Sie haben keine feststellbare Kante, auf der sie liegen könnten. Sie sind sozusagen randlos. Wie wichtig ist es für ein spirituelles Bewußtsein, daß Humpty Dumpty uns an den Rand und die Randlosigkeit erinnert? Für ein spirituelles Bewußtsein ist das sehr wichtig, denn beim geistigen Erwachen müssen wir den Grenzen und Kanten widerstehen, die die Gesellschaft uns gesetzt hat. Auf dem spirituellen Weg lernen wir, am Rande zu leben, ohne nervös zu werden, an der Grenze zu leben, ohne auszuweichen. Vielleicht fiel Humpty, weil die Mauer des Dualismus ihn bequem sitzen ließ und ihn nicht weiterdrängte, sondern ihn eher schläfrig, träge, fett und faul machte. Vielleicht fiel er, weil er nicht getrieben, nicht geschubst, nicht herausgefordert und nicht für sein Potential unbegrenzter Horizonte und Universen geöffnet wurde.

William James weist darauf hin, daß der Kern der als Bekehrung bekannten geistigen Erfahrung in einem Akt besteht, der Randbereiche zentral macht. Den Rand zur Mitte zu machen ist das Essentielle jeder religiösen Erfahrung und vielleicht jeder echten geistigen Lehre. In diesem Buch ging es stets darum, das Mitgefühl in die Mitte zu rücken und die Leere zu füllen, die durch die Flucht vor dem Mitgefühl entstanden ist, das Loch mit Göttlichkeit zu füllen, das durch göttliche Abwesenheit entstanden ist. Denn das Mitgefühl befindet sich am äußersten Rand unserer gesellschaftlichen Kräfte, und durch sein Verharren dort zerbricht Humpty Dumpty – das Weltenei und das kosmische Ei. An einem wirklichen Rand und einem echten randständigen spirituellen Drang ist wichtig, daß der Rand nicht greifbar ist. Denn Rand bezeichnet nicht ein Objekt, sondern eine Beziehung zwischen untereinander verbundenen Wirklichkeiten.

Als Rand lädt Humpty Dumpty zu einem Grenzleben ein und zu aktiver Harmonisierung mit der Erde, der Luft, dem Feuer und Wasser unseres Lebens. Er lädt uns an den Rand ein, wo alles miteinander verbundene und mitfühlende Leben blüht. Er lädt uns ein, grenzbewußt und randhungrig zu werden, die Mitte zu verlassen, die langweilige, verworrene dualistische Mitte, um nach einem Zentrum zu suchen, das vom Rand her erforscht werden muß. Wie die Wurzeln eines Baumes, die sich immer weiter ausbreiten, sind wir dazu aufgerufen, uns bis zu den Rändern hin auszudehnen und sie zu unserer Mitte zu machen. Und aus diesem Strecken entstehen Lebendigkeit, Geist und Wiedergeburt. Humptys Geschichte macht uns klar, warum die Menschen so nervös sind: weil sie spüren, daß sie auf der Mauer der Dualismen sitzen und keine Wurzeln und kein wahres Zentrum haben. So werden wir nervös statt grenzbewußt. Wir haben Angst, zu erschaffen und einander zum Erschaffen zu ermutigen. Denn alles Schaffen drängt uns weiter Richtung Grenze, die Grenze der Geburt und des Todes zum Beispiel. Unsere Angst vor dem Leben und unsere Angst vor dem Sterben halten uns auf der Mauer in Unsicherheit, wie auch jede andere Leiterdynamik. Wie Humpty können wir jederzeit fallen, und das wissen wir auch.

Der Rand in Humpty Dumpty zeigt uns auch die Grenzen der Geschichte. Bewußt oder unbewußt spüren wir, daß eine bestimmte geistige Epoche zu Ende geht. Wir spüren den Verlust von vertrauten Grenzen und Rändern. Die Kanten vergangener Spiritualitäten sind für viele, wenn nicht alle von uns stumpf geworden – «Gott ist tot», «Die Kirchen sind leer» –, das heißt, sie können niemanden mehr aufstacheln. Diese stumpfen und verstaubten religiösen Formen besitzen keine Schärfe, Klarheit oder Erleuchtung mehr. Wir sind kantenlos geworden. Denn die konstantinische Ära ist tot, der Neuplatonismus ist tot, und auch die kartesianischen Bemühungen, den Glauben abzustützen, sind tot. Und der christliche Glaube, soweit er in diesen kulturellen Mustern des nunmehr vergangenen Zeitalters der Fische bekannt war, ist ebenfalls tot. Manche versuchen nun, im Osten unterzuschlüpfen, andere im heidnischen Westen, wieder andere bei einem freischwebenden Agnostizismus oder im hohlen Ritual christlicher Floskeln.

Sich am Rande einer untergehenden und abgestumpften geistigen Epoche zu befinden, bedeutet aber auch, am Rande einer neu auftauchenden zu stehen. Das Privileg unserer Zeit heißt: neue Grenzen, neue Horizonte und neue Möglichkeiten zu erfahren – wenn es uns gelingt, echt, tief und gesammelt auf die Zeichen unserer Zeit zu hören. Um das aber tun zu können, müssen wir randhungrige Menschen sein, denn wir brauchen den Mut, den Sprung zu tun, der nicht ein «Sprung des Glaubens» ist, wie Kierkegaard es sah, sondern ein Sprung von einem Rand zum anderen. Von einer Mauer zu überhaupt keiner Mauer mehr, vom Dualismus zur Dialektik, vom Entweder/Oder zum Sowohl-als-Auch, von der Kontemplation zum Mitgefühl, vom Ich zum Wir, von der Leiter zum Kreis, vom Klettern zum Tanzen, von der Kontrolle zur Feier, von Newton zu Einstein, von einer Wirtschaft des nationalen Reichtums zu einer auf die globale Armut bezogenen Wirtschaft, von einer regionalen Heimat zu einer Heimat im globalen Dorf.

Wenn wir von Rändern, vom Universum, vom Bewußtsein sprechen, dann sprechen wir zugleich auch von der Seele. Vielleicht bedeutet Seele soviel wie Rand. Wenn wir zwischen zwei geistigen Epochen und zwischen zwei geistigen Rändern stehen, dann stehen wir auch vor einer neuen Bedeutung von «Seele», einem neuen Impetus, der uns wirklich weitertreibt, größer und göttlicher zu werden. Jede Epoche, die sich nach neuen geistigen Horizonten ausstreckt, muß den Begriff «Seele» neu definieren.

Die Bedeutungsgeschichte der «Seele»

Der Begriff «Seele» hat eine lange und mit dem Ganzen verwobene Geschichte, die widerspiegelt, wie die Menschheit sich sah bzw. was sie im Laufe der Zeiten werden wollte. So schrieb zum Beispiel Elmar Klinger, das Werden der Seele sei ein wesentlicher Spiegel des Werdens der endlichen Welt.[16] Ich möchte hier kurz auf die Bedeutungsgeschichte der Seele eingehen, um besser analysieren zu können, was Humptys Fall für die Bedeutung der Seele in unserer Zeit heißt.

Otto Rank definierte die Seele einmal als die «Kraft der Wiedergeburt». Die Seele ist die Suche nach Grenzen, nach Unsterblichkeit angesichts der Sterblichkeit, nach dem Göttlichen angesichts des Allzumenschlichen, nach der Schönheit angesichts der Dumpfheit, nach der Wahrheit angesichts der Unechtheit, nach der Tiefe angesichts der Oberflächlichkeit. Rank meint, daß die griechische Suche nach der Seele ihren Gipfel (und ihr Ende) erreichte, als die Seele im Kopf lokalisiert wurde. Als «der Kopf zum Sitz der Seele und der höchsten menschlichen Fähigkeiten wurde, erlebte die Kultur ihren Gipfelpunkt. Alles Chthonische und Tierische wurde in die Tiefen des Orkus verbannt, um für eine geistige Kopfkultur Platz zu machen, die in den Werken der athenischen Dichter, Redner und Bildhauer und später in ihren Porträtbüsten personifiziert ist.«[17]

Mangels rettender Gnade oder irgendwelcher Spuren kosmischen Denkens reduzierte später der Gnostizismus diese Kopfkultur auf ein Verständnis der Seele, dem der «stinkende Körper» verhaßt war.[18] Für die gnostische Tradition wurde die Seele zu der Kraft, die in der Materie verlorenging.[19] Als ein drittes, zwischen Geist und Chaos zerrissenes Prinzip, wurde die Seele leicht in Letzteres hineingezogen.[20] Ihr einziger Ausweg besteht darin, aufzusteigen und fortzuklettern von allen Hinweisen auf Materie, Erde und Nährendes. So entstanden die ausgefeilten Schemata für den «Aufstieg der Seele» in den gnostischen Traditionen und sogar in der christlichen Spiritualität, die dem Gnostizismus mehr entlehnt hat, als sie dachte. Die abendländische neuplatonische Mystik selbst war es, die diesen Aspekt des gnostischen Mythos am Leben hielt, lange nachdem der Gnostizismus selbst bereits verschwunden war.[21] «Die theoretische Ausarbeitung der Vorstellung des Seelenaufstiegs, der in mystischer Ekstase endet, und seine Aufteilung in psychologisch genau definierte Stadien war das Werk von niemand anderem als Plotin und der ihm folgenden neuplatonischen Schule . . . und wenig später der monastischen Mystiker des Ostchristentums (die ihre theoretische Basis bei Origenes fanden).»[22]

Man muß Plotin allerdings zugute halten, daß er das fehlende kosmische Bewußtsein der Gnostiker, ihre Flucht vor dem Universum, streng tadelte. Der gnostische Gott war ein akosmischer Gott, und die gnostische Seele war eine akosmische Seele. «Auch die Sterne haben Seelen», betonte dagegen Plotin, doch die Gnostiker, die «selbst die niedersten Menschen» als Brüder betrachteten, leugneten jede Verwandtschaft mit dem Universum. «Mit rasendem Munde verweigern sie der Sonne und denen am Himmel und sogar der Weltenseele den Namen Bruder.»[23] In der neuplatonischen Spiritualität lag also eine teilweise rettende Gnade, weil sie auf einer kosmischen Verbindung zwischen der Seele und anderen Aspekten der Schöpfung bestand – eine Verbindung, die die Gnostiker strikt zurückwiesen.

Der jüdische und der christliche Glaube trugen erheblich zu einer neuen Vision der Seele bei. Wie Rank zeigt, «demokratisierte das Christentum die unsterbliche Seele, die zuvor alleiniges Vorrecht der Könige, der Helden oder der schöpferischen Menschen (Künstler) war».[24] Dieser Demokratisierung der Seele sind die künstlerischen Renaissancen innerhalb des Christentums zu verdanken. Auch die jüdische, die biblische Tradition ermutigte die Suche nach der Seele und der Wiedergeburt, indem sie den Gläubigen versicherte, daß das Universum ein Kosmos und kein Chaos sei. In einem solchen Rahmen bedeutet Befreiung nicht die Befreiung von der Erde oder von dieser Welt, wie im gnostischen Glauben, sondern die Befreiung von allem, was Geburt und Wiedergeburt behindert – die Befreiung von Ägypten als dem Symbol der Sklaverei. Statt eines Aufstiegs der Seele zu einem Gott, der hoch oben über der Erde ist, predigten die tiefsten biblischen Traditionen des Judentums und des Christentums die Transparenz Gottes.[25] «Der Geist des Herrn erfüllt die ganze Welt», ruft der Psalmist; und auch das wahre Christentum lehrt dieses Gefühl einer realisierten Eschatologie oder der bereits beginnenden Grenze – ewiges Leben jetzt und Seele jetzt. Ein solcher personalisierter Panentheismus macht sich nicht des übertriebenen Personal*ismus* schuldig, der den alten und neuen Gnostizismus kennzeichnet.

«Im Hebräischen ist die Seele der Mensch. Statt ‹der Mensch *hat* eine Seele› ist zu sagen: ‹Der Mensch *ist* eine Seele.› Ebenso gilt in biblischer Hinsicht: ‹Der Mensch *ist* ein Leib›.»[26] Im Hebräischen wird eine lebende Person als «Seele» *(nepes)* oder «Fleisch» *(basar)* bezeichnet. Im biblischen Denken wird *nicht* zwischen Körper und Seele unterschieden, sondern zwischen der lebendigen Seele, die wir «Mensch» nennen, und dem lebendigen Geist, den wir «Gott» nennen. Mit anderen Worten: Seele und Geist sind unterscheidbar, nicht jedoch Seele und Körper. Manchmal wohnt Gottes Geist in den Menschen, und manchmal ist er abwesend. Der Geist oder das Pneuma eines Menschen ist das Göttliche in ihm oder ihr. Leider hat diese Vorstellung der Seele als Person und der vergeistigten Person als göttlichem Bild und Ebenbild im Abendland nie eine herausragende Rolle gespielt.

Bis vor kurzem machten die meisten Übersetzungen der Bibel aus dem hebräischen Wort *nepes* eine griechisch verstandene «Seele», obwohl dieser Begriff tatsächlich keine der griechischen Seelenvorstellungen reflektiert. *Nepes* meint die menschliche Person, so wie sie zu leben beginnt. «Es ist genau dieses persönliche Selbst als das bewußte Subjekt von Handlung und Leidenschaft . . . Bewußtsein ist Leben, die Manifestation der *nepes,* und kann in den modernen

Sprachen nicht durch ein einzelnes Wort bezeichnet werden.» Die *psyche* des Neuen Testaments zeigt ebenfalls «wenig oder keine Wirkungen der philosophischen Vorstellung der Griechen»; und das Neue Testament «fügt der alttestamentlichen Vorstellung von *nepes* nichts hinzu». Indem die Gläubigen griechische Seelenvorstellungen auf diese beiden biblischen Worte projizieren, riskieren sie eine Übertragung des Konzepts der Erlösung und des ewigen Lebens in platonische Kategorien. In diesem Zusammenhang sagt die Bibel etwas Einzigartiges über die «Seele»: «Das Neue des neutestamentlichen Glaubens beruht nicht auf einer neuen Vorstellung von *nepes-psyche*, sondern auf einer radikal neuen Offenbarung über den Sinn des Lebens und der Erlösung.»[27] Diese radikal neue Bedeutung von Erlösung liegt in der Allgegenwart des Mitgefühls und der Nähe des menschlichen und des göttlichen Mitgefühls, in der Wirklichkeit des Mitgefühls des Schöpfers und derer, die nach seinem Bilde und ihm ähnlich gemacht sind, in der Abhängigkeit Gottes von der mitfühlenden Veränderung der Geschichte durch die Menschheit. In dieser Tradition stehend, erklärt Meister Eckhart, daß, sowenig er ohne Gott tun könne, Gott ebensowenig ohne ihn zustande bringe.[28] Die Geschichte, die Heilsgeschichte, wartet darauf, daß die Menschheit mitfühlender wird, daß sie in Einklang mit dem Geist des Herrn kommt, der «die ganze Welt erfüllt» (Weisheit 1,7).

Ein großer Teil der christlichen Theologie geriet unter den starken Einfluß neuplatonischer Philosophien bezüglich der «Seele» und des Heils, wurde dadurch introvertiert und konzentrierte sich mehr auf die Unsterblichkeit und das Leben nach dem Tode als auf den Anfang des ewigen Lebens und des Mitgefühls vor dem Tode. Interessanterweise war Platon selbst viel weniger mit Rückzug und Introspektion beschäftigt als die Neuplatoniker; es war die Leiter, die das Christentum am meisten beeinflußte: «Die Bedeutungsverschiebung von der äußeren auf die innere Welt wird im Neuplatonismus Plotins (205–270) deutlich erkennbar. Wie alle Griechen war Platon selbst hauptsächlich am Handeln, an Politik und der äußeren Welt interessiert ... Plotin dagegen betrachtete die mystische Kontemplation und das Aufgehen in dem Einen als Selbstzweck. Die Psychologie wurde deshalb für die Erkundung und Skizzierung der inneren Erfahrung nutzbar gemacht.»[29]

Die Wiederentdeckung des Aristoteles im Mittelalter, besonders in seiner Deutung durch Thomas von Aquin, diente als ein Gegenmittel gegen die subjektivierte und introvertierte Seelenvorstellung der Neuplatoniker. Thomas von Aquin wies die platonische Theorie zurück, daß eine Person einen Körper benutzt, und folgte der aristotelischen Vorstellung, daß die Seele die Form des Körpers sei. Er opferte aber nicht die Vorstellung des Geistes als Leidenschaft, Bewegung und Verletzlichkeit, wie der Rationalismus es in der Neuzeit getan hat.[30] Doch war seine Weltsicht statisch und sein Verständnis der realisierten Eschatologie unterentwickelt, so daß er den aristotelischen Sinn dafür aus den Augen verlor, daß die Seele in *diesem* Leben, nicht in einem anderen, nach einem letzten Ziel strebt.

Den wichtigsten Beitrag zur Suche nach der Bedeutung der Seele leisteten auf jeden Fall die Künstlerinnen und Künstler der Erfahrung, auch Mystiker genannt. Im 14. Jahrhundert, im ausgehenden Mittelalter, schrieben zum Beispiel Meister Eckhart und Juliana von Norwich über ihre Suche nach einer neuen Sprache und nach einer neuen Bedeutung von «Seele». Ihre Suche wurde jedoch durch die Verdammung Eckharts (1328) und die praktische Ignorierung der Spiritualität Julianas abgebrochen und in den folgenden nationalistischen, kolonialistischen, sektiererischen, rationalistischen und materialistischen Jahrhunderten nicht wieder aufgenommen. In mancher Hinsicht setzt dieses Buch ein, wo Eckhart und Juliana aufhörten, dieses Mal aber aus der Perspektive der im Niedergang befindlichen modernen Kultur. Das wiedererwachende Interesse an den mystischen Autoren des Westens, besonders an Eckhart und Juliana, entspricht einem wachsenden Bewußtsein für unser tiefes Bedürfnis nach einem neuen Sinn der Seele.

Der Versuch der Neuzeit, die Bedeutung der Seele zu erfassen, läßt sich am ehesten durch die Reduktion auf ein Konzept rein subjektiver, privater und mentaler Aktivität kennzeichnen. Da der Körper für Descartes eine Maschine ist, sind Menschen körperlose Seelen. Die Seele war die *res cogitans* im Unterschied zur *res extensa.* Wie Platon betrachtete Descartes die Seele als ein abgetrenntes Wesen, das vom Körper niedergedrückt wird, und meinte: «Unsere Seele ist in ihrer Natur völlig unabhängig vom Körper.» Von nun an war das westliche Denken von einem bislang unbekannten Dualismus zwischen Körper und Seele bestimmt, wobei die Seele jetzt ausschließlich als Subjektivität gesehen wurde.[31] Wie alle Dualisten identifizierte Descartes Seele und Geist, was zur vorhersehbaren Folge hatte, daß der Rationalismus den Verstand auf den Thron setzte und den Geist zu einer Abstraktion reduzierte: «Ein einfacher und starker Körper/Seele-Dualismus führt zu einer Identifikation von Geist und Seele und bildet das Grundelement des Spiritualismus.»[32] Die Seele wurde überwiegend mental verstanden und vollständig privatisiert, so daß seit Descartes das Privatleben zum Eckpfeiler psychologischer Theorien wurde.

Krister Stendahl hat die Folgen dieser Privatisierung im Christentum benannt:

> In der christlichen Tradition wurden Gericht und Gnade in unsere spiritualisierte Weisheit eingebettet, als wir unser «Seelenspiel» spielten und faktisch das ganze großartige und wilde Geschichtsdrama, von dem wir in der Bibel lesen, in einen pastoralen Rat und Trost verwandelten, in dem Gottes Gnade die Angst vor dem Gericht überwindet. Diese Methode, mit der solche Konzeptionen unter den Tisch fallen und übermächtige, majestätische Worte auf die Probleme unserer kleine Seele angewendet werden, gehört zu den Elementen, die Bonhoeffer zu Recht als «billige Gnade» bezeichnete und in denen Marx und andere richtig das «Opium des Volkes» erkannten.[33]

Beim Lesen dieses Kommentars denkt man unwillkürlich an die jahrhundertelang vorherrschende Definition der christlichen Sendung als «Rettung der Seelen».

Der moderne Beitrag zur Suche nach der Seele, wie er sich etwa bei Descartes darstellt, hat im wesentlichen in ihrer Privatisierung bestanden. Wie im alten Gnostizismus bedeutete die Seele mehr und mehr etwas Subjektives, entfernte sich immer weiter vom Körper, von der politischen und kosmischen Gemeinschaft. Basis geistiger Tätigkeit war nun der Privatbereich und nicht das öffentliche Leben. «In dieser Hinsicht bezeichnet Descartes' Theorie den Gipfel eines Trends, der sich über den hl. Augustinus und Plotin bis auf Philo zurückführen läßt»[34].

Humpty Dumpty als neue Weltseele

Die Suche nach der Seele und ihrer Bedeutung setzt sich bis in unsere Zeit hinein fort. Charles Fair hat ein ganzes Buch über seine Auffassung geschrieben, daß die Seele in unserer Zivilisation stirbt. Humpty Dumpty ist tot, könnten wir sagen. «Es ist typisch für das Ende von Zivilisationen, daß die Seelenvorstellungen sich aufzulösen beginnen», meint Fair. Und damit lösen sich auch die uns verbindenden Mythen auf. Dem stimme ich zu, möchte aber auch betonen, daß im gleichen Zug neue Zivilisationen beginnen, die uns durch ihr neues Seelenverständnis weiterbringen. Fair bietet eine eigene Definition von Seele: «In uns allen schlummert ein umfassenderes Selbst – bereit, erlöst zu werden, durch ernsthaftes Bemühen aus dem dauernden Dunkel herausgezogen zu werden: kurz, eine Seele.» Er spürt die eiähnliche Qualität der Seele, nämlich ihre Potentialität. «Sie entspricht etwas Potentiellem in uns allen, das heißt letztlich einem Potential in der Struktur und in den Arbeitsprinzipien des menschlichen Gehirns. Als Idee verdankt sie sich der Tatsache, daß sie neue Kräfte in uns freisetzt, keine imaginären Kräfte, sondern wirkliche, auch wenn nur wenige je in ihren vollen Besitz gelangten.» Und er betont, daß das Auftreten neuer Seelenvorstellungen zur Geburt großer Zivilisationen führt. Die Seele treibt uns also weiter, weil sie ein Ei voll geheimnisvoller, aber noch unentfalteter neuer Kräfte ist. «Die Idee der Seele erscheint besonders jenen, die bereit und begierig sind, sich zu verwirklichen, dies aber noch nicht getan haben – Männer, die die ‹Transzendenz› spüren, aber noch nicht erfahren haben.»[35] Eine neue Bedeutung der Seele impliziert also eine neue Bedeutung der Transzendenz. Seele wird neu definiert, wenn die Transzendenz neu gefaßt wird. Nach Fair würde der Atheismus eine Leugnung der Seele und aller Hoffnung auf Transzendenz bedeuten. Das würde, so meine ich, die Weigerung bedeuten, Humpty Dumpty zur Hilfe zu kommen.

Humpty Dumpty als zerbrochene Weltseele

Das gesamte vorliegende Buch handelte natürlich auch von einer neuen Bedeutung der Seele, einer Neugeburt eines neuen Eies, dessen Name Mitgefühl ist. Eine Seele namens Mitgefühl. Eine solche Seele würde das Geschick Humpty Dumptys nicht teilen, denn sie würde erst gar nicht auf einer Mauer sitzen. Sie würde nicht ruhig dasitzen angesichts des desolaten Zustands unserer Welt. Sie würde handeln und tanzen und drängen und überreden. Nicht aber sitzen. Und sie säße nicht auf einer Mauer, sondern wäre unten auf der Erde und würde lachend und feiernd tanzen, Tänze, durch die niemand verletzt würde und alle einander mühelos helfen könnten. Ihr Fallen wäre ein Hineinfallen, ein Fallen in die Erde oder in die Liebe, und kein Herabfallen. Solch ein Fallen macht Spaß.

Jeder und jede Welt hat eine Seele – sie ist, wie Jesus sagte, wo unser Schatz ist. Das ist unsere Seele, unser Schatz. Norman O. Brown sagt, das Geld sei die Seele der Welt.[36] Das kann durchaus sein. Und für manche ist die Leiter ihre Seele. Im Prinzip, meinte Fuller, seien Muskeln und Macht die Seele der heutigen Welt. Mein Eindruck ist, daß in einer derart unsicheren Leiterkultur die Sicherheit zur Seele der Kultur geworden ist. All diese Seelen sind entfremdend und entfremdet, sie haben von Anfang an Brüche. Humpty erinnert uns daran, daß unsere Seele sein sollte, wo der Bruch ist und wo der Schmerz ist. Sie sollte am Rand sein.

Humpty Dumpty vermittelt uns also eine neue Bedeutung von Seele, die uns nicht länger zwingt, «Seelen zu retten» oder unsere private, individualisierte Seele zu erlösen. Statt dessen sind wir eingeladen, in die Seele einzutreten und die Seele in uns eintreten zu lassen. Mit anderen Worten: Seele als Mitgefühl, Seele als Feier von Saras Kreis, als Loslassen statt des Zwangs und der Kontrolle. Wir sind eingeladen, uns von der Beschäftigung mit der Erlösung einer introvertierten und eingesperrten Seele der Erlösung einer Welt zuzuwenden, die selbst eine Seele ist. Die Weltseele, das kosmische Ei, das Universum. Es ist unsere Seele und weder meine Seele, noch die Seele irgendeines isolierten Objekts. Sie ist deshalb zwar gewaltig, aber freundlich und steht in Beziehung. Sie ist eine relative, eine bezogene und keine absolute Seele. Für ihre Erlösung könnten wir ein altes Gebet adaptieren: «Ehre sei dem Vater und dem Sohne und dem Heiligen Geist, wie es war im Anfang, jetzt und alle Zeit und in der Welt ohne Grenze, Amen.» Denn hätte die Welt keine Grenze, keinen Rand, so würde sie in der Seele bis zum Horizont ausgedehnt sein. Sie würde durch die Gnade des Schöpfers vergöttlicht sein und zu einer göttlichen Seele werden. Und sie würde geheilt.

Das globale Dorf: die neue Weltseele

Die neue Bedeutung von «Seele», auf die Humpty Dumpty hinweist, ist die Welt – das globale Dorf. Ich nehme an, daß dieses der «Schatz» ist, den die Menschheit heute teilen soll. Das globale Dorf ist unsere gemeinsame Seele, und um sein Überleben geht es bei der Rettung der Seelen. Das globale Dorf ist die neue Weltseele. Es ist eine *Welt*seele, weil die ganze Welt davon weiß. Die Weltseele ist ein Bewußtseinszustand der Bewohner unseres Planeten. Durch Fernsehen, Radio und schnellen Verkehr hat die Technik eine Veränderung im Raum-Zeit-Bewußtsein gebracht, das eine neue Weltseele freigesetzt hat – eine Weltseele im Sinne wechselseitiger Verbundenheit, die uns lehrt, daß *Überleben* das Überleben *aller* bedeutet. Das Mitgefühl ist ein universelles Gesetz. Die neue Weltseele wird hervortreten, wenn wir tief genug an dieses Gesetz glauben und danach zu handeln beginnen.

Die neue Weltseele hat ebenso wie das globale Dorf Brüche, weil wir noch nicht daran glauben. Wir fangen an, daran zu glauben, haben aber noch einen langen Weg vor uns. Wie Augustinus möchten wir am liebsten beten: «Gib mir Glauben – aber noch nicht gleich», denn die Verantwortung für die Veränderung unseres Weges ist groß.

Die neue Bedeutung der Seele wird nicht mehr über den Dualismus zwischen Körper und Seele stolpern, an dem die «Seele» sich seit Jahrhunderten gestoßen hat und an dem sie gestorben ist. Statt nach einer vom Körper unterschiedenen, unabhängigen Substanz zu suchen, wird diese Bedeutung der Seele auf eine Einsicht Meister Eckharts zurückgreifen, die die Grundfrage umkehrt: «Die Seele ist nicht im Körper, sondern der Körper in der Seele.» Echte wechselseitige Abhängigkeit und nicht dualistische Unabhängigkeit wird die neue Suche nach der Seele charakterisieren. In Meister Eckhart haben wir einen Vorläufer für unser Verständnis der Welt als Seele, wenn er sagt, daß die Seele Welt genannt werde. Er erklärt auch, daß man ein kosmisches Bewußtsein haben müsse, das nicht vor dem Körper flieht: «Die Seele liebt den Körper.»

Bei unserer neuen Suche nach der Seele werden wir uns weigern, in die Epoche der Sublimation und sexuellen Verdrängung zurückzufallen, wir werden nicht mehr um einen Aufstieg der Seele kämpfen. Statt dessen werden wir nach Erweiterungen der Seele suchen, um «Weltseele» und wieder ein kosmisch beseeltes Volk zu werden. Wie wir im zweiten Kapitel sahen, ist das Mitgefühl immer das erste Opfer einer Spiritualität des Seelenaufstiegs gewesen. In einer Spiritualität der Seelenausdehnung, die auch eine Spiritualität der Bewußtseinserweiterung ist, wird das Mitgefühl wieder in die menschliche Geschichte zurückkehren. Die menschliche Geschichte wird wieder zur Heilsgeschichte oder zur Geschichte des Mitgefühls. Die Seele kehrt damit in ihre eigentliche, nicht private, sondern kosmische Heimat zurück. Das Exil der Seele ist beendet, und damit das Exil des Mitgefühls. Die Menschheit findet wieder ein Heim im Universum. Und dieses Heim ist ein Verb, kein Substantiv. Sein Name ist: mitfühlen.

Auch die Religion wird zurückkehren aus der Verbannung und ihre verantwortungslose Beschäftigung beenden, Imperien zu errichten oder das Privatleben zu sentimentalisieren. Sie wird ihren wahren Ursprung in einer heilenden Lebensweise wiederfinden. Schließlich bedeutet *religare*, wie wir gesehen haben, «zurückbinden» oder «wiederverbinden». Religion wird wieder die Bedeutung bekommen, die Wunden eines zerbrochenen Volkes, eines zerbrochenen Planeten, einer zerbrochenen Weltseele zu verbinden. Sie wird diese erlösende Aufgabe des Heilens vollbringen, indem sie wieder Verbindungen herstellt, statt einzufrieren und zu isolieren, indem sie den Bruch zwischen Gott und Menschheit, der auch der Bruch zwischen Geist und Seele ist, wieder kittet. So wird erneut eine Vergöttlichung der Menschheit stattfinden, die dann wieder voller Geist und so lebendig sein wird, daß sie selbst den Bruch zwischen sich und der Natur, sich und dem Planeten, sich und dem Kosmos heilen kann. Als rationales Tier wird der Mensch nicht länger einen dualistischen Rationalismus vertreten, sondern ein harmonisches Tier sein (*ratio* bedeutet ursprünglich «Harmonie»), weil ihm *als* Tier die Suche nach weltweiter, selbstweiter und kosmosweiter Harmonie am besten gelingt. Schließlich ist ein Tier sehr um das Überleben der eigenen Art bemüht. Ein kosmisches Bewußtsein, dem der Körper fehlt, wie es in allen Spielarten des Neuplatonismus der Fall ist, trägt zu Humptys Fall und nicht zu seiner Heilung bei. Ein solches geisterfülltes Tier wird, wenn es mit seiner Körperlichkeit, Sinnlichkeit und Animalität ebenso vertraut ist wie mit seiner Göttlichkeit, dazu beitragen können, daß sich die Schöpfung wieder als von Gottes Geist erfüllt wahrnimmt. Die Schöpfung wird wieder zu der göttlichen Musik tanzen, deren Name Mitgefühl ist.

Humpty Dumpty als göttliche Seele

Es besagt viel, wenn ein Buckminster Fuller – wie andere Wissenschaftler auch – der Ansicht ist, daß «im Universum ein größerer Intellekt wirksam ist als der menschliche». Warum? Weil die verschiedenen Teile des Universums vom Entwurf her so gut zueinander passen und miteinander funktionieren. Unser menschlicher Geist hat «Zugang zum ewigen Entwurf des Universums» und «wir entdecken die intellektuellen Anordnungen a priori».[37]

Führt uns Humpty Dumpty wie die zeitgenössische Wissenschaft ebenfalls an die letzte Grenze, die wir Gott nennen? Ist Humpty Dumpty ein Hinweis auf die göttliche Seele? Ist die göttliche Seele zersprungen, als Humpty fiel? Ist Gott tot, wenn die menschliche Seele tot ist, dumpf oder dualistisch erstickt? Wenn es wahr ist, daß Gott leidet, wenn die Schöpfung Schmerz leidet, dann ist die Antwort auf diese Fragen: Ja. Ja, Gott kennt den Schmerz. Und das Sitzen und Jammern und Dualisieren, das zu Humptys Fall führte, ist für Gott sicherlich schmerzlicher als für Humpty, denn Gott ist größeren Leids fähig, da er/sie wahrhaft mitfühlend und sensibel ist, mehr als jede andere Existenzform. Wo Humpty in Stücken liegt, liegt auch Gott in Stücken. Wer kann Humpty retten? Wer wird Gott retten? Christen würden sagen, daß Gottes Sohn, selbst an einem Kreuz zerbrochen, ein Heiland oder Heiler dieses göttlichen/menschlichen Leids ist. Und daß die Heilung in der Überbrückung des Abstands zwischen Gott und der Menschheit besteht. Kurz, in der Erkenntnis, daß Humpty mehr ist als unsere Seelen, mehr als unsere Welten, mehr als unser Kosmos. Daß Humpty auch Gott ist. Und als Humpty fiel, fiel Gott und zerbrach. Wer wird diesen zerbrochenen Gott zusammenfügen? Wer wird Mitgefühl haben mit Gott? Und wann? Und wie?

Humpty Dumpty – Die Rettung unserer Seelen: eine Zusammenfassung

Ich habe angenommen, daß Humpty Dumpty als Symbol unserer spirituellen Zeit viele Kräfte ist. Humpty ist die göttliche, vom Leid gebrochene Seele; Humpty ist die menschliche Person, Körper und Seele, auf der Suche nach Seele und Geist; Humpty ist deshalb der Rand, die Grenze des Geistes, der Horizont, der uns zu unserem göttlichen Potential ruft, das in einem Ei ruht; Humpty ist das kosmische Ei, von dem wir jetzt lernen, daß es ein geordnetes, erstaunlich einiges Universum ist; Humpty ist das Weltei, das globale Dorf, das darum kämpft, als ein einziger Organismus zu atmen, als eine ringende Einheit, wie ein frisch erbrütetes Ei, um zu überleben. Die Heilung des neuen Mandala, des als Welt(en)ei bezeichneten globalen Dorfs, findet zusammen mit der Heilung des menschlichen Eies statt, der Seele und dem kosmischen Ei, oder es findet überhaupt nicht statt.

All dies bedeutet, daß Humpty Dumpty für uns und für mehr als uns steht. Humpty ist das bekannte und noch unbekannte Wir. Humpty ist unser Gott. Das ist für Menschen, die wie wir unseren Weg, unsere Spiritualität verloren haben, die haltlos und auf der Suche nach der Seele sind, eine gute Nachricht. Es ist eine Art Nachricht, die unser Selbst und unsere Seelen auferstehen läßt und einen Verlust unserer Seele verhindern sollte. Denn auf unserer Suche nach Erlösung lehrt Humpty uns, daß wir vorher einen falschen Weg eingeschlagen hatten, indem wir nach einer inneren Substanz als «Seele» suchten. Humpty lehrt uns, daß Seele die Psyche plus die Welt bedeutet. Die Welt ist unsere Seele und unsere Seele die Welt. Aus diesem Grunde ist richtig, was Monika Hellwig gesagt hat: daß das Hauptthema der Spiritualität nicht in der Erlösung der Seele, sondern in der Erlösung der Welt liege.[38] Denn wir sind in der Welt, und die Welt ist in uns. Eines zu heilen heißt, das andere zu heilen. Das eine zu erlösen heißt, das andere zu erlösen. Denn was ist die Welt, wenn nicht eine Projektion unseres inneren Selbst? Weil wir innerlich das Obensein verehren, bauen wir außen Wolkenkratzer. Weil wir innerlich Aggression der Ganzheit vorziehen, investieren wir so großzügig in Waffen und so kleinmütig in die Künste. Humpty lehrt uns, daß die Innenseite die Außenseite ist und die Außenseite die Innenseite – wohl oder übel, bis daß der Tod uns scheidet.

Das Abendland hat in der Vergangenheit zu sehr innen nach der Seele gesucht, ist dadurch kurzsichtig introspektiv geworden und hat sich vom Kosmos zurückgezogen. Außerdem haben wir zu sehr nach der Seele als einem Substantiv oder einer Substanz gesucht, wie uns die substantivischen Definitionen der Vergangenheit nahelegten. Aber Humpty erinnert uns durch seinen tragischen Fall daran, daß die Seele kein Substantiv ist, sondern ein Verb, daß alle ihre Energien miteinander kommunizieren. Wie das Universum und das globale Dorf, die Welt, das kosmische Ei und Gott ist die Seele ein Verb und kein Substantiv. Das ist eine gute Nachricht. Denn indem wir wieder lernen, unseren Weg an den Rand und zur Seele hin als etwas Äußerem und Innerem zu tanzen, als Verb und nicht als Substantiv, könnten wir tatsächlich etwas gegen die vergifteten Tränen unternehmen, die über Djakarta und alle anderen Städte regnen. Denn das Ei unserer Welt hat tatsächlich einen Sprung. Der Bruch im Weltei wie die Brüche in Humpty Dumpty erinnern uns an den Preis, den wir für unseren «Fall» zahlen müssen: für die Verehrung der Jakobsleiter, die dualistische Konkurrenz, die Sterilität, den mechanistischen Szientismus und ein nationenorientiertes Wirtschaftssystem.

Die hoffnungsvolle neue Nachricht, die Humpty Dumpty überbringt, ist: Die Seele, nach der wir nun suchen, hat eine Heimat. Ihre Adresse ist das Mitgefühl. Das Christentum, das einst die unsterbliche Seele demokratisierte, ist nun aufgerufen, zur Demokratisierung der Weltseele oder des globalen Dorfs beizutragen. Nicht um es unsterblich zu machen, sondern um es wechselseitig abhängig zu machen, was sich langfristig aufgrund seiner Schönheit als eine Art Unsterblichkeit erweisen könnte. Diese Demokratisierung des globalen Dorfs macht nicht vor den Wirtschaftssystemen halt. Alle Religionen der Welt sind in dieser Zeit aufgerufen, ihre Bürgerinnen und Bürger global zu Lebensweisen einzuladen, die in ihrer Hingabe an die Freude und an das gerechte Teilen des Feierns von Geist erfüllt sind. Das heißt, sie sind von Mitgefühl erfüllt.

Die Alternative zu dieser Heimkehr der Weltseele ist schier unvorstellbar. Da jedoch die Zeit drängt und so viel auf dem Spiel steht, können wir es uns nicht leisten, uns diese Alternative zum

Mitgefühl *nicht* vorzustellen. Was, wenn es tatsächlich schon zu spät wäre für das Überleben des globalen Dorfs?

Wenn das der Fall wäre, wenn es wirklich schon zu spät wäre, nach einem so kurzen Moment menschlichen Daseins auf diesem Planeten, dann wäre Gott in der Tat ein Versager. Dann wäre Gottes Experiment, ein Tier zu erschaffen als göttliches Ebenbild und ihm kreatives Potential einzuflößen, fehlgeschlagen. Sei's drum. Ein törichtes, gefährliches Experiment, das in Qualm und vergifteten Tränen aufging. Sei's drum. Das Universum lebt auch ohne uns weiter.

Aber warum schlug es fehl, möchten wir fragen? Ich kenne nur eine einzige Antwort: Weil wir es nicht glaubten. Weil wir nicht daran glaubten, daß wir Schöpfer und Schöpferinnen sind, frei, unser globales Dorf mit neuen Visionen wirtschaftlicher und politischer Gerechtigkeit und der Verteilung der guten Gaben der Erde zu feiern. Frei, unsere Leitern zu verlassen, loszulassen, sein zu lassen und die Dialektik geschehen zu lassen. Frei zu feiern. Wir haben nicht geglaubt, daß der Himmel begonnen hat. Und die Fülle. Und die Göttlichkeit – unsere eigene. Die Nachricht war zu gut. Es war eine zu frohe Botschaft . . .

Anmerkungen

Vorwort

1 Rev. W. Sterling Cary, «Why They Remember the Holocaust», in: Chicago Sun-Times, 11. 4. 78, S. 12
2 Simone Weil, Waiting on God, London 1959, S. 116
3 Samuel H. Dressner, Prayer, Humility and Compassion, Philadelphia 1957, S. 236 f.
4 Adrienne Rich, Stepping Backward, in: Poems Selected and New, New York 1975, S. 8

Kapitel 1

1 «Abraham Joshua Heschel's Last Words: An Interview by Carl Stern», in: Intellectual Digest, Juni 1973, S. 78
2 Frederick S. Perls, «Gestalt Therapy: Retroflection, Introjection, and Projection», in: The Handbook of Gestalt Therapy, Hatcher et al. (Hrsg.), New York 1976, S. 98 f.
3 Max Scheler, Wesen und Formen der Sympathie, Bern 1974, S. 144
4 Scheler, Sympathie, S. 143
5 «Pity», in: The Universal Jewish Encyclopedia, Hrsg. Isaac Landmon, New York 1969, VIII, S. 547
6 R. Brouillard, «Compassion», in: Catholicisme, Paris 1949, II, Col. 1417
7 Francis Rapp, «La Compassion: Le culte du Christ douloureux», in: L'Eglise et la vie religieuse en occident à la fin du moyen age, Paris 1971, S. 148

8 Anne Douglas, The Feminization of American Culture, New York 1977, S. 254. Auf der Grundlage der Analyse von Douglas behandle ich in «On Desentimentalizing Spirituality» die «Sieben Sünden der Sentimentalität» (in: Spirituality Today, März 1978, S. 64–76). Siehe auch: Shirley C. Guthrie Jr., «The Narcissism of American Piety: The Disease and the Cure», in: The Journal of Pastoral Care, Dez. 1977, S. 220–229.

9 Friedrich Nietzsche, Der Antichrist, Kap. 7, in: Sämtliche Werke Bd. VIII, Stuttgart 1964, S. 195 f.

10 Scheler, Sympathie, S. 29

11 Scheler, S. 145

12 Baker's Dictionary of Theology, Hrsg. Everett Harrison, Grand Rapids, Mich., 1969, sagt. «Die Bibel bevorzugt die Verbform gegenüber dem Substantiv», wenn es um das Mitgefühl geht (S. 132).

13 Kazoh Kitamori, Die Theologie des Schmerzes Gottes, Göttingen 1972, S. 98

14 José Miranda, Being and the Messiah, Maryknoll 1977, S. 97 f.

15 E. R. Achtemeir, «Mercy», in: Interpreter's Dictionary of the Bible, New York 1962, III, S. 353

16 Zum Beispiel in: Röm. 12,13; Eph. 4,32; Kol. 3,12; Jak. 3,17; 1 Petr. 3,8; 1 Joh. 3,17; Mt. 9,13; 18,32 f.; 2 Kor. 9,6–13

17 José Miranda, Marx and the Bible, Maryknoll 1974, S. 61

18 Claude Tresmontant, Biblisches Denken und hellenische Überlieferung, Düsseldorf 1956, S. 144

19 Hans Jonas, The Gnostic Religion, Boston 1963, S. 141

20 William Eckhardt, Compassion: Toward a Science of Value, Toronto 1973, S. 258

21 John E. Steinmueller u. Kathryn Sullivan, «Justice», in: Catholic Biblical Encyclopedia, New York 1956, I, S. 607

22 Zitiert bei Raphael Posner, «Charity», in: Encyclopedia Judaica, New York 1971, V, Col. 340

23 Siehe John L. McKenzie, Dictionary of the Bible, Milwaukee 1965: «Im Gericht gehört *chessed* nicht zur Konzeption des Richters als Gebieter, sondern als Erlösender.» S. 565

24 Rabbi Harry A. Cohen, A Basic Jewish Encyclopedia, Hartford 1965, S. 71

25 Miranda, Marx and the Bible, S. 46 f. Miranda führt folgende Parallelen zwischen *chessed* und Gerechtigkeit oder Recht an: Jer. 9,23; Jes. 16,5; Mich. 6,8; Hos. 2,21 f.; 6,6; 10,12; 12,7; Sach. 7,9; Ps. 25,9 f.; 33,5; 36,6 f.; 36,11; 40,11; 85,11; 88,12 f.; 89,15; 98,2 f.; 103,17; 119,62–64.

26 Miranda, Being, S. 152

27 Ernst Troeltsch, zitiert in: A Basic Jewish Encyclopedia, S. 62. Kaufmann vertritt die gleiche Ansicht.
28 Scheler, Sympathie, S. 26
29 Douglas, S. 196
30 Scheler, Sympathie, S. 28
31 Scheler, S. 70
32 Scheler, S. 66
33 Scheler, S. 159
34 Miranda, Being, S. 62
35 Krister Stendahl, Der Jude Paulus und wir Heiden – Anfragen an das abendländische Christentum, München 1978, S. 57 f.
36 «Compassion», in: The Encyclopedia of Jewish Religion, Hrsg. R. J. Zwiwerblowsky, New York 1965, S. 95; «Pity», in: Universal Jewish Encyclopedia, S. 547
37 Scheler, Sympathie, S. 158
38 Heschel's Last Words, S. 79
39 Ebenda, S. 77
40 Arturo Paoli, Meditations on Saint Luke, Maryknoll 1977, S. 8 f., 6 f., 4
41 Scheler, Sympathie, S. 20
42 Miranda, Marx and the Bible, S. 128
43 Miranda, S. 31
44 Kitamori, S. 19 (nach: Karl Barth, Kirchliche Dogmatik, Zürich 1932 ff., Bd. II, 1, 690)
45 Thomas von Aquin, In librum Beati Dionysi de Divinis Nomibus, II, 1.4, #192. In IV Sententiarum, Dist. XV, q.2,a.1, ad 4. Er sagt auch, diese Art Leidenschaft gehöre zu Gott (Super II ad Cor., Ch. XI, lect. 6).
46 Dressner, Prayer, S. 14
47 Tresmontant, Biblisches Denken, S. 189
48 Thomas Merton, «Marxism and Monastic Perspectives», in: John Moffitt (Hrsg.), A New Charter for Monasticism, Notre Dame 1970, S. 80
49 Douglas, S. 251
50 Apg. 9,2; 18,25; 19,9 u. 23; 22,4; 24,14 u. 22
51 Eckhardt, S. 265; 262
52 James A. Christenson, «Religious Involvement, Values and Social Compassion», in: Sociological Analysis, 1976: 37, S. 218. Es muß aber darauf hingewiesen werden, daß diese Studie sich nur auf North Carolina bezieht, das fast rein protestantisch mit nur geringem jüdischem und katholischem Anteil ist.
53 Dressner, S. 236

54 In Cohen, a.a.O., S. 60 f.
55 Ebenda S. 74
56 In Dressner, S. 193
57 Dressner, S. 202
58 Dressner, S. 239
59 Mt. 17,15; 18,33; 20,30; Mk. 5,19; 10,47; Lk. 18,38
60 Zum Beispiel Mt. 14,14; 18,27; Mk. 6,34; 8,2; Lk. 10,33; 15,20
61 Siehe Miranda, Marx and the Bible, S. 225; Schweizer, «Pneuma», in: Kittel's Theological Dictionary of the New Testament, VI, S. 431
62 Miranda, Marx, S. 48
63 Ebenda, S. 47
64 Samuel H. Dressner, Three Paths of God and Man, New York 1960, S. 106
65 Dressner, Prayer, Humility and Compassion, S. 202 f.
66 Ebenda, S. 194 f.
67 Ebenda, S. 201
68 Miranda, S. 70
69 Kitamori, S. 99
70 W. F. Albright (Übers.), The Anchor Bible: Matthew, Garden City, 1971, S. 71 f.
71 Eckhardt, S. 1
72 Meister Eckehart, Deutsche Predigten und Traktate, Hrsg. und Übers. Josef Quint, München 1963, S. 189; 190

Kapitel 2

1 Beverly Wildung Harrison, «The New Consciousness of Women: A Sociological Political Resource», in: Cross Currents, Winter 1975, S. 455. Sie stimmt der Analyse von Habermas zu.
2 Erica Jong, «Visionary Anger», in: Barbara Gelpi (Hrsg.), Adrienne Rich's Poetry, New York 1975, S. 172. Jong sagt: «Mit Weiblichkeit meine ich die nährenden Eigenschaften aller Menschen.»
3 Emile Gertaud u. Andre Rayez, «Echelle Spirituelle», in: Dictionaire de Spiritualité, Paris 1961, IV, col. 78
4 in Dressner, S. 5, 82
5 De oratione Dominica, zitiert in: Anders Nygren, Agape and Eros, New York 1969, S. 443
6 Nygren, S. 432
7 De beatitudine, Or. ii, S. 1208
8 De modo bene vivendi 53, PL 184, 1276 bc

9 De laudibus Beatae Mariae, Hrsg. Jean Bogard, Anvers 1625. In: *DS*, IV, col. 73
10 Thorleif Boman, Das hebräische Denken im Vergleich mit dem Griechischen, Göttingen 1959, S. 180ff.
11 Adrienne Rich, «Stepping Backward», in: Poems Selected and New, New York 1975, S. 9
12 Karen Horney, Der neurotische Mensch in unserer Zeit, Frankfurt 1984, S. 127
13 Horney, ebenda, S. 162–176
14 Miranda, Marx, S. 113
15 Erich Fromm, Der moderne Mensch und seine Zukunft, Köln 1960, S. 308
16 Erica Jong, «Visionary Anger», S. 172. Siehe auch: Adrienne Rich, Von Frauen geboren, München 1979
17 «An Interview with Buckminster Fuller», National Public Radio, 15. 5. 1977, S. 11
18 Carole A. Etzler hat das gleiche Lied in ihrem Album *Sometimes I Wish*, Atlanta 1976, ebenfalls in eigene Worte gefaßt. Mich machte auf diese Version des Jakobsleiter-Liedes eine mir unbekannte Teilnehmerin bein Einkehrtagen in den Wäldern von Oregon aufmerksam. Wo immer sie jetzt ist, ich danke ihr.
19 Eckhardt, S. 105
20 Siehe: Mary Daly, Beyond God the Father, Boston 1974; Rosemary Ruether, Frauen für eine neue Gesellschaft, München 1979. Eine besonders lesenswerte Kritik des Sexismus im Hinblick auf die Spiritualität gibt Rosemary Ruether in: «Women's Liberation in Historical and Theological Perspective», in: «Women's Liberation and the Church, Hrsg. Doely, New York 1970, S. 22–36. Ruether zeigt darin den Dualismus auf, der einer übertrieben männlichen Spiritualität innewohnen muß. Eugene C. Bianchi, Rosemary Ruether, From Machismo to Mutuality, New York 1976; Sandra M. Schneiders IHM, «Apostleship of Women in John's Gospel», in: Catholic Charismatic, 2–3.1977, S. 16–20; Casey Miller u. Kate Swift, «Women and the Language of Religion», in: Christian Century, 14. 4. 1976, S. 353–358.
21 Horney, Der neurotische Mensch, S. 165
22 Ebenda, S. 130ff.
23 Barbara Varro, «A Sexual Profile of Men in Power», in: Chicago Sun-Times, 9. 3. 1978, S. 69
24 Chuck Lathrop, «In Search of a Roundtable», in: A Gentle Presence, Washington D.C. 1977, S. 5–8.

Kapitel 3

1 Arthur Jersild, The Psychology of Adolescence, New York 1957, S. 201
2 Siehe Horney, Der neurotische Mensch, S. 102–118
3 Ebenda, S. 119
4 Siehe William Eckhardt, Compassion: Towards a Science of Value, S. 111
5 Horney, S. 124
6 Ebenda, S. 121
7 Ebenda, S. 125
8 Horney, Der neurotische Mensch, S. 134
9 Ebenda, S. 180
10 William Eckhardt, Compassion: Towards a Science of Value, S. 100
11 Eckhardt, S. 1
12 Stendahl, S. 113
13 Arturo Paoli, Meditations, S. 3
14 Eckhardt, S. VIII
15 Ebenda, S. 10
16 Näheres zur Schöpfungsspiritualität finden Sie in Matthew Fox, On Becoming a Musical Mystical Bear: Spirituality American Style, New York 1976; Fox, «Elements of a Biblical, Creation-Centered Spirituality» in: Spirituality Today, 12/78, S. 360–369, Fox, Schöpfungsspiritualität, Stuttgart 1993.
17 Eckhardt, S. 190
18 Ebenda, S. 191
19 Ebenda, S. 235
20 Ebenda, S. 258
21 Ebenda, S. 260
22 Ebenda, S. 270
23 Die astrologische Tradition geht von einem Ende des Fischezeitalters (symbolisiert durch zwei in entgegengesetzte Richtung schwimmende Fische) und dem Beginn des Wassermannzeitalters (das Wasser symbolisiert die für alle zugängliche mystische und ganzheitliche Erfahrung) in den nächsten zwanzig Jahren aus. Siehe auch: Fox, Whee, We, wee All the Way Home: A Guide to the New Sensual Spirituality, Gaithersburg 1976; und Lawrence Blair, Rhythms of Vision, New York 1976, S. 230–234.
24 Ernest Becker, The Denial of Death, New York 1975. (Dt.: Die Überwindung der Todesfurcht, München 1985.)

25 Robert E. Ornstein, Die Psychologie des Bewußtseins, Köln 1974, S. 185 f.
26 Joen Fagan, «The Gestalt Approach as ‹Right Lobe› Therapy», in: Edward Smith (Hrsg.), The Growing Edge of Gestalt Therapy, New York 1976, S. 59, 67
27 Ornsteins Beiträge in: Ornstein, S. 67
28 Zitiert bei Eckhardt, S. 40
29 Meister Eckehart, Deutsche Predigten und Traktate, Hrsg. Josef Quint, München 1963, S. 175
30 Ebenda, S. 180
31 Zitiert bei Dressner, Three Paths, S. 11
32 Claude Tresmontant, Biblisches Denken, S. 60
33 Meister Eckehart, S. 61
34 Weiteres zum Bewußtsein der Zeit in: Matthew Fox, «Demonic vs. Sacre Time in American Culture», in: Listening, Herbst 1976, S. 175–190.
35 Andrew Weil, The Natural Mind, Boston 1972, S. 135
36 Siehe Boman, S. 27–55, wo er den hebräischen Sinn für die Dynamik im Gesetz zum griechischen Sinn für das statische Sein abhandelt.
37 Viele dieser Spiele beschreibe ich in meinem Buch: Whee! We, wee All the Way Home, S. 210–216.
38 Zu jedem der verschiedenen Themenbereiche sind ganze Bücher geschrieben worden. Über das Thema Dunkelheit und Licht, Nacht und Tag, siehe: Eulalio P. Baltazar, The Dark Center: A Process Theology of Blackness, Paramus 1973; über das dialektische Bewußtsein im Leben der Heiligen siehe: Eloi Leclerc, The Canticle of Creatures: Symbols of Union, Chicago 1977, wo es um das weit entwickelte dialektische Bewußtsein des Franz von Assisi geht.
39 Siehe Matthew Fox, «Hermeneutic and hagiography», in: Spirituality Today, 9/1978, S. 263–271.
40 Bruce Vawter u. J. Heuschen, «Forgiveness of Sin(s)», in: Encyclopedic Dictionary of the Bible, Hrsg. Louis Hartman, New York 1963, Col. 806

Kapitel 4

1 Richards, S. 27
2 Carl Rogers, «Toward a Theory of Creativity», in: Carl Rogers, On Becoming a Person, Boston 1961, S. 348
3 José Arguelles, The Transformative Vision, Berkeley 1975, S. 218
4 Otto Rank, Art and Artist, New York 1975, S. 427

5 Erich Fromm, Sane Society, New York 1955, S. 301
6 Kenji Miyazawa, Life as Art. Ein Aufsatz, der mir von Mitgliedern des buddhistischen Tempels in Chicago in einer Kopie gegeben wurde.
7 Silvano Arieti, Creativity – The Magic Synthesis, New York 1976.
8 Thorleif Boman, Das hebräische Denken, S. 151
9 Arguelles, S. 283 ff.
10 Otto Rank, Art and Artist, New York 1975, S. 430–31; Kursivierung von Rank.
11 Thomas Merton, Conjectures of a Guilty Bystander, Garden City 1968, S. 101 f.
12 Adrienne Rich, Von Frauen geboren – Mutterschaft als Erfahrung und Institution, München 1978, S. 180 f.
13 Ebenda, S. 60
14 Lawrence Blair, S. 46 f. Ich danke Mary Schmiel für ihre Forschungen über Spiralen als Symbole der Unsterblichkeit.
15 Rank, S. 47
16 Karen Horney, Unsere inneren Konflikte. Neurosen in unserer Zeit. Entstehung, Entwicklung und Lösung, München 1973, S. 170
17 Karen Horney, New Ways in Psychoanalysis, New York 1939, S. 255
18 Rank, S. 47
19 Rank, S. 39
20 Ernest Becker, The Denial of Death, S. 210
21 Zitiert bei Gerald u. Patricia Mische, Toward a Human World Order, New York 1977, S. 298
22 Anne Douglas, S. 200–226. A. D. setzt sich mit der Faszination auseinander, die der Tod in einer sentimentalisierenden Kultur für die Menschen hat.
23 Rank, S. 48
24 Rank, S. 60
25 C. G. Jung, Psychologie und Dichtung, Kap. III
26 Henry Miller, Wendekreis des Krebses, Hamburg 1962, S. 293
27 Arguelles, S. 289
28 Norman O. Brown, Life Against Death, Middletown 1972, S. 60
29 Jung, a.a.O.
30 Rank, S. 378
31 Rank, S. 377
32 Rank, S. 329
33 Rank, S. 201, 372, 425
34 Richards, S. 114, kursiv M. F.
35 Silvano Arieti, Creativity, S. 17

36 Ebenda, S. 89
37 Ebenda, S. 180
38 Ebenda, S. 123
39 Ebenda, S. 388 ff.
40 Bernstein, zitiert bei John Ardoin, «Leonard Bernstein at Sixty», in: High Fidelity, 8/1978, S. 57; Kursivierung M. F.
41 Arieti, S. 348 u. 48–50
42 Ebenda, S. 94
43 Robert Bly, The Kabir Book, Boston 1977, S. 11
44 Rank, S. 43
45 Rank, S. 366
46 Siehe Krister Stendahl, «The Apostle Paul and the Introspective Conscience of the West», in: Wayne A. Meeds, Hrsg., The Writings of St. Paul, New York 1972, S. 422–34.
47 Bill Conolly, «Jesuit Spiritualities and the Struggle for Social Justice», in: Studies in the Spirituality of Jesuits, 9/1977, S. 202–43. Reaktionen darauf in Heft 9/1978 der gleichen Zeitschrift.
48 Richards, Centering, S. 143
49 Mary Richards, S. 38 f. Weiteres zur extrovertierten Meditation siehe: Matthew Fox, «The Case for Extrovert Meditation».
50 Ornstein, R., u. Naranjo, C., On the Psychology of Meditation, New York 1971, S. 74
51 Norman O. Brown, S. 63
52 Ebenda, S. 64
53 Meister Eckehart, Deutsche Predigten, S. 421
54 Henry Miller, Wendekreis des Krebses
55 Ernest Becker, The Denial of Death, S. 171, 184
56 Ebenda, S. 220
57 Richards, S. 92
58 Richards, S. 115
59 Heschel, The Prophets, S. 309
60 Heschel, S. 143
61 Heschel, S. 258
62 Ebenda, S. 7

Kapitel 5

1 Buckminster Fuller, «Interview», S. 24
2 Siehe Fritjof Capra, Der kosmische Reigen – Physik und östliche Mystik, ein zeitgemäßes Weltbild, Bern, München, Wien 1977, S. 30 ff.

3 Capra, S. 61
4 Capra, S. 67 f.
5 Capra, S. 286
6 Blair, Rhythms of Vision, S. 234. Über Blairs ganzes Buch verteilt finden sich immer wieder anregende Hinweise auf solche Verbindungen.
7 Capra, S. 61
8 Capra, S. 76
9 Capra, S. 80
10 Blair, S. 109, 114
11 Siehe: Thorleif Boman, Das hebräische Denken, S. 18 ff. u. 180
12 Capra, Kosmischer Reigen, S. 65 f.
13 Capra, S. 72
14 Capra, S. 241
15 Capra, S. 7
16 William Eckhardt, Compassion: Towards a Science of Value, S. 263
17 Eckhardt, S. 265
18 Seine Stellungnahmen zu sehr unterschiedlichen politischen und kulturellen Fragen finden sich in dem Buch: Aus meinen späten Jahren, s. o.
19 Scheler, Sympathie, S. 104
20 Scheler, S. 113
21 Scheler, S. 92
22 Itzhak Bentov, Auf der Spur des wilden Pendels – Abenteuer im Bewußtsein, Hamburg 1985, S. 196 f.
23 Ebenda, S. 148
24 Hans Jonas, Gnostic Religion, S. 140
25 Jonas, S. 251, 263
26 René J. Dubos, So Human an Animal, New York 1968, S. 27. (Dt.: Der entfesselte Fortschritt, Berg. Gladbach 1970.)
27 Blair, S. 46
28 Melvin Bernarde, Our Precarious Habitat, New York 1970, S. 25
29 Lewis Thomas, Das Leben überlebt – Geheimnis der Zellen, Köln 1974, S. 176
30 Thomas, S. 11, 13, 18
31 Thomas, S. 146 f.
32 Bernarde, S. 22
33 John M. Storer, The Web of Life, New York 1953, S. 140
34 Thomas, S. 17
35 Thomas, S. 104–106
36 Thomas, S. 176
37 Thomas, S. 130

38 Thomas, S. 165
39 E. Becker, S. 50
40 Thomas, S. 195
41 Thomas, S. 14
42 Thomas, St. 150
43 Thomas, S. 45 f.
44 Thomas, S. 78
45 Thomas, S. 137, 138 f.
46 Victor Hugo, zitiert bei John Vynyan, The Dark Face of Science, London 1971, S. 105
47 Albert Schweitzer, Die Lehre von der Ehrfurcht vor dem Leben – Grundtexte aus fünf Jahrzehnten, München 1966, S. 92, 13. Die nicht wörtlich zitierten Aussagen von Schweitzer finden sich nur in der englischen Ausgabe «The Teaching of Reverence for Life», New York 1965.
48 Schweitzer, Ehrfurcht, S. 131
49 «Rhesus Monkeys Sacrificed Needlessly for Research?», in: Chicago Sun-Times, 22. 1. 78, S. 64
50 Nergis Dalal, «Do Animals Have Rights?», in: Atlas World Press Review, 7/1978, S. 44
51 Jonas, S. 226
52 Schweitzer, Ehrfurcht, S. 147 f.
53 Schweitzer, Ehrfurcht, S. 149
54 Schweitzer, Teaching, S. 48
55 Siehe Mary Hunt u. Mark Juergensmeyer, Animal Ethics: An Annotated Bibliography, Berkeley o. J.
56 Zitiert bei Vynyan, S. 108
57 Scheler, Sympathie, S. 158
58 E. F. Schumacher, Small Is Beautiful, New York 1975, S. 108
59 Dressner, S. 234 f.
60 Dieses und die beiden folgenden Zitate aus Marcia Keegan, «Indians Kept the Faith and Buffalo are Back», in: Parade, 14. 5. 78, S. 6–8
61 Ebenda
62 John M. Rich, Chief Seattle's Unanswered Challenge, Seattle 1947
63 Schweitzer, Ehrfurcht, S. 149
64 Schweitzer, Teaching of Reverence, S. 50
65 Scheler, S. 22
66 Scheler, S. 42
67 Eric Salzman, «Avian Arias from Audubon», Stereo Review, 9/1978, S. 114

68 Becker, S. 227
69 Ashley Montague, Touching, New York 1972. Der Neuropsychologe James W. Prescott hat über dieses Thema in: The Futurist, 4/1975, und in: The Bulletin of Atomic Scientists, 11/1975, geschrieben. Siehe auch «Body Pleasure and the Origins of Violence», in: Script, 6/1977, S. 1. Eine ausgezeichnete theologische Studie über die Bedeutung der Materie und des Menschen liefert: Conrad Bonifazi, A Theology of Things, New York 1967.
70 Heschel, S. 258
71 D. H. Lawrence, Women in Love, New York 1974, S. VII, Vorwort
72 Descartes, Meditationen über die Grundlagen der Philosophie, II, AT.IX, zitiert bei Tresmontant, Biblisches Denken, S. 102
73 L. Blair, Rhythms of Vision, S. 133
74 Ebenda, S. 134
75 Bentov, S. 154
76 Becker, S. 52
77 Scheler, Sympathie, S. 114
78 Celano, Second Life of St. Francis, 214, S. 534
79 Eloi Leclerc, OFM, The Canticle of Creatures – Symbols of Union, Chicago 1977, S. 154f.
80 Storer, S. 39
81 Storer, S. 20
82 Siehe John Rich, S. 40
83 Jonas, S. 226
84 Zu diesen erdverbundenen Gleichnissen gehören: Der Sämann (Matthäus 13,3–8; Markus 4,3–9; Lukas 8,5–8); das Gottesreich als Samenkorn (Markus 4,26–29); der Weizen und die Unkräuter (Matthäus 13,24–30); das Senfkorn (Matthäus 13,31f.; Markus 4,30–32; Lukas 13,18f.).
85 Meister Eckehart, Deutsche Predigten und Traktate, Hrsg. J. Quint, S. 142
86 Arturo Paoli, Meditations on St. Luke, S. 11

Kapitel 6

1 Victor Ferkiss, The Future of Technological Civilisation, New York 1974
2 Albert Einstein, Aus meinen späten Jahren, Stuttgart 1979, S. 18
3 Der Musiker Anton Webern hat dieses Volkslied unter dem Titel «Armer Sünder du» vertont (Opus 17).

4 Herman E. Daly, «Introduction», in: Herman E. Daly (Hrsg.), Toward a Steady-State Economy, San Francisco 1973, S. 5
5 Zitiert bei Schumacher, Small Is Beautiful, S. 100
6 In einem «Interview mit Dr. E. F. Schumacher», in: Mother Earth News, 11/1976, S. 11
7 Ebenda, S. 16 u. 17
8 Gregory Baum, Religion and Alienation, Paramus 1975, S. 27
9 Siehe E. P. Thompson, «Time, Work-Discipline and Industrial Capitalism», in: Past and Present 1967, Bd. 38, S. 56–97
10 Schumacher, Interview, S. 18
11 Siehe: Thorleif Boman, Das hebräische Denken, S. 161 f.
12 Schumacher, Small Is Beautiful, S. 49–51
13 Ebenda, S. 254–256
14 Thomas, Das Leben überlebt, S. 146
15 Gerald u. Patricia Mische, Toward a Human World Order, S. 61, 37
16 G. u. P. Mische, S. 178
17 Ebenda, S. 41
18 Einstein, Aus meinen späten Jahren, S. 135
19 Ebenda, S. 144
20 G. u. P. Mische, S. 61
21 Einstein, S. 135
22 Michael Harrington, Sozialismus, Stuttgart/Zürich 1975, S. 361
23 William Eckhardt, Compassion: Towards a Science of Value, S. 263
24 G. u. P. Mische, S. 190
25 Ebenda, S. 260 f.
26 Daly, S. 13
27 Papst Paul VI., On Development of Peoples, 26. 3. 1967, # 830
28 Ebenda, # 863, 837
29 G. u. P. Mische, S. 63
30 Ebenda, S. 107
31 Ebenda, S. 235
32 Ernest Becker, The Denial of Death, S. 284
33 N. O. Brown, Life Against Death, S. 268
34 Ebenda, S. 272
35 Ebenda, S. 270
36 Ebenda, S. 290
37 Carroll Quigley, «The Search for a Solution to the World Crisis», in: The Futuris, 2/1975, S. 39
38 Daniel Goleman, «Breaking out of the Double Bind: An Interview with Gregory Bateson», in: Psychology Today, 8/1978, S. 44

39 Edward Joseph Holland, Look At Yourself, America!, Ambler, o. J., S. 7
40 Northliner Gifts, Publication of North Central Airlines, o. J., S. 12, 7
41 «King Pong Inventor Makes Quite a Splash», in: Chicago Sun-Times, 25. 7. 1976, S. 76
42 Karen Horney, Unsere inneren Konflikte, München 1973, S. 178
43 «Money? It's Ex-Spendable», in: Chicago Sun-Times, 14. 8. 1978, S. 29
44 Marie Augusta Neal, A Socio-Theology of Letting Go, New York 1977, S. 6, 104
45 Neal, S. 105
46 Neal, S. 107
47 Adrienne Rich, Von Frauen geboren, S. 59
48 Ebenda, S. 238
49 Ebenda, S. 203
50 Miranda, Marx and the Bible, S. 113
51 William O. Douglas, Points of Rebellion, New York 1970, S. 68
52 «Gaudium et Spes», in: The Church in the Modern World, Proceedings of the Second Vatican Council, 1965, #672
53 Anne Douglas, The Feminization of American Culture, S. 52
54 in Bianchi u. Ruether, From Machismo to Mutuality, S. 51
55 Ebenda, S. 534, 539
56 Ebenda, S. 117
57 Ebenda, S. 111
58 Horney, Unsere inneren Konflikte, S. 169
59 Claude Steiner, «The Stroke Economy», in: Claude Steiner (Hrsg.), Readings in Radical Psychiatry, New York 1975, S. 33
60 Brian J. Kelly, «Monk is Top Salesman for Xerox», in: Chicago Sun-Times, 3. 4. 1977, S. 117
61 James L. Busey (Hrsg.), Progress and Poverty by Henry George, New York 1968
62 Frank McEachran, «Henry George and Karl Marx», der Internationalen Konferenz in London im Sept. 1936 vorgelegtes Papier (New York, Robert Schalkenbach Foundation, o. J.), S. 6. Marx lehnte Georges Ansatz ab als den letzten Versuch des Kapitalismus, sich eine solidere Basis zu verschaffen (in einem Brief von Marx an einen Freund vom 20. 6. 1881).
63 Harrington, Sozialismus, S. 353
64 Jorgen Randers u. Donella Meadows, «The Carrying Capacity of Our Global Environment: A Look at the Ethical Alternatives», in: Daly, S. 304
65 K. Boulding, in Daly, S. 127

66 Daly, S. 19
67 Zitiert bei Daly, S. 26
68 Siehe Randers u. Meadows in: Daly
69 C. J. Bullock (Hrsg.) «Introductory Note» zu: Adam Smith, An Inquiry into the Nature and Causes of Wealth of Nations, New York 1909, S. 3
70 Barbara Ward u. Rene Dubos, Only One Earth – The Care and Maintenance of a Small Planet, New York 1972, S. 29
71 «Socialism: Trials and Errors» in: Time, 13. 3. 1978

Kapitel 7

1 Karl Marx, Die heilige Familie oder Kritik der kritischen Kritik, Frankfurt 1845, S. 207
2 Siehe Ivan Illich, Die Enteignung der Gesundheit, Hamburg 1975
3 Robert Jungk, «The Manace of the Atom State», in: Atlas World Press Review, 7/1978, S. 52
4 Ian Douglas-Wilson u. Gordon McLachlan (Hrsg.), Health Service Projects: An International Survey, zitiert in: Ivan Illich, Medical Nemesis, New York 1976, S. 49, Fußn. 41
5 Robert Charles D. C., «Bio-Energy Healing», unveröff. 1971, S. 1
6 Robert Charles D. C., «The Language of Cells», unveröff. 1971, S. 1
7 Ebenda, S. 2
8 Ebenda, S. 5
9 Ivan Illich, Die Enteignung der Gesundheit, Hamburg 1975, S. 24
10 Illich, Medical Nemesis, S. 253
11 Ebenda, S. 227
12 Ebenda, S. 266
13 Mary Richards, Centering, S. 15
14 Schumacher, Small Is Beautiful, S. 84
15 Jersild, S. 200–206
16 Scheler, Sympathie, S. 113 f.
17 D. T. Suzuki, Vorwort zu B. L. Suzuki, Mahayana Buddhism, London 1959, S. 33
18 Siehe José Miranda, Being and the Messiah, S. 88
19 Martin McGuire, J. de Fraine, «Church», in: Encyclopedic Dictionary of the Bible, Col. 381
20 F. Capra, Kosmischer Reigen, S. 305
21 Rudolph Pesch, «Jesus Christus», in: Sacramentum Mundi, Hrsg. Karl Rahner, Freiburg i. Br. o. J.
22 McGuire, Col. 381

23 Wilhelm Brüning, «Gemeinschaft der Heiligen», in: Sacramentum Mundi, S. 276
24 Siehe Bernard Cooke, Ministry to Word and Sacraments, Philadelphia 1976, S. 645 f.

Kapitel 8

1 Constance Urdang, «Living in the Third World», in: The American Poetry Review, 5/1977, S. 48
2 Siehe Jonas, The Gnostic Religion, S. 322
3 Lewis Thomas, Das Leben überlebt, S. 201, 15, 205
4 Bentov, Auf der Spur, S. 182
5 Blair, Rhythms, S. 53
6 Robert Graves, The White Goddess, New York 1974, S. 248 f.
7 J. E. Cirlot, A Dictionary of Symbols, New York 1962, S. 232
8 Esther Harding, Woman's Mysteries Ancient and Modern, New York 1976, S. 95 f.
9 Siehe José u. Miriam Arguelles, Das große Mandala-Buch, Freiburg i. Br. 1974
10 Blair, S. 85 f.
11 Silvano Arieti, Creativity – The Magic Synthesis, New York 1976, S. 245
12 Bentov, S. 178 f.
13 Bentov, S. 43
14 Blair, S. 127
15 Blair, S. 71
16 Elmar Klinger, «Seele», in: Sacramentum Mundi, Hrsg. Karl Rahner, Freiburg i. Br. o. J.
17 Otto Rank, Art and Artist, S. 128, 346
18 Ginza, Der Schatz oder Das Große Buch der Mandäer, Göttingen 1925. Zitiert bei Jonas, S. 63
19 Jonas, S. 222
20 Ebenda, S. 67
21 Ebenda, S. 166
22 Ebenda, S. 286
23 Plotin, Enneaden, II, 9.18, 179
24 Rank, S. 156
25 Boman, S. 167
26 Tresmontant, Biblisches Denken, S. 108
27 McKenzie, Hrsg., S. 836–839

28 Meister Eckharts Predigten, hrsg. u. übers. v. Josef Quint, Stuttgart 1976, Bd. I, S. 487

29 R. S. Peters u. C. A. Mace, «Psychology», in: The Encyclopedia of Philosophy, VII, New York 1972, S. 5

30 Thomas Aquinas, Summa Theologica, I, q.36, a.1 und q.27, a.4. Siehe I–II, q.68, a.1. Contra gentiles, IV, c.23.

31 Klinger, S. 1617

32 M. D. Chenu, «Spiritus: Le vocabulaire de l'ame au XIIe siècle» in: Revue des Sciences philosophiques et theologiques, XLI (1957), S. 232, 227

33 Stendahl, Der Jude Paulus, S. 105

34 Peters, S. 7

35 Charles M. Fair, The Dying Self, Garden City 1970, S. 106

36 Brown, S. 221

37 Fuller, S. 19

38 Monika Hellwig, «Gifts from Chassidism», in: Listening, Herbst 1978, S. 270

Dank

Abgesehen von den in den Anmerkungen genannten Autorinnen und Autoren, die meine Überlegungen zum Mitgefühl angeregt haben, möchte ich noch einigen anderen Personen und Gruppen, die mir geholfen haben, dieses Buch zu erleben und auszudrücken, meinen Dank aussprechen. Ich danke all denen, die mich einluden, meine Ideen vorzutragen und die kritisch darauf reagierten, besonders den OrganisatorInnen des Symposions «Revolutionary Alternatives for the Future» an der University of Oregon in Ashland; der Vortragsreihe zum Gedenken an George Jordan an der University of Washington; der Willson Lectures an der Southern Methodist University; und für die Einladung zu einem Vortrag vor der Religious Education Association Convention in St. Louis. Ich danke außerdem Schwester Mary Anne Shea O. P. für ihre Unterstützung bei den Forschungsarbeiten und Brendan Doyle für ihr standhaftes Mitgefühl mit dem Universum mitten in der institutionellen Gewalt. Dank an Schwester Martha Curry RSCJ für ihren ermutigenden Zuspruch und das Lesen des Textes und an Judy und Tim Rowan für das Abtippen.